Digitalisierung im Gesellschaftsrecht

Zivilrechtliche Schriften

Beiträge zum Wirtschafts-, Bank- und Arbeitsrecht

Herausgegeben von Arnd Arnold, Dorothee Einsele,
Jan Lieder und Hartmut Oetker

Begründet von Peter Kreutz und Dieter Reuter

Band 82

PETER LANG

Philip Eichhorn

Digitalisierung im Gesellschaftsrecht

Eine Untersuchung der Richtlinie (EU) 2019/1151 im Hinblick auf den Einsatz digitaler Werkzeuge und Verfahren im Gesellschaftsrecht

PETER LANG

Bibliografische Information der Deutschen Nationalbibliothek
Die Deutsche Nationalbibliothek verzeichnet diese Publikation in der Deutschen Nationalbibliografie; detaillierte bibliografische Daten sind im Internet über http://dnb.d-nb.de abrufbar.

Zugl.: Freiburg (Breisgau), Univ., Diss., 2021

D 25
ISSN 0941-147X
ISBN 978-3-631-87382-3 (Print)
E-ISBN 978-3-631-87483-7 (E-PDF)
E-ISBN 978-3-631-87484-4 (EPUB)
DOI 10.3726/b19520

Peter Lang – Berlin · Bern · Bruxelles · New York · Oxford · Warszawa · Wien

Diese Publikation wurde begutachtet.

www.peterlang.com

Vorwort

Die vorliegende Arbeit wurde von der Rechtswissenschaftlichen Fakultät der Albert-Ludwigs-Universität Freiburg im Wintersemester 2021/2022 als Dissertation angenommen. Im Zuge der Veröffentlichung wurde das Manuskript aktualisiert und berücksichtigt Änderungen bis einschließlich November 2021.

Mein besonderer Dank gilt zunächst meinem Doktorvater, Herrn Professor Dr. Jan Lieder, LL.M. (Harvard), der die Entstehung der Arbeit durch seine hervorragende Unterstützung und sein Engagement bei der Betreuung ermöglicht hat. Ich danke ihm ebenso für die äußerst schnelle Erstellung des Erstgutachtens.

Zu Dank verpflichtet bin ich überdies Herrn Professor Dr. Hanno Merkt, LL.M. (Univ. of Chicago) für die zügige Erstattung des Zweitgutachtens.

Der Herausgeberin und den Herausgebern, Frau Professorin Dr. Dorothee Einsele, Herr Professor Dr. Jan Lieder, LL.M. (Harvard), Herr Professor Dr. Hartmut Oetker, Herr Prof. Dr. Arnd Arnold, danke ich für die Aufnahme dieser Arbeit in die Schriftenreihe „Zivilrechtliche Schriften".

Schließlich möchte ich meiner Familie von ganzem Herzen danken. Sie hat mir meine Ausbildung erst ermöglicht und mich auf meinem bisherigen Lebensweg in jeder erdenklichen Weise unterstützt und gefördert. Dieser Dank gilt vor allem meinen Eltern, Susanne und Ralf Eichhorn. Ihre unentwegte Fürsorge und liebevolle Unterstützung sind die Grundlage für meine persönliche und berufliche Entwicklung. Ihnen ist diese Arbeit gewidmet.

Frankfurt am Main, im Dezember 2021
Philip Eichhorn

Inhaltsverzeichnis

Vorwort 5

A. Einleitung 17

I. Problemstellung der Arbeit 17

II. Gang der Untersuchung 19

B. Die Digitalisierungsrichtlinie 21

I. Rechtliche Grundlagen 21

1. Subsidiaritätsprinzip 22
2. Verhältnismäßigkeit 23
3. Regelungstechnik 25
4. Allgemeine Anforderungen an den deutschen Gesetzgeber 25

II. Notwendigkeit der Richtlinie 27

1. Gesellschaftsformen 27
   a) Supranationale Rechtsformen 27
   b) Nationale Rechtsformen 29
2. Die Niederlassungsfreiheit von Gesellschaften in der Rechtsprechung 31
3. Zwischenergebnis 33

III. Inhalt der Digitalisierungsrichtlinie 34

1. Online-Gründung 35
   a) Umfang der Online-Gründung 35
   b) Mögliche Beschränkung auf Bareinlagen 36
   c) Informationen für die Gründer 37
   d) Muster für die Online-Gründung von Gesellschaften 37
   e) Keine Lizenzen oder Genehmigungen vor Eintragung 38
2. Informationsaustausch und Lebenszyklus von Gesellschaften ... 39
   a) Online-Einreichung 39

b) Informationsaustausch 39
c) Neugestaltung der Registerpublizität 39
3. Betrugsvorkehrungen und Mindeststandards 40
a) Disqualifizierte „Geschäftsführer“ 40
b) Präsenzvorbehalte 40
c) Datenschutzrechtliche Mindestanforderungen 41
IV. Die Digitalisierungsrichtlinie als Ergebnis eines Entwicklungsprozesses 41
1. Der Gedanke der SPE 41
2. Die SUP als Alternative? 42
a) Sitz der SUP 44
b) Online-Gründung 45
c) Gläubigerschutz 46
d) Organisationsverfassung 47
3. Kritik am SUP-Vorschlag 48
a) Reaktion auf den SUP-RL-E 48
b) Änderungen und Scheitern des Kompromisstexts 51
4. Wesentliche Änderungen in der Digitalisierungsrichtlinie 54
V. Bewertung 55

C. Gründung von Gesellschaften nach der Digitalisierungsrichtlinie 59

I. Gründung von Kapitalgesellschaften in Deutschland 59
1. Gründung einer GmbH 60
a) Gesellschaftsvertrag 60
aa) Prüfungs- und Belehrungspflicht 60
bb) Klarstellungs- und Beweisfunktion 62
cc) Fiskalische Kontrollfunktion 63
b) Organbestellung 63
aa) Gesellschafterversammlung 63
bb) Geschäftsführer 64
c) Stammkapital 65

d) Anmeldung im Handelsregister 66
e) Eintragung im Handelsregister 68
f) Bisherige Erleichterung der GmbH-Gründung 70
g) Status quo der Gründungserleichterungen mittels Vollmacht und aus dem Ausland 71
aa) Erteilung einer Vollmacht 71
bb) Gründung durch Beurkundung eines ausländischen Notars 72
cc) Bewertung 74
h) Zwischenergebnis 74
2. Gründung einer AG 75
3. Gründung einer KGaA 77
4. Zwischenergebnis 77
II. Online-Gründung 78
1. Sachlicher Anwendungsbereich 78
a) Online-Gründung der AG 79
aa) Für eine Ausweitung des Anwendungsbereichs 79
bb) Gegen eine Ausweitung des Anwendungsbereichs 81
cc) Stellungnahme 84
b) Online-Gründung der KGaA 85
c) Sachlicher Anwendungsbereich nach dem DiRUG 87
2. Persönlicher Anwendungsbereich 87
a) Einpersonen- und Mehrpersonengründung 88
b) Gründer aus Drittstaaten 89
c) Natürliche und juristische Personen 91
aa) Auslegung der Richtlinie 91
bb) Aktuelle Probleme in der Praxis 93
cc) Lösungsmöglichkeiten im Rahmen der Richtlinie 97
d) Gründung mittels rechtsgeschäftlicher Vollmacht 98
aa) Auslegung der Richtlinie 98
bb) Aktuelle Probleme in der Praxis 99
cc) Lösungsmöglichkeiten im Rahmen der Richtlinie 101

dd) Exkurs: Zulassung rechtsgeschäftlicher Vollmacht bei hinreichendem Nachweis der Vertretungsmacht .. 103
e) Zwischenergebnis ... 104
3. Kapitalaufbringung ... 105
a) Bareinlage ... 106
b) Sacheinlagen ... 106
c) Mit der Sacheinlage verbundene Risiken ... 107
d) Lösungsmöglichkeiten im Rahmen der Richtlinie ... 108
4. Die Rolle des Notars ... 110
a) Einbindung des Notars ... 111
aa) Unzureichende Beratung der Gründer ... 112
bb) Fehlende Vorprüfung ... 114
cc) Fehlende Identitätsgewähr und unzuverlässiges Registerwesen ... 117
dd) Rechtsökonomische Bedeutung ... 119
ee) Zwischenergebnis ... 120
b) Mögliche Formen der Mitwirkung ... 121
aa) Digitale Elemente in anderen EU-Mitgliedstaaten ... 122
(1) Elektronische Gründungen in Frankreich, Dänemark und Estland ... 122
(2) Österreich ... 126
bb) Anregungen für eine Umsetzung in Deutschland ... 128
(1) Identitätsprüfung ... 128
(2) Inhaltliche Ausgestaltung der Beurkundung ... 133
(a) Standardisierte Online-Gründung ohne Beratung ... 134
(b) Standardisierte Online-Gründung mit Beratung ... 135
(c) Online-Gründung mit Beratung und Gestaltungsfreiheit ... 137
cc) Umsetzung der Beurkundung mittels Videokommunikation im DiRUG ... 138
c) Exkurs: Auswirkung von Videokonferenzen auf Verhandlungen ... 140

aa) Technische Eigenarten der Videokonferenz ... 140
bb) Auswirkungen auf die Verhandlung ... 141
cc) Mögliche Vorkehrungen ... 142
d) Einzelfragen der Online-Gründung ... 144
aa) Wahlrecht der Gründer ... 144
bb) Gemischte Beurkundung ... 145
cc) Einbeziehung inländischer Notare ... 146
dd) Einbindung Dritter in das elektronische Identifizierungsverfahren ... 147
ee) Amtsverweigerung ... 149
ff) Notarielle Zuständigkeit ... 150
(1) Umsetzung im Gesetzgebungsverfahren ... 151
(2) Notarielle Zuständigkeit im DiRUG ... 152
gg) Gebühren für Online-Verfahren ... 155
e) Exkurs: Die Online GmbH (OGmbH) ... 155
f) Zwischenergebnis ... 156
5. Informationsanforderungen ... 158
a) Zentrales digitales Zugangstor ... 158
b) Umfang der Informationen ... 159
c) Betroffene Gesellschaftsformen ... 160
d) Stellung der Informationsanforderungen im Rahmen der Richtlinie ... 161
6. Muster für die Online-Gründung von Gesellschaften ... 161
a) Anforderungen an das Muster ... 162
b) Vereinbarkeit des Musters mit der notariellen Mitwirkung ... 163
c) Vor- und Nachteile bei der Verwendung von Mustern ... 164
aa) Vorteile ... 165
(1) Kostenvorteil ... 165
(2) Verfahrenserleichterung ... 166
(3) Beschleunigung ... 166
bb) Nachteile ... 167
(1) Wörtliche Übernahme ... 167
(2) Komplexität versus Unvollständigkeit ... 168

(3) Exkurs: *Smart Contracts,* automatisierte Dokumentenerstellung und Fehleranfälligkeit 170
d) Bisherige Probleme bei der Verwendung von Musterprotokollen 171
aa) Inhaltliche Mängel bei Mehrpersonengründungen 172
bb) Fehlende Flexibilität 173
cc) Unzureichende Effizienz 174
e) Schuldrechtliche Nebenabreden 174
aa) Allgemeines 175
bb) Vermeidung von Nebenabreden 176
f) Sprachliche Besonderheiten 178
aa) Regelmäßige Sprache der Muster 178
bb) Fakultative Verwendung englischsprachiger Muster .. 179
g) Zwischenergebnis 181
h) Umsetzung im DiRUG 182
7. Dauer 184
a) Höchstfrist für Online-Gründung 184
b) Später Fristbeginn und Konsequenzen bei Verzögerungen .. 185
c) Teilweiser Verlust der Vor-GmbH 186
d) Umsetzung im DiRUG 186
III. Bewertung 187

D. Informationsaustausch und Lebenszyklus von Gesellschaften 189
I. Online-Einreichung 189
1. Bisheriges Verfahren bei Eintragungen im Handelsregister 190
2. Umfang 190
3. Reichweite der Vorschrift 192
a) Umfassende Online-Einreichung 192
b) Technische Online-Einreichung 192
c) Sachkapitalerhöhung 194
4. Exkurs: Interne Willensbildung unter Einsatz digitaler Elemente 194

a) GmbH 195
b) AG, KGaA 196
c) Zwischenergebnis 197
5. Einbindung des Notars 197
6. Zwischenergebnis 199
7. Umsetzung im DiRUG 200
II. Informationsaustausch 201
1. Umfang der Registervernetzung 202
a) Kostenlos abrufbare Informationen und Urkunden 204
b) Erfasste Gesellschaftsformen 205
c) Optionale Zugangspunkte zum System der Registervernetzung 206
d) Informationen bezüglich disqualifizierter „Geschäftsführer“ 206
e) Sprache der Urkunden und Informationen 207
2. Aktueller Stand des BRIS und Handlungsbedarf aus deutscher Sicht 208
3. Zwischenergebnis 209
4. Umsetzung im DiRUG 210
III. Neugestaltung der Registerpublizität 211
1. Bisherige Rechtslage 212
a) Historische Entwicklung 212
b) Publizität des Handelsregisters 214
2. Änderung der europarechtlichen Grundlage 214
a) Register als einziges Publizitätsmittel 215
b) Folgen im Hinblick auf europäische Vorgaben zu Publizitätswirkungen 216
c) Stellenwert der positiven Publizität in der Gesellschaftsrechtsrichtlinie 217
3. Umsetzung in Deutschland 220
a) Bisherige Umsetzung des EU-Rechts 220
b) Mögliche Neugestaltung von § 15 Abs. 3 HGB 221
c) Ausdrückliche Ergänzung um das Veranlassungsprinzip 223

aa) Das Veranlassungsprinzip in der europäischen Richtlinie ... 223
bb) Das Veranlassungsprinzip auf deutscher Ebene ... 224
4. Zugang zu offengelegten Informationen ... 225
5. Zwischenergebnis ... 225
6. Umsetzung im DiRUG ... 226
a) Auswirkung auf die negative Publizitätswirkung ... 228
b) Auswirkung auf die positive Publizitätswirkung ... 229
c) Bewertung ... 230
7. Offenlegung von Rechnungslegungsunterlagen ... 231
IV. Zweigniederlassungen ... 231
1. Online-Eintragung ... 232
2. Online-Einreichung ... 233
3. Beteiligung von Notaren ... 234
4. Umsetzung im DiRUG ... 235
a) Unterrichtung über das BRIS ... 235
b) Ausschluss der Publizitätswirkungen für ausländische Zweigniederlassungen ... 236
c) Versicherung über Bestellungshindernisse ... 237
V. Bewertung ... 238

E. Betrugsvorkehrungen und Mindeststandards ... 241
I. Betrugsvorkehrungen im europäischen Wirtschaftsverkehr ... 241
II. Disqualifizierte „Geschäftsführer“ ... 242
1. Anforderungen an die Gesellschaftsorgane *de lege lata* ... 243
a) GmbH ... 243
b) AG ... 245
c) KGaA ... 245
2. Bisherige Vorschläge zur Einführung des *disqualified director* .. 246
3. Bestimmung zu disqualifizierten Geschäftsführern ... 247
a) Geschäftsführer im Sinne von Art. 13 i GesRRL ... 248
b) Disqualifikationsvorschriften ... 249

c) Disponibilität ausländischer Informationen ... 251
4. Erforderlichkeit eines deutschen Disqualifikationsregisters ... 253
5. Zwischenergebnis ... 254
6. Umsetzung im DiRUG ... 255
III. Präsenzvorbehalte ... 257
1. Persönliches Erscheinen ... 257
a) Identitätsmissbrauch oder Identitätsänderung ... 258
b) Rechts- und Geschäftsfähigkeit sowie Vertretungsbefugnis ... 259
c) Rechtsfolge ... 259
2. Zuständige Stelle ... 260
3. Restriktiver Umgang ... 261
4. Zwischenergebnis ... 262
5. Umsetzung im DiRUG ... 263
IV. Datenschutzrechtliche Mindestanforderungen ... 264
1. Allgemeine Anforderungen bei der Nutzung personenbezogener Daten ... 264
2. Protokollierung des Beurkundungsprozesses ... 265
3. Disqualifizierte „Geschäftsführer" ... 266
V. Bewertung ... 268
F. Thesen ... 269
Literaturverzeichnis ... 275

A. Einleitung

I. Problemstellung der Arbeit

Momentan gibt es etwa 24 Millionen Gesellschaften in der Europäischen Union (EU), bei denen es sich zum Großteil (circa 80 %) um Kapitalgesellschaften handelt.[1] Der Anteil der Kleinstunternehmen sowie der kleinen und mittleren Unternehmen (KMU) hieran beträgt 98-99 %. Dabei gelten als KMU solche Unternehmen, die „weniger als 250 Personen beschäftigen und die entweder einen Jahresumsatz von höchstens 50 Mio. EUR erzielen oder deren Jahresbilanzsumme sich auf höchstens 43 Mio. EUR beläuft".[2] Diese beschäftigen circa zwei Drittel der EU-Arbeitnehmer und stellen somit den wesentlichen Antreiber des Binnenmarktes dar.[3] Naturgemäß steht ihnen allerdings nur ein beschränkter Zugriff auf die finanziellen und personellen Ressourcen zur Verfügung, welche größere Mitbewerber nutzen können. Um das Potential des Binnenmarktes effizienter auszuschöpfen, soll der „Einsatz digitaler Technologien im gesamten Lebenszyklus einer Gesellschaft"[4] ermöglicht werden. Hierdurch sollen vor allem Kosten und administrative Hindernisse minimiert und die Wettbewerbsfähigkeit der Unternehmen gefördert werden.

Diese Problematik ist dem europäischen Gesetzgeber bereits seit Längerem bewusst. Wie aus dem Arbeitsprogramm der Kommission für das Jahr 2017 hervorgeht, steht auf der Agenda, die Expansionsbestrebungen von KMU voranzubringen.[5] Zur Umsetzung dieses Ziels hat die EU-Kommission bereits

---

1 Vorschlag für eine Richtlinie des Europäischen Parlaments und des Rates zur Änderung der Richtlinie (EU) 2017/1132 im Hinblick auf den Einsatz digitaler Werkzeuge und Verfahren im Gesellschaftsrecht vom 25. April 2018, COM (2018) 239 final, S. 2.

2 Empfehlung der Kommission vom 6. Mai 2003 betreffend die Definition der Kleinstunternehmen sowie der kleinen und mittleren Unternehmen, 2003/361/EG Abl. L 124/36 vom 20. Mai 2003 Art. 2 Abs. 1.

3 Vgl. Kurzdarstellungen zur Europäischen Union, Kleine und mittlere Unternehmen http://www.europarl.europa.eu/factsheets/de/sheet/63/kleine-und-mittlere-unternehmen (Stand: 23. November 2021); *Steinberger*, BB 2006 Beilage Nr. 7, 27.

4 COM (2018) 239 final, S.3.

5 Vgl. Mitteilung der Kommission an das Europäische Parlament, den Rat, den Europäischen Wirtschafts- und Sozialausschuss und den Ausschuss der Regionen, Arbeitsprogramm der Kommission 2017, COM (2016) 710 final, S. 9.; *Mayer/Kleinert*, EuZW 2019, 393; *Knaier*, GmbHR 2021, 169, 170.

konkrete Schritte unternommen, welche möglicherweise das Potential haben, die digitale Revolution im Gesellschaftsrecht voranzutreiben. So wurde am 25. April 2018 ein Richtlinienentwurf für eine zweiteilige Richtlinie zur Digitalisierung des europäischen Gesellschaftsrechts (im Folgenden auch „*Company Law Package*"),[6] der die aus dem Jahr 2017 stammende Gesellschaftsrechtsrichtlinie (EU) 2017/1132 über bestimmte Aspekte des Gesellschaftsrechts (im Folgenden auch „GesRRL")[7] ergänzen soll. Nach einigen Änderungen des Entwurfs wurde schließlich die Digitalisierungsrichtlinie (EU) 2019/1151 (im Folgenden auch „DigiRL")[8] am 11. Juli 2019 im Amtsblatt der Europäischen Union veröffentlicht. Der schnelle Abschluss des Gesetzgebungsverfahrens ist unter anderem auf eine umfassende Beteiligung sowohl der Wissenschaft wie auch der Praxis zurückzuführen.[9] Durch die Digitalisierungsrichtlinie sollen neue digitale Werkzeuge im Gesellschaftsrecht eingeführt werden. Wesentliche Neuerung ist hierbei die Online-Gründung für den gesamten Binnenmarkt.[10] Im Zuge dessen wird ein Aspekt aufgegriffen, der bereits in der Vergangenheit für Diskussion gesorgt hatte. So sah der Entwurf zur Gründung einer *Societas Unius Personae* (SUP) bereits eine Online-Gründung vor.[11] Aufgrund der vorgesehenen Nichtbeteiligung eines Intermediäres regte sich jedoch vor allem in Deutschland Widerstand. Unter anderem führte auch die Affäre um die „*Panama Papers*" dazu, dass das Vorhaben zunächst scheiterte.[12] Gleichwohl zeigt sich aufgrund des neuen Entwurfs die Relevanz des Themas für eine zukunftsorientierte Aufstellung der Kapitalgesellschaften in Europa.

Eine Untersuchung der Digitalisierungsrichtlinie ist folglich geboten: Die Änderung des Gründungsverfahrens von Kapitalgesellschaften bringt

---

6 Vorschlag für eine Richtlinie des Europäischen Parlaments und des Rates zur Änderung der Richtlinie (EU) 2017/1132 im Hinblick auf den Einsatz digitaler Werkzeuge und Verfahren im Gesellschaftsrecht vom 25. April 2018, COM (2018) 239 final.

7 Richtlinie (EU) 2017/1132 des Europäischen Parlaments und des Rates vom 14. Juni 2017 über bestimmte Aspekte des Gesellschaftsrechts, ABl. EU L 169/46 vom 30. Juni 2017.

8 Richtlinie (EU) 2019/1151 des Europäischen Parlaments und des Rates vom 20. Juni 2019 zur Änderung der Richtlinie (EU) 2017/1132 im Hinblick auf den Einsatz digitaler Werkzeuge und Verfahren im Gesellschaftsrecht, ABl. EU L 186/60 vom 11. Juli 2019.

9 *Bormann/Stelmaszczyk*, NZG 2019, 601, 602.

10 Erwägungsgrund 9 RL (EU) 2019/1151.

11 COM (2014) 212 final, Art. 14 Abs. 3.

12 *Seibert*, FS Bergmann, 677, 684; *Bausback*, notar 2016, 177.

weitreichende Folgen mit sich. Aufgrund des Gestaltungsspielraums, den der europäische Gesetzgeber den Mitgliedstaaten einräumt, ist es erforderlich, die verschiedenen Umsetzungsvarianten zu beleuchten und im deutschen Rechtssystem einzuordnen. Wenn sich ein Erfolg der Online-Gründungen abzeichnet, könnte zudem mittelfristig über eine Ausweitung auf andere beurkundungspflichtige Rechtsgeschäfte, etwa Verträge über Grundstücke, nachgedacht werden. Perspektivisch besteht in naher Zukunft die Möglichkeit, dass sämtliche Beurkundungen elektronisch ablaufen. Die Digitalisierungsrichtlinie stellt somit möglicherweise einen europäischen Anstoß für umfassende Online-Verfahren im gesamten deutschen Rechtssystem dar.

II. Gang der Untersuchung

Zum besseren Verständnis des Problemkreises empfiehlt sich zunächst ein abstrakter Blick auf die Digitalisierungsrichtlinie. Die zentralen Aspekte sollen vorerst ohne Bezug zum deutschen Rechtssystem vorgestellt werden. Hierbei ist insbesondere der Tatsache Rechnung zu tragen, dass die Richtlinie das Ergebnis eines Entwicklungsprozesses darstellt. Im Anschluss daran soll das Kernelement der Digitalisierungsrichtlinie, die Online-Gründung, erläutert werden. In einem ersten Schritt werden die aktuellen Gründungsvorgänge aufgezeigt und nachfolgend untersucht, wie sich die Regelungen der Richtlinie bestmöglich in die bestehenden Regelungen integrieren lassen.

Weiterhin ist zu berücksichtigen, dass die Digitalisierungsrichtlinie nicht nur Bestimmungen zur Gründung enthält, sondern den gesamten Lebenszyklus einer Gesellschaft betrifft. Dies führt unter anderem zu Änderungen der Publizitätswirkung des Handelsregisters. Somit ist auch in diesem Zusammenhang ein Umdenken erforderlich. Zuletzt soll untersucht werden, welche Strategien der Europäische Gesetzgeber verfolgt, um betrügerisches Verhalten im Rahmen der Gesellschaftsgründung aufzudecken und zu unterbinden. Durch diese Vorgehensweise ergibt sich ein umfassendes Bild der bevorstehenden Änderungen, die das „neue Zeitalter“[13] des Gesellschaftsrechts einläuten.

---

13 *Lieder*, NZG 2020, 81, 81 f.

B. Die Digitalisierungsrichtlinie

Nachfolgend soll der Inhalt der Richtlinie dargestellt werden. Hierbei sind vor allem ihre rechtlichen Grundlagen in gebotener Kürze, wie auch das Bedürfnis nach einer solchen Richtlinie zu beleuchten. Aufgrund des durchlaufenen Entwicklungsprozesses bietet sich ein Vergleich der Digitalisierungsrichtlinie mit dem Richtlinienentwurf zur SUP an. Letztlich sollen hierdurch die Fortschritte herausgearbeitet und geprüft werden, inwieweit die Kritik am Richtlinienentwurf zur SUP gewürdigt wurde.

I. Rechtliche Grundlagen

Als Rechtsgrundlage für die Richtlinie kommt Art. 50 Abs. 1 des Vertrages über die Arbeitsweise der Europäischen Union (AEUV) in Betracht. Hiernach können Richtlinien zur Verbesserung der Niederlassungsfreiheit in grenzüberschreitenden Sachverhalten erlassen werden.[14] Konkretisiert wird dies in Art. 50 Abs. 2 AEUV durch eine beispielhafte Aufzählung in einem nicht abschließenden Katalog („insbesondere“) der bestehenden Schutz-, Gewährleistungs- und Förderpflichten.[15] So ist etwa nach Art. 50 Abs. 2 lit. f) AEUV darauf hinzuwirken, dass Beschränkungen der Niederlassungsfreiheit in Bezug auf die Errichtung von beispielsweise Zweigniederlassungen und Tochtergesellschaften schrittweise aufgehoben werden. Darüber hinaus sieht Art. 50 Abs. lit. g) AEUV vor Schutzbestimmungen zu koordinieren, um eine gleichwertige Gestaltung von Rechtsvorschriften zu gewährleisten. Hierdurch kommt zum Ausdruck, dass eine Verbesserung der Niederlassungsfreiheit durch Regelungen, die Unternehmen betreffen, möglich ist. Daneben können Richtlinien zur Verbesserung der Zusammenarbeit zwischen den Verwaltungen der Mitgliedstaaten erlassen werden und Verwaltungsverfahren und -praktiken abändern, die der Niederlassungsfreiheit entgegenstehen (vgl. Art. 50 Abs. 2 lit. b) und c) AEUV).

Teilweise wird ein grenzüberschreitender Aspekt negiert, wodurch die Gesetzgebungskompetenz des Europäischen Gesetzgebers für Art. 13 g GesRRL zu verneinen wäre. Die Online-Gründung für Gesellschaften ohne Auslandsbezug wäre somit vom nationalen Gesetzgeber zu regeln.[16] Dies würde zu

---

14 *Omlor*, DStR 2019, 2544, 2548; *Korte*, in: Calliess/Ruffert, § 50 Rn. 13.

15 *Korte*, in: Calliess/Ruffert, § 50 Rn. 13.

16 *Wachter*, GmbH-StB 2018, 214, 216; *Omlor*, DStR 2019, 2544, 2548.

einer zulässigen, aber nicht wünschenswerten Inländerdiskriminierung führen. Außerdem gilt es zu beachten, dass eine ausschließliche Reglementierung grenzüberschreitender Gründungen zu zwei verschiedenen Verfahren abhängig davon führen würde, wer die Gründung einer Gesellschaft verfolgt. Eine solche Differenzierung erscheint nicht praktikabel. Es ist zu berücksichtigen, dass die Richtlinie den gesamten Lebenszyklus einer Gesellschaft gestalten soll. Dies umfasst sowohl die Gründung wie auch den späteren Kontakt mit Behörden. Ein reibungsloser Ablauf kann nur dann stattfinden, wenn eine Sicherstellung gleicher Bedingungen erfolgt.[17] Zudem ist zu berücksichtigen, dass eine grenzüberschreitende Gründung sowohl in Deutschland möglich ist, als auch für deutsche Staatsangehörige fortan die Möglichkeit bestehen wird, in anderen Mitgliedstaaten online als Gründer aufzutreten. Aufgrund dessen ist die Anforderung an einen grenzüberschreitenden Sachverhalt gewahrt. Art. 50 AEUV ist als Rechtsgrundlage somit einschlägig.[18]

1. Subsidiaritätsprinzip

Bedenken könnten allerdings hinsichtlich des in Art. 5 Abs. 3 des Vertrages über die Europäische Union (EUV) verankerten Subsidiaritätsprinzips bestehen.[19] Hiernach wird die Union nur tätig, sofern und soweit die Ziele der in Betracht gezogenen Maßnahmen von den Mitgliedstaaten weder auf zentraler noch auf regionaler oder lokaler Ebene ausreichend verwirklicht werden können. Dabei ist zu beachten, dass für die Rechtssetzungsorgane ein gewisser nicht überprüfbarer Ermessensspielraum eröffnet ist.[20] Gegen das Erfordernis einer europäischen Richtlinie könnte sprechen, dass ihr Regelungsgehalt einer speziellen europäischen Rechtsform sehr nahekommt und eine Spaltung des nationalen Gesellschaftsrechts droht, wenn auf der einen Seite europarechtliche Regelungen und auf der anderen Seite abweichende nationale Normen stehen.[21] Zudem könnte angenommen werden, dass Änderungen in nationalen Rechtsordnungen allein Sache der jeweiligen Mitgliedstaaten sind.[22] Jedoch ist, wie bereits oben

---

17 Erwägungsgrund 40 RL (EU) 2019/1151; COM (2018) 239 final, S. 8.; *Knaier*, GmbHR 2018, 560, 561.

18 So auch COM (2018) 239 final, S. 8; *Knaier*, GmbHR 2018, 560, 561.

19 Das Subsidiaritätsprinzip wird nur relevant, sofern kein Fall der ausschließenden Gesetzgebung nach Art. 3 AEUV vorliegt.

20 *Albin*, NVwZ 2006, 629, 631.

21 So bereits zur SUP, *Wicke* ZIP 2014, 1414, 1417.

22 *Wachter*, GmbH-StB 2018, 214, 216.

dargelegt,[23] die Regelung einer Online-Gründung nur einheitlich im europäischen Kontext möglich. Eine Förderung der Ziele auf nationaler Ebene widerspricht zudem dem länderübergreifenden Charakter des Binnenmarktes.[24] Folglich ist das Subsidiaritätsprinzip gewahrt.

2. Verhältnismäßigkeit

Des Weiteren hat die Richtlinie den Anforderungen der Verhältnismäßigkeit zu genügen. Die eingesetzten Maßnahmen müssen also in Relation zu den damit verfolgten Zielen stehen und dürfen nicht über das erforderliche Maß hinausgehen (s. Art. 5 Abs. 4 EUV). Das legitime Ziel besteht darin, reibungslose Abläufe innerhalb des EU-Binnenmarktes zu schaffen, die eine Tätigkeit von Gesellschaften im grenzüberschreitenden Kontext erleichtert. Dies soll dadurch ermöglicht werden, dass während des kompletten Lebenszyklus einer Gesellschaft digitale Lösungen angeboten werden, somit Kosten geringgehalten werden und Verfahrenserleichterungen erfolgen.[25] Gerade im Hinblick auf das deutsche Gründungsprozedere scheinen vor allem verfahrensrechtliche Komplikationen einer Gründung oftmals entgegen zu stehen, während das Mindestkapitalerfordernis nur eine untergeordnete Rolle spielt.[26] Eine Erleichterung der formalen Vorgaben könnte sich somit zugunsten grenzüberschreitender wirtschaftlicher Tätigkeiten auswirken.

Indem der EU-Gesetzgeber zur Regelung eine Richtlinie wählt und einen weiten Umsetzungsspielraum für den jeweiligen nationalen Gesetzgeber vorsieht, hat er eine geeignete und erforderliche Maßnahme getroffen.[27] Positiv an dieser Vorgehensweise ist vor allem die dadurch gewährleistete Flexibilität der Mitgliedstaaten, die den Mindestinhalt der Richtlinie im Einklang mit ihren nationalen Regelungen umsetzen können.[28]

Aufgrund der erheblichen Kostenersparnis[29] von 42 bis 84 Millionen Euro überwiegen die positiven Auswirkungen der Richtlinie mögliche negative

---

23 S. B. I.

24 COM (2018) 239 final, S. 8; Erwägungsgrund 40 RL (EU) 2019/1151; so auch *Knaier*, GmbHR 2021, 169, 170.

25 COM (2018) 239 final, S. 8; *Knaier*, GmbHR 2021, 169, 170.

26 *Knaier*, GmbHR 2021, 169, 176 m.w.N.

27 Vgl. Art. 288 Abs. 3 AEUV.

28 COM (2018) 239 final, S. 8.

29 *Knaier* weist in GmbHR 2018, 560, 561 darauf hin, dass etwa in Estland eine erhöhte Gebühr für die Online-Gründung verlangt wird und der Kostenvorteil somit in Frage steht. Betrachtet man allein die Gebühren, mag dies stimmen. Unberücksichtigt bleiben

Folgen.[30] Des Weiteren ist mit kürzeren Eintragungsverfahren zu rechnen, wenn auf die physische Präsenz der Gründer und die Antragstellung auf Papier verzichtet wird.[31] Ob die prognostizierten Zeit- und Kostenvorteile tatsächlich eintreten und somit dem Grundsatz der Verhältnismäßigkeit entsprochen wird, wird teilweise bezweifelt. Insbesondere wird bemängelt, dass die Unterschiede zwischen den einzelnen Eintragungsverfahren der Mitgliedstaaten nicht ausreichend berücksichtigt worden seien.[32] Dem kann jedoch entgegengebracht werden, dass sich dies allein auf die absolute Eintragungsdauer in Tagen auswirken kann. Dass eine Gründung ohne persönliches Erscheinen jedenfalls in Relation zu einem Präsenz-Verfahren mit sämtlichen Beteiligten schneller abläuft, erscheint hingegen als überwiegend wahrscheinlich. Letztlich handelt es sich um eine zulässige Prognoseentscheidung der Kommission, der keine gewichtigen Gründe entgegengebracht wurden. Zutreffend ist jedoch die Einschätzung des europäischen Gesetzgebers, dass ein in Grundzügen harmonisierter Verfahrensablauf zu weniger Konflikten bei grenzüberschreitenden Tätigkeiten führt, da wesentliche Regelungen in allen Mitgliedstaaten gleich sind.[33]

Losgelöst vom deutschen Rechtssystem sind die aufgrund der Richtlinie vorzunehmenden Änderungen in manchen Mitgliedstaaten nur von untergeordneter Bedeutung. Dies lässt sich darauf zurückführen, dass teilweise bereits ein weiter Vorstoß bei der Implementierung digitaler Prozesse in den jeweiligen Staaten zu verzeichnen ist.[34] Unter Berücksichtigung der zum Teil nur geringfügigen Anpassungen durch die Richtlinie ist von einer Wahrung der Verhältnismäßigkeit auszugehen. Dass die Kommission von ihrem Initiativrecht Gebrauch gemacht hat, steht somit mit den europarechtlichen Grundlagen in Einklang.[35]

---

bei diesem Argument jedoch etwaige Kosten für eine persönliche Anwesenheit bei der zuständigen Stelle, die entstehen würden, wenn eine Gründung im Präsenzverfahren erfolgt.

30 Vgl. S. 95 der Folgenabschätzung zum Richtlinienvorschlag betreffend den Einsatz digitaler Werkzeuge (*Commission Staff Working Document Impact Assessment*) SWD (2018) 141 final vom 25. April 2018; so nun auch Knaier, GmbHR 2021, 169, 170.

31 COM (2018) 239 final, S. 4.

32 So etwa *Wachter*, GmbH-StB 2018, 214, 216.

33 SWD (2018) 141 final, S. 94.

34 COM (2018) 239 final, S. 9.

35 So auch *Knaier*, GmbHR 2021, 169, 170; *Knaier*, GmbHR 2018, 560, 561.

3. Regelungstechnik

Inhaltlich stellt die auf dem *Company Law Package* basierende Digitalisierungsrichtlinie eine Ergänzung der Gesellschaftsrechtsrichtlinie dar.[36] Es handelt sich insofern um eine Änderungsrichtlinie, die lediglich einzelne zu ändernde Passagen aufgreift.[37] Aufgrund der Lückenhaftigkeit, die sich aus dem Zusammenspiel der verschiedenen Richtlinien ergibt, überrascht es nicht, dass der Eindruck der Unübersichtlichkeit entsteht.[38] Wünschenswert wäre daher eine Neunummerierung der Gesellschaftsrechtsrichtlinie unter Einbeziehung der Digitalisierungsrichtlinie gewesen, die jedoch nicht erfolgt ist.[39]

4. Allgemeine Anforderungen an den deutschen Gesetzgeber

Bei der Umsetzung der Richtlinie ist zu beachten, dass nach Art. 288 Abs. 3 AEUV das Ziel verbindlich ist, jedoch die Wahl der geeigneten Mittel dem jeweiligen nationalen Gesetzgeber überlassen ist. Somit soll gewährleistet werden, dass die vorgesehenen Regelungen bestmöglich in das nationale Rechtssystem implementiert werden. Die erforderlichen Maßnahmen, die ergriffen werden müssen, um der Richtlinie nachzukommen, sind nach Art. 2 Abs. 1 DigiRL grundsätzlich bis zum 1. August 2021 zu ergreifen. Sollten sich im Rahmen der Umsetzung besondere Komplikationen bei einzelnen Mitgliedstaaten ergeben, besteht die Option einer Verlängerung der Frist um bis zu ein Jahr (vgl. Art. 2 Abs. 3 DigiRL). Deutschland hat von dieser Verlängerungsoption Gebrauch gemacht, so dass eine Umsetzung bis zum 1. August 2022 möglich ist.[40] Hierdurch wird der Praxis Zeit gegeben, um die notwendigen Umstellungen vorzunehmen. Von Vorteil hierbei ist das elektronische Urkundenarchiv für Notare, welches bereits am 1. Januar 2022 zur Verfügung stehen soll und somit einen weiteren Schritt zur Digitalisierung in notariellen Angelegenheiten mit sich bringt.[41] Darüber hinaus

36 Soweit auf Artikel der GesRRL Bezug genommen wird sind diese identisch mit den in der DigiRL genannten Artikeln.

37 *Knaier*, GmbHR 2021, 169, 170; *Teichmann*, ZIP 2018, 2451, 2452; *Wachter*, GmbH-StB 2018, 214, 215; *Birkefeld/Schäfer*, BB 2019, 2626.

38 *Lieder*, NZG 2018, 1081, 1091.

39 vgl. *Lieder*, NZG 2018, 1081, 1091; *Knaier*, GmbHR 2018, 560, 561. Nach Art. 1 Nr. 4 der DigiRL werden die folgenden Artikel 13 a bis 13 e eingefügt. Art. 13 f, der aus einer Neunummerierung im Rahmen des Gesetzgebungsverfahrens resultiert wird nicht genannt. Es handelt sich hierbei offensichtlich um ein Redaktionsversehen.

40 *Knaier*, GmbHR 2021, 169, 171.

41 Vgl. § 78 h BNotO; *Knaier*, GmbHR 2021, 169, 171.

gilt vereinzelt für Rechts- und Verwaltungsvorschriften eine Umsetzungsfrist bis zum 1. August 2023 (s. Art. 2 Abs. 2 DigiRL).

Am 13. November 2019 wurde ein Gesetzesantrag des Landes Nordrhein-Westfalen im Bundesrat vorgelegt.[42] Der Gesetzesantrag wurde dem Rechtsausschuss sowie dem Ausschuss für Innere Angelegenheiten und dem Wirtschaftsausschuss zur weiteren Beratung zugewiesen.[43] Ein entsprechendes Gesetz bedarf nicht der Zustimmung des Bundesrates.[44] Am 18. Dezember 2020 legte schließlich das Bundesministerium der Justiz und für Verbraucherschutz einen Referentenentwurf eines Gesetzes zur Umsetzung der Digitalisierungsrichtlinie (im Folgenden: DiRUG-RefE) vor.[45] Dass geplant war möglichst zeitnah das Gesetzgebungsverfahren zu durchlaufen und noch zu einem Abschluss innerhalb der relevanten Legislaturperiode zu kommen,[46] zeigt sich daran, dass der Referentenentwurf weitestgehend beibehalten und am 10. Februar 2021 in einem Gesetzentwurf der Bundesregierung (im Folgenden: DiRUG-RegE) verabschiedet wurde.[47] Kurz darauf hat der Bundesrat den Gesetzentwurf der Bundesregierung am 12. Februar 2021 in seiner Drucksache 144/21 veröffentlicht und zum Gesetzentwurf Stellung genommen.[48] Das DiRUG wurde am 10.06.2021 vom Bundestag und am 25.06.2021 vom Bundesrat verabschiedet und tritt überwiegend am 1. August 2022 in Kraft (Art. 31 DiRUG).[49] Es zeichnet sich im Wesentlichen durch praxisnahe und zukunftsweisende Regelungen aus, ohne von notwendigen Sicherheitsanforderungen abzuweichen.[50]

---

42 Gesetzesantrag des Landes Nordrhein-Westfalen: Entwurf eines Gesetzes zur Umsetzung der Richtlinie (EU) 2019/1151 des Europäischen Parlaments und des Rates vom 20. Juni 2019 zur Änderung der Richtlinie (EU) 2017/1132 im Hinblick auf den Einsatz digitaler Werkzeuge und Verfahren im Gesellschaftsrecht, BR-Drs. 611/19.

43 BR, 983. Sitzung vom 29. November 2019, S. 591.

44 BR-Drs. 611/19, S. 20.

45 Abrufbar unter: https://www.bmjv.de/SharedDocs/Gesetzgebungsverfahren/Dokumente/RefE_DiRUG.pdf?__blob=publicationFile&v=1 (Stand: 23. November 2021).

46 *Schmidt*, ZIP 2021, 112, 122; *Bock*, RNotZ 2021, 326, 327.

47 Abrufbar unter: https://www.bmjv.de/SharedDocs/Gesetzgebungsverfahren/Dokumente/RegE_Entwurf_%20Gesetzes_Umsetzung_%20Digitalisierungsrichtlinie.pdf?__blob=publicationFile&v=4 (Stand: 23. November 2021).

48 BR-Drs. 144/1/21.

49 Gesetz zur Umsetzung der Digitalisierungsrichtlinie (DiRUG) vom 05.07.2021, BGBl. I. S. 3338.

50 Stellungnahme DNotV v. 15. Januar 2021, S. 1.

II. Notwendigkeit der Richtlinie

Die Digitalisierungsrichtlinie wurde zur Stärkung der europäischen Niederlassungsfreiheit verabschiedet. Als wesentliches Hindernis eines reibungslosen Ablaufs der Gründung von Gesellschaften werden vor allem die entstehenden Kosten und der nicht unerhebliche Verwaltungsaufwand gesehen.[51] Von den Änderungen sollen in erster Linie solche Unternehmen profitieren, die aufgrund ihrer Struktur nicht im gleichem Maße am europäischen Wettbewerb teilnehmen können wie größere Konkurrenten, namentlich also KMU und *Start-Ups*.[52] In der heutigen Zeit ist Grundvoraussetzung für wirtschaftlichen Erfolg eines kleinen oder mittelständischen Unternehmens, dass es sich im EU-Binnenmarkt behaupten kann.[53] Insofern stellt die Chancengleichheit zwischen den verschiedenen Marktteilnehmern einen wesentlichen Beitrag zu einer florierenden Binnenwirtschaft dar.[54] Im Folgenden wird kurz darauf eingegangen, inwieweit die Digitalisierungsrichtlinie an aktuelle europäische Entwicklungen anknüpft und welchen potentiellen Mehrwert sie darstellt.

1. Gesellschaftsformen

Soweit es den regulatorischen Rahmen betrifft, bietet sich eine Differenzierung zwischen supranationalen Rechtsformen, die sich vor allem durch ihre Symbolkraft auszeichnen[55] auf der einen Seite und nationalen Rechtsformen auf der anderen Seite an. Soweit diese eine ausreichende Beteiligung von KMU am Binnenmarkt ermöglichen, hält sich die Notwendigkeit der Digitalisierungsrichtlinie in Grenzen.

a) Supranationale Rechtsformen

An supranationalen Rechtsformen kommen die Europäische wirtschaftliche Interessenvereinigung (EWIV), die Europäische Genossenschaft (SCE) und die Societas Europaea (SE) in Betracht. Letztlich scheint jedoch keine dieser Gesellschaftsformen geeignet, um den bestehenden Konflikt zu lösen.

Die EWIV scheidet bereits aufgrund ihrer beschränkten Zwecksetzung aus.[56] So sieht etwa Art. 3 Abs. 1 EWIV-VO[57] vor, dass die EWIV nicht den Zweck hat,

51 Erwägungsgrund 5 COM (2018) 239 final; *Knaier*, GmbHR 2021, 169, 176 m.w.N.

52 Erwägungsgrund 11 COM (2018) 239 final.

53 *Steinberger*, BB 2006 Beilage Nr. 7, 27, 28.

54 COM (2018) 239 final, S. 6.

55 *Kalss/Klampfl*, in: Dauses/Ludwigs, Kap. E. III. Rn. 551.

56 Vgl. *Omlor*, GPR 2015, 158; *Kalss/Klampfl*, in: Dauses/Ludwigs, Kap. E. III. Rn. 610.

57 Verordnung (EWG) Nr. 2137/85 über die Schaffung einer Europäischen wirtschaftlichen Interessenvereinigung vom 25. Juli 1985, ABl. EG Nr. L 199 S. 1 vom 31. Juli 1985.

Gewinn für sich selbst zu generieren und nur eine Hilfstätigkeit für die wirtschaftlichen Aktivitäten der Mitglieder darstellt. Darüber hinaus ist für die Gründung einer EWIV erforderlich, dass entsprechend Art. 4 Abs. 2 EWIV-VO ihre Mitglieder aus verschiedenen europäischen Mitgliedstaaten stammen. Für eine Gesellschaft, die von einem Mitgliedstaat aus über dessen Grenzen hinweg tätig sein möchte, stellt diese Anforderung ein Hindernis dar.[58] Zudem ist zu beachten, dass die Vereinigungsmitglieder für Verbindlichkeiten der EWIV unbeschränkt und gesamtschuldnerisch haften (Art. 24 Abs. 1 EWIV-VO).[59]

Ähnlich wie die EWIV ist auch die SCE von vornherein auf einen kleinen Teil von Einsatzmöglichkeiten beschränkt.[60] So ergibt sich aus Art. 1 Abs. 3 SCE-VO[61], dass die SCE lediglich Genossenschaften offensteht.[62] Dies macht die SCE zu einem ungeeigneten Instrument für kleine und mittlere Unternehmen.

Bereits im Vorfeld der Diskussion über einen geeigneten Rechtsrahmen für kleinere Unternehmen wurde darauf gedrängt, die Verweise auf nationale Regelungen möglichst gering zu halten, um die Kosten für oftmals externe Berater auf ein Minimum zu beschränken.[63] Eine Nutzung der SE würde diesem Ziel zuwiderlaufen. Die verschiedenen Regelungen, die bei der Gründung einer SE zu beachten sind (vgl. Art. 9 Abs. 1 c SE-VO)[64], machen diese gerade für KMU unattraktiv.[65] Ebenso sprechen das Kriterium der Mehrstaatlichkeit (Art. 2 SE-VO), wie auch das hohe Stammkapital von 120.000 EUR (Art. 4 Abs. 2 SE-VO) gegen die Verwendung der SE.[66]

---

58 *Steinberger*, BB 2006 Beilage Nr. 7, 27, 31.

59 *Steinberger*, BB 2006 Beilage Nr. 7, 27, 31, *Klumpen*, Die elektronische Gesellschaftsgründung über die Grenze, S. 29.

60 *Omlor*, GPR 2015, 158.

61 Verordnung (EG) Nr. 1435/2003 über das Statut der Europäischen Genossenschaft (SCE) vom 22. Juli 2003, ABl. EU Nr. L 207 S. 1 vom 18. August 2003.

62 Vgl. *Kalss/Klampfl*, in: Dauses/Ludwigs, Kap. E. III. Rn. 590; *Klumpen*, Die elektronische Gesellschaftsgründung über die Grenze, S. 30.

63 *Steinberger*, BB 2006 Beilage Nr. 7, 27, 30.

64 Verordnung (EG) Nr. 2157/2001 über das Statut der Europäischen Gesellschaft (SE) vom 08. Oktober 2001, ABl. EG Nr. L 294 S. 1 vom 10. November 2001.

65 *Omlor*, GPR 2015, 158; *Steinberger*, BB 2006 Beilage Nr. 7, 27, 31; *Klumpen*, Die elektronische Gesellschaftsgründung über die Grenze, S. 31.

66 *Steinberger*, BB 2006 Beilage Nr. 7, 27, 31.

b) Nationale Rechtsformen

Wenn supranationale Rechtsform keine zufriedenstellende Lösung bereithalten, könnte dennoch auf nationaler Ebene eine Möglichkeit einer unkomplizierten Gründung bestehen. Momentan wird vor allem bei der Gründung einer Tochtergesellschaft durch eine ausländische Muttergesellschaft von der Möglichkeit Gebrauch gemacht, sich über einen Anteilserwerb an einer bereits bestehenden Gesellschaft zu beteiligen. Dies geschieht über sogenannte Vorrats- oder Mantelgesellschaften.[67] Während bei der Gründung einer Vorratsgesellschaft zwar das erforderliche Stammkapital aufgebracht, aber keine unternehmerische Tätigkeit aufgenommen wird, handelt es sich bei der Mantelgesellschaft um eine „leere Hülle" einer Gesellschaft, die ihre Tätigkeit zeitweilig eingestellt hat.[68]

Nach überwiegender Ansicht ist der Gebrauch einer offenen Vorratsgesellschaft wie auch einer Mantelgesellschaft zum Zweck einer beschleunigten Gründung zulässig.[69] Voraussetzung ist eine Offenlegung der Form, dass die Vorratsgesellschaft lediglich einer späteren Aufnahme des Geschäftsbetriebes dient.[70] Hierzu genügt regelmäßig, dass die Satzung zum Ausdruck bringt, dass die „Verwaltung eigenen Vermögens" bezweckt wird.[71] Die Verwendung einer Mantelgesellschaft hingegen erfordert, dass ein alter Geschäftsmantel wiederverwendet wird, der reaktiviert wird und somit eine „wirtschaftliche Neugründung" darstellt.[72]

---

67 *Wicke*, in: MüKo-GmbHG, § 3 Rn. 27.

68 BGH NJW 2010, 1459; *Saenger*, GesR, § 17 Rn. 748.

69 *Wicke*, in: MüKo-GmbHG, § 3 Rn. 28; *Saenger*, GesR, § 17 Rn. 749; BGH Beschl. v. 16.03.1992 – II ZB 17/91, NJW 1992, 1824 (zur AG).

70 Im Gegensatz zur offenen Vorratsgesellschaft ist eine verdeckte Vorratsgesellschaft unzulässig. Eine verdeckte Vorratsgesellschaft ist gegeben, wenn ein Unternehmensgegenstand nur zum Schein erklärt wird und nicht aufgedeckt wird, dass lediglich ein späterer Geschäftsbetrieb bezweckt werden soll. Hieraus folgt eine Gesamtnichtigkeit von Satzung und Gründung. Das Vorliegen eines Nichtigkeitsgrundes führt entweder zu einer Auflösungsklage (§ 75 GmbHG) oder aber zu einer Amtslöschung (§ 397 FamFG), vgl. insoweit *Ulmer/Löbbe*, in: Ulmer/Habersack/Löbbe-GmbHG, § 3 Rn. 131. Bezüglich der Nichtigkeit ist dogmatisch umstritten, ob diese aus § 117 BGB oder aus § 134 BGB rührt, was jedoch keiner Entscheidung bedarf; vgl. für die Vorrats-Aktiengesellschaft BGH, DNotZ 1994, 107, 113.

71 *Wicke*, in: MüKo-GmbHG, § 3 Rn. 28; *Ulmer/Löbbe*, in: Ulmer/Habersack/Löbbe, § 3 Rn. 130.

72 *Ulmer/Löbbe*, in: Ulmer/Habersack/Löbbe, § 3 Rn. 128; *Saenger*, GesR, § 17 Rn. 749.

Dass sich der Handel mit Vorrats- und Mantelgesellschaften großer Beliebtheit erfreut, lässt sich allein schon aus der Vielzahl an kommerziellen Angeboten ableiten.[73] Auch wenn die Gründung in dieser Form weit verbreitet ist, so offenbaren sich dennoch einige Nachteile für kleinere und mittlere Unternehmen. Zunächst müssen neben dem aufzubringenden Stammkapital immer noch zusätzlich zwischen 2.000 EUR und 3.000 EUR Kaufpreis für die Zielgesellschaft aufgebracht werden. Während diese Summen für große Unternehmen zu vernachlässigen sind, müssen gerade *Start-Ups* mit ihren finanziellen Ressourcen bewusst umgehen. Selbst bei dem Erwerb einer Unternehmergesellschaft (haftungsbeschränkt) liegt der Kaufpreis immer noch knapp unter 2.000 EUR. Hinzu kommt ein nicht unbeachtlicher Mehraufwand für Gebühren bei Notaren und Gerichten wie auch für Veröffentlichungen in Höhe von etwa 5 % der Stammkapitalziffer.[74]

Neben dem finanziellen Aspekt spricht entscheidend gegen die Verwendung von Vorrats- und Mantelgesellschaften, dass eine Online-Gründung *de lege lata* nicht möglich ist und stets der Gang zum Notar mit der Errichtung der Gesellschaft einhergeht. Dies gilt auch, wenn ein Bevollmächtigter zum Erwerb zwischengeschaltet wird.[75] Zudem sind kleine Unternehmen oftmals rechtsunkundig und können infolgedessen bei grenzüberschreitendem Tätigwerden nur schwer ein Verständnis für fremde Rechtsordnungen entwickeln. Darüber hinaus ist insbesondere bei Mantelgesellschaften die Prüfung der Kapitalaufbringung und -erhaltung nur schwer nachzuvollziehen, was gegen eine Verwendung spricht.[76]

Der Einsatz von Vorrats- und Mantelgesellschaften erfolgt insbesondere, wenn ein erheblicher Zeitdruck besteht.[77] Zwar streben oftmals auch kleine Unternehmen das Ziel an, möglichst rasch tätig zu werden, doch konkurriert dieser Wunsch mit einer ökonomischen und juristischen Analyse des Sachverhalts und dem Bedarf nach einem seriösen Gründungsverfahren, so dass eine schnelle Gründung nicht um jeden Preis erfolgen muss.[78] Der Ankauf einer bestehenden Gesellschaft ist folglich oftmals nicht zielführend. Somit lässt sich festhalten, dass nach aktuellem Stand auf supranationaler und nationaler Ebene keine Gesellschaftsform dazu geeignet ist,

73 Vgl. das große Angebot von Vorratsgesellschaften zum Beispiel bei https://www.sofort-gesellschaften.de/d/Angebotsliste/Vorrats_Gesellschaften_Alle.php (Stand: 23. November 2021).

74 *Bohrer*, DNotZ 2003, 888, 890.

75 *Ries* NZG 2014, 569, 570; hierzu auch C. I. 1. g).

76 *Terbrack*, in: Süß/Wachter, Deutschland, Rn. 19.

77 *Bohrer*, DNotZ 2003, 888, 890.

78 BR-Drs. 165/14 v. 11. Juli 2014, S. 4 Nr. 9; *Klumpen*, Die elektronische Gesellschaftsgründung über die Grenze, S. 205; *Wolf*, MittBayNot 2018, 510, 520.

den Bedarf kleinerer Unternehmen an einer effizienten und kostengünstigen Teilnahme am europäischen Wirtschaftsverkehr zu befriedigen.

2. Die Niederlassungsfreiheit von Gesellschaften in der Rechtsprechung

Die Ausgestaltung der Niederlassungsfreiheit von Unternehmen ist immer wieder Gegenstand gerichtlicher Entscheidungen. Die Rahmenbedingungen für einen transnationalen Wettbewerb wurden durch „spektakuläre Hammerschläge"[79] des Europäischen Gerichtshofs gelockert. Es ist jedoch zweifelhaft, ob auch KMU von diesen Lockerungen profitieren können.

Nach allgemeinem Verständnis umfasst die Niederlassungsfreiheit nicht bloß ein Diskriminierungsverbot, sondern vielmehr ein Verbot ungerechtfertigter Beschränkungen hinsichtlich des Personenverkehrs innerhalb der EU.[80] Gemäß Art. 54 AEUV stehen Unternehmen, die nach dem Recht eines Mitgliedstaates gegründet wurden und ihren satzungsmäßigen Sitz innerhalb der EU haben, den natürlichen Personen gleich, die Angehörige der Mitgliedstaaten sind. Speziell für Gesellschaften bedeutet dies, dass ihnen innerhalb der Europäischen Union die Möglichkeit offensteht, sowohl ihren satzungsmäßigen Sitz als auch den tatsächlichen Verwaltungssitz in ein anderes Land zu verlegen.[81] Zudem besteht nach Art. 49 Abs. 1 S. 2 AEUV die Möglichkeit der Gründung von Agenturen, Zweigniederlassungen oder Tochtergesellschaften innerhalb der EU, sofern eine Betätigung in einem Mitgliedstaat beibehalten wird.[82]

Durch das Entscheidungstrias Centros[83], Überseering[84] und Inspire Art[85] erfolgte ein erster Vorstoß hin zur freien Sitzverlegung.[86] Hiernach dürfen sich

79 *Lutter/Bayer/Schmidt*: Europäisches Unternehmens- und Kapitalmarktrecht, § 7 Rn. 7.13.

80 *Burk*, JURA 2010, 284, 286; *Habersack/Verse*, § 3 Rn. 3; *Wolf*, MittBayNot 2018, 510, 511 f.; Als richtungsweisend gelten in diesem Zusammenhang die Urteile Kraus (EuGH Rs C 19/92, Slg. 1993, I-1663) und Gebhard (EuGH Rs C 55/94, Slg. 1995, I-4165).

81 *Burk*, JURA 2010, 284, 286.

82 Vgl. *Habersack/Verse*, § 3 Rn. 2; Eine Tochtergesellschaft zeichnet sich dadurch aus, dass sie über eine eigene Rechtspersönlichkeit verfügt und somit selbstständig ist. Zweigniederlassungen hingegen haben keine eigene Rechtspersönlichkeit und sind infolgedessen unselbstständig.

83 EuGH, Rs. C 212/97, Slg. 1999, I-1459.

84 EuGH, Rs. C 208/00, Slg. 2002, I-9919.

85 EuGH, Rs. C 167/01, Slg. 2003 I-10155.

86 *Lutter/Bayer/Schmidt*: Europäisches Unternehmens- und Kapitalmarktrecht, § 7 Rn. 7.27; *Brehm/Schümmer*, NZG 2020, 538; Wolf, MittBayNot 2018, 510, 511.

Gesellschaften selbst dann auf die Niederlassungsfreiheit berufen, wenn sie in einem anderen Mitgliedstaat gegründet wurden, aber dennoch ihre alleinige oder hauptsächliche Tätigkeit in dem Mitgliedstaat ausüben, in dem sich ihre Zweigniederlassung befindet.[87] Eine Einschränkung kann erfolgen, wenn ein Missbrauchsfall nachgewiesen werden kann, was selbst dann nicht gegeben ist, wenn die Verlegung der Tätigkeit nur zu dem Zweck erfolgt, günstigeren Rechtsvorschriften unterworfen zu sein.[88] Vorschriften des aufnehmenden Staates sind nur insoweit relevant, als es dem Schutz „zwingender Erfordernisse des Allgemeininteresses"[89] dient.[90] Hieraus ergibt sich für die Gründer die vorteilhafte Möglichkeit, eine Gesellschaft in dem Mitgliedstaat gründen zu können, in welchem sie in den Genuss entgegenkommender Rechtsvorschriften kommen, aber dennoch eine hundertprozentige wirtschaftliche Tätigkeit in einem anderen Mitgliedstaat auszuüben.[91] In der Folge führte dies zu einem Anstieg der Gründung von *private limited companies* („Limited") in Deutschland aufgrund ihres einfachen Gründungsprozesses und des Fehlens von Schutzvorschriften zu Gunsten der Beteiligten.[92]

In der kürzlich entschiedenen Rechtssache Polbud[93] bestätigte der Europäische Gerichtshof seine Ansicht, dass für die Eröffnung des Schutzbereiches der Niederlassungsfreiheit weder eine tatsächliche Tätigkeit, noch ein Hauptverwaltungssitz in dem Land, dessen Gesellschaftsrecht Anwendung finden soll, erforderlich ist.[94] Bei einer grenzüberschreitenden Sitzverlegung sind die rechtlichen Vorschriften des Zuzugstaates maßgeblich und die Gesellschaft ist als rechts- und

87 *Lutter/Bayer/Schmidt*, Europäisches Unternehmens- und Kapitalmarktrecht, § 7 Rn. 7.29; *Wolf*, MittBayNot 2018, 510, 512; *Brehm/Schümmer*, NZG 2020, 538; *Wachter*, GmbH-StB 2018, 214.

88 EuGH, Rs. C 167/01, Slg. 2003 I-10155, Rn. 96; *Lutter/Bayer/Schmidt*, Europäisches Unternehmens- und Kapitalmarktrecht, § 7 Rn. 7.29; *Götz*, Die Einpersonengesellschaft als Vehikel grenzüberschreitender unternehmerischer Tätigkeit, S. 42.

89 *Kieninger*, NJW 2017, 3624, 3625.

90 Ein zwingendes Erfordernis der Allgemeinheit, das eine Einschränkung zur Folge haben kann, wird vor allem dann angenommen, wenn die Umgehung von Steuern einziges Ziel der Gründung ist.

91 Vgl. *Götz*, Die Einpersonengesellschaft als Vehikel grenzüberschreitender unternehmerischer Tätigkeit, S. 43; *Lutter/Bayer/Schmidt*: Europäisches Unternehmens- und Kapitalmarktrecht, § 7 Rn. 7.61.

92 *Habersack/Verse*, § 3 Rn. 26.

93 EuGH Rs C 106/16; EuGH, NZG 2017, 1308.

94 *Kieninger*, NJW 2017, 3624, 3626; *Wachter*, GmbH-StB 2018, 214.

parteifähig anzuerkennen.[95] Die Niederlassungsfreiheit ist somit als – auch nachträgliche – Rechtswahlfreiheit zu verstehen.[96] Die Mobilität von Gesellschaften innerhalb der Europäischen Union ist folglich bereits jetzt stark ausgeprägt, auch wenn eine weitergehende Entwicklung noch möglich erscheint.[97]

Es stellt sich jedoch die Frage, inwieweit die ergangenen Entscheidungen auch geeignet sind, um KMU die Teilnahme am Binnenmarkt zu erleichtern. Tatsächlich lösen sich KMU nur selten von ihrem Basismarkt, also dem Heimatmarkt, auf dem sie ihr Landesrecht und ihre Landessprache nutzen können.[98] Die Gründe hierfür sind vielfältig. Hauptsächlich halten sprachliche Barrieren wie auch weiterhin bestehende Rechtsunsicherheiten KMU von einer umfassenden transnationalen Tätigkeit ab.[99] Darüber hinaus ist die aufgezeigte Rechtsprechung zur Niederlassungsfreiheit für die Gründung von kleinen und mittleren Unternehmen nicht besonders relevant, greift sie doch erst zu einem Zeitpunkt, zu dem die Gesellschaft bereits besteht. Die Gründung erfolgt weiterhin nach nationalen und folglich nicht einheitlichen Vorgaben.

3. Zwischenergebnis

Für KMU lohnt sich ein Rückgriff auf bestehende supranationale Rechtsformen nicht. Zudem betreffen die Entwicklungen in der Rechtsprechung, so entgegenkommend sie für Unternehmen auch sein mögen, nicht die Möglichkeit einer einfacheren Gründung. Weder im Rahmen der bestehenden Gesellschaftsformen, noch durch die gerichtlich konkretisierte Niederlassungsfreiheit besteht für KMU eine unkomplizierte Möglichkeit zur Teilnahme am Binnenmarkt. Grund hierfür sind vor allem sprachliche Barrieren wie auch divergierende Rechtsvorschriften.

---

95 *Lieder*, ZIP, 2018, 805, 809; *Kieninger*, NJW 2017, 3624, 3626; *Lutter/Bayer/Schmidt*, Europäisches Unternehmens- und Kapitalmarktrecht, § 7 Rn. 61.

96 *Kieninger*, NJW 2017, 3624, 3626; *Habersack/Verse*, § 3 Rn. 43.

97 *Habersack/Verse*, § 3 Rn. 47; *Wolf*, MittBayNot 2018, 510, 524 f.; *Götz*, Die Einpersonengesellschaft als Vehikel grenzüberschreitender unternehmerischer Tätigkeit, S. 44.

98 Nur etwa 2 % der KMU nutzen die bestehenden Möglichkeiten einer Auslandsvernetzung, vgl. *Götz*, Die Einpersonengesellschaft als Vehikel grenzüberschreitender unternehmerischer Tätigkeit, S. 44; zu den ökonomischen Gesichtspunkten *Prütting*, JZ 2014, 381, 383.

99 *Götz*, Die Einpersonengesellschaft als Vehikel grenzüberschreitender unternehmerischer Tätigkeit, S. 44.

Blickt man auf die Gründung von Gesellschaften in den verschiedenen europäischen Nationen, so fällt auf, dass digitale Elemente nur vereinzelt vorhanden sind.[100] Insbesondere bei der Online-Eintragung von Gesellschaften zeigen sich starke Diskrepanzen zwischen den verschiedenen Mitgliedstaaten. Insofern scheint die Einführung der digitalen Werkzeuge durch die Digitalisierungsrichtlinie notwendig, um das Ziel eines fairen und optimal nutzbaren Binnenmarktes durch den Abbau von möglichen Hemmnissen weiter voranzutreiben. Durch den Einsatz digitaler Werkzeuge im Rahmen einer Online-Eintragung können sich Kosteneinsparungen zwischen 42 und 84 Mio. EUR für KMU ergeben.[101] Obwohl durch die Einrichtung neuer digitaler Informationssysteme zunächst Kosten für die Mitgliedstaaten entstehen, werden die durch diese Entwicklung bedingten Kosten jedoch bereits nach kurzer Zeit aufgrund der damit verbundenen Effizienz egalisiert.[102] Um den Kleinstunternehmen sowie kleinen und mittleren Unternehmen entgegenzukommen, stellt sich die Richtlinie somit als notwendig dar.

III. Inhalt der Digitalisierungsrichtlinie

Im Folgenden soll zunächst ein Überblick der wesentlichen Aspekte gegeben werden, die durch die Digitalisierungsrichtlinie geregelt werden. Hierbei soll auch aufgezeigt werden, welche Änderungen von dem ersten Entwurf im Rahmen des *Company Law Packages* bis zur endgültig verabschiedeten Fassung vollzogen wurden. Detailfragen, welche sich mit den konkreten Umsetzungsmöglichkeiten beschäftigen, werden später an gegebener Stelle erörtert.

Die Änderungen der Gesellschaftsrechtsrichtlinie durch die Digitalisierungsrichtlinie betreffen zunächst einen allgemeinen Teil (Art. 13 a bis f GesRRL).[103] Im darauffolgenden Abschnitt wird die Online-Gründung, Online-Einreichung und die Offenlegung thematisiert (Art. 13 f bis 19 GesRRL). Zuletzt werden die Eintragungs- und Offenlegungsvorschriften für Zweigniederlassungen

100 COM (2018) 239 final, S. 3; Erwägungsgrund 4 RL (EU) 2019/1151; Zusammenfassung der Folgenabschätzung, SWD (2018) 142 final, S. 2.

101 SWD (2018) 142 final, S. 3. Bei den Einsparungen handelt es sich jedoch nur um Schätzungen, s. *Wächter*, GmbH-StB 20118, 214, 216. Eine konkrete Angabe zur genauen Höhe kann seriöserweise nicht gemacht werden.

102 SWD (2018) 142 final, S. 3.

103 Art. 1 Nr. 4 DigiRL bestimmt, dass nur Art. 13 a bis 13 e eingefügt werden. Art. 13 f wird nicht genannt. Hierbei handelt es sich offensichtlich um ein Redaktionsversehen im Rahmen der Änderungen.

dargestellt (Art. 28 a bis 30a GesRRL).[104] Daneben werden stellenweise einzelne Artikel ergänzt.

1. Online-Gründung

Eine wesentliche Neuerung in der Gesellschaftsrechtsrichtlinie stellen die Regelungen zur Online-Gründung von Kapitalgesellschaften dar.

a) Umfang der Online-Gründung

Titel I Kapitel III der Gesellschaftsrechtsrichtlinie regelt das Online-Verfahren für den Lebenszyklus von Gesellschaften. Zentraler Aspekt der Neuregelung ist die Online-Gründung. Während im Richtlinienentwurf noch von einer Online-Eintragung die Rede war, wurde dies im neu nummerierten Art. 13 g GesRRL sprachlich präzisiert.[105] Zukünftig wird es für die Gründer von Gesellschaften möglich sein, alle Phasen einer Gründung online durchzuführen. Dies soll dazu führen, dass Antragstellern der Gang zu nationalen Behörden erspart bleibt und somit eine Vereinfachung der Gründung erfolgt.[106] Eine Identifizierung soll hierbei nach Art. 13 b GesRRL entweder durch ein elektronisches Identifizierungsmittel erfolgen, das durch den jeweiligen Mitgliedstaat genehmigt wurde oder aber aufgrund der Verordnung (EU) Nr. 910/2014 anzuerkennen ist.[107]

Bei der Umsetzung der Richtlinie steht es den Mitgliedstaaten jedoch frei, den Anwendungsbereich der Änderungsrichtlinie aufgrund von nationalen Besonderheiten einzuschränken. Es besteht die Möglichkeit, eine Online-Gründung für sämtliche in Anhang II der Richtlinie (EU) 2017/1132 genannten Rechtsformen einzuführen, mithin also ausschließlich für bestimmte Kapitalgesellschaften. In Deutschland wären demnach die Aktiengesellschaft (AG), Kommanditgesellschaft auf Aktien (KGaA), Gesellschaft mit beschränkter Haftung (GmbH) und als Unterfall der GmbH die Unternehmergesellschaft (haftungsbeschränkt) realisierbar.[108] Zwingend ist jedoch nach Art. 13 g I 2 GesRRL lediglich eine Anwendung der Online-Gründung für Rechtsformen, die in Anhang IIA der Digitalisierungsrichtlinie genannt werden. Für den deutschen

---

104 Hierzu D. IV.

105 *Knaier*, GmbHR 2019, R 132, R 133.

106 In Ausnahmefällen kann jedoch ein persönliches Erscheinen der Gründer angeordnet werden; *Ulrich*, GmbHR 2019, R 6; *Wolf*, MittBayNot 2018, 510, 520; Hierzu E. III.

107 Zur Identitätsprüfung s. C. II. 4. b) bb).

108 Erwägungsgrund 9 COM (2018) 239 final; *Wachter*, GmbH-StB 2018, 214, 215.

Gesetzgeber ist somit lediglich die Einführung einer Online-Gründung für die GmbH und die Unternehmergesellschaft (haftungsbeschränkt) vorgeschrieben. Durch diese Flexibilität soll der Komplexität der verschiedenen Gründungsvorgänge Rechnung getragen werden. Die Regelung der einzelnen Vorgänge erfolgt durch die Gesetzgeber der jeweiligen Mitgliedstaaten, welche mit den nationalen Regelungen vertraut sind und einen gewissen Spielraum bei der Umsetzung haben.[109] Der europäische Gesetzgeber achtet hierdurch Traditionen, die sich im jeweiligen Gesellschaftsrecht der Mitglieder durchgesetzt haben.[110] Die in Art. 13 g GesRRL enthaltenen Verfahrensregeln differenzieren zudem zwischen obligatorisch (Abs. 3) und fakultativ (Abs. 4) umzusetzenden Regelungen.[111] Bei dem Katalog in Art. 13 g Abs. 3 GesRRL handelt es sich insofern um notwendige Mindeststandards, die europaweit Anwendung finden.[112]

Nachdem bereits in der Vergangenheit Gesetzgebungsverfahren gescheitert sind, die einen stärkeren digitalen Einschlag im Gesellschaftsrecht herbeiführen wollten, erhofft sich die EU durch ein erhöhtes Maß an Selbstbestimmtheit eine größere Akzeptanz in den Mitgliedstaaten. Inwieweit von der Möglichkeit die Online-Gründung auf bestimmte Gesellschaftsformen zu beschränken Gebrauch gemacht werden sollte, wird noch zu erörtern sein.[113] In jedem Fall sollen die neu eingeführten digitalen Elemente eine Online-Gründung innerhalb fünf bzw. zehn Arbeitstagen ermöglichen (Art. 13 f Abs. 7 GesRRL).[114]

b) Mögliche Beschränkung auf Bareinlagen

Der erste Entwurf des *Company Law Packages* sah in Art. 13 f Abs. 4 lit. f) GesRRL noch vor, dass jeder Mitgliedstaat die Umstände regeln kann, unter denen eine Online-Eintragung ausgeschlossen werden soll, wenn die Zahlung des Gesellschaftskapitals einer Gesellschaft in Sachleistungen zu erbringen ist. Hinsichtlich der Formulierung herrschte Unklarheit, ob die Sachgründung im Online-Verfahren insgesamt ausgeschlossen werden kann oder ob Sachleistungen zwar grundsätzlich möglich sein sollten, allerdings bei besonderen

---

109 Erwägungsgrund 15 COM (2018) 239 final; *Knaier*, GmbHR 2021, 169, 171.

110 Erwägungsgrund 19 COM (2018) 239 final.

111 *Bormann/Stelmaszczyk*, NZG 601, 602; so bereits zum Richtlinienvorschlag *Wachter*, GmbH-StB 2018, 214, 224.

112 Vgl. *Lieder*, NZG 2020, 81, 82.

113 S. C. II. 1.

114 S. C. II. 7.

Umständen ausgeschlossen werden können.[115] Durch eine Neuformulierung wurden diese Verständnisschwächen beseitigt.[116] Nach Art. 13 g Abs. 4 lit. d) GesRRL ist es nunmehr möglich, den vollständigen Ausschluss einer Sachleistung zu regeln. Wie sich dies auf die Umsetzung auswirkt, wird an gegebener Stelle erörtert.[117]

c) *Informationen für die Gründer*

Die Änderungsrichtlinie sieht vor bestimmte Verfahren, die bis *dato* analog durchgeführt werden konnten, komplett auf digitaler Ebene zu vollziehen. Insofern erscheint es nur folgerichtig, dass sämtliche Informationen, die im Vorfeld einer Gründung einzuholen sind, ebenfalls online verfügbar sein müssen. Dementsprechend soll es nach Art. 13 f GesRRL möglich sein, kostenlos Informationen über ein zentrales digitales Zugangstor abzurufen.[118] Diese sollen in einer Sprache wiedergegeben werden, die von möglichst vielen Nutzern verstanden wird. Die bereitgestellten Informationen haben sich an dem Katalog aus Art. 13 f GesRRL zu orientieren. So soll beispielsweise eingesehen werden können, welche Vorschriften bei der Gründung einer Gesellschaft relevant sind, welche Urkunden einzureichen sind oder auch wie die Identifizierung von Personen ablaufen soll.

d) *Muster für die Online-Gründung von Gesellschaften*

Ergänzend zu den bereitgestellten Informationen sollen sich die Gründer auch an Mustern bedienen können (Art. 13 h GesRRL). Diese müssen wie auch die Informationen im Vorfeld der Gründung über das zentrale digitale Zugangstor online einsehbar sein.[119] Dies soll dazu beitragen, das Gründungsverfahren zu erleichtern.[120] Eine verpflichtende Nutzung der bereitgestellten Muster ist für die Antragsteller jedoch nicht vorgesehen. Somit besteht die Möglichkeit, zwischen der Verwendung eines fakultativen Musters auf der einen Seite und einem

---

115 *Lieder*, NZG 2018, 1081, 1085; *Noack*, DB 2018, 1324; *Wachter*, GmbH-StB 2018, 214, 220; *Teichmann*, ZIP 2018, 2451, 2453; *Bormann/Stelmaszczyk*, NZG 2019, 601, 606.

116 *Knaier*, GmbHR 2019, R 132, R 133; *Bormann/Stelmaszczyk*, NZG 2019, 601, 606.

117 S. C. II. 3.

118 Zu dem zentralen digitalen Zugangstor s. C. II. 5. a).

119 So auch in Erwägungsgrund 9 RL (EU) 2019/1151; *Wachter*, GmbH-StB 2018, 263, 265.

120 *Lieder*, NZG 2018, 1081, 1089; *Bayer/Schmidt*, BB 2019, 1922, 1923; *Bormann/Stelmaszczyk*, NZG 2019, 601, 601; *Kindler/Jobst*, DB 2019, 1550, 1554.

speziell an die Bedürfnisse der Gesellschaft angepassten Errichtungsakt auf der anderen Seite wählen zu können.[121] Der europäische Gesetzgeber verfolgte seit Langem das Ziel Muster im Gesellschaftsrecht zu verwenden.[122] Der Reiz eines Musters aus Sicht des Gesetzgebers liegt vor allem darin, dass bei erster Betrachtung durch die Auswahl von lediglich rechtmäßigen Gestaltungsoptionen automatisch nur noch rechtmäßige Gesellschaften entstehen.[123] Die Digitalisierungsrichtlinie soll in dieser Thematik einen erneuten Vorstoß wagen.[124]

e) Keine Lizenzen oder Genehmigungen vor Eintragung

Die Mitgliedstaaten dürfen die Online-Gründung von Gesellschaften nicht an die Bedingung des Erhalts einer Lizenz oder Genehmigung knüpfen, sofern eine solche Bedingung für bestimmte Tätigkeiten nach nationalen Rechtsvorschriften nicht unverzichtbar ist (Art. 13 g Abs. 5 GesRRL). Hierdurch soll vor allem eine rechtzeitige Eintragung der Gesellschaft ermöglicht werden.[125] Für die Umsetzung der Richtlinie in Deutschland ist diese Vorgabe jedoch ohne Belang. Bereits durch das Gesetz zur Modernisierung des GmbH-Rechts und zur Bekämpfung von Missbräuchen (MoMiG)[126] wurde § 8 Abs. 1 Nr. 6 GmbHG ersatzlos gestrichen, wonach zur Anmeldung eine Genehmigungsurkunde beizufügen war.[127] Zu beachten ist jedoch, dass Lizenzen oder Genehmigungen nur für den Zeitraum bis zur Eintragung nicht vorgelegt werden müssen. Für die anschließende Ausübung der Tätigkeit ist das nationale Recht maßgeblich.[128] Das Erfordernis einer Genehmigung, die es etwa nach §§ 32, 43 Kreditwesengesetz (KWG) für das Betreiben von Bankgeschäften oder Erbringen von Finanzdienstleistungen bedarf, bleibt weiterhin bestehen.[129] Für den deutschen Gesetzgeber besteht insofern kein Handlungsbedarf.

---

121 Erwägungsgrund 18 RL (EU) 2019/1151; *Schmidt*, DK 2018, 229, 230.

122 *Teichmann*, ZIP 2018, 2451, 2459; Bereits bei der Diskussion um die Einführung der SPE und der SUP wurde bereits die Verwendung einer Mustersatzung vorgesehen. Beide Vorhaben sind jedoch letztlich gescheitert.

123 *Teichmann*, ZIP 2018, 2451, 2459.

124 Für eine detaillierte Betrachtung der Gründung mithilfe von Mustern s. C. II. 6.

125 Erwägungsgrund 10 RL (EU) 2019/1151; *Lieder*, NZG 2018, 1081, 1086; *Wachter*, GmbH-StB 2018, 214, 224.

126 Gesetz zur Modernisierung des GmbH-Rechts und zur Bekämpfung von Missbräuchen, vom 23. Oktober 2008, BGBl. I S. 2026.

127 *Lieder*, NZG 2018, 1081, 1086; *Bormann/Stelmaszczyk*, NZG 2019, 601, 606.

128 Erwägungsgrund 17 RL (EU) 2019/1151.

129 *Lieder*, NZG 2018, 1081, 1086; *Bormann/Stelmaszczyk*, NZG 2019, 601, 606.

2. Informationsaustausch und Lebenszyklus von Gesellschaften

Abseits der Vorschriften zur Online-Gründung enthält die Digitalisierungsrichtlinie zusätzliche Regelungen, die den weiteren Verlauf des Bestehens einer Gesellschaft betreffen.

a) Online-Einreichung

So soll zukünftig die Einreichung von Urkunden und Informationen von Gesellschaften online erfolgen (Art. 13 j GesRRL). Die Möglichkeit der Online-Einreichung ist für alle in Art. 14 GesRRL bezeichneten Urkunden vorgesehen. Abweichend von der Gründung besteht im Rahmen der Einreichung für die Mitgliedstaaten die Möglichkeit, bestimmte oder alle Gesellschaften zur Online-Einreichung zu verpflichten (Art. 13 j Abs. 3 GesRRL).

b) Informationsaustausch

Neben der geplanten Vereinfachung der Einreichung sollen auch die nationalen Register und sonstige am Wirtschaftsleben Beteiligte durch einen verbesserten Informationsaustausch dazu beitragen, Informationsasymmetrien im grenzüberschreitenden Verkehr zu reduzieren. Um dies gewährleisten zu können, wird der Umfang kostenlos zugänglicher Daten erweitert (vgl. Art. 19 Abs. 2 GesRRL). Der Austausch von Informationen über das System der Registervernetzung ist für die Register kostenlos (Art. 19 Abs. 3 GesRRL).

c) Neugestaltung der Registerpublizität

Des Weiteren erfolgt durch die Digitalisierungsrichtlinie eine Neugestaltung der Offenlegung von Informationen im Handelsregister. In Zukunft erfolgt nach Art. 16 Abs. 3 GesRRL eine Offenlegung bereits dadurch, dass die jeweiligen Urkunden und Informationen öffentlich zugänglich, mithin also eingetragen, werden. Die Veröffentlichung dieser Informationen in einem gesonderten Amtsblatt vorzusehen, ist hingegen fakultativ und steht somit zukünftig im Ermessen der Mitgliedstaaten. Der neu gefasste Art. 16 GesRRL legt als zwingend zu verwendendes Publizitätsmittel allein das Register fest. Eine Bekanntmachung ist mithin nicht länger erforderlich. Hieraus können sich Änderungen im Hinblick auf die Publizitätsfunktion ergeben. Die weitreichende Registerpublizität stellt jedoch einen Grundpfeiler des Handelsrechts dar.[130] Es wird zu untersuchen

---

130 Zur Rolle der Register im Allgemeinen für die Bedeutung des bundesdeutschen

sein, welche Konsequenzen sich aus dieser Änderung für das deutsche Registerwesen ergeben.[131]

3. Betrugsvorkehrungen und Mindeststandards

Betrugsvorkehrungen sind ein zentrales Element, das die gesamte Richtlinie durchzieht.[132] Um einen noch umfassenderen Schutz für den Rechtsverkehr zu gewährleisten, geht die Richtlinie jedoch auch über bereits bekannte Facetten hinaus. Mit der Gesellschaftsrechtsrichtlinie werden erstmals Regelungen zu disqualifizierten Geschäftsführern und dem persönlichen Erscheinen von Antragstellern eingeführt.

a) Disqualifizierte „Geschäftsführer“

Zum Schutz von Personen, die mit einer Gesellschaft interagieren, sorgen die Mitgliedstaaten dafür, dass Vorschriften bestehen, aufgrund derer „Geschäftsführer“ disqualifiziert werden können (vgl. Art. 13 i Abs. 1 GesRRL). Zudem muss die Möglichkeit vorgesehen sein, Disqualifikationen oder Informationen, die für eine Disqualifikation von Bedeutung sind, zu berücksichtigen. Eine Verpflichtung, Informationen über ausländische Disqualifikationen einzubeziehen, besteht jedoch nicht.[133] Welcher Mehrwert sich hieraus für das deutsche System der abzugebenden Versicherung ergibt, wird zu besprechen sein.[134]

b) Präsenzvorbehalte

Die Nutzungsmöglichkeit der dargestellten Online-Verfahren wird nicht vorbehaltlos gewährt. Sofern sich Anhaltspunkte ergeben, die Rückschlüsse auf ein missbräuchliches Verhalten bieten, können nationale Behörden, Personen oder Stellen, die mit der Online-Gründung betraut sind, die physische Anwesenheit des jeweiligen Antragstellers im Einzelfall verlangen (Art. 13 b GesRRL).

Zivilrechtssystems *Malzer*, DNotZ 2000, 169, 174; *Wolf*, MittBayNot 2018, 510, 521.

131 S. D. III.

132 Vgl. Erwägungsgrund 3 RL (EU) 2019/1151.

133 Erwägungsgrund 23 RL (EU) 2019/1151; *Bayer/Schmidt*, BB 2019, 1922, 1924; *Stöhr*, EuZW 2020, 654, 655; *Wachter*, GmbH-StB 2018, 214, 225.

134 S. E. II.

c) *Datenschutzrechtliche Mindestanforderungen*

Zuletzt ergeben sich bei der Verarbeitung personenbezogener Daten im Rahmen der Online-Prozesse Fragen hinsichtlich der datenschutzrechtlichen Zulässigkeit. Es ist zu untersuchen, in welchen Bereichen eine Verarbeitung erfolgt und unter welchen Voraussetzungen diese zulässig ist.

IV. Die Digitalisierungsrichtlinie als Ergebnis eines Entwicklungsprozesses

Die Idee des EU-Gesetzgebers, tätig zu werden, um KMU die Teilnahme am Binnenmarkt zu erleichtern, ist keineswegs neu. So überrascht es nicht, dass der Vorschlag zum Einsatz digitaler Werkzeuge nicht aus einer spontanen Entscheidung resultiert, sondern vielmehr Produkt einer langwierigen Entwicklung ist, welche nachstehend näher beleuchtet werden soll.

1. Der Gedanke der SPE[135]

Bereits in den 1970er Jahren kam zunehmend die Frage auf, wie kleinen und mittleren Unternehmen eine grenzüberschreitende Betätigung erleichtert werden kann.[136] Diese Idee fand lange keine Beachtung, bis schließlich in den 1990er Jahren die *Chambre de commerce et d'industrie de Paris* beschloss, eine Expertengruppe mit der Erstellung eines Gesetzesentwurfs zur Einführung einer supranationalen Gesellschaftsform zu beauftragen.[137] Nachdem das Vorhaben Gegenstand des im Jahr 2003 veröffentlichten Aktionsplans der Kommission war, wurde am 25. Juni 2008 ein Vorschlag vorgelegt, der die Errichtung einer Europäischen Privatgesellschaft als „kleine Schwester der SE"[138] vorsah.[139] Entsprechend sollte es sich bei der neu einzuführenden SPE um eine Kapitalgesellschaft mit eigener Rechtspersönlichkeit handeln, deren Anteilseigner nur bis zur Höhe des von ihnen gezeichneten Kapitals haften.[140]

---

135 *Societas Privata Europaea* – SPE (Europäische Privatgesellschaft).

136 *Habersack/Verse*, § 15 Rn. 1; *Klumpen*, die elektronische Gesellschaftsgründung über die Grenze, S. 31.

137 *Klumpen*, Die elektronische Gesellschaftsgründung über die Grenze, S. 32.

138 *Habersack/Verse*, § 15 Rn. 2.

139 *Hadding/Kießling*, WM 2009, 145, 146.

140 Vorschlag für eine Verordnung des Rates über das Statut der Europäischen Privatgesellschaft, KOM (2008) 396 endgültig vom. 25. Juni 2008, Art. 3 Abs. 1.

Eingebettet waren die Überlegungen in den *Small Business Act*[141], der dazu beitragen sollte, KMU zu stärken.[142] Nachdem auch eine Reihe von Kompromissvorschlägen während verschiedener Ratspräsidentschaften nicht zu einem konsensfähigen Ergebnis führten, wurde 2014 der Verordnungsvorschlag seitens der Kommission zurückgenommen.[143] Zum Teil wurde eingewandt, dass der Kommission nicht das Recht zustünde, das Gesetzgebungsprojekt ohne Weiteres zurückzuziehen.[144] Dies ändert jedoch nichts an einem zwischenzeitlichen Ruhen des Vorhabens.

Die Gründe, die zum vorläufigen Scheitern der SPE geführt haben, sind vielseitig. Zentraler Kritikpunkt ist der progressive und äußerst liberale Inhalt der geplanten Änderungen.[145] Erhebliche Erleichterungen im Gründungsverfahren, wie etwa der Verzicht auf ein Mindestkapital oder auch eine notarielle Vorprüfung, führten zum Misstrauen einzelner Mitgliedstaaten, wie etwa Deutschland oder Österreich, gegenüber dem Projekt.[146] Zudem wurde befürchtet, dass eine Umgehung mitbestimmungsrechtlicher Regelungen erfolgen könnte.[147] Als Konsequenz wurde dem Vorschlag nicht die notwendige Unterstützung zuteil.

2. Die SUP als Alternative?

Auch wenn die SPE einen ersten Rückschlag erlitt, fand die Idee einer einheitlichen europäischen Regelung dennoch Anklang, sodass als Konsequenz im April 2014 die Kommission mit dem Vorschlag einer Richtlinie über Gesellschaften mit beschränkter Haftung mit einem einzigen Gesellschafter (*Societas Unius Personae* - SUP) eine Alternative zu dem ins Stocken geratenen Vorhaben einer

---

141 Mitteilung der Kommission an das Europäische Parlament, den Rat, den Europäischen Wirtschafts- und Sozialausschuss und den Ausschuss der Regionen, Vorfahrt für KMU in Europa, Der „*Small Business Act*" für Europa, KOM (2008) 394 endgültig.

142 *Hadding/Kießling*, WM 2009, 145, 146.

143 *Hommelhoff/Teichmann*, GmbHR 2014, 177; *Habersack/Verse*, § 15 Rn. 1.

144 Zwar stehe der Kommission nach Art. 17 Abs. 2 EUV, Art. 294 Abs. 2 AEUV ein Initiativrecht hinsichtlich des Anstoßes eines ordentlichen Gesetzgebungsverfahrens zu. Die darauffolgenden Verfahrensabschnitte seien jedoch der Kompetenz der Kommission entzogen. Art. 293 Abs. 2 AEUV sehe lediglich die Möglichkeit vor einen Vorschlag jederzeit zu ändern. Die Kompetenz zu einer Rücknahme folge nicht daraus, so *Hommelhoff/Teichmann*, GmbHR 2014, 177 f.

145 *Teichmann/Götz*, ZEuP 2019, 260, 263; *Klumpen*, Die elektronische Gesellschaftsgründung über die Grenze, S. 35.

146 *Teichmann/Götz*, ZEuP 2019, 260, 263; *Seibert*, FS Bergmann, 667, 679.

147 *Harbarth*, GmbHR 2018, 657, 658.

SPE anbot.[148] Bei der SUP handelte es sich nicht um eine eigenständige europäische Gesellschaftsform, sondern um eine nationale Kapitalgesellschaft, die nach einem europaweit harmonisierten Verfahren gegründet und organisiert gewesen wäre. Die Wahl dieser Rechtsform wäre auf Einpersonengesellschaften beschränkt gewesen.[149]

Eine erste Lehre der Kommission bestand in einer Abkehr von einer supranationalen Rechtsform hin zu einer Harmonisierung des nationalen Gesellschaftsrechts durch Einführung einer Richtlinie.[150] Dies ermöglicht es, das schwierige Erfordernis der Einstimmigkeit, das für die Verordnung über die supranationale Rechtsformen der SPE nach Art. 352 AEUV nötig gewesen wäre, durch eine lediglich qualifizierte Mehrheit zu ersetzen (vgl. Art. 50 AEUV, Art. 294 Abs. 8 AEUV und Art. 13 AEUV).[151] Neben dem legislativen Rahmen ist aber vor allem der Inhalt und die am Entwurf lautgewordene Kritik zu beleuchten.[152]

Ähnlich wie bei der Diskussion um die SPE fokussierte sich der Vorschlag der Kommission (im Folgenden: SUP-RL-E)[153] auf eine Förderung der grenzüberschreitenden Tätigkeit vor allem von KMU. Mittels eines Online-Eintragungsverfahrens, das unter Zuhilfenahme von verpflichtenden Mustersatzungen und eines Registrierungsformulars innerhalb von drei Arbeitstagen ablaufen sollte und ein persönliches Erscheinen vor der zuständigen Stelle überflüssig macht, sollte dieses Ziel erreicht werden.[154] Durch ein Mindestmaß an Regelungen zur Gründung von Kapitalgesellschaften auf europäischer Ebene bliebe es dem einzelnen Unternehmer somit erspart, sich in aktuell 27

---

148 Vorschlag für Richtlinie des Europäischen Parlaments und des Rates über Gesellschaften mit beschränkter Haftung mit einem einzigen Gesellschafter vom 9. April 2014, COM (2014) 212 final; *Habersack/Verse*, § 10 Rn. 2; *Teichmann/Götz*, ZEuP 2019, 260, 264; *Klumpen*, Die elektronische Gesellschaftsgründung über die Grenze S. 37 f.

149 *Teichmann/Götz*, ZEuP 2019, 260, 265; *Harbarth*, GmbHR 2018, 657, 659.

150 *Seibert*, FS Bergmann, 677 ff.; *Omlor*, GPR 2015, 158; *Habersack/Verse*, § 10 Rn. 2; *Teichmann/Götz*, ZEuP 2019, 260, 264.

151 *Omlor*, GPR 2015, 158; *Seibert*, FS Bergmann, 677 ff.; *Harbarth*, GmbHR 2018, 657, 660.

152 Zu einer allgemeinen Übersicht über die Vorschläge im SUP-RL-E dem Verhandlungsverlauf und den im Kompromisstext festgehaltenen Punkten, s. *Teichmann/Götz*, ZEuP 2019, 260 ff.

153 Vorschlag für eine Richtlinie des Europäischen Parlaments und des Rates über Gesellschaften mit beschränkter Haftung mit einem einzigen Gesellschafter vom 9. April 2014, COM (2014) 212 final.

154 Vgl. Art. 11 Abs. 3, Art. 13 Abs. 2 und Art. 14 Abs. 3 bis 6 SUP-RL-E.

verschiedene Rechtsordnungen einzuarbeiten. Aufgrund von Diskrepanzen zwischen den einzelnen Mitgliedstaaten hinsichtlich der geplanten Reichweite des Vorschlags wurden im Rat verschiedene Änderungen des Entwurfs ausgearbeitet.[155] Ergebnis dessen ist ein Kompromisstext (im Folgenden: SUP-RL-Rat)[156], welcher am 28. Mai 2015 vom Rat angenommen wurde. Nachfolgend soll ein kurzer Überblick über die wesentlichen Inhalte der Entwürfe zur SUP gegeben werden.

a) Sitz der SUP

Die ursprüngliche Fassung sah in Art. 10 SUP-RL-E vor, dass sich der satzungsgemäße Sitz der SUP sowie entweder ihre Hauptverwaltung oder ihre Hauptniederlassung in der Europäischen Union befinden sollten. Dass sich der satzungsmäßige Sitz und die Hauptverwaltung allerdings im selben Mitgliedstaat befinden, wurde nicht verlangt.[157] Hierdurch sollte eine umfassende Nutzung der Vorteile des Binnenmarkts ermöglicht werden.[158] Es kamen jedoch Bedenken auf, dass durch die Entkoppelung von Satzungs- und Verwaltungssitz Schutzregeln einzelner Staaten, wie etwa im Bereich der Arbeitnehmermitbestimmung, umgangen werden könnten.[159] Zwar wurde in den folgenden Entwicklungsstadien Art. 10 SUP-RL-E gestrichen, jedoch fand ein explizites Verbot der Sitzungstrennung keine Erwähnung im Kompromisstext.

---

155 Für eine ausführliche Übersicht der verschiedenen Entwicklungsstadien des SUP-RL-E s. *Teichmann/Götz*, ZEuP 2019, 260, 265 ff.

156 Allgemeine Ausrichtung des Rates vom 29. Mai 2015, Dok. 9050/15, Vorschlag für eine Richtlinie des Europäischen Parlaments und des Rates über Gesellschaften mit beschränkter Haftung mit einem einzigen Gesellschafter.

157 Erwägungsgrund 12 SUP-RL-E.

158 Gemäß § 4a GmbHG ist eine Trennung des Satzungs- und Verwaltungssitzes in Deutschland bereits möglich. Während sich der Satzungssitz notwendigerweise im Inland befinden muss, besteht hinsichtlich des Verwaltungssitzes das Recht diesen frei zu wählen, s. *Heinze*, in: MüKo-GmbHG, § 4a Rn. 13 f.

159 Stellungnahme des Bundestags, 7. Mai 2015, Plenarprotokoll 18/103 des Deutschen Bundestages, S. 9878; *Teichmann/Götz*, ZEuP 2019, 260, 268; *Klumpen*, Die elektronische Gesellschaftsgründung über die Grenze, S. 46. Im Gegensatz zum SUP-RL-E ist etwa für die SE in Art. 7 S. 1 SE-VO zwingend vorgeschrieben, dass sich Satzungssitz und Hauptsitz im gleichen Land befinden müssen.

b) *Online-Gründung*

Für die SUP war sowohl eine Gründung *ex nihilo* wie auch die Möglichkeit eines Formwechsels einer bestehenden Gesellschaft mit beschränkter Haftung vorgesehen.[160] Eine wesentliche Neuerung hierbei sollte (in Fällen der Bargründung) die Möglichkeit eines vollständig online durchführbaren Gründungsverfahrens sein.[161] Ein persönliches Erscheinen der Gründer sollte somit entbehrlich sein. Die Kommission verwies auf die Tatsache, dass bereits in 16 Mitgliedstaaten eine Online-Gründung möglich sei.[162] Folglich kam die Frage auf, wie die Identität der handelnden Personen sichergestellt werden konnte. Art. 14 Abs. 5 SUP-RL-E stellte es den Mitgliedstaaten noch frei, Vorschriften für die Überprüfung der Identität zu erlassen.[163] Dadurch wurde letztlich an die Ehrlichkeit des Gründers appelliert. Der Kompromissvorschlag hingegen nahm die Möglichkeit missbräuchlichen Verhaltens ernster. So wurde in Art. 14 b Abs. 1 SUP-RL-Rat festgelegt, dass sowohl elektronische Identifizierungsmittel anzuerkennen sind, die vom Eintragungsmitgliedstaat zugelassen sind, wie auch solche, die den Anforderungen des Art. 6 der Verordnung (EU) Nr. 910/2014 entsprechen.[164]

Ferner war ein freies Wahlrecht des SUP-Gründers zwischen einer Online-Gründung und einer Gründung auf herkömmlichem Weg vorgesehen.[165] Möglich gemacht werden sollte die Online-Gründung vor allem durch den Einsatz von festgelegten Mustersatzungen (Art. 14 Abs. 3 UAbs. 2 SUP-RL-E) und universell einsetzbaren Anmeldeformularen für die Eintragung (Art. 13 Abs. 1 und 2 SUP-RL-E). Im Laufe der Verhandlungen des Rates verschwamm jedoch der verbindlich vorgegebene Rahmen der notwendigen Angaben in den Registrierungsformularen. So stand es den Mitgliedstaaten offen, sowohl weniger als auch

---

160 Art. 8 f. SUP-RL-E, Art. 8 f. SUP-RL-Rat; *Habersack/Verse*, § 10 Rn. 27; *Klumpen*, Die elektronische Gesellschaftsgründung über die Grenze, S. 45 f.

161 Um gegen mögliche Missbräuche im Online-Verfahren vorzugehen, wurde in Art. 14 b SUP-RL-Rat eine elektronische Identifizierung nach der eIDAS-VO aufgenommen; s. *Teichmann/Götz*, ZEuP 2019, 260, 274.

162 Folgenabschätzung zum SUP-RL-E (*Commission Staff Working Document, Impact Assessment*) SWD (2014) 124 final, S. 30; *Teichmann/Fröhlich*, Working Paper 11/2015, S. 11; Diese Länder sind: Bulgarien, Dänemark, Estland, Finnland, Frankreich, Irland, Lettland, Litauen, Malta, Polen, Portugal, Rumänien, Slowakei, Slowenien, Schweden und das Vereinigte Königreich.

163 *Klumpen*, Die elektronische Gesellschaftsgründung über die Grenze, S. 215.

164 Vgl. *Klumpen*, Die elektronische Gesellschaftsgründung über die Grenze, S. 215 f.

165 So ausdrücklich Art. 14 Abs. 3 SUP-RL-Rat; *Teichmann*, NJW 2014, 3561, 3563; *Klumpen*, Die elektronische Gesellschaftsgründung über die Grenze, S. 48.

mehr Informationen für die Registrierung zu verlangen.[166] Auch die Idee einer Mustersatzung erwies sich in den Augen der Ratsmitglieder letztlich als nicht praktikabel. So wurde auf ein Standarddokument verzichtet und vielmehr auf nationale Eintragungsdokumente gesetzt, die Angaben nach Art. 11 Abs. 3 SUP-RL-Rat enthalten sollten, von denen allerdings ebenfalls abgewichen werden kann.[167]

Um ein schnelles Verfahren zu ermöglichen, sah der Kommissionsentwurf zur SUP zudem eine Eintragung unter Einhaltung einer verpflichtenden Frist vor. Zunächst betrug diese drei Arbeitstage.[168] Im Laufe der Verhandlung einigte man sich jedoch auf eine Eintragungshöchstdauer von fünf Tagen, die erst mit Vorliegen aller erforderlichen Unterlagen beginnen sollte, allerdings auch unter „außergewöhnlichen Umständen“ ausgeweitet werden konnte.[169]

c) Gläubigerschutz

Das Stammkapital der SUP sollte mindestens einen Euro betragen.[170] Während bei anderen europäischen Gesellschaften mit ähnlich niedrigem Stammkapital entsprechende gläubigerschützende Vorschriften bestehen, die eine Bildung von Rücklagen vorsehen, war eine solche Verpflichtung für die SUP zunächst nicht geplant.[171] Am Ende der Verhandlungsrunden wurde ein Konsens dahingehend gefunden, dass die Mitgliedstaaten auf nationaler Ebene entscheiden können, ob sie Regelungen zur Rücklage für die SUP einführen.[172]

Um jedoch die potentiellen Gläubiger der SUP nicht im Übermaß zu belasten, sollten jedenfalls an die Ausschüttung feste Voraussetzungen geknüpft sein. War zunächst noch vorgesehen, einen kombinierten Bilanz- und Solvenztest

---

166 s. Art. 13 Abs. 2 und Abs. 3 SUP-RL-Rat; *Teichmann/Götz*, ZEuP 2019, 260, 272.

167 *Teichmann/Götz*, ZEuP 2019, 260, 272.

168 Art. 14 Abs. 4 SUP-RL-E.

169 Art. 14 Abs. 3 UAbs. 2 SUP-RL-Rat; *Teichmann/Götz*, ZEuP 2019, 260, 274.

170 Art. 16 Abs. 1 SUP-RL-E, Art. 16 Abs. 1 SUP-RL-Rat; *Teichmann/Götz*, ZEuP 2019, 260, 265.

171 Im Fall der Unternehmergesellschaft (haftungsbeschränkt) sieht § 5a Abs. 3 GmbHG vor, dass Rücklagen in Höhe von 25 % des um einen Verlustvortrag aus dem Vorjahr geminderten Jahresüberschusses gebildet werden. Für die dänische Mini-GmbH und die belgische SPRL-Starter bestehen ebenfalls besteht ebenfalls die Pflicht eine Rücklage in Höhe von 25 % zu bilden, s. *Teichmann/Götz*, ZEuP 2019, 260, 276.

172 Art. 16 Abs. 4 SUP-RL-Rat; *Habersack/Verse*, §10 Rn. 28; *Teichmann/Götz*, ZEuP 2019, 260, 277.

durchführen zu lassen[173], wurde während der verschiedenen Entwicklungsstadien hiervon abgerückt. Die Regelungen, die sicherstellen sollen, dass bestehende Forderungen erfüllt werden können, konnten nach dem Kompromisstext von den Mitgliedstaaten getroffen werden. Hierbei waren zwar ein Bilanz- und Solvenztest weiterhin Optionen, die den Gesetzgebern offenstanden, doch sollte ihnen die Wahl der Mittel zur Gewährleistung eines ausreichenden Gläubigerschutzes letztlich freistehen.[174]

d) Organisationsverfassung

Um nicht nur die Gründung einer Gesellschaft im Ausland zu ermöglichen, sondern auch einheitliche Entscheidungen bezüglich der Leitung von Tochtergesellschaften treffen zu können, wurden im Vorschlag der Kommission Regelungen zur Organisationsverfassung der SUP getroffen. So waren unter anderem Regelungen bezüglich eines Weisungsrechts des Alleingesellschafters gegenüber dem Leitungsorgan vorgesehen.[175] Auch wenn ein Weisungsrecht in vielen Mitgliedstaaten anerkannt ist, sollte eine ausdrückliche Erwähnung im SUP-Vorschlag für Klarheit sorgen.[176] Eine Einschränkung erfolgte jedoch dahingehend, dass Weisungen keine Bindungswirkung entfalten, soweit sie gegen die Satzung oder das anwendbare nationale Recht verstoßen.[177] Hierbei blieben Zweifel hinsichtlich der Reichweite des anwendbaren nationalen Rechts bestehen. Sofern lediglich Regelungen außerhalb des Gesellschaftsrechts wie etwa bezüglich des Arbeits-, Steuer- oder Kartellrechts erfasst sind, wäre der Verweis sinnvoll.[178] Eine solche Begrenzung erschien jedoch nicht gewollt. Vielmehr sollte auch das nationale GmbH-Recht Weisungen des Alleingesellschafters entgegenstehen

---

173 S. Art. 18 SUP-RL-E; nach Art. 18 Abs. 3 SUP-RL-E sollte der Geschäftsführer eine Bescheinigung erstellen, aus der sich ergibt, dass die SUP im jeweils nächsten Jahr ihre Verbindlichkeiten erfüllen kann, s. *Wicke*, ZIP 2014, 1414, 1415; *Teichmann/Götz*, ZEuP 2019, 260, 265.

174 *Habersack/Verse*, § 10 Rn. 29; *Teichmann/Götz*, ZEuP 2019, 260, 278 f.

175 Art. 21 Abs. 2 SUP-RL-E, Art. 23 SUP-RL-E.

176 In Deutschland ist das Weisungsrecht des Gesellschafters gegenüber dem Geschäftsführer ausdrücklich in § 37 GmbHG geregelt. In anderen europäischen Ländern herrscht Uneinigkeit, ob sich ein solches Weisungsrecht bereits kraft Gesetzes ergibt oder doch explizit in der Satzung erwähnt werden muss, s. *Teichmann/Götz,* ZEuP 2019, 260, 280; *Teichmann*, NJW 2014, 3561, 3564.

177 Art. 23 Abs. 2 SUP-RL-E.

178 *Habersack/Verse*, § 10 Rn. 30; *Teichmann/Götz*, ZEuP 2019, 260, 280; *Teichmann*, NJW 2014, 3561, 3564; *Weller/Bauer*, ZEuP 2015, 6, 28.

können.[179] Aufgrund der unterschiedlichen Ausgestaltung der Regelungen wäre der gewünschte Harmonisierungserfolg nur insoweit messbar gewesen, als dass das „Ob“ des Weisungsrechts für die SUP festgehalten wird.[180] Als Konsequenz der Diskussion fanden die entsprechenden Vorschriften im Ratsentwurf letztlich keine Berücksichtigung mehr.

3. Kritik am SUP-Vorschlag

a) Reaktion auf den SUP-RL-E

Der ursprüngliche Vorschlag der Kommission erfuhr in allen maßgeblichen Punkten harsche Kritik verschiedener Mitgliedstaaten.[181] Ein allgemeines Problem war, dass die SUP auf Einpersonengesellschaften beschränkt sein sollte. Wünschenswert wäre ein größeres Maß an Flexibilität gewesen, um „der Vielseitigkeit des Wirtschaftslebens“ Rechnung zu tragen.[182] Bezüglich des möglichen Auseinanderfallens von Satzungs- und Verwaltungssitz wurde bereits auf die Gefahr einer Umgehung zwingender arbeitnehmerschützender Vorschriften hingewiesen.[183]

Darüber hinaus wurde am ursprünglichen Entwurf bemängelt, dass eine Eintragungsfrist von lediglich drei Tagen vorgesehen war. Zur Prüfung sämtlicher einzureichender Unterlagen, insbesondere im Fall der Gründung durch Umwandlung einer bereits bestehenden Gesellschaft, erschien diese Frist zu kurz.[184] Probleme können sich innerhalb dieses kurzen Zeitraums stellen, wenn es um die Überprüfung rechtlicher Fragen, etwa betreffend die Zulässigkeit der gewählten Firma geht oder aber um Identitätsüberprüfungen, wie etwa bei der Kontrolle der Echtheit der vorgelegten ausländischen Ausweispapiere.[185]

Aufgrund des geringen Stammkapitals und der nicht vorgesehenen Verpflichtung, Rücklagen zu bilden, wurde ebenfalls bezweifelt, dass die SUP dazu im Stande sei, einen ausreichenden Gläubigerschutz zu gewährleisten. Die Voraussetzungen, die vorgesehen waren, um als Gesellschafter eine Ausschüttung zu

---

179 *Habersack/Verse*, § 10 Rn. 30; *Teichmann/Götz*, ZEuP 2019, 260, 280; *Teichmann*, NJW 2014, 3561, 3564; *Weller/Bauer*, ZEuP 2015, 6, 28.

180 *Weller/Bauer*, ZEuP 2015, 6, 28 f.; *Habersack/Verse*, § 10 Rn. 30.

181 *Teichmann/Fröhlich*, Working Paper 11/2015, S. 10.

182 *Harbarth*, GmbHR 2018, 657, 660; BT, S. 9880 (18. Wahlperiode, 103. Sitzung, 7. Mai 2015).

183 B. IV. 2. a).

184 *Teichmann/Götz*, ZEuP 2019, 260, 274.

185 BR-Drs. 165/2/14, S. 16; *Teichmann/Götz*, ZEuP 2019, 260, 274.

erhalten, reichten nicht aus, um eine unangemessene Benachteiligung der Gläubiger auszuschließen. So wurde etwa der Begriff der Ausschüttungen sehr weit verstanden.[186] Dieser umfasste gemäß Art. 2 Abs. 3 SUP-RL-E jeden finanziellen Vorteil, den der Gesellschafter direkt oder indirekt aus der SUP zieht. Auch wenn im Kommissionsentwurf ursprünglich ein kombinierter Bilanz- und Solvenztest vorgesehen war, bezweifelten im Laufe der Verhandlung mehrere Mitgliedstaaten, dass die Regelungen ausreichend waren, um zu verhindern, dass die SUP nach der Ausschüttung von Gewinnen noch ihre Verbindlichkeiten zurückzahlen konnte, zumal die Solvenzbescheinigung von dem Leitungsorgan der SUP selbst ausgestellt werden sollte.[187]

Das vorgesehene Weisungsrecht sorgte vor allem deshalb für Kritik, da die Reichweite der Weisung durch den nationalen Gesetzgeber eingeschränkt werden konnten.[188] Das gewünschte Ziel einer Harmonisierung schlug durch den Verweis auf die nationalen Rechtsordnungen 28 verschiedener Mitgliedstaaten fehl.

Über allem stand die Kritik an der Online-Gründung an sich. Insbesondere aufgrund fehlender Identitätsnachweise wurde der SUP vorgeworfen, sie leiste „einen substantiellen Beitrag [...] zu einem multikriminellen Binnenmarkt".[189] Es wäre ein Leichtes gewesen, die SUP für unlautere Ziele wie etwa Geldwäsche oder Terrorismusfinanzierung durch den Einsatz von Strohmännern zu missbrauchen.[190] Zudem fand das in Deutschland verankerte System der vorsorgenden Rechtspflege kaum Berücksichtigung. Dieses Prinzip zeichnet sich dadurch aus, dass es versucht, ein hohes Maß an Rechtssicherheit und Rechtsklarheit zu gewährleisten, indem der Notar als öffentliches Amt (vgl. § 1 Bundesnotarordnung - BNotO) schon von Beginn des Verfahrens an Prüfungs- und Belehrungspflichten wahrnimmt.[191] Als „Außenstelle" der Justiz dient der Notar der Herbeiführung einer rechtskonformen und interessengerechten Ausgestaltung privatrechtlicher Verträge.[192] Hierbei ist er einerseits öffentlicher Kontrolle

186 *Teichmann/Götz*, ZEuP 2019, 260, 278.

187 *Teichmann/Götz*, ZEuP 2019, 260, 277 f.

188 s.o. B. IV. 2. d).

189 *Deutscher Notarverein*, Stellungnahme vom 30. April 2014.

190 vgl. *Seibert*, FS Bergmann, 677, 680 f.; *Teichmann/Fröhlich*, Working Paper 11/2015, S. 13; *Harbarth*, GmbHR 2018, 657, 660; *Teichmann/Götz*, ZEuP 2019, 260, 270; *Klumpen*, Die elektronische Gesellschaftsgründung über die Grenze, S. 71.

191 vgl. *Bruns*, EuZW 2010, 247, 250; *Teichmann/Götz*, ZEuP 2019, 260, 272; zur Einbindung des Notars in die Gründung einer GmbH und einem Überblick der daraus resultierenden Pflichten s. C. I. 1.

192 *Preuß*, Zivilrechtspflege durch externe Funktionsträger, S. 96 ff.

unterworfen (§§ 92 ff. BNotO). Andererseits steht es ihm offen, unter dem Schutz des Art. 12 Abs. 1 Grundgesetz (GG) seinen Beruf selbstständig auszuüben.[193]

Mitursächlich für die Nichtbeachtung der vorsorgenden Rechtspflege ist die Tatsache, dass diese Vorgehensweise vielen Mitgliedstaaten nicht vertraut ist.[194] Indem auf ein persönliches Erscheinen verzichtet werden sollte und stattdessen auf eine vollständige Gründung auf elektronischem Weg gesetzt wurde, kam unter anderem in Deutschland die Sorge auf, dass der bisherige *status quo* verloren ginge. Durch einen Verzicht auf die vorsorgende Rechtspflege würde nicht nur der Nachweis von Identitäten, sondern insbesondere auch die Möglichkeit einer rechtlichen Beratung der Gründer aufgegeben.[195] Die Gefahr hierin liegt zum einen in einer potentiell schlechteren Lage der Gesellschaftsgründer, die nicht umfassend über ihre Rechte und Pflichten aufgeklärt werden. Darüber hinaus droht die Unzuverlässigkeit des Handelsregisters durch unrichtige Eintragungen, was wiederum eine mittelbare Unzuverlässigkeit des Grundbuchs mit sich bringen würde.[196] Soweit sich Identitäten nicht sicher nachweisen lassen, bedingt dies einen möglichen Verlust des öffentlichen Glaubens des Handelsregisters (§ 15 Handelsgesetzbuch - HGB). Infolgedessen hätten auch Gesellschafterlisten (§ 16 Gesetz betreffend Gesellschaften mit beschränkter Haftung - GmbHG) weniger Aussagekraft und unrichtige Grundbucheintragungen (§ 32 Grundbuchordnung - GBO) würden billigend in Kauf genommen werden.[197]

Zum Teil wurden auch Stimmen laut, wonach die SUP in Konkurrenz zu der deutschen GmbH treten würde, aufgrund der Tatsache, dass zum Betrieb einer SUP kein grenzüberschreitender Bezug vorgesehen war. Ein Nebeneinander nationaler Normen und EU-Standards hätte zu einer Umwälzung des Gesellschaftsrechts geführt.[198] Es ist jedoch nicht ersichtlich, dass sich diese Befürchtungen im Falle des Inkrafttretens der Richtlinie bewahrheitet hätten. Zum einen hat die GmbH auch nach Einführung der Unternehmergesellschaft (haftungsbeschränkt) als Unterfall der GmbH durch das MoMiG weiterhin ihre

---

193 *Preuß*, Zivilrechtspflege durch externe Funktionsträger, S. 98.

194 So findet etwa in England keine vorherige Überprüfung der Gesellschaft statt. Welche negativen Konsequenzen dies haben kann, lässt sich insbesondere daraus ablesen, dass etwa 50-100 Fälle von Identitätsbetrug pro Monat aufgedeckt werden, wobei die Dunkelziffer nach oben abweichen dürfte, vgl. *Ries*, NZG 2014, 569.

195 *Harbarth*, GmbHR 2018, 657, 660.

196 *Teichmann/Götz*, ZEuP 2019, 260, 270.

197 *Thomale*, ZEuP 2016, 517, 542; *Klumpen*, Die elektronische Gesellschaftsgründung über die Grenze, S. 132; *Wicke*, ZIP 2014, 1414, 1415.

198 *Harbarth*, GmbHR 2018, 657, 659; *Wicke*, ZIP 2014, 1414, 1417.

Daseinsberechtigung gehabt. Das Hinzutreten der SUP, die ebenfalls über ein geringes Stammkapital verfügt, hätte hieran wohl nichts geändert. Die Reputation einer GmbH mit einem gesetzlich deutlich höher vorgeschriebenen Stammkapital bleibt weiterhin bestehen.[199] Zum anderen ist vor allem bei Gesellschaften neben der rechtlichen Grundlage die Akzeptanz im Geschäftsleben von besonderem Interesse. Soweit bei einer Gesellschaft Bedenken hinsichtlich der Solvenz oder der Identität der Gesellschafter bestehen, erscheint es fragwürdig, ob die Gesellschaft überhaupt als potentieller Vertragspartner in Frage käme. Eine Konkurrenzsituation erscheint somit ausgeschlossen.

b) Änderungen und Scheitern des Kompromisstexts

Die einzelnen Punkte des SUP-RL-E waren nicht nur in Deutschland umstritten.[200] Auch Österreich, Belgien, Spanien, Schweden und Ungarn standen dem Vorschlag kritisch gegenüber.[201] Eine Möglichkeit, den Bedenken der Kritiker zu begegnen, bestand darin, die meisten strittigen Punkte aus dem Vorschlag zu streichen, um diesen letztlich auf das Kernanliegen der Kommission zu beschränken – die Online-Registrierung sollte als digitales Vorzeigeprojekt der Kommission dienen.[202] Hierfür war man bereit, auf andere Elemente des SUP-RL-E zu verzichten. So bestand für die Mitgliedstaaten etwa die Möglichkeit, von dem Umfang der Mustersatzungen und Eintragungsformulare sowohl nach oben als auch nach unten abzuweichen. Indem die einzelnen Mitgliedstaaten selbst festlegen können, welche Informationen sie im Rahmen der Gründung anfordern, verlieren die Musterdokumente jedoch mangels Vergleichbarkeit an Wert für die Gründer im grenzüberschreitenden Kontext. Während nach jetzigem Stand eine Erkundigung bezüglich des Informationsumfangs bei den jeweils zuständigen Stellen im Ausland einzuholen ist, hätten die Regelungen zur SUP insoweit keinen Mehrwert gebracht. Ein potentieller Gründer hätte sich immer noch bei den jeweiligen Mitgliedstaaten informieren müssen, inwieweit

---

199 S. hierzu auch die Überlegungen das Mindeststammkapital der GmbH von EUR 25.000 auf EUR 10.000 zu senken, BR-Drs. 16/9737; *Saenger*, GesR, § 17 Rn. 729.

200 Dem Bundestag wurde nach Art. 23 Abs. 3 GG die Möglichkeit zur Stellungnahme eingeräumt. Folge dessen ist ein Beschluss vom 7. Mai 2015, der die Richtlinie ablehnte und sich zugleich für eine supranationale Gesellschaftsform aussprach, s. *Harbarth* GmbHR 2018, 657, 660.

201 *Seibert*, FS Bergmann, 677, 679; *Klumpen*, Die elektronische Gesellschaftsgründung über die Grenze, S. 218.

202 *Seibert*, FS Bergmann, 677, 680.

von dem in Art. 11 Abs. 3 SUP-RL-Rat vorgesehenen Musterkatalog abgewichen wird. Es war somit weiterhin erforderlich, dass sich Gründer in die Rechtssysteme, in welchen sie eine Gründung planten, einarbeiten. Dies hätte zu einer kaum merklichen Vereinheitlichung und folglich auch keiner tatsächlichen Vereinfachung der grenzüberschreitenden Tätigkeit geführt.[203] Bezeichnend hierfür ist, dass sich Mitgliedstaaten lediglich darum bemühen sollten, die erforderlichen Formulare in einer anderen Sprache als der Landessprache zur Verfügung zu stellen und hierdurch Sprachbarrieren nicht beseitigt werden.[204]

Neben einem festgelegten Mindestumfang von Mustersatzungen und Eintragungsformularen wurde auch auf eine explizite Festlegung des Weisungsrechtes gegenüber dem Leitungsorgan der SUP verzichtet. Obgleich der konkrete Inhalt des Weisungsrechts bereits in der ursprünglichen Fassung zu wünschen übrig ließ, hätte zumindest die allgemeine Existenz eines solchen Rechts festgehalten werden können.[205]

Darüber hinaus wurden die Überlegungen zur Sitzaufspaltung verworfen. Obwohl Art. 10 SUP-RL-E gestrichen wurde, wurde die Chance versäumt, ein Verbot der Sitzaufspaltung im Entwurf festzuhalten. Dies führte letztlich zu einer ablehnenden Haltung Deutschlands gegenüber dem Kompromissentwurf. Man war nur bereit, der SUP-Richtlinie zuzustimmen, wenn die Änderungen im Ratsentwurf, die unter der Leitung von Lettland und Italien eingebracht wurden, beibehalten werden und Sitzaufspaltungen als gesetzwidrig festgehalten werden.[206]

Neben dem Bundestag standen dem Vorschlag in Deutschland zusätzlich noch zwei weitere Fronten gegenüber. Zum einen wollten die Notare weiterhin an der Registrierung von Gesellschaften beteiligt sein. Sie fürchteten einen „Dammbruch" ihrer Tätigkeit.[207] Nach Auffassung der Bundesnotarkammer sollte eine Änderung der Richtlinie erfolgen, die es einem Gesellschaftsgründer erlaubt hätte, eine Vollmacht bei einer öffentlichen Stelle im Ausland ausstellen zu lassen, um sich sodann vor einem deutschen Notar vertreten zu lassen.[208] Hierdurch wird nicht nur der zeitliche Vorteil, der sich aus einer Online-Gründung

---

203 Vgl. *Harbarth*, GmbHR 2018, 657, 660; *Teichmann/Götz*, ZEuP 2019, 260, 272.

204 Vgl. Erwägungsgrund 15a SUP-RL-Rat.

205 Vgl. *Teichmann/Götz*, ZEuP 2019, 260, 280 f.

206 *Harbarth*, GmbHR 2018, 657, 660 f.; *Seibert*, FS Bergmann, 677, 683; *Teichmann/Götz*, ZEuP 2019, 260, 269.

207 *Seibert*, FS Bergmann, 677, 680.

208 *Seibert*, FS Bergmann, 677, 681.

ergeben kann, wieder egalisiert. Wenn als Argument gegen das Fernbleiben des Gründers angebracht wird, dass hierdurch das Prinzip der vorsorgenden Rechtspflege nicht gewahrt wird, so erscheint es befremdlich, den notariellen Akt ins Ausland zu verlegen, wenn es vorgeblich so wichtig ist, diesen persönlich durchzuführen, um eventuelle Rechtsunsicherheiten aufzuklären.[209] Nach Gesprächen mit dem Präsidenten der Bundesnotarkammer konnte den Kritikpunkten der Notare aber insoweit entgegengekommen werden, als man sich bei der Umsetzung in Deutschland auf eine Kombination einer Videokonferenz mit einem deutschen Notar und eines elektronischen Identifizierungsmittels einigte.[210]

Darüber hinaus sprachen sich die einzelnen Bundesländer gegen den Vorschlag aus. Grund hierfür war eine mögliche Kostensteigerung für neues Personal, das aufgrund einer Mehrbelastung durch unkontrollierte Registrierungsanträge einzustellen gewesen wäre.[211]

Letztlich wurde vom Ministerrat am 28. Mai 2015 eine Fassung des Richtlinienvorschlags angenommen, gegen den nur Deutschland, Österreich, Belgien, Spanien und Schweden stimmten.[212] Eine Sperrminorität konnte somit nicht erreicht werden. Im Folgenden befasste sich das Europäische Parlament mit dem Vorschlag für eine Richtlinie zur SUP. Das Gesetzgebungsverfahren erfuhr jedoch mit der Aufdeckung des Skandals um die *Panama Papers* im Jahr 2016 einen massiven Dämpfer. Im politischen Diskurs stand die Gründung von anonymen Briefkastenfirmen mit dem Ziel eines möglichen Steuerbetrugs und der Geldwäsche im Zentrum.[213] Die Befürchtungen, die bereits nach dem ersten Vorschlag zur SUP von der Kommission zum Tragen kamen – wenn auch zum Teil unbegründet ob der vielfachen Anpassungen im Kompromisstext – standen wieder im Mittelpunkt. Die SUP wurde folglich „fachlich dürftig begründet und vornehmlich politisch motiviert“[214] zunächst auf Eis gelegt und mit der Vorlage

209 *Seibert*, FS Bergmann, 677, 681; Die Bedeutung des persönlichen Erscheinens lässt sich im Gesetz auch daran ablesen, dass § 2 Abs. 2 GmbHG zwar eine Vertretung bei der Gründung erlaubt, allerdings eine notariell errichtete oder beglaubigte Vollmacht verlangt. Hierdurch soll verhindert werden, dass das Formerfordernis des § 2 I GmbHG durch die Einschaltung eines Stellvertreters umgangen wird.

210 *Seibert*, FS Bergmann, 677, 682.

211 *Seibert*, FS Bergmann, 677, 680.

212 Allgemeine Ausrichtung des Rates vom 28. Mai 2015 (Dok.9050/15); *Seibert*, FS Bergmann, 677, 683; *Klumpen*, Die elektronische Gesellschaftsgründung über die Grenze, S. 218 f; *Habersack/Verse*, § 10 Rn. 24.

213 *Seibert*, FS Bergmann, 677, 684; *Bausback*, notar 2016, 177.

214 *Seibert*, FS Bergmann, 677, 684.

des *Company Law Packages* am 25. April 2018 aufgrund der geringen Aussicht auf Erfolg offiziell zurückgezogen.[215]

4. Wesentliche Änderungen in der Digitalisierungsrichtlinie

Unter Berücksichtigung des bisherigen Werdegangs ist von besonderer Relevanz, welche Lehren aus den bisherigen Gesetzesvorhaben gezogen werden können. Während am Anfang im Rahmen des Entwurfs zur SPE noch eine supranationale Gesellschaftsform angestrebt wurde, versuchte man aufgrund der Kritiken und des sich aus Art. 352 AEUV ergebenden Einstimmungserfordernisses, die Bedürfnisse von KMU über eine Richtlinie in den nationalen Rechtsordnungen zu verankern.[216] Wie bereits dargelegt scheiterte jedoch auch der Versuch einer Richtlinie zur SUP. Das *Company Law Package* hingegen behält die Form als Richtlinie bei, greift inhaltlich jedoch wesentlich kürzer als der Vorschlag zur SUP. Es soll den Einsatz digitaler Werkzeuge und Verfahren im Gesellschaftsrecht ermöglichen. Indem lediglich Vorschriften zum Online-Verfahren mitsamt Gründung, Eintragung und Einreichung, der Offenlegung und dem Register verabschiedet wurden, soll eine größere Akzeptanz gegenüber den neuen Regelungen erreicht werden. Diese Fokussierung auf eine einzelne wesentliche Komponente ist vor dem Hintergrund der Online-Gründung als Aushängeschild der Kommission nur konsequent.[217]

Die Digitalisierungsrichtlinie ist folglich das Ergebnis einer Reihe von Verhandlungen nach der *trial and error*-Methode. Eine ursprünglich ehrgeizige und umfangreiche Änderung des europäischen Gesellschaftsrechts wurde den Mitgliedstaaten in veränderter Form so oft präsentiert, bis ein konsensfähiger Entwurf vorlag. Andererseits ließe sich – etwas negativ – von einem konstanten Scheitern des europäischen Gesetzgebers reden.[218] Die geleistete Vorarbeit ist jedoch nicht zu verachten. Insbesondere wurden im Prozess der SUP-Richtlinie Änderungen erreicht, die auch im *Company Law Package* enthalten sind und auf denen letztlich die Digitalisierungsrichtlinie aufbaut.[219] So wurden etwa die Regelungen zur Feststellung der Identität in Art. 13 b Abs. 1 GesRRL festgehalten. Auch die Verlängerung der Frist von drei auf mindestens fünf Tage findet

---

215 *Harbarth*, GmbHR 2018, 657, 661; *Teichmann/Götz*, ZEuP 2019, 260, 266; Annex 4 – Anhang zum Arbeitsprogramm der Kommission 2018 COM (2017) 650 final, S. 4.

216 s. B. IV. 2.

217 s. B. IV. 3. b).

218 vgl. *Teichmann/Götz*, ZEuP 2019, 260, 262.

219 *Teichmann/Götz*, ZEuP 2019, 260, 263.

sich in Art. 13 f Abs. 7 GesRRL wieder. Des Weiteren können Notare einbezogen und das bisher in Deutschland praktizierte System der zweistufigen Prüfung kann beibehalten werden.[220] Daneben finden sich jedoch auch neue Ideen, die von den Mitgliedstaaten nunmehr umzusetzen sind. So hat etwa die Regelung zur möglichen Disqualifikation von Geschäftsführern und der diesbezügliche Informationsaustausch Eingang in die Richtlinie gefunden.[221]

Das Ergebnis ist aus deutscher Sicht dennoch etwas befremdlich. Hatte man sich im Rahmen der Verhandlungen zur SUP im Rat noch ausdrücklich gegen das Gesetzgebungsvorhaben gerichtet, wurde das *Company Law Package* in der ersten Lesung im Rat einstimmig angenommen.[222]

V. Bewertung

Die Digitalisierungsrichtlinie beschränkt sich von vornherein im Kern auf die Gründung von Gesellschaften. Die damit verbundene Online-Komponente wird von den Akteuren grundsätzlich befürwortet.[223] Dies liegt vor allem daran, dass keine neue Gesellschaftsform eingeführt wurde, sondern Wert darauf gelegt wurde die Tradition der Rechtsordnungen zu wahren.[224] Bereits im Vorfeld fällt auf, dass die Digitalisierungsrichtlinie um einen ständigen Ausgleich zwischen Neuerungen auf der einen Seite und einer sinnvollen Implementierung in die jeweiligen nationalen Rechtssysteme auf der anderen Seite bemüht ist.[225]

Die Gründer müssen sich in jedem Fall, wenn auch zentral über das neu zu schaffende digitale Zugangstor, in die für sie jeweils relevanten Rechtsordnungen einlesen. Dies ist vor dem grenzüberschreitenden Kontext allerdings schlicht unvermeidbar. Auch wenn die Online-Komponenten in der Digitalisierungsrichtlinie auf das Wesentliche beschränkt sind, erscheint ein kleiner Schritt auf dem Weg zu mehr Digitalisierung im Gesellschaftsrecht besser als untätig zu bleiben. Die Digitalisierungsrichtlinie profitiert unter anderem auch davon, dass sie in einer politisch stabilen Phase verabschiedet wurde.

---

220 *Teichmann/Götz*, ZEuP 2019, 260, 284.

221 *Teichmann/Götz*, ZEuP 2019, 260, 284.

222 Abstimmungsergebnis vom 13. Juni 2019, Dokument 10288/19 (abrufbar unter: https://eur-lex.europa.eu/legal-content/DE/TXT/PDF/?uri=CONSIL:ST_10288_2019_INIT&from=EN Stand: 23. November 2021).

223 *Seibert*, FS Bergmann, 677, 678.

224 Erwägungsgrund 19 RL (EU) 2019/1151.

225 So ausdrücklich Erwägungsgrund 19 RL (EU) 2019/1151.

Es bleibt abzuwarten, welche Schritte der europäische Gesetzgeber zur weiteren Vernetzung des Binnenmarktes plant. Vor diesem Hintergrund ist auch relevant, dass der Koalitionsvertrag der 19. Legislaturperiode sich explizit für eine Europäische Privatgesellschaft (SPE) aussprach.[226] Angesichts der unterschiedlichen gesellschaftsrechtlichen Traditionen und des sich aus Art. 352 AEUV ergebenden Einstimmigkeitserfordernisses bleibt jedoch der Erfolg einer möglichen SPE 2.0 abzuwarten.[227] Der Austritt Großbritanniens aus der Europäischen Union könnte jedenfalls im erneuten Entwurf zu einer stärkeren Orientierung an den kontinentaleuropäischen Traditionen führen.[228]

Aufgrund der Digitalisierungsrichtlinie können sich auch makrojuristische Vorteile ergeben, wenn Juristen verschiedener Länder ausgehend von einer zumindest in den Eckpunkten einheitlich verbreiteten Online-Gründung bestehende Probleme austauschen und Lösungsansätze entwickeln.[229] Der bisherige Prozess und die unterschiedlichen Anlaufversuche zeigen vor allem eines: Es besteht ein großes Verlangen, auf europäischer Ebene mit dem digitalen Fortschritt, auch in Bezug auf die Gesetzgebung, Schritt zu halten.

Um den Gründungsvorgang allgemein attraktiver zu gestalten, stellen Online-Gründungen sicher kein Allheilmittel dar. Daneben können auch andere Abläufe im Rahmen der Gründung überdacht werden. So könnte etwa erwogen werden, die Erhebung eines Kostenvorschusses für die Eintragung abzuschaffen.[230] Man sollte jedoch vermeiden, sich unter Berufung auf alternative Handlungsmöglichkeiten dem technischen Fortschritt zu verweigern. Eine Anpassung des Gesellschaftsrechts und des Notariats ist erforderlich, um in der digitalen Welt bestehen zu können. Hierbei erscheint es vorzugswürdiger, neue Prozesse aktiv mitzugestalten, als das Schicksal des *tabellio* teilen. Dieser war im Römischen Reich ursprünglich für die Erstellung von Urkunden zuständig. Der Notar, der

---

226 Ein Aufbruch für Europa – Eine neue Dynamik für Deutschland – Ein neuer Zusammenhalt für unser Land, Koalitionsvertrag zwischen CDU, CSU und SPD, Zeilen 6151 ff. abrufbar unter: https://www.cdu.de/system/tdf/media/dokumente/koalitionsvertrag_2018.pdf?file=1 (Stand: 23. November 2021).

227 *Teichmann/Götz*, ZEuP 2019, 260, 285 f.; diesbezüglich etwas positiver *Harbarth*, GmbHR 2018, 657, 662.

228 *Harbarth*, GmbHR 2018, 657, 662.

229 So für die SPE *Götz*, Die Einpersonengesellschaft als Vehikel grenzüberschreitender unternehmerischer Tätigkeit, S. 31. Aufgrund der einheitlichen Mindeststandards erscheint ein Austausch der gesammelten Erfahrungen der Mitgliedstaaten untereinander wahrscheinlich.

230 *Ries*, NotBZ 2019, 25, 27.

zunächst die Hilfsfunktion des bloßen Schreibers innehatte, löste diesen allmählich ab.[231] Die Ablehnung von Neuerungen in gebotenem Maß könnte ein ähnliches Resultat für die Notare zur Folge haben.

---

231 *Baumann*, MittRhNotK 1996, 1, 2 f.

C. Gründung von Gesellschaften nach der Digitalisierungsrichtlinie

Die Gründung von Gesellschaften stellt den zentralen Anwendungsbereich der Digitalisierungsrichtlinie dar. Im Folgenden wird zunächst der aktuelle Gründungsprozess von Kapitalgesellschaften in einem ersten Überblick *de lege lata* dargestellt. Im Anschluss werden die einzelnen Punkte der Digitalisierungsrichtlinie aufgegriffen und untersucht, wie sich diese am besten *de lege ferenda* in das deutsche Rechtssystem umsetzen lassen. Zunächst wird der sachliche wie auch der persönliche Anwendungsbereich dargestellt. Auch die Kapitalaufbringung im Rahmen des Online-Verfahrens ist von Relevanz. Hierbei wird deutlich werden, dass den nationalen Gesetzgebern durchaus Möglichkeiten eröffnet werden, eine flexible Anpassung vorzunehmen. Im Besonderen wird auf die Rolle des Notars für die Gründung und die einzuführenden Muster einzugehen sein. Daneben werden weitere Punkte thematisiert, die von den Mitgliedstaaten im Rahmen einer richtlinienkonformen Umsetzung zu beachten sind.

I. Gründung von Kapitalgesellschaften in Deutschland

Nach Art. 13 g Abs. 1 UAbs. 1 GesRRL gewährleisten die Mitgliedstaaten, dass die Gründung von Gesellschaften vollständig online durchgeführt werden kann, ohne dass die Antragsteller vor einer mit dem Gründungsverfahren betrauten Stelle erscheinen müssen. Jedoch können sich die nationalen Gesetzgeber dafür entscheiden, Rechtsformen, die nicht in Anhang IIA der Digitalisierungsrichtlinie genannt sind, von einem solchen Verfahren auszuschließen (Art. 13 g Abs. 1 UAbs. 2 GesRRL). Demnach ist für die GmbH ein digitales Gründungsverfahren zwingend einzuführen. Im Folgenden soll zunächst dargestellt werden, wie die Gründung einer GmbH erfolgt und welche Änderungen sich durch die Umsetzung der Gesellschaftsrechtsrichtlinie ergeben können. Die mögliche Errichtung einer GmbH durch Formwechsel wird insofern nicht beleuchtet. Gegenstand der Untersuchung ist die originäre Neugründung.[232]

Im Anschluss wird zu erörtern sein, wie momentan die Gründung einer AG und KGaA abläuft. Anders als bei der GmbH besteht für den Gesetzgeber keine

---

232 Die Richtlinie lässt die Vorgründungsgesellschaft unberührt. Insofern wird auf eine Darstellung verzichtet.

Pflicht, tätig zu werden. Gleichwohl kann auch für diese Gesellschaftsformen von der Möglichkeit einer Online-Gründung Gebrauch gemacht werden. Insofern stellt sich die Frage, inwieweit der Anwendungsbereich der Online-Gründung über den verpflichtenden Mindestumfang hinaus ausgeweitet werden sollte.

1. Gründung einer GmbH

Im Umkehrschluss aus § 11 Abs. 1 GmbHG ergibt sich, dass die GmbH als juristische Person erst mit Eintragung in das Handelsregister entsteht. Für eine wirksame Eintragung ist nach § 8 a Abs. 1 HGB erforderlich, dass die Eintragung in den für die Handelsregistereintragungen bestimmten Datenspeicher aufgenommen ist und auf Dauer inhaltlich unverändert wiedergegeben werden kann. Der Ablauf der Gründung erfolgt in fünf Phasen.[233] Im Hinblick auf die geplante Online-Gründung soll im Folgenden insbesondere auf die Funktion des Notars im Rahmen der Gründung eingegangen werden.

a) Gesellschaftsvertrag

Erster Schritt auf dem Weg zur Gründung ist der Abschluss eines Gesellschaftsvertrags.[234] Dieser bedarf gemäß § 2 Abs. 1 S. 1 GmbHG der notariellen Form im Sinne von § 128 Bürgerliches Gesetzbuch (BGB), §§ 6 ff. Beurkundungsgesetz (BeurkG).[235] Obwohl das Recht der GmbH in weiten Teilen dispositiv ist, ergibt sich aus § 3 GmbHG ein verpflichtender Mindestinhalt des Gesellschaftsvertrages.[236] Die Einbindung des Notars in diesem frühen Stadium der GmbH verfolgt mehrere Ziele.

aa) Prüfungs- und Belehrungspflicht

Nach § 17 BeurkG trifft den Notar eine umfassende Prüfungs- und Belehrungspflicht. Er soll insbesondere den Willen der Beteiligten sowie den Sachverhalt klären und die Beteiligten über die rechtlichen Konsequenzen ihres Handelns belehren (§ 17 Abs. 1 BeurkG). Indem der Notar gezielt die Motive der Gründer erforscht und die entsprechenden Gründungsunterlagen vorbereitet, soll den Beteiligten geholfen werden, eine Gesellschaft entsprechend ihren Wünschen und Bedürfnissen zu errichten. Hiervon profitieren insbesondere unerfahrene

---

233 *Saenger*, GesR, § 17 Rn. 726. Im Folgenden unter C. I. 1. a) bis e) dargestellt.

234 *Drygala/Staake/Szalai*, KapG, § 4 Rn. 7.

235 *Drygala/Staake/Szalai*, KapG, § 4 Rn. 19; *Saenger*, GesR, § 17 Rn. 728.

236 *Saenger*, GesR, § 17 Rn. 729.

Beteiligte, die aufgrund der unabhängigen Stellung des Notars (§ 1 BNotO) über eventuelle Irrtümer und Zweifel aufgeklärt werden können. Bei einer Beurkundung finden auch allgemeine Überlegungen, die sich aus der Vorgabe einer bestimmten Form ergeben, in einem besonders starken Maß Anwendung. Hierzu gehören etwa der Schutz vor Übereilung oder auch die Warnung, dass mit Abgabe der Erklärung eine rechtlich bedeutsame Entscheidung getroffen wird (Warnfunktion).[237] Diese Funktionen werden zum einen durch eine „psychologische Hemmschwelle" erreicht, die das Vorstelligwerden beim Notar mit sich bringt, aber auch durch die entstehenden Kosten und die Wartezeit bis zu dem Termin.[238]

Durch eine eingehende Belehrung der Beteiligten und Prüfung der Gründungsunterlagen wird aber nicht nur das Ziel eines individuellen Schutzes der Gründer verfolgt, sondern zudem auch der Schutz der Allgemeinheit.[239] Die fachkundige Ausarbeitung der Gründungsunterlagen führt zu einer Gültigkeits- und Richtigkeitsgewähr. Der Notar ist verpflichtet, darauf zu achten, dass geltendes Recht eingehalten wird und keine nichtigen Willenserklärungen abgegeben werden.[240] Soweit ein zu beurkundendes Rechtsgeschäft gegen ein gesetzliches Verbot oder die guten Sitten verstößt, was insbesondere bei Verfolgung erkennbar unlauterer oder unredlicher Zwecke der Fall ist, resultiert für ihn daraus die Pflicht, seine Mitwirkung an der Beurkundung zu verweigern (vgl. § 4 BeurkG, § 14 Abs. 2 S. BNotO).[241] Soweit Zweifel an der Wirksamkeit bestehen und die Beteiligten dennoch auf eine Beurkundung bestehen, sind die Zweifel des Notars nach § 17 Abs. 2 BeurkG in der Niederschrift zu vermerken. Die zweifelsfreie Ausfertigung des Gesellschaftsvertrages ist insofern unerlässlich, als nach § 13 Abs. 2 GmbHG den Gläubigern für die Verbindlichkeiten der Gesellschaft nur das Gesellschaftsvermögen haftet.[242] Durch die notarielle Beurkundung wird

---

237 *Lieder*, ZIP 2018, 805, 806: *Drygala/Staake/Szalai*, KapG, § 4 Rn. 19; *Ulmer/Löbbe*, in: Ulmer/Habersack/Löbbe, § 2 Rn. 13; *Heinze*, in: MüKo-GmbHG, § 2 Rn. 21; *Ries*, NotBZ 2019, 25, 26; *Heckschen*, NotBZ 2020, 241, 242.

238 *Heinze*, in: MüKo-GmbHG, § 2 Rn. 21.

239 *Lieder*, ZIP 2018, 805, 807; *Heinze*, in: MüKo-GmbHG, § 2 Rn. 21; *Drygala/Staake/Szalai*, KapG, § 4 Rn. 19; *Schmidt*, in: Michalski/Heidinger/Leible/J. Schmidt, § 2 Rn. 45.

240 *Baumann*, MittRhNotK 1996, 1, 18.

241 *Baumann*, MittRhNotK 1996, 1, 18; *Heinze*, in: MüKo-GmbHG, § 2 Rn. 21.

242 *Drygala/Staake/Szalai*, KapG, § 4 Rn. 19; *Lieder*, in: Michalski/Heidinger/Leible/J. Schmidt, § 13 Rn. 332; *Heinze*, in: MüKo-GmbHG, § 2 Rn. 21; *Ulmer/Löbbe*, in: Ulmer/Habersack/Löbbe, § 2 Rn. 13.

zudem auch zur Entlastung der Gerichte beigetragen. Indem bereits eine präventive Kontrolle erfolgt, kann das Entstehen von Gesellschaftsverträgen verhindert werden, die sich als rechtswidrig oder unwirksam erweisen (Filterfunktion).[243]

bb) Klarstellungs- und Beweisfunktion

Neben den genannten Vorteilen, die eine Belehrung mit sich bringt, ist auch zu beachten, dass vom Notar erstellte Urkunden stets öffentliche Urkunden im Sinne von §§ 415, 418 Zivilprozessordnung (ZPO) darstellen.[244] Hieraus folgt ein Beweis der in den Urkunden bezeugten Tatsachen (Beweisfunktion). Es kann nachgewiesen werden, dass eine Erklärung dieses Inhalts abgegeben wurde, wohingegen für die inhaltliche Richtigkeit keine Gewähr übernommen wird.[245] Besondere Bedeutung hat der Gesellschaftsvertrag als öffentliche Urkunde für das Grundbuch- und Registerverfahren. So knüpfen etwa die Publizitäts- und Gutglaubenswirkungen der §§ 891 f. BGB, § 15 HGB mittelbar an die Beweisfunktion der notariellen Urkunde an.[246]

Daneben hat sich der Notar nach § 10 BeurkG Gewissheit über die vor ihm erschienen Personen zu verschaffen und diese so genau zu bezeichnen, dass es nicht zu Verwechslungen kommen kann. Diese Identitätsprüfung dient zum einen der Geldwäschebekämpfung[247] und erfolgt zum anderen im Interesse potentieller Geschäftspartner und sonstiger Dritter, die so Klarheit über sämtliche Personen erlangen können, die an der entsprechenden GmbH beteiligt sind.[248]

---

243 *Heinze*, in: MüKo-GmbHG, § 2 Rn. 23a; *Altmeppen*, in: Altmeppen, § 2 Rn. 16; *Bunting*, Die Gründung von Kapitalgesellschaften, S. 163; *Klumpen*, Die elektronische Gesellschaftsgründung über die Grenze, S. 91.

244 *Schreiber*, in MüKo-ZPO, § 415 Rn. 18.

245 *Heinze*, in: MüKo-GmbHG, § 2 Rn. 21.

246 Vgl. Schreiben DNotV v. 4. Juli 2018; *Merkt*, in: Baumbach/Hopt, § 15 Rn. 1; Für weitere Fragen zur Publizität s. D. III.

247 Bei der Gründung von Gesellschaften sind Notare nach § 2 Abs. 1 Nr. 10 a) ee) Geldwäschegesetz (GwG) Verpflichtete, welche nach § 11 GwG die Pflicht trifft eine Identifizierung vorzunehmen. In diesem Zusammenhang erfolgt eine eigenständige Prüfung anhand des vorgelegten amtlichen Lichtbildausweises, vgl. *Eickelberg*, NZG 2015, 81, 82 f.

248 *Eickelberg*, NZG 2015, 81, 82; *Heinze*, in: MüKo-GmbHG, § 2 Rn. 21.

cc) Fiskalische Kontrollfunktion

Des Weiteren trifft den Notar eine Mitteilungspflicht gegenüber dem Finanzamt, wodurch eine zusätzliche Kontrollmöglichkeit eingeräumt wird. Insbesondere hat er nach § 54 Einkommenssteuer-Durchführungsverordnung (EStDV) eine beglaubigte Abschrift aller Urkunden, die im Zusammenhang mit der Gründung einer Gesellschaft stehen, an das jeweils nach § 20 Abgabenordnung (AO) zuständige Finanzamt zu übersenden. Im Zuge dessen soll zur Vermeidung von Steuerhinterziehungen eine Rückdatierung bei Steuerstichtagen wie auch eine nachträgliche inhaltliche Änderung verhindert werden.[249] Zudem wird hierdurch auch eine unnötig komplizierte Sachverhaltsaufklärung vermieden. Die Finanzämter haben infolge der Amtshilfe des Notars unmittelbare Kenntnis von steuerrelevanten Vorgängen und können entsprechend reagieren.[250]

b) Organbestellung

Mit Abschluss des notariell beurkundeten Gesellschaftsvertrags entsteht als notwendiges Durchgangsstadium zur GmbH die Vor-GmbH.[251] An den Gesellschaftsvertrag schließt sich als nächster Schritt die Bestellung der Gesellschaftsorgane an, welche sich aus Gesellschafterversammlung, Geschäftsführung und, soweit die Größe es erfordert, einem Aufsichtsrat zusammensetzen.[252]

aa) Gesellschafterversammlung

Dem Organ der Gesellschafterversammlung, bestehend aus den Gesellschaftern, obliegt die Willensbildung innerhalb der GmbH für sämtliche der in § 46 GmbHG aufgeführten Aufgaben, soweit der Gesellschaftsvertrag keine

---

249 *Heinze*, in: MüKo-GmbHG, § 2 Rn. 21; *Lieder*, ZIP 2018, 805, 807; Stellungnahme DNotV v. 15. Januar 2021, S. 3.

250 *Reimer/Waldhoff*, DB 2015, 2106, 2110; *Bormann*, ZGR 2017, 621, 634 f.; *Baumann*, MittRhNotK, 1996, 1, 20.

251 *Drygala/Staake/Szalai*, KapG, § 4 Rn. 7.

252 Wann die Bestellung eines Aufsichtsrats erforderlich ist, bestimmt sich nach § 1 Abs. 1 MitbestG, § 1 Abs. 1 Nr. 3 S. 2 DrittelbG oder § 3 Abs. 1 Montan-MitbestG, § Abs. 1 S. 2 Montan-MitbestErgG, s. *Stephan/Tieves*, in: MüKo-GmbHG, § 35 Rn. 30. Darüber hinaus kann gemäß § 52 GmbHG ein fakultativer Aufsichtsrat aufgrund der Vereinbarungen im Gesellschaftsvertrag zu bestellen sein. Da es sich bei dem Aufsichtsrat im Regelfall um kein zwingendes Organ der GmbH handelt, werden Überlegungen zur Auswirkung der Digitalisierungsrichtlinie auf die Bestellung des Aufsichtsrats nachfolgend nicht aufgegriffen.

besonderen Bestimmungen trifft (vgl. § 45 Abs. 2 GmbHG).[253] Nach § 3 Abs. 1 Nr. 4 GmbHG sind Zahl und Nennbeträge der Geschäftsanteile, die jeder Gesellschafter übernimmt zwingend in den Gesellschaftsvertrag aufzunehmen. Somit werden alle an der Gründung beteiligten Gesellschafter bereits im Gesellschaftsvertrag genannt. Die Nennung der Namen hat hierbei jedoch lediglich formellen Charakter.[254] Bei formellen Satzungsregelungen handelt es sich um solche Vertragsbestandteile, die nur bei Gelegenheit Erwähnung im Vertrag finden, keine Satzungsqualität haben sollen und sonst auch formfrei hätten vereinbart werden können.[255] Eine spätere Neufassung des Vertrages mit Nennung von neu hinzugetretenen Gesellschaftern ist grundsätzlich zulässig, solange keine Verwechslungsgefahr besteht.[256] Neben der Beteiligung an der Gründung kann die Mitgliedschaft in der GmbH im weiteren Verlauf durch die Übertragung eines Geschäftsanteils begründet werden.

bb) Geschäftsführer

Da die Anmeldung zum Handelsregister von sämtlichen Geschäftsführern durchzuführen ist (§§ 7 Abs. 1, 78 GmbHG), ist der Geschäftsführer bereits im Gründungsverfahren zu bestellen. Die Bestellung kann nach § 6 Abs. 3 S. 2 GmbHG entweder im Gesellschaftsvertrag vorgenommen werden oder aber durch Beschluss der Gesellschafter nach § 46 Nr. 5 GmbHG.[257] Erfolgt die Bestellung des Geschäftsführers bereits im Gesellschaftsvertrag, kann es sich hierbei entweder um einen formellen oder einen materiellen Satzungsbestandteil

---

253 Daneben sieht das GmbHG eine Reihe von durch Gesellschaftsvertrag unübertragbarer Kernkompetenzen vor wie etwa die Änderung des Gesellschaftsvertrags (§ 53 GmbHG) oder die Auflösung der Gesellschaft (§ 60 I Nr. 2 GmbHG), s. *Saenger*, § 17 Rn. 779; *Drygala/Staake/Szalai*, KapG, § 11 Rn. 120.

254 *Wicke*, in: MüKo-GmbHG, § 3 Rn. 123.

255 *Ulmer/Löbbe*, in: Ulmer/Habersack/Löbbe, § 2 Rn. 10; *Drygala/Staake/Szalai*, KapG, § 4 Rn. 37; Im Gegensatz dazu zeichnen sich materielle Satzungsbestandteile dadurch aus, dass sie die prägenden Regelungen der Gesellschaft wiedergeben, Sonderrechte der einzelnen Gesellschafter enthalten können und auch künftige Mitglieder binden. Sie sind formbedürftig und können nur nach den Vorgaben der §§ 53, 54 GmbHG geändert werden, vgl. *Ulmer/Löbbe*, in: Ulmer/Habersack/Löbbe, § 2 Rn. 9; *Wicke*, in MüKo-GmbHG, § 3 Rn. 102; *Drygala/Staake/Szalai*, KapG, § 4 Rn. 36.

256 OLG Hamm, DB 1996, 321, 322; *Ulmer/Löbbe*, in: Ulmer/Habersack/Löbbe, § 3 Rn. 34.

257 *Wicke*, in: Wicke, § 6 Rn. 10; *Drygala/Staake/Szalai*, KapG, § 4 Rn. 1, 37.

handeln.[258] Diese Differenzierung wirkt sich bei der Abberufung und späteren Neubestellung eines anderen Geschäftsführers aus. Ist die Bestellung lediglich formeller Bestandteil der Satzung, genügt für eine Änderung ein Gesellschafterbeschluss mit einfacher Mehrheit, während die Abänderung eines materiellen Bestandteils nur durch eine Satzungsänderung erfolgen kann, welche eine Dreiviertelmehrheit der abgegebenen Stimmen und die notarielle Form erfordert (§ 53 Abs. 1, 2 GmbHG).[259] Soweit keine eindeutigen Regelungen[260] im Gesellschaftsvertrag aufgenommen wurden, ist die Bestellung des Geschäftsführers im Gesellschaftsvertrag im Zweifel formeller Bestandteil der Satzung.[261] Die Bestellung des Geschäftsführers erfolgt somit entweder durch einen Gesellschafterbeschluss (originär oder im Rahmen der Satzung) oder aufgrund von Bestimmungen in der Satzung, welche nur durch nachträgliche Satzungsänderungen eingefügt werden können.

c) Stammkapital

Bevor eine Anmeldung der Gesellschaft erfolgen kann, ist zunächst die Ausstattung mit ausreichenden finanziellen Mitteln erforderlich. Dies geschieht durch die Aufbringung des im Gesellschaftsvertrag vereinbarten Stammkapitals (vgl. § 3 Abs. 1 Nr. 3 GmbHG). Hierzu übernehmen die Gründer ihre jeweiligen Geschäftsanteile. Auf die Geschäftsanteile können entweder Bar- oder Sacheinlagen geleistet werden.[262] Im Falle von Bareinlagen muss zum Zeitpunkt der Anmeldung auf jeden Geschäftsanteil ein Viertel und insgesamt die Hälfte des Stammkapitals, also mindestens 12.500,00 EUR, eingezahlt worden sein, sodass sie dem Geschäftsführer endgültig zur freien Verfügung stehen (§ 7 Abs. 2

---

258 Im Fall eines formellen Satzungsbestandteils handelt es sich bei der Bestellung um einen originären Gesellschafterbeschluss, der lediglich aus Praktikabilitätsgründen mit dem Abschluss des Gesellschaftsvertrages zusammengefasst wird.

259 *Paefgen*, in: Ulmer/Habersack/Löbbe, § 6 Rn. 66 ff.; *Drygala/Staake/Szalai*, KapG, § 11 Rn. 16 ff.

260 Für einen materiellen Satzungsbestandteil ist erforderlich, dass der Gesellschaftsvertrag eindeutige Regelungen enthält, die auf ein bestehendes Sonderrecht hinweisen. Dies kann etwa der Fall sein, wenn eine Person auf Lebenszeit zum Geschäftsführer bestimmt ist, vgl. *Paefgen*, in: Ulmer/Habersack/Löbbe, § 6 Rn. 69; *Tebben*, in: Michalski/Heidinger/Leible/J. Schmidt, § 6 Rn. 51.

261 *Saenger*, GesR, § 17 Rn. 731; *Goette*, in: MüKo-GmbHG, § 6 Rn. 66; *Paefgen*, in: Ulmer/Habersack/Löbbe, § 6 Rn. 66; *Beurskens*, in: Baumbach/Hueck, § 6 Rn. 32; BGH, NJW 1955, 1716.

262 *Grunewald*, GesR, § 13 Rn. 6, 24; *Drygala/Staake/Szalai*, KapG, § 4 Rn. 32 ff.

und 3 GmbHG).[263] Für die Anmeldung ist gemäß § 8 Abs. 2 GmbHG die Versicherung abzugeben, dass die Leistungen auf die Geschäftsanteile bewirkt wurden und dem Gesellschafter endgültig zur freien Verfügung stehen. Auf die Frage, in welcher Form die Ausgestaltung der Kapitalaufbringung bei einer Online-Gründung erfolgen könnte und ob gewisse Restriktionen greifen sollten, wird im späteren Verlauf der Untersuchung vertieft eingegangen.[264]

d) Anmeldung im Handelsregister

Um eine Eintragung im Handelsregister zu erwirken, ist die Gesellschaft bei dem Gericht, in dessen Bezirk sie ihren Sitz hat, anzumelden (§ 7 Abs. 1 GmbHG). Hierzu ist erforderlich, dass alle in § 8 GmbHG genannten Unterlagen eingereicht werden.[265] Gemäß § 53 BeurkG soll der Notar die Einreichung der Urkunde beim Registergericht veranlassen. Seit dem 1. Januar 2007 erfolgt die Übermittlung von Unterlagen an das zuständige Amtsgericht elektronisch und die Daten werden digital gespeichert (vgl. § 8 Abs. 5 GmbHG, § 12 Abs. 2 S. 1 HGB).[266] Grund hierfür ist eine Reform der Unternehmenspublizität durch das am 10. November 2006 erlassene EHUG[267], welches der Umsetzung einer europäischen Richtlinie diente.[268]

Ausgangspunkt für die elektronische Übermittlung ist eine öffentliche Beglaubigung im Sinne von § 129 BGB, die in Papierform vorliegen muss, um der Formvorschrift zu genügen.[269] Die im Anschluss vorgenommene Ausfertigung der elektronischen Dokumente kann auf zwei unterschiedliche Arten geschehen. Zum einen besteht für den Notar die Möglichkeit, die Originaldokumente

---

263 *Grunewald*, GesR, § 13 Rn. 6; *Saenger*, GesR, § 17 Rn. 733.

264 S. C II. 3.

265 Anmeldeunterlagen sind demzufolge insbesondere der Gesellschaftsvertrag, eine Versicherung über die Leistung der Einlagen und eine Versicherung der Geschäftsführer, dass ihrer Bestellung nichts im Wege steht.

266 *Saenger*, GesR, § 17 Rn. 735; *Drygala/Staake/Szalai*; KapG, § 4 Rn. 82 f.; *Apfelbaum/Bettendorf*, RNotZ 2007, 89, 90.

267 Gesetz über elektronische Handelsregister und Genossenschaftsregister sowie das Unternehmensregister (EHUG) vom 10. November 2006, BGBl. I, 2553.

268 RL 2003/58/EG des Europäischen Parlaments und des Rates vom 15. Juli 2003 zur Änderung der RL 68/151/EWG des Rates in Bezug auf die Offenlegungspflichten von Gesellschaften bestimmter Rechtsformen, Abl. EU Nr. L 221 vom 4. September 2003; *Ulmer/Casper*, in: Ulmer/Habersack/Löbbe-GmbHG, § 8 Rn. 46; *Eickelberg*, NZG 2015, 81; *Schlotter/Reiser*, BB 2008, 118.

269 *Eickelberg*, NZG 2015, 81, 83.

einzuscannen und somit ein optisches Abbild des ursprünglichen Dokuments zu erzeugen. Zum anderen kann der Notar, anstatt das Original einzuscannen, eine Abschrift erstellen, indem der Entwurf am PC generiert und dieser sodann ausgedruckt und ebenfalls unterschrieben wird. Da Unterschriften und Siegel auf der Originalurkunde nicht enthalten sind, werden diese unter entsprechenden Hinweisen ergänzt.[270]

Im Anschluss werden beide Dateien in einem Format gespeichert, das eine nachträgliche Änderung an dem Dokument ausschließt.[271] Bei diesem Schritt ist es die Hauptaufgabe des Notars, neben der eigentlichen Erstellung der elektronischen Datei diese mit den körperlichen Dokumenten abzugleichen und die inhaltliche Übereinstimmung zu bestätigen.[272]

Gemäß §§ 39a, 42 BeurkG ist im nächsten Schritt ein elektronischer Beglaubigungsvermerk durch Signatur (qualifizierte elektronische Signatur – qeS) mittels Software zu erzeugen.[273] Hierzu wird der Datei eine Signaturkarte des jeweiligen Notars angehängt, die seine Unterschrift ersetzt und die gleiche Wirkung wie eine Beglaubigung hat.[274] Diese Vorgehensweise lässt die Notareigenschaft für den Rechtsverkehr erkennen.[275] Darüber hinaus erstellt der Notar ein XML-Formular, in welches er bereits alle für die Anmeldung erforderlichen Informationen, wie etwa den Namen des Geschäftsführers oder eine erteilte Prokura, einträgt. Dieser Vorgang erleichtert die Arbeit des Bearbeiters am Registergericht, der lediglich eine Überprüfung der Daten vornehmen muss, ohne diese

---

270 Es ist gängige Praxis, Unterschriften mit „gez. (Name des Unterschreibenden)" und Siegel mit „L.S." kenntlich zu machen, vgl. *Apfelbaum/Bettendorf*, RNotZ 2007, 89, 95; *Klumpen*, Die elektronische Gesellschaftsgründung über die Grenze, S. 84 f.

271 Hierbei handelt es sich vorweigend um das Format TIFF; *Apfelbaum/Bettendorf*, RNotZ 2007, 89, 94; *Eickelberg*, NZG 2015, 81, 83; *Schlotter/Reiser*, BB 2008, 118, 120; *Bormann*, ZGR 2017, 621, 624.

272 *Apfelbaum/Bettendorf*, RNotZ 2007, 89, 94; *Eickelberg*, NZG 2015, 81, 83; *Schlotter/Reiser*, BB 2008, 118, 120.

273 Für die elektronische Beglaubigung wird häufig von der Software „Sig-Notar" Gebrauch gemacht, vgl. *Schlotter/Reiser*, BB 2008, 118, 120; *Apfelbaum/Bettendorf*, RNotZ 2007, 89, 96; *Lieder*, NZG 2018, 1081, 1090.

274 *Eickelberg*, NZG 2015, 81, 84; *Teichmann*, GmbHR 2018, 1, 2; *Apfelbaum/Bettendorf*, RNotZ 2007, 89, 90 f.; *Bormann*, ZGR 2017, 621, 624 ff.

275 *Apfelbaum/Bettendorf*, RNotZ 2007, 89, 96; *Eickelberg*, NZG 2015, 81, 83; *Schlotter/Reiser*, BB 2008, 118, 120.

selber zu erstellen, was zu einer Einsparung personeller Ressourcen und einer erheblichen Beschleunigung des Eintragungsverfahrens führt.[276]

Im Anschluss wird der XML-Datensatz wie auch die signierte Datei mittels des Elektronischen Gerichts- und Verwaltungspostfachs (EGVP) an das zuständige Registergericht übermittelt. Hierbei handelt es sich um keine unsichere Übermittlung via E-Mail, sondern um eine Möglichkeit, Informationen sicher durch eine Ende-zu-Ende-Verschlüsselung rechtsverbindlich auszutauschen.[277]

e) Eintragung im Handelsregister

Liegen alle erforderlichen Dateien für die Anmeldung zur Eintragung vor, obliegt dem Registergericht die Prüfung, ob eine Eintragung erfolgt. Die Prüfung erfolgt grundsätzlich durch einen Richter (§ 17 Nr. 1 RPflG), soweit nicht nach Landesrecht die Zuständigkeit eines Rechtspflegers angeordnet ist (§ 3 Nr. 2 lit. d) RPflG).[278] Die Eintragung ist abzulehnen, wenn die Gesellschaft nicht ordnungsgemäß errichtet und angemeldet ist oder Sacheinlagen wesentlich überbewertet wurden (§ 9 c Abs. 1 GmbHG). Dabei ist der Prüfungsumfang des Registergerichts von vornherein auf die Feststellung der Gesetzmäßigkeit der Gründung begrenzt.[279] Es müssen alle formellen Voraussetzungen wie etwa der in § 3 GmbHG festgelegte Mindestinhalt oder auch die Form des Gesellschaftsvertrages eingehalten werden. Zudem wird materiell die ordnungsgemäße Errichtung der GmbH überprüft.[280] Eine Eintragung wegen Regelungen des Gesellschaftsvertrages kann nur aus den in § 9 c Abs. 2 GmbHG genannten Gründen abgelehnt werden.[281] Demnach ist eine Eintragung aufgrund einer mangelhaften, fehlenden oder nichtigen Bestimmung des Gesellschaftsvertrages

---

276 Zu diesem technischen Ablauf *Eickelberg*, NZG 2015, 81, 83; *Schlotter/Reiser*, BB 2008, 118, 120; *Lieder*, NZG 2018, 1081, 1090.

277 *Eickelberg*, NZG 2015, 81, 83 f.

278 Vgl. *Wicke*, in: MüKo-GmbHG, § 9c Rn. 46; *Servatius*, in: Baumbach/Hueck, § 9c Rn. 3; *Eickelberg*, NZG 2015, 81, 84.

279 *Grunewald*, GesR, § 13 Rn. 34; *Saenger*, GesR, § 17 Rn. 736; *Drygala/Staake/Szalai*, KapG, § 4 Rn. 90; *Wicke*, in: Wicke, § 9c Rn. 3; *Fastrich*, in Baumbauch/Hueck, § 9c Rn. 2.

280 *Wicke*, in: MüKo-GmbHG, § 9c Rn. 7.

281 Eine durch das MoMiG eingeführte Erleichterung für den Gründer ist, dass für die Prüfung durch das Registergericht zunächst keine Nachweise außer den Anmeldeunterlagen erforderlich sind, sondern diese erst bei erheblichen Zweifeln angefordert werden; vgl. *Drygala/Staake/Szalai*, KapG, § 4 Rn. 87; *Servatius*, in: Baumbach/Hueck, § 9c Rn. 2.

etwa dann abzulehnen, wenn eintragungspflichtige Tatsachen betroffen sind oder gesetzliche Vorschriften verletzt werden, die dem Schutz der Gläubiger der Gesellschaft oder des öffentlichen Interesses dienen. Zudem stellt die Nichtigkeit des Gesellschaftsvertrages in jedem Fall einen Punkt dar, der der Eintragung entgegensteht.

Im Hinblick auf das bereits dargestellte Verfahren[282] fällt auf, dass eine teilweise Überschneidung mit der Prüfungspflicht des Notars im Rahmen der Erstellung des Gesellschaftsvertrags und somit der im Handelsregister einzutragenden Tatsachen besteht. Indem der Notar dazu angehalten ist, geltendes Recht bei der Erstellung des Gesellschaftsvertrages zu beachten, kommt ihm eine Prüfungspflicht zu, die zu einer Gültigkeits- und Richtigkeitsgewähr führt. Hierdurch erhält das Registergericht bereits gefilterte und in einem ersten Schritt geprüfte Informationen und kann durch eine nochmalige Überprüfung der eingereichten Unterlagen eine besondere Richtigkeitsgewähr leisten.[283] Auch wenn die praktische Bedeutung dieser Filterfunktion kaum messbar ist, lässt sich der Fakt, dass durch die Einschaltung eines Notars eine Konfliktminimierung und Entlastung bei den Gerichten stattfindet, nicht von der Hand weisen.[284] Indem bereits eine rechtlich geschulte Person eine Vorprüfung vornimmt, sinkt die Gefahr, dass mögliche Risiken übersehen werden. Durch die zweite, wenn auch beschränkte Prüfung wird, entsprechend dem Vier-Augen-Prinzip, die Gefahr einer fehlerhaften Eintragung zusätzlich minimiert. Kommt der zuständige Bearbeiter am Registergericht zu dem Ergebnis, dass sämtliche von ihm zu prüfenden Voraussetzungen vorliegen, erfolgt eine Eintragung mit dem in § 10 GmbHG geregelten Inhalt. [285] Fortan besteht die GmbH.

282 S. C. I. 1. a) aa).

283 *Heinze*, in: MüKo-GmbHG, § 2 Rn. 21; *Apfelbaum/Bettendorf*, RNotZ 2007, 89, 93; *Eickelberg*, NZG 2015, 81, 84.

284 *Baumann*, MittRhNotK 1996, 1, 19; *Heinze*, in: MüKo-GmbHG, § 2 Rn. 21; *Klumpen*, Die elektronische Gesellschaftsgründung über die Grenze, S.90 f.

285 Streng genommen trifft das Registergericht keine Pflicht zur Prüfung der Eintragungsvoraussetzungen. Durch die negative Formulierung des § 9 c GmbHG wird nur geregelt, wann eine Ablehnung erfolgen darf. Dies erfordert jedoch in einem ersten Schritt eine positive Prüfung der Eintragungsvoraussetzungen, um daraufhin feststellen zu können, welche Anforderungen nicht erfüllt wurden, vgl. *Ulmer/Habersack*, in: Ulmer/Habersack/Löbbe, § 9c Rn. 6.

f) Bisherige Erleichterung der GmbH-Gründung

Neben der klassischen GmbH-Gründung wurde zudem am 1. November 2008 durch das MoMiG die Möglichkeit eröffnet, eine vereinfachte GmbH-Gründung durchzuführen. Nach § 2 Abs. 1 a GmbHG kann von dem vereinfachten Verfahren Gebrauch gemacht werden, wenn die Gesellschaft höchstens drei Gesellschafter und einen Geschäftsführer hat. Verpflichtend ist die Verwendung des in der Anlage zum GmbHG enthaltenen Musterprotokolls. Hierdurch soll die Gründung von Gesellschaften in unproblematischen Standardfällen erleichtert werden.[286]

Daneben wurde die Unternehmergesellschaft (haftungsbeschränkt) eingeführt (§ 5 a GmbHG). Bei der Unternehmergesellschaft (haftungsbeschränkt) handelt es sich nicht um eine neue Gesellschaftsform, sondern um eine Sonderform der GmbH, die eingeführt wurde, um zum einen den Gründungsvorgang zu erleichtern und zum anderen als Konsequenz einer einfacheren Gründung die Wettbewerbsfähigkeit gegenüber der englischen *Limited* zu steigern.[287] Sie zeichnet sich vor allem durch den Verzicht auf ein gesetzliches Mindeststammkapital aus.[288] Von dem vereinfachten Verfahren nach § 2 Abs. 1 a GmbHG kann sowohl im Rahmen der Gründung einer klassischen GmbH wie auch bei der im gleichen Zug eingeführten Unternehmergesellschaft (haftungsbeschränkt) Gebrauch gemacht werden.[289]

Praktische Bedeutung erlangt die Unternehmergesellschaft (haftungsbeschränkt) hauptsächlich bei Einpersonengründungen junger Unternehmen.[290] Die durchschnittliche Gründungsdauer im Jahr 2011 lag im Schnitt bei etwa 7,52 Tagen.[291] Seit dem Jahr 2009 lässt sich beobachten, dass die Gesamtzahl der im Handelsregister eingetragenen *Limiteds* abnimmt.[292] Auch, wenn der

---

286 *Drygala/Staake/Szalai*, KapG, § 4 Rn. 22.

287 *Saenger*, GesR, § 17 Rn. 821; *Bayer*, in: Lutter/Hommelhoff, § 2 Rn. 51; *Heinze*, in: MüKo-GmbHG, § 2 Rn. 223; *Preuß*, RNotZ 2009, 529; *Wicke*, GmbHR 2018, 1105, 1106.

288 *Drygala/Staake/Szalai*, KapG, § 5 Rn. 2.

289 *Wachter*, in: Römermann, MAHB-GmbH, § 4 Rn. 8; *Wicke*, GmbHR 2018, 1105, 1112; *Drygala/Staake/Szalai*, KapG, § 4 Rn. 22.

290 *Saenger*, GesR § 17 Rn. 826; *Bayer*, in: Lutter/Hommelhoff, § 2 Rn. 51.

291 *Holz//Lamsfuß*, Dauer und Kosten von administrativen Gründungsverfahren in Deutschland, S. 14, abrufbar unter: https://www.ifm-bonn.org/fileadmin/data/redaktion/publikationen/ifm_materialien/dokumente/IfM-Materialien-205_2011.pdf (Stand: 21. November 2021).

292 *Miras*, NZG 2012, 486, 487.

Unternehmergesellschaft (haftungsbeschränkt) teilweise attestiert wird, zu einer kaum merklichen Beschleunigung der Gründung geführt zu haben, wurde das gesetzgeberische Ziel zumindest im Hinblick auf die Verdrängung der *Limiteds* erreicht.[293] Im weiteren Verlauf der Untersuchung wird darauf einzugehen sein, welche Vorarbeit das MoMiG geleistet hat und an welchen Stellen aufgrund der Erfahrungen bei der Umsetzung der Digitalisierungsrichtlinie Anpassungen erfolgen können.[294]

g) Status quo der Gründungserleichterungen mittels Vollmacht und aus dem Ausland

Die Gründung einer GmbH muss nicht zwangsläufig bei einem deutschen Notar unter unmittelbarer Beteiligung aller Gründer stattfinden. Es ist ebenso denkbar, dass im Rahmen der Gründung von einer Vollmacht Gebrauch gemacht wird oder diese aus dem Ausland erfolgt.

aa) Erteilung einer Vollmacht

Zum einen kann sich ein Gründer in Deutschland vertreten lassen, wenn die Vollmacht notariell errichtet oder beglaubigt wurde (§ 2 Abs. 2 GmbHG).[295] Die Gründung einer Gesellschaft in Deutschland ist somit möglich, ohne dass er persönlich vor Ort erscheinen muss. Dies ist unter anderem bei Gründungen aus dem Ausland von Vorteil. Eine Beglaubigung der Vollmacht kann in diesen Fällen entweder durch einen deutschen Konsularbeamten erfolgen (§§ 10, 19, 24 Konsulargesetz - KonsularG) oder aber durch ausländische Notare, soweit sich die Identität des Ausstellers zweifelsfrei ermitteln lässt.[296] Teilweise bestehen bilaterale Abkommen, die eine Anerkennung ausländischer Urkunden beinhalten.[297]

---

293 *Miras*, NZG 2012, 486, 487; *Bayer*, in: Lutter/Hommelhoff, § 2 Rn. 51; *Altmeppen*, in: Altmeppen, § 2 Rn. 56.

294 Die bisherigen Gründungen im vereinfachten Verfahren sind insbesondere im Hinblick auf die Verwendung von Mustern nach Art. 13 h GesRRL relevant, s. C. II. 6.

295 Der Formmangel wird durch Eintragung der Gesellschaft im Handelsregister geheilt, *Fastrich*, in: Baumbach/Hueck, § 2 Rn. 23; *Ulmer/Löbbe*, in: Ulmer/Habersack/Löbbe, § 2 Rn. 46.

296 *Fastrich*, in: Baumbach/Hueck, § 2 Rn. 20; *Altmeppen*, in: Altmeppen, § 2 Rn. 17 ff.; *Ulmer/Löbbe*, in: Ulmer/Habersack/Löbbe, § 2 Rn. 33.

297 So etwa mit Belgien, Dänemark, Frankreich, Griechenland, Italien, Österreich und der Schweiz, s. *Heinze*, in: MüKo-GmbHG, § 2 Rn. 67; *Terbrack*, in: Süß/Wachter, Deutschland Rn. 53; *Götz*, Die Einpersonengesellschaft als Vehikel grenzüberschreitender unternehmerischer Tätigkeit, S. 226.

Soweit kein Abkommen vorliegt, ist die Vollmacht im Anschluss noch mit einer Legalisation oder Apostille zu versehen,[298] die die Echtheit garantiert, um sie anschließend dem inländischen Notar in Papierform vorlegen zu können und somit die Wirkung der Gutglaubensregel des § 172 BGB herbeizuführen.[299] Die Anforderungen an die Erteilung einer Vollmacht sind um einiges geringer als bei der Beurkundung eines Gesellschaftsvertrages, da § 2 Abs. 2 GmbHG lediglich das Ziel verfolgt, Rechtssicherheit durch Feststellung der Identität des Vollmachtgebers zu gewährleisten und gerade keine Belehrung der Parteien erfolgen soll.[300]

bb) Gründung durch Beurkundung eines ausländischen Notars

Ob darüber hinaus eine Beurkundung gesellschaftsrechtlicher Vorgänge durch einen ausländischen Notar zulässig ist, ist umstritten.[301] Zunächst stellt sich die Frage, welche Form einzuhalten ist. Aufgrund der Ausnahme des Gesellschaftsrechts vom Anwendungsbereich der Rom I-VO in Art. 1 Abs. 2 lit. f) Rom I-VO ist in diesem Zusammenhang Art. 11 des Einführungsgesetzes zum Bürgerlichen Gesetzbuch (EGBGB) anwendbar. Anders als es Art. 11 Abs. 1 EGBGB vermuten lässt, ist die ausländische Ortsform für gesellschaftsrechtliche Vorgänge ausgeschlossen.[302] Vielmehr ist für die Wahrung des Formerfordernisses das Wirkungsstatut entscheidend.[303] Somit ist auch bei einer Gründung im Ausland den deutschen Formvorgaben zu genügen, wobei jedoch eine Substitution

---

298 Eine Apostille ist bei Vertragsstaaten des Haager Übereinkommens vom 5. Oktober 1961 beizufügen. In anderen Fällen ist eine Legalisation des Beglaubigungsvermerks erforderlich, vgl. *Terbrack*, in: Süß/Wachter, Deutschland Rn. 53.

299 Schreiben DNotV v. 4. Juli 2018 (abrufbar unter: https://www.dnotv.de/wp-content/uploads/StN-Master-Company-Law-Package-2018-07-04_final.pdf) Stand: 23. November 2021, S. 6; *Bormann/Stelmaszczyk*, NZG 2019, 601, 605; *Kindler/Jobst*, DB 2019, 1550, 1554; *Heinze*, in: MüKo-GmbHG, § 2 Rn. 67. Die Legalisation durch Konsularbeamte ist in § 13 Abs. 2 KonsularG geregelt.

300 *Heinze*, in: MüKo-GmbHG, § 2 Rn. 66; *Fastrich*, in: Baumbach/Hueck, § 2 Rn. 20; *Ulmer/Löbbe*, in Ulmer/Habersack/Löbbe, § 2 Rn. 33; *Altmeppen*, in: Altmeppen, § 2 Rn. 31.

301 Hierzu ausführlich DNotI, DNotI-Report 1995, 219 ff.; *Altmeppen*, in: Altmeppen, § 2 Rn. 8 ff.; *Heinze*, in: MüKo-GmbHG, § 2 Rn. 44 a ff.

302 *Lieder*, ZIP 2018, 805, 808 f.; *Fastrich*, in: Baumbach/Hueck, § Rn. 9; *Altmeppen*, in: Altmeppen, § 2 Rn. 19; jedoch offengelassen in BGH, NJW 1981, 1160.

303 *Bayer*, in: Lutter/Hommelhoff, § 2 Rn. 27; *Altmeppen*, in: Altmeppen, § 2 Rn. 19.

durch einen ausländischen Notar möglich ist.[304] Voraussetzung hierfür ist, dass die Beurkundung durch einen ausländischen Notar gleichwertig ist. Dies ist der Fall, wenn „die ausländische Urkundsperson nach Vorbildung und Stellung im Rechtsleben eine der Tätigkeit des deutschen Notars entsprechende Funktion ausübt und für die Errichtung der Urkunde ein Verfahrensrecht zu beachten hat, das den tragenden Grundsätzen des deutschen Beurkundungsrechts entspricht“[305], mithin also die (Schutz-) Funktion des § 2 Abs. 1 GmbHG verwirklicht werden kann.

Ob eine Gleichwertigkeit der ausländischen Rechtshandlung mit der eines inländischen Notars besteht, erfordert stets eine Einzelfallbetrachtung.[306] Zum einen muss die in Frage stehende Rechtsnorm substituierbar sein, was durch Auslegung zu ermitteln ist. Sodann muss die im Ausland vorgenommene Handlung äquivalent sein.[307] Ob dies für gesellschaftsrechtliche Vorgänge der Fall ist, wird uneinheitlich beantwortet. Teilweise wird etwa für die Gründung einer GmbH im Ausland angenommen, dass dem notariellen Formerfordernis des § 2 Abs. 1 GmbHG genügt wird.[308] Auf der anderen Seite wird vertreten, dass bereits aufgrund fehlender Substituierbarkeit des § 2 Abs. 1 GmbHG keine Gründung im Ausland erfolgen kann. Insbesondere die materielle Richtigkeitsgewähr, die durch die Mitwirkung des Notars sichergestellt werden soll, lässt sich von einer mit dem deutschen Recht nicht vertrauten Person nur unzureichend feststellen.[309]

304 *Bayer*, in: Lutter/Hommelhoff, § 2 Rn. 28; *Römermann/Passarge*, in: MAHB-GmbH, § 14 Rn. 30.

305 BGH, NJW 1981, 1160.

306 *Herrler*, NJW 2018, 1787, 1788; *Bayer*, in: Lutter/Hommelhoff, § 2 Rn. 29. Die Gleichwertigkeit wird jedoch oftmals, insbesondere im Hinblick auf eine Gründung, verneint. Die Beurkundung im Ausland von Anteilsübertragungen kann jedoch grundsätzlich gleichwertig sein. In Abhängigkeit von den jeweiligen Vorschriften des Staates ist somit eine Beurkundung im Ausland möglich. Der Notar ist in diesen Fällen auch zur Einreichung der Gesellschafterliste berechtigt, vgl. *Noack*, DB 2018, 1324, 1325 Fn. 7 m.w.N.

307 *Lieder*, ZIP 2018, 805, 810 f.

308 So für den Fall einer Gründung durch einen bernischen Notar, KG, NJW 2018, 1828.

309 AG Berlin-Charlottenburg, ZIP 2016, 770; *Lieder*, ZIP 2018, 805, 811 ff.; *Herrler*, NJW 2018, 1787, 1789; *Becker*, NotBZ 2016, 321, 324; *Römermann/Passarge*, in: MAHB-GmbH, § 14 Rn. 32.

cc) Bewertung

Es fällt auf, dass eine unsichere Rechtslage für eine Beurkundung der GmbH-Gründung durch einen ausländischen Notar besteht. Aufgrund der durchzuführenden Einzelfallprüfung und der damit einhergehenden rechtlichen Risiken ist eine Beurkundung von gesellschaftsrechtlichen Vorgängen im Ausland ungeeignet.[310] Vielmehr bietet es sich für einen ausländischen Gründer an, eine Vollmacht im Ausland auszustellen und einen Vertreter zu entsenden, der in Deutschland die Gründung vornimmt. Auf diese Art wird zwar ein doppelter Gang zu einer staatlichen Stelle erforderlich, doch kann sich der Gründer einer zeitintensiven Belehrung entziehen. Diese wird durch einen ausländischen Notar oder Konsularbeamten mangels Notwendigkeit und Kenntnis der Rechtslage überwiegend nicht erfolgen. Bei der Belehrung durch den deutschen Notar ist der Gründer sodann nicht vor Ort. Aufgrund des geringeren Schutzniveaus des § 2 Abs. 2 GmbHG steht solch einer Vorgehensweise nichts im Weg. Indem ein Stellvertreter eingeschaltet wird, liegt allerdings der Verdacht nahe, dass letztlich nur eine Umgehung des § 2 Abs. 1 GmbHG erfolgen soll. Dadurch, dass die Gesetzesbegründung des § 2 Abs. 2 GmbHG jedoch explizit auf die Legitimation des Vertreters beschränkt ist, ist davon auszugehen, dass diese Vorgehensweise vom Gesetzgeber gebilligt wird.[311] Dem entspricht auch die Wertung, dass eine Belehrung die Gründer der Gesellschaft hinsichtlich ihrer Haftungsrisiken schützen soll, welche aber auf diesen Schutz verzichten können. Hauptaspekte der Prüfung durch den deutschen Notar bilden etwa die Prüfung der Kapitalaufbringung, Minderheitsrechte oder aber die Vermeidung einer Gesellschaftsgründung zur Verfolgung unlauterer Zwecke.[312] Diese Punkte können auch ohne persönliche Anwesenheit des Gründers überprüft werden, so dass der Rechtsverkehr ausreichend geschützt ist. Dem Hinzuziehen eines Stellvertreters stehen somit keine Bedenken entgegen.

h) Zwischenergebnis

Das Gründungsverfahren der GmbH stellt sich aus einem Zusammenspiel zwischen Gründer und Notar auf der einen Seite und Notar und Registergericht auf der anderen Seite dar. Hierbei kommt dem Notar eine zentrale Position zu,

---

310 *Altmeppen*, in: Altmeppen, § 2 Rn. 28; *Ulmer/Löbbe*, in: Ulmer/Habersack/Löbbe, § 2 Rn. 21.

311 *Ulmer/Löbbe*, in Ulmer/Habersack/Löbbe, § 2 Rn. 31; *J. Schmidt*, in: Michalski/Heidinger/Leible/J. Schmidt, § 2 Rn. 68.

312 *Lieder*, ZIP 2018, 805, 807.

da er als Übermittler zwischen Gründer und Registergericht eingeschaltet wird und einzige Anlaufstelle für den Antragsteller ist und dementsprechend häufig als „*One-Stop-Shop*" bezeichnet wird.[313] Zunächst soll er in einem ersten Schritt einen dem Vorhaben der Gründer angepassten Gesellschaftsvertrag beurkunden. Im Anschluss werden die erfassten Informationen an das Registergericht übermittelt. Dabei ist das Verfahren bereits teilweise digitalisiert worden. Während aufgrund der vorgeschriebenen notariellen Form der Antragsteller aktuell noch persönlich erscheinen muss, erfolgt die Kommunikation zwischen dem Registergericht und dem Notar online. In diesem Zusammenhang führen die präventive Kontrolle und Filterfunktion des Notars zu einem besseren Schutz des Rechtsverkehrs und einer Entlastung der Gerichte.

Durch die Einführung des vereinfachten Verfahrens und der Unternehmergesellschaft (haftungsbeschränkt) im Zuge des MoMiG wurden bereits Möglichkeiten geschaffen, um die Gründung von Gesellschaften zu erleichtern. Darüber hinaus besteht – unter engen Voraussetzungen und nicht risikofrei – die Möglichkeit, eine Gründung aus dem Ausland vorzunehmen. Um jedoch zu ermöglichen, dass die Gründung von Gesellschaften vollständig online durchgeführt werden kann, ohne dass die Antragsteller persönlich erscheinen müssen und somit das verbindliche Ziel der Richtlinie zu erreichen, sind im deutschen System der GmbH-Gründung einige Änderungen vorzunehmen. Die Schwierigkeit bei der Umsetzung der Richtlinie wird vornehmlich darin bestehen, trotz der verpflichtend einzuführenden Online-Komponenten die bestehenden Schutzmechanismen bestmöglich beizubehalten.

2. Gründung einer AG

Die Gründung einer AG verläuft ähnlich zu der Gründung einer GmbH.[314] Die AG entsteht als juristische Person mit Eintragung in das Handelsregister (§ 41 Abs. 1 AktG). Bevor eine Eintragung erfolgen kann, müssen sich zunächst eine oder mehrere Personen an der Feststellung einer Satzung beteiligen (§ 2 AktG), deren Inhalt sich nach §§ 23 Abs. 2 bis 4, 26, 27 AktG[315] bestimmt. Für die

313 So etwa bei *Schmitz*, notar 2019, 97, 101; *Preuß*, RNotZ 2009, 529, 531.

314 *Drygala/Staake/Szalai*, KapG, § 19 Rn. 1.

315 Der Umfang der verpflichtend anzugebenden Satzungsinhalte bestimmt sich danach, ob eine einfache oder qualifizierte Gründung erfolgen soll. Der notwendige Inhalt der Satzung ergibt sich aus § 23 Abs. 2 bis 4 AktG. Darüber hinaus sind im Rahmen einer qualifizierten Gründung Sondervorteile in der Satzung festzuhalten. Ein Sondervorteil liegt vor, wenn einem Aktionär oder einem Dritten Gläubigerrechte ohne

Feststellung der Satzung ist die besondere Form der notariellen Beurkundung erforderlich (§ 23 Abs. 1 AktG). Hierdurch werden die gleichen Ziele wie bei der Einschaltung eines Notars zur Gründung einer GmbH verfolgt. Zum einen soll durch die Prüfung der Unterlagen durch den Notar und einer sich hieraus ergebenden Belehrung der Gründer Rechtssicherheit hergestellt werden.[316] Darüber hinaus kommt der notariellen Beurkundung auch eine Warnfunktion zu. Durch die Einbindung eines Notars wird sowohl eine überhastete Gründung vermieden, wie auch den Beteiligten die Konsequenzen ihres Handelns verdeutlicht.[317] Mit Feststellung der Satzung und Übernahme der Aktien ist die Gesellschaft nach § 29 AktG errichtet und besteht bis zur Eintragung in das Handelsregister in Form der Vor-AG.[318]

Im Anschluss ist die Handlungsfähigkeit der AG durch Bestellung der Organe sicherzustellen.[319] Hierzu haben die Gründer zunächst den ersten Aufsichtsrat zu bestellen, welcher sodann den Vorstand bestellt (§ 30 AktG). Die erste Aufgabe der Organe ist nach § 33 AktG die Überprüfung des von den Gründern zu erstellenden schriftlichen Berichts über den Hergang der Gründung (Gründungsbericht). Der Umfang der Gründungsprüfung ist in § 34 AktG festgelegt.[320]

Im weiteren Verlauf der Gründung sind die Einlagen an die Gesellschaft zu leisten. Nach § 36 a AktG ist im Falle von Bareinlagen mindestens ein Viertel des Nennbetrags und Sacheinlagen vollständig zu leisten. Sobald die erforderlichen Schritte unternommen wurden, kann die AG von allen Gründern und Mitgliedern des Vorstandes und des Aufsichtsrats zur Eintragung in das Handelsregister angemeldet werden (§ 36 Abs. 1 AktG). Hierfür legt § 37 AktG fest, welche Unterlagen der Anmeldung beizufügen sind. Wie bereits bei der Gründung einer GmbH erfolgt auch im Falle der Gründung einer AG eine zusätzliche

---

angemessene Gegenleistung gewährt werden; vgl. *Drygala/Staake/Szalai*, KapG, § 19 Rn. 8; *Saenger*, GesR, § 15 Rn 528 ff.

316 *Pentz*, in: MüKo-AktG, § 23 Rn. 26.

317 *Pentz*, in: MüKo-AktG, § 23 Rn. 26; *Koch*, in: Hüffer/Koch, § 23 Rn. 1, 9.

318 *Koch*, in: Hüffer/Koch, § 29 Rn. 1 f.; *Pentz*, in: MüKo-AktG, § 29 Rn. 3; *Drygala/Staake/Szalai*, KapG, § 19 Rn. 1 (dort ist irrtümlich von § 23 Abs. 1 GmbHG die Rede). Dem Wortlaut des § 29 AktG zufolge bedarf es für die Errichtung der AG lediglich der Übernahme aller Aktien. Die Übernahmeverpflichtung ist jedoch nach § 23 Abs. 2 Nr. 2 AktG Bestandteil der notariellen Beurkundung, sodass bereits durch den Beurkundungsvorgang der Feststellung der Satzung die Voraussetzungen des § 29 AktG zwangsläufig vorliegen.

319 *Koch*, in: Hüffer/Koch, § 30 Rn 1; *Saenger*, GesR, § 15 Rn. 528.

320 *Drygala/Staake/Szalai*, KapG, § 19 Rn. 16.

Prüfung der formellen und materiellen Voraussetzungen durch das Registergericht, welche durch § 38 Abs. 3 und 4 AktG eingeschränkt wird.[321] Durch die Eintragung, die konstitutiv wirkt, entsteht die AG und ist ab diesem Zeitpunkt berechtigt Aktien auszugeben (§ 41 Abs. 4 AktG).

3. Gründung einer KGaA

Bei der KGaA handelt es sich um eine Kapitalgesellschaft eigenständiger Rechtsform, die eine „Mischform" aus AG und KG darstellt.[322] Dementsprechend orientiert sich auch die Gründung der KGaA an dem Verfahren bei der AG. Maßgebliche Vorschriften für die Neugründung der KGaA sind die §§ 280 bis 282 AktG und durch den Verweis des § 278 Abs. 3 AktG die §§ 23 ff. AktG in sinngemäßer Anwendung. Im Wesentlichen kann somit auf die oben beschriebene Gründung der AG verwiesen werden.

4. Zwischenergebnis

Im Rahmen der Gründung der untersuchten Kapitalgesellschaften fällt auf, dass im deutschen Gründungsvorgang wesentliche Prinzipien bestehen, die unabhängig von der gewählten Gesellschaftsform Bestand haben. Ausgangspunkt ist stets der Gang zum Notar, um eine notariell beurkundete Satzung zu errichten. Ebenfalls ist der Gläubigerschutz stark ausgeprägt. So ist bereits bei der Anmeldung zum Handelsregister nachzuweisen, dass die Einlagen zumindest teilweise geleistet wurden. Insgesamt fällt auf, dass bereits im Zuge der Anmeldung viele Angaben zu machen sind, auf deren Grundlage das Registergericht als Ausdruck der vorsorgenden Rechtspflege neben dem Notar eine zusätzliche Prüfung übernimmt. All dies verfolgt den Zweck, im Rechtsverkehr anerkannte Gesellschaften zu errichten und Rechtsunsicherheiten zu minimieren. Zudem ist das Verhältnis zwischen Notar und Registergericht bereits teilweise digitalisiert. Um einen vollständig online ablaufenden Gründungsvorgang zu gewährleisten, bedarf vor allem die Kommunikation zwischen dem Notar und den Gründern einer entsprechenden Anpassung.

---

321 *Saenger*, GesR, § 15 Rn. 528; *Pentz*, in: MüKo-AktG, § 38 Rn. 18; *Koch*, in: Hüffer/Koch, § 38 Rn. 2.

322 *Drygala/Staake/Szalai*, KapG, § 28 Rn. 1; *Perlitt*, in: MüKo-AktG, § 278 Rn. 3.

II. Online-Gründung

Die Online-Gründung stellt das „Herzstück“[323] der Digitalisierungsrichtlinie dar. Als Gründung ist nach Art. 13 a Nr. 4 GesRRL das gesamte Verfahren zur Errichtung einer Gesellschaft im Einklang mit dem nationalen Recht, einschließlich der Erstellung des Errichtungsakts und aller Schritte, die für die Eintragung der Gesellschaft erforderlich sind, zu verstehen.

Nach Darstellung der Gründung *de lege lata*[324] sollen nun die Ausgestaltungsmöglichkeiten für eine Online-Gründung *de lege ferenda* beleuchtet werden. Ebenso wird zu beleuchten sein, welche Aspekte des bisher bewährten Verfahrens auf die Online-Gründung übertragen werden sollten und an welchen Stellen im Zuge der Umsetzung aufgrund der Besonderheiten des Online-Verfahrens Zurückhaltung geboten ist.

1. Sachlicher Anwendungsbereich

Trotz der Gemeinsamkeiten im Rahmen der deutschen Gründungsverfahren von GmbH, AG und KGaA ist die Online-Gründung zwingend nur für Rechtsformen, die in Anhang IIA der Digitalisierungsrichtlinie genannt werden, vorgesehen. Der Gesetzgeber ist somit nur dazu verpflichtet, den sachlichen Anwendungsbereich für eine Online-Gründung im Sinne von Art. 13 g Abs. 1 GesRRL bezüglich der GmbH sowie der Unternehmergesellschaft (haftungsbeschränkt) als Unterfall der GmbH zu eröffnen.[325] Hinsichtlich der übrigen in Anhang II genannten Gesellschaftsformen besteht eine Opt-out-Möglichkeit.[326] Dennoch könnte es empfehlenswert sein, eine Online-Gründung ebenfalls für die AG und die KGaA anzubieten. Der Wortlaut der Richtlinie lässt dies jedenfalls zu (Art. 13 g Abs. 1 UAbs. 2 GesRRL). Ob ein solcher Schritt sinnvoll ist, ist Gegenstand des folgenden Abschnitts.

---

323 *Bayer/Schmidt*, BB 2018, 2562, 2566; *Bayer/Schmidt*, BB 2019, 1922; *Schmidt*, DK 2018, 229. Dementsprechend beschreibt *Knaier*, GmbHR 2021, 169, 174 die Regelungen zum Online-Verfahren für die GmbH als Herzstück des Referentenentwurfs.

324 S. C. I.

325 *Lieder*, NZG 2020, 81, 82; *Lieder*, NZG 2018, 1081, 1082; *Bayer/Schmidt*, BB 2019, 1922, 1923; *Bormann/Stelmaszczyk*, NZG 2019, 601, 602.

326 *Bayer/Schmidt*, BB 2019, 1922, 1923; *Birkefeld/Schäfer*, BB 2019, 2626, 2627; *Kindler/Jobst*, BB 2019, 1550; *Knaier*, GmbHR 2021, 169, 172.

a) Online-Gründung der AG

Im Januar 2018 gab es in Deutschland 14.823 Aktiengesellschaften, von denen circa 500 börsennotiert sind.[327] Auch wenn diese Zahl zunächst relativ gering erscheint, ist doch zu beachten, dass die Gründungsrate seit den 1980er Jahren stark gestiegen ist.[328] Dies ist unter anderem der Initiative des Gesetzgebers zu verdanken, der sich in jüngerer Zeit bemühte, die Gesellschaftsform der Aktiengesellschaft gerade für den Mittelstand attraktiver zu gestalten.[329]

Daneben fällt bei genauerer Betrachtung der finanziellen Verhältnisse der bestehenden Aktiengesellschaften auf, dass diese große Mengen an Kapital binden. Das Grundkapital aller Aktiengesellschaften beträgt zusammen knapp 180 Milliarden EUR, wodurch die Aktiengesellschaften ihrem Ruf als „Kapitalsammelbecken" gerecht werden.[330] Eine Online-Gründung für die Aktiengesellschaft einzuführen, erscheint somit aufgrund der gestiegenen Beliebtheit wie auch aufgrund des damit verbundenen Kapitals nicht von vornherein als uninteressant.

aa) Für eine Ausweitung des Anwendungsbereichs

Für die Ausweitung des Anwendungsbereichs einer Online-Gründung lässt sich aus dem Wortlaut von Art. 13 g GesRRL zunächst nichts entnehmen. Dieser ist absichtlich offengehalten, um den Mitgliedstaaten keine allzu umfangreichen Vorgaben zu machen und somit intensive Eingriffe in die nationalen Normen zu verhindern, wodurch eine höhere Akzeptanz der europarechtlichen Vorgaben erreicht werden soll.

Bezüglich der Erfassung von Aktiengesellschaften können jedoch vor allem Zweckmäßigkeitserwägungen angestellt werden. Wie bereits herausgearbeitet ähnelt die Gründung der AG in vielen Punkten derjenigen einer GmbH.[331] Zentrale Punkte sind eine notarielle Beurkundung der Satzung durch einen Notar, eine teilweise Leistung der Einlagen und zuletzt eine Anmeldung beim zuständigen Registergericht, das eine Prüfung in formeller und materieller Hinsicht vornimmt. Hierbei sind die verfolgten Schutzzwecke und die vom Registergericht vorgenommene Prüfung vergleichbar. Wenn sich die Gründung in wesentlichen

---

327 *Koch*, GesR, § 29 Rn. 7.

328 *Koch*, GesR, § 29 Rn. 7.; *Grunewald*, GesR, § 10 Rn. 5. Die Zahl ist insbesondere im Verhältnis zur GmbH niedrig, von der mittlerweile mehr als eine Million existieren.

329 *Habersack/Schürnbrand*, in: Bayer/Habersack, Aktienrecht im Wandel, Band I, 17. Kap. Rn. 8; *Koch*, GesR, § 29 Rn. 7.

330 *Saenger*, GesR, § 15 Rn. 2; *Koch*, GesR, § 10 Rn. 7.

331 S. C. I. 4.

Schritten ähnlich vollzieht, erscheint es auch sinnvoll den Gründern die gleichen Modalitäten für die Gründung anzubieten.

Darüber hinaus könnte einer Online-Gründung das deutlich formalere Gründungsverfahren der AG im Vergleich zur GmbH zugutekommen.[332] Im Vergleich zum GmbHG fällt auf, dass sich im AktG etwa dreimal so viele Vorschriften zur Gründung der Gesellschaft befinden. Durch detailliert vorgegebene Geschehensabläufe sinkt die Gefahr, dass potentielle Gründer über die sie betreffenden Pflichten im Rahmen der Gründung im Unklaren bleiben. Hiergegen lässt sich jedoch einwenden, dass eine Fülle an Normen zu einer Komplexität führt, die es vor allem Nicht-Juristen eher erschwert zu erkennen welche Handlungen von ihnen gefordert werden. Allenfalls könnte sich aufgrund der aus § 23 Abs. 5 AktG folgenden Satzungsstrenge der AG eine Ausweitung des Anwendungsbereichs anbieten.[333] Demnach sind Änderungen unzulässig und ergänzende Regelungen der Satzung nur soweit möglich, wie das AktG keine abschließende Regelung enthält. Durch das geringe Maß an Flexibilität sinkt die Wahrscheinlichkeit, in der Satzung unwirksame Regelungen aufzunehmen. Hierdurch könnte in höherem Maß auf zu errichtende Vorlagen zurückgegriffen werden, die sich bei in der Vergangenheit liegenden Gründungen bereits bewährt haben, auch wenn diese eventuell für die Bedürfnisse der Gründer im konkreten Fall gar nicht geeignet sind.

Vergegenwärtigt man sich die Regelungsintention des europäischen Gesetzgebers fällt auf, dass insbesondere Kleinstunternehmen sowie kleine und mittlere Unternehmen von dem Verfahren profitieren sollen.[334] Obwohl sich vor allem die GmbH durch einen kleinen Kreis von Gesellschaftern, die untereinander bekannt sind, auszeichnet, kann auch eine (nicht börsennotierte) AG entgegen ihrer gesetzlichen Grundkonzeption als Publikumsgesellschaft nur über eine kleine Anzahl an Aktionären verfügen.[335] Dass KMU auf die Rechtsform der AG zurückgreifen, ist somit nicht ungewöhnlich, wenn auch nicht der Regelfall. Um den Regelungszweck der Richtlinie bestmöglich umzusetzen, bietet sich deshalb bei erster Betrachtung eine Ausweitung des Anwendungsbereichs der Online-Gründung auf die AG an.

---

332 Allgemein zur Formalität des Gründungsverfahrens einer AG, s. *Drygala/Staake/Szalai*, KapG, § 19 Rn. 2 ff.

333 So auch *Knaier*, GmbHR 2018, 560, 564. Nach *Birkefeld/Schäfer*, BB 2019, 2626, 2627 spricht dies gerade gegen eine Ausweitung auf die AG.

334 Erwägungsgrund 8 RL (EU) 2019/1151.

335 *Saenger*, GesR, § 17 Rn. 724; *Grunewald*, GesR, § 10 Rn. 3.

bb) Gegen eine Ausweitung des Anwendungsbereichs

Obwohl der Wortlaut möglichst offengelassen wurde, um den Mitgliedstaaten entsprechende Freiräume zu überlassen, nimmt die Richtlinie an verschiedenen Punkten Stellung zu Regelungen, die Geschäftsführer betreffen.[336] Es stellt sich die Frage, ob hierunter lediglich der Geschäftsführer im Sinne des GmbHG zu verstehen ist oder ob auch der Vorstand einer Aktiengesellschaft hiervon erfasst sein kann. In der englischen Version der Digitalisierungsrichtlinie ist von einem „*director*" die Rede, was in der Regel ebenfalls einem Geschäftsführer gleichkommt. Ein „*board of directors*" hingegen wird als Vorstand übersetzt. Hieraus kann noch nicht geschlossen werden, wie die Richtlinie verstanden werden soll. Systematisch kann auf Art. 13 i Abs. 1 GesRRL zurückgegriffen werden. Demnach sind Geschäftsführer für Zwecke *dieses* Artikels mindestens die in Art. 14 lit. d) Ziff. i) GesRRL genannten Personen, also Personen, die befugt sind, die Gesellschaft gerichtlich und außergerichtlich zu vertreten. Dies trifft sowohl auf den Geschäftsführer einer GmbH (§ 35 GmbHG) wie auch auf den Vorstand einer Aktiengesellschaft (§ 78 AktG) zu. Im Umkehrschluss könnte man hieraus folgern, dass mit dem Begriff des Geschäftsführers außerhalb des Art. 13 i GesRRL lediglich der Geschäftsführer einer GmbH gemeint ist. Zudem hätte man die Definition des Geschäftsführers aus Art. 13 i GesRRL an den Anfang der Richtlinie bei den Begriffsbestimmungen in Art. 13 a GesRRL einfügen können, wenn beide Vertretungsorgane erfasst sein sollen. Dies könnte dafürsprechen, dass die Grundkonzeption der Digitalisierungsrichtlinie auf die GmbH beschränkt ist. Eine Ausweitung ist zufolge der Richtlinie zwar möglich, jedoch nicht unmittelbar vorgesehen.

Gegen eine Einbeziehung von Aktiengesellschaften könnte darüber hinaus deren komplexe Organisationsstruktur sprechen.[337] Im Gegensatz zur GmbH besteht die AG nicht aus zwei, sondern aus drei Organen (Vorstand, Aufsichtsrat und Hauptversammlung). Bereits aus der größeren Zahl an Organen ergibt sich ein organisatorischer Mehraufwand, der einen erheblichen Kostenfaktor (beispielsweise in Bezug auf die Vergütung der Aufsichtsratsmitglieder oder die Durchführung von Hauptversammlungen) darstellen kann.

Zudem besteht zwischen den einzelnen Organen kein hierarchisches Verhältnis, sodass jedes Organ die ihm übertragenen Kompetenzen selbstständig ausüben kann.[338] Dies zeigt sich vor allem in den unterschiedlichen

---

336 So etwa in Art 13 g Abs. 3 lit. f), Art. 13 g Abs. 4 lit. b), Art. 13 i GesRRL.

337 *Lieder*, NZG 2018, 1081, 1082; *Lieder*, NZG 2020, 81, 82; *Omlor*, DStR 2019, 2544, 2546.

338 *Drygala/Staake/Szalai*, KapG, § 21 Rn. 1; *Saenger*, GesR, § 15 Rn. 571.

Mitbestimmungsrechten der Gesellschafter. Die Gesellschafter der GmbH haben ein umfassendes Weisungsrecht, welchem die Geschäftsführer Folge leisten müssen. Eine Grenze ist erst erreicht, wenn die Weisungen gegen Gesetzespflichten verstoßen, die im Interesse der Allgemeinheit oder der Gesellschaftsgläubiger existieren.[339] Die Gesellschafter einer Aktiengesellschaft haben hingegen bei einer Hauptversammlung grundsätzlich keine Möglichkeit, auf Entscheidungen über Fragen der laufenden Geschäftsführung Einfluss zu nehmen, es sei denn, der Vorstand hat eine Erörterung zu bestimmten Themen angeregt (§ 119 Abs. 2 AktG).[340] Allein hierdurch zeigt sich die bessere Einwirkungsmöglichkeit der Gesellschafter einer GmbH aufgrund der geringeren Komplexität, wodurch ihnen die Verfolgung ihrer Interessen erleichtert wird.

E contrario folgt hieraus ein umfangreiches Kontrollsystem bei der AG. Aus der fehlenden Mitbestimmung der Aktionäre erwächst der Prinzipal-Agent-Konflikt, demzufolge aufgrund der Trennung von Leitung und Teilhabe die Aktionäre einen Nachteil erleiden könnten, wenn sie auf ein umsichtiges Handeln des Vorstandes angewiesen sind.[341] Sofern ein Beauftragter (Agent) zumindest auch im Interesse eines Auftraggebers (Prinzipal) handeln soll, neigt erstere Person dazu, die ihr übertragenen Kompetenzen zu ihrem eigenen Vorteil auszunutzen.[342] Aufgrund dieser Überlegung wurde der Deutsche Corporate Governance Kodex (DCGK) eingeführt, dessen Bedeutung in den letzten Jahren zugenommen hat.[343] Dieser hat keine Gesetzeskraft und enthält weitgehend nur Empfehlungen und Anregungen für börsennotierte Aktiengesellschaften. Gleichzeitig gilt allerdings auch der „*comply or explain*"-Grundsatz, demzufolge Abweichungen von dem Kodex zulässig sind, diese allerdings einer Erklärung bedürfen (§ 161 AktG).[344]

---

339 *Kleindiek*, in: Lutter/Hommelhoff, § 37 Rn. 18; *Altmeppen*, in Altmeppen, § 37 Rn. 6. Umstritten ist jedoch, ob darüber hinaus eine weitere Beschränkung des Weisungsrechts der Gesellschafter möglich ist, wenn die Geschäftsführer als „Marionette" lediglich zum reinen Exekutivorgan werden, die nur noch gefasste Beschlüsse ausführen (so etwa: *Kleindiek*, in: Lutter/Hommelhoff, § 37 Rn. 18a; aA etwa *Altmeppen*, in: Altmeppen, § 37 Rn. 6; *Stephan/Tieves*, in: MüKo-GmbHG, § 37 Rn. 117., die für eine solche Einschränkung keine gesetzliche Grundlage sehen).

340 *Saenger*, GesR § 21 Rn. 197; *Koch*, in: Hüffer/Koch, § 119 Rn. 11.

341 Aufgrund des Weisungsrechts der Gesellschafter existiert dieser Konflikt lediglich in beschränktem Umfang in der GmbH.

342 *Fleischer*, Informationsasymmetrie im Vertragsrecht, S. 138 f.; *Drygala/Staake/Szalai*, KapG, § 21 Rn. 5; *Seibert*, ZRP 2011, 166.

343 *Seibert*, ZRP 2011, 166.

344 *Spindler*, NZG 2011, 1007, 1008.

Diese komplexen organisatorischen Ausgestaltungen sprechen gegen eine Ausdehnung des Anwendungsbereiches auf Aktiengesellschaften. Soweit vertreten wird, dass mit der gleichen Argumentation ebenfalls eine Ausweitung auf mittlere und größere GmbHs abgelehnt werden könnte, ist dem nur teilweise zuzustimmen.[345] Zwar ist die Bildung eines Aufsichtsrates bei einer GmbH mit mehr als 500 Arbeitnehmern obligatorisch, was ebenfalls zu einer komplexeren Organisation führt, doch ist der Deutsche Corporate Governance Kodex auf GmbHs nicht unmittelbar anwendbar, sodass es zu keiner haftungsbegründenden Wirkung kommen kann und im Vergleich zur AG eine geringere Regelungsdichte vorliegt.[346] Zudem ist diese Überlegung eher theoretischer Natur, da nach Art. 288 Abs. 3 AEUV das Ziel der Richtinline, nämlich allein die Online-Gründung sämtlicher GmbHs zu ermöglichen, verbindlich ist.

Darüber hinaus spricht die striktere Finanzverfassung der Aktiengesellschaft im Vergleich zur GmbH gegen eine Ausdehnung des Anwendungsbereichs.[347] Die strengeren Regelungen fallen etwa im Hinblick auf die Kapitalaufbringung und die Kapitalerhaltung auf. Während die Summe des Stammkapitals bei einer AG mindestens EUR 50.000,00 betragen muss (§ 7 AktG), kann eine Unternehmergesellschaft (haftungsbeschränkt) bereits mit einem Euro gegründet werden (§ 5a GmbHG). Deutlich schwerer ins Gewicht fällt jedoch die Kapitalerhaltung.[348] Während bei der GmbH nach § 30 Abs. 1 S. 1 GmbHG das zur Erhaltung des Stammkapitals erforderliche Vermögen einem Auszahlungsverbot unterliegt, greift § 57 Abs. 1 S. 1 AktG diesbezüglich noch weiter und verbietet jegliche Auszahlung, die nicht zum Bilanzgewinn gehört.[349]

Darüber hinaus kommt der GmbH oftmals ihre kleinere Größe zugute.[350] Sofern sie nach § 267 Abs. 1 HGB als kleine Kapitalgesellschaften gelten, entfallen teilweise bilanzrechtliche Pflichten. So ist kein Lagebericht zu erstellen

345 *Wachter*, GmbH-StB 2018, 214, 215.

346 *Spindler*, in: MüKo-GmbHG, § 52 Rn. 29. Bei GmbHs mit Bundesbeteiligung ist jedoch zu beachten, dass der „Public Corporate Governance Kodex" (PCGK) zur Geltung kommt, welcher diese Unternehmen dazu anhält, den hierin enthaltenen Empfehlungen Folge zu leisten, s. *Bachmann*, Der GmbH-Aufsichtsrat - ein Überblick, 152, 154.

347 *Lieder*, NZG 2018, 1091, 1092; *Lieder*, NZG 2020, 81, 82.

348 Vgl. insoweit *Drygala/Staake/Szalai*, KapG, § 20 Rn. 26 ff.

349 *Koch*, GesR, § 36 Rn. 2; BGH, NJW-RR 2008, 421, 422; BGH, NZG 2017, 344, 345. Es sind also sämtliche Zahlungen betroffen, die nicht vom Gewinnverwendungsbeschluss der Hauptversammlung umfasst werden, vgl. *Bayer*, in: MüKo-AktG, § 57 Rn. 2.

350 So etwa *Grunewald*, GesR, § 13 Rn. 125 ff.

(§ 264 Abs. 1 S. 4 HGB) und die Pflicht, einen Abschlussprüfer zu bestellen, entfällt (§ 316 Abs. 1 HGB).[351] Hinzu kommt, dass in einer personalistisch strukturierten GmbH Gesellschafterversammlungen deutlich schneller abgehalten werden können und anfallende Maßnahmen somit typischerweise in kürzerer Zeit durchgeführt werden.[352] Darüber hinaus besteht aufgrund des weitgehend dispositiven Charakters des Gesellschaftsrechts für die Gesellschafter in den meisten Fällen die Möglichkeit, eine Überschreitung der gesetzlich zugewiesenen Kompetenzen zu billigen, soweit keine zwingenden Vorschriften verletzt wurden.[353]

Daneben gilt es, die Intention des europäischen Gesetzgebers zu bedenken, nach der bestehende gesellschaftsrechtliche Traditionen, soweit möglich, zu bewahren sind.[354] Dem würde es widersprechen, wenn über das notwendige Maß hinaus Änderungen in den nationalen Gesetzen erfolgten.

Zudem ist zu beachten, dass in einer Aktiengesellschaft der Erwerb eigener Anteile grundsätzlich nur unter den in § 71 AktG genannten Ausnahmen zulässig ist.[355] Ein kleines Unternehmen wird jedoch regelmäßig daran interessiert sein, seine Anteile nicht an Außenstehende zu veräußern, um die Einflussnahme auf die Leitung der Gesellschaft nicht zu verlieren. Somit würde eine Ausweitung des Anwendungsbereichs der Online-Gründung auf Aktiengesellschaften KMU nur bedingt nutzen.

cc) Stellungnahme

Für die Aktiengesellschaft sollte von der Option, eine Online-Gründung einzuführen, zunächst kein Gebrauch gemacht werden. Auch wenn die Gründung ähnlich abläuft wie die einer GmbH und insbesondere durch die Einschaltung von Notar und Registergericht vergleichbare Ziele verfolgt werden, sprechen im Wesentlichen die striktere Finanzverfassung und die komplexe Organisationsstruktur der Aktiengesellschaft gegen eine Ausweitung. Zudem sind Aktiengesellschaften typischerweise nicht für einen kleinen Personenkreis, wie etwa

---

351 *Koch*, GesR, § 36 Rn. 6.

352 Es wirkt sich auch positiv aus, dass eine Gesellschafterversammlung virtuell durchgeführt werden kann, während dies bei einer Hauptversammlung grundsätzlich nicht möglich ist, vgl. D. I. 4.

353 So zum Beispiel bei der Ergebnisverwendung bei Feststellung des Jahresbeschlusses (§ 46 Nr. 1 GmbHG); vgl. *Koch*, GesR, § 36 Rn. 4; *Kersting*, in: Baumbach/Hueck, § 29 Rn. 75.

354 Erwägungsgrund Nr. 19 RL 2019/1151; *Schmidt*, DK 2019, 229, 230.

355 *Koch*, in: Hüffer/Koch, § 71 Rn. 3 f.

bei KMU, bestimmt. Auch wenn es Ausnahmen gibt, bei denen die Rechtsform der Aktiengesellschaft entgegen ihrer gesetzgeberischen Konzeption genutzt wird, sollte es nicht das Ziel des Gesetzgebers sein, atypische Konstellationen zu erfassen und zu verfestigen. Vielmehr erscheint es geboten, sich an den bisher getroffenen Wertungen zu orientieren. Zudem ist der bisherige Entwicklungsprozess der Digitalisierungsrichtlinie zu berücksichtigen. Wie bereits dargestellt, lag der Fokus des Europäischen Gesetzgebers auf der Schaffung eines Vehikels für den grenzüberschreitenden Verkehr kleiner und mittelständischer Unternehmen, wofür die GmbH am besten geeignet erscheint.[356] Des Weiteren lässt sich einwenden, dass über die schnelle Gründung einer GmbH hinaus zunächst kein weiterer Bedarf für die Online-Gründung anderer Gesellschaftsformen besteht.[357]

Dennoch spricht ein Ausschluss von Aktiengesellschaften zum jetzigen Zeitpunkt nicht dagegen, für diese zu einem späteren Zeitpunkt doch noch eine Online-Gründung zu ermöglichen. Sobald erste Erfahrungen im Umgang mit der Online-Gründung bei einer GmbH gemacht wurden und eventuelle „Kinderkrankheiten" auskuriert wurden, besteht immer noch die Möglichkeit, die Regelungen der Richtlinie auf Aktiengesellschaften auszudehnen.[358]

b) Online-Gründung der KGaA

Wie bereits dargestellt läuft die Gründung einer KGaA ähnlich zu der einer AG und somit ähnlich wie bei einer GmbH ab.[359] Ebenso wie die AG, ist auch die KGaA ausgehend vom Wortlaut der Richtlinie nicht von deren Anwendungsbereich ausgeschlossen. Dennoch sprechen einige Punkte dafür, die KGaA aus dem sachlichen Anwendungsbereich der Richtlinie herauszunehmen.[360] So gilt es zunächst, die komplexe Organisationsstruktur zu beachten.[361] Kennzeichnend

---

356 B. II. 3.

357 *Birkefeld/Schäfer*, BB 2019, 2626, 2627.

358 So auch *Teichmann*, ZIP 2018, 2451, 2453; *Schmidt*, EuZW 2019, 801, 802; *Ulrich*, GmbHR 2019, R 6 f.; *Linke*, NZG 2021, 309, 310.

359 S. C. I. 3; so auch Bundesrat, BR-Drs. 163/18, S. 5 hinsichtlich der Gleichheit wesentlicher Strukturen.

360 Ebenso *Lieder*, NZG 2018, 1081, 1083; *Lieder*, NZG 2020, 81, 82; *Bormann/Stelmaszczyk*, NZG 2019, 601, 602; *Bayer/Schmidt*, BB 2019, 1922, 1923; BR-Drs. 163/18, S. 5.

361 *Lieder*, NZG 2018, 1081, 1083; *Lieder*, NZG 2020, 81, 82; *Omlor*, DStR 2019, 2544, 2546; Hierbei ist vornehmlich die Kapitalstruktur von Bedeutung. Wie sich bereits aus § 278 Abs. 2 AktG ergibt, ist die Struktur hinsichtlich der Führungskompetenz gleich mit der KG.

für die KGaA ist ihre dualistische Gesellschafterstruktur. Es existiert mindestens ein persönlich haftender Gesellschafter und daneben Gesellschafter, die an dem in Aktien zerlegten Grundkapital beteiligt sind, ohne für bestehende Verbindlichkeiten persönlich zu haften (§ 278 Abs. 1 AktG).

Hieraus resultieren jedoch auch ungeklärte Rechtsfragen und eine komplexe Governance-Struktur.[362] Es herrscht Einigkeit darüber, dass nicht alle Regelungen des DCGK auf die KGaA Anwendung finden und somit stets eine Einzelfallprüfung notwendig ist.[363] Dies führt zu einem höheren Beratungsbedarf, wodurch das Ziel einer einfachen Gründung konterkariert wird. Darüber hinaus gestaltet sich die Beschaffung finanzieller Mittel am Kapitalmarkt schwierig, da zum einen ausländische Investoren die Struktur einer KGaA nicht immer nachvollziehen können und zum anderen Interessenten, die als Kommanditaktionäre in die Gesellschaft einsteigen wollen kein Einfluss auf die Unternehmensleitung gewährt wird.[364] Die bereits bestehende Skepsis gegenüber der KGaA sollte nicht dadurch verstärkt werden, dass mit der Online-Gründung eine Gestaltungsmöglichkeit eingeführt wird, die ohnehin zunächst erprobt werden muss und somit zu weiteren Rechtsunsicherheiten führen kann.

Darüber hinaus wird von der Rechtsform der KGaA nur selten Gebrauch gemacht.[365] Angesichts der geringen praktischen Relevanz erscheint ein gesetzgeberisches Tätigwerden zum aktuellen Zeitpunkt verfrüht. Zuletzt lässt sich mit Blick auf eine mögliche Nutzung der Opt-out-Möglichkeit für die AG schließen, dass dies erst recht für die KGaA gelten muss, die sich durch einen insgesamt noch höheren Regelungsbedarf auszeichnet. Letztlich ist für eine elektronische, grenzüberschreitende Gesellschaftsgründung die GmbH als „Allzweckmöbel"[366] regelrecht „prädestiniert, im Ergebnis aber auch ausreichend"[367]. Wie bei der AG besteht jedoch auch im Fall der KGaA nach einer anfänglichen Erprobungsphase die Möglichkeit, eine Ausweitung des sachlichen Anwendungsbereichs

---

362 *Lieder*, in: Vogt/Fleischer/Kalss, 27, 49; *Fett/Stütz*, NZG 2017, 1121, 1122; *Bormann/Stelmaszczyk*, NZG 2019, 601, 602f.; *Perlitt*, in: von Rosen Die börsennotierte Familienaktiengemeinschaft, 84, 85.

363 *Bachmann*, in: Spindler/Stilz, § 278 Rn. 114; *Fett/Stütz*, NZG 2017, 1121, 1131.

364 *Lieder*, in: Vogt/Fleischer/Kalss, 27, 47 ff. Auf der anderen Seite hingegen ist die KGaA für mittelständische Unternehmen interessant. Ihnen obliegt weiterhin die Leitung, dennoch können sie am Kapitalmarkt auftreten und sind auch weitestgehend gegen feindliche Übernahmen geschützt. Vgl. *Koch*, in: Hüffer/Koch, § 278, Rn. 2.

365 So etwa *Drygala/Staake/Szalai*, KapG § 27 Rn. 13.

366 *Lutter/Hommelhoff*, in: Lutter/Hommelhoff, Einleitung Rn. 6.

367 *Lieder*, NZG 2018, 1081, 1083.

vorzunehmen. Diese Möglichkeit sollte vom Gesetzgeber jedoch mit Vorsicht genossen werden. Letztlich empfiehlt sich eine Entscheidung aufgrund der bei der GmbH-Gründung gemachten Erfahrungen.

c) Sachlicher Anwendungsbereich nach dem DiRUG

Wenig überraschend macht das DiRUG von der Opt-out-Möglichkeit hinsichtlich der in Anhang II genannten Gesellschaftsformen Gebrauch. Eine entsprechende Regelung findet sich in § 2 Abs. 3 GmbHG nF. Abweichend von § 2 Abs. 1 S. 2 GmbHG genügt in Fällen der Videokommunikation die qualifizierte elektronische Signatur. Die Online-Gründung ist in Deutschland somit zunächst allein auf die GmbH beschränkt.[368] Dies ist mit Blick auf die Besonderheiten der Gründung einer AG beziehungsweise KGaA überzeugend. Ob in Zukunft das notarielle Online-Verfahren auf weitere Rechtsformen Anwendung findet, soll im Rahmen einer zeitnahen Überprüfung untersucht werden. Sobald aussagekräftige Erkenntnisse aus den neuen technischen und rechtlichen Rahmenbedingungen gewonnen wurden, bietet es sich an, die Frage nach dem sachlichen Anwendungsbereich erneut zu erörtern.[369]

2. Persönlicher Anwendungsbereich

Neben dem sachlichen Anwendungsbereich der Richtlinie gilt es den persönlichen Anwendungsbereich zu klären. Anders als noch beim Entwurf für die SUP, der nur einen einzigen Geschäftsanteil vorsah,[370] enthält die Digitalisierungsrichtlinie keine Beschränkungen hinsichtlich des Personenkreises, für den eine Online-Gründung möglich sein soll. Es sollte den Mitgliedstaaten jedoch offenstehen, zu bestimmen, welche Personen als Antragsteller für das Online-Verfahren gelten, soweit hierdurch der Anwendungsbereich und das Ziel der Richtlinie nicht eingeschränkt werden.[371] Nachfolgend ist zu erörtern, welchen Spielraum die Mitgliedstaaten hinsichtlich entsprechender Bestimmungen haben.

---

368 DiRUG-RegE, S. 52 f.; *Heckschen/Knaier*, NZG 2021, 1093, 1093; *Schmidt*, ZIP 2021, 112, 113; *Linke*, NZG 2021, 309, 310; *Knaier*, GmbHR 2021, 169, 172.

369 DiRUG-RegE, S. 95; so auch *Omlor/Blöcher*, DStR 2021, 2352, 2357; *Bock*, RNotZ 2021, 326, 328.

370 Art. 15 COM (2014) 212 final. Darüber hinaus war geplant eine Gründung für natürliche, wie auch juristische Personen anzubieten, vgl. Art. 8 COM (2014) 212 final.

371 Erwägungsgrund 11, RL (EU) 2019/1151. Anders hingegen *Wachter*, GmbH-StB 2018, 214, 218, der ebenfalls keine Beschränkungen durch die Richtlinie feststellt, aber darüber hinaus den Mitgliedstaaten jegliches Recht abspricht, eigenverantwortlich

a) Einpersonen- und Mehrpersonengründung

Aus Art. 13 g Abs. 1 GesRRL ergibt sich keine Beschränkung, Online-Gründungen nur in Fällen zuzulassen, in denen ausschließlich ein einziger Gesellschafter auftritt. Mehrpersonengründungen sind, trotz Bedenken im Rahmen des Gesetzgebungsverfahrens, somit vom Regelungsgehalt der Richtlinie erfasst.[372] Damit einher geht jedoch eine höhere Komplexität im Rahmen der Gründung.[373] Der gesteigerte Beratungsbedarf wird im Falle einer Gründung durch mehrere Personen vor allem mit Blick auf die Rechte von Minderheitsgesellschaftern verdeutlicht. Zum Schutz dieser Gesellschafter bestehen bereits in gewissen Fällen vorgeschriebene Quoren,[374] Stimmverbote nach § 47 Abs. 4 GmbHG, soweit es um die eigene Entlastung geht oder auch unverzichtbare Rechte, die weder entzogen, noch eingeschränkt werden können.[375]

Die Gestaltungsfreiheit im GmbH-Recht eröffnet jedoch weitgehende Anpassungsmöglichkeiten, um den unterschiedlichen Interessen der Gesellschafter gerecht zu werden. So besteht beispielsweise die Möglichkeit, bestehende Quoren zu erhöhen oder dem einzelnen Gesellschafter im Falle von Stimmengleichheit das Recht zum Stichentscheid zu gewähren.[376] Die verschiedenen Gestaltungsoptionen führen zu einer erhöhten Bedeutung einer umfassenden Beratung durch einen Notar im Gründungsverfahren.[377] Dass hierdurch jedoch die individuelle Satzungsgestaltung eingeschränkt wird, ist gerade bei Einbindung eines Notars nicht ersichtlich.[378] Vor allem aufgrund der vielfältigen Möglichkeiten ergibt sich ein großzügiger Gestaltungsspielraum.

Soweit ein verlässliches Informationssystem im Rahmen der Online-Gründung besteht, erscheint es unbillig, eine Gründungsmöglichkeit in diesem

---

Einschränkungen unabhängig davon vorzunehmen, ob diese nach der Digitalisierungsrichtlinie möglich wären.

372 *Schmidt*, ZIP 2021, 112, 113; *Heckschen*, NotBZ 2020, 241, 243; Zur Kritik im Rahmen des Gesetzgebungsverfahrens etwa *Wachter*, GmbH-StB 2018, 214, 219; *Knaier*, GmbHR 2018, 560, 563.

373 *Lieder*, NZG 2018, 1081, 1083; *Bormann/Stelmaszczyk*, NZG 2019, 601, 603; *Wachter*, GmbH-StB 2018, 214, 219; *Knaier*, GmbHR 2021, 169, 173.

374 Es ist etwa eine Dreiviertelmehrheit bei der Satzungsänderung (§ 53 Abs. 2 GmbHG) oder auch der Auflösung durch Gesellschafterbeschluss (§ 60 Abs. 1 Nr. 2), etc. gesetzlich verankert.

375 *Blath*, RNotZ 2017, 218, 219 ff.

376 Zu diesen und weiteren Gestaltungsmöglichkeiten *Blath*, RNotZ 2017, 218, 227 ff.

377 Zur Einbindung des Notars in der Online-Gründung s. C. II. 4. b).

378 So jedoch *Knaier*, GmbHR 2018, 560, 563.

Verfahren zu verwehren, die im Präsenzverfahren praktiziert wird. Bereits in der Begründung zum Entwurf der Richtlinie wurde darauf hingewiesen, dass Unternehmen ein rechtliches Umfeld benötigen, das einen ausreichenden Schutz von Minderheitsgesellschaftern gewährleistet.[379] Somit entspricht eine – durch entsprechende Beratung - an den Bedürfnissen der Gründer ausgerichtete Satzung dem Ziel der Richtlinie.[380] Nach erfolgter Umsetzung ist es somit Aufgabe des Notars, auf einen angemessenen Interessenausgleich zu achten.[381] Die Möglichkeit der Online-Gründung durch mehrere Personen ist mit entsprechender Beratung möglich. Dem Notar wird hierbei jedoch eine zentrale Funktion zukommen.

b) Gründer aus Drittstaaten

Neben der Frage nach der Anzahl der Gründer ist ebenso zu klären, welche Personen als Gründer in Betracht kommen. Außerhalb der allgemeinen Anforderungen[382] ist hierbei insbesondere von Interesse, ob die Online-Gründung nur Bürgern aus Mitgliedstaaten offenstehen soll oder auch Bürger aus Drittstaaten erfasst sein können. Zum Teil wird angenommen, dass die Möglichkeit der Online-Gründung nicht auf EU-Bürger beschränkt ist.[383] Bei genauerer Betrachtung des Wortlauts der Richtlinie fällt in der Tat auf, dass etwa in Art. 13 g Abs. 1 GesRRL nur von Antragstellern die Rede ist. Dies könnte so verstanden werden, dass ausgehend von der Digitalisierungsrichtlinie keine Beschränkung stattfindet, zumal aus Erwägungsgrund 11 hervorgeht, dass nach nationalem Recht zu bestimmen ist, wer als Antragsteller für ein Online-Verfahren gilt.

Diese Ansicht vermag jedoch nicht zu überzeugen. Zum einen besagt Art. 13 g Abs. 3 lit. b) GesRRL, dass die Mitgliedstaaten detaillierte Regelungen aufstellen müssen, die eine Überprüfung der Identität der Antragsteller gemäß Art. 13 b GesRRL gewährleisten. Als zulässige Identifizierungsmittel kommen demnach einerseits durch Mitgliedstaaten ausgestellte elektronische Identifizierungssysteme und andererseits Authentifizierungsmittel, die im Rahmen von

---

379 COM (2018) 239 final, S. 2.

380 Zu den Problemen der Verwendung einer Standardsatzung bei Mehrpersonengründungen s. C. II. 6. d) aa).

381 *Lieder*, NZG 2018, 1081, 1083; *Lieder*, NZG 2020, 81, 85; *Bormann/Stelmaszczyk*, NZG 2019, 601, 603; Knaier, GmbHR 2021, 169, 173; Zur Rolle des Notars s. C. II. 4.

382 Hierzu etwa *Bayer*, in: Lutter/Hommelhoff, § 2 Rn. 2 ff.; *Heinze*, in: MüKo-GmbHG § 2 Rn. 81 ff.; Hierzu auch E. II. 1. a).

383 *Wachter*, GmbH-StB 2018, 214, 219.

Art. 6 eIDAS-VO[384] anerkannt wurden, in Betracht. Beide Möglichkeiten sind jedoch gemäß Art. 13 b Abs. 1 GesRRL nur für Antragsteller, die Unionsbürger sind vorgesehen. Im ursprünglichen Vorschlag der Kommission war darüber hinaus vorgesehen, dass die Mitgliedstaaten auch andere Identifikationsmittel zulassen können.[385] Aufgrund des als zu niedrig empfundenen Sicherheitsstandards wurde im Rahmen des Gesetzgebungsverfahrens hiervon abgewichen.[386] Wenn der europäische Gesetzgeber ein hohes Maß an Vertrauen sicherstellen möchte und aus diesem Grund lediglich europäische Identifizierungsmittel anerkennt, lässt sich hieraus ableiten, dass das Verfahren zur Online-Gründung nur Unionsbürgern zugänglich sein soll.[387] Diese Überlegungen finden sich auch in Erwägungsgrund 10 der Digitalisierungsrichtlinie wieder, wonach „die Mitgliedstaaten lediglich [dazu verpflichtet sein sollten], die Online-Gründung von Gesellschaften [...] durch Antragsteller, die Unionsbürger sind, [...] zu ermöglichen".[388] Freilich bleibt den Mitgliedstaaten eine überschießende Umsetzung der Richtlinie nicht verwehrt, doch sollte hiervon abgesehen werden.

Neben den Regelungen der Richtlinie selbst spricht zusätzlich auch deren gesetzliche Grundlage gegen eine Einbeziehung von Gründern aus Drittstaaten. Wie bereits dargestellt ist die Rechtsgrundlage für die Richtlinie Art. 50 AEUV.[389] Ausgangspunkt ist demnach die Niederlassungsfreiheit in der Europäischen Union. Diese findet jedoch nur zwischen den Mitgliedstaaten Anwendung.[390] Drittstaaten sind somit hiervon ausgenommen. Es erscheint nicht überzeugend,

---

384 Verordnung (EU) Nr. 910/2014 des Europäischen Parlaments und des Rates vom 23. Juli 2014 über elektronische Identifizierung und Vertrauensdienste für elektronische Transaktionen im Binnenmarkt und zur Aufhebung der RL 1999/93/EG, ABl. 2014 L 257. Zur eIDAS-VO *Hoffmann*, DuD 2014, 762 ff.; *Roßnagel*, NJW 2014, 3686 ff.; *Klumpen*, Die elektronische Gesellschaftsgründung über die Grenze, S. 239 ff.

385 Art. 13 b Abs. 2 COM (2018) 239 final.

386 *Bormann/Stelmaszczyk*, NZG 2019, 601, 607. Aufgrund der ersatzlosen Streichung ist hierbei nicht von einer einfachen Klarstellung, sondern von einem Umschwenken im Denken des Gesetzgebers auszugehen.

387 So im Ergebnis auch *Lieder*, NZG 2018, 1081, 1087; *Bormann/Stelmaszczyk*, NZG 2019, 601, 607; *Kindler/Jobst*, DB 2019, 1550, 1551; *Teichmann* ZIP, 2018, 2451, 2456; *Heckschen*, NZG 2020, 241, 244.

388 Erwägungsgrund 10 RL (EU) 2019/1151.

389 Hierzu unter B.I.

390 Daneben gilt die Niederlassungsfreiheit auch für den Europäischen Wirtschaftsraum (EWR), der zusätzlich noch Norwegen, Island und Liechtenstein umfasst. Hierzu *Korte*, in: Calliess/Ruffert, Art. 49 AEUV, Rn. 6 ff. So auch *Wachter*, GmbH-StB 2018, 214, 219.

dass der europäische Gesetzgeber durch Einführung einer Richtlinie von dem anerkannten persönlichen Anwendungsbereich der Niederlassungsfreiheit abweichen wollte. Für Gründer aus Drittstaaten sollte die Gründung einer GmbH in Deutschland nach Umsetzung der Richtlinie weiterhin nur möglich sein, wenn sie persönlich vor einem Notar erscheinen.[391]

Insoweit sieht das DiRUG konsequenterweise keine Möglichkeit vor, die es Gründern aus Drittstaaten ermöglicht, eine Online-Gründung durchzuführen, soweit sie nicht zugleich auch Unionsbürger sind.[392] Inwieweit hiervon abgewichen werden sollte und Angehörigen von Drittstaaten die Nutzung der Vorteile des europäischen Binnenmarktes im Rahmen einer Online-Gründung ermöglicht werden sollte, stellt letztlich eine politische Entscheidung dar. Aufgrund der in Art. 13 b Abs. 2 GesRRL vorgesehenen Möglichkeit, weitere elektronische Identifizierungsmittel anzuerkennen, steht einer Ausweitung aus rechtlicher Sicht nichts entgegen.

c) Natürliche und juristische Personen

Während zum Teil ohne nähere Begründung angenommen wird, dass die Online-Gründung neben natürlichen auch juristischen Personen offensteht,[393] bestehen diesbezüglich mit Blick auf die Ausgestaltung der Richtlinie Bedenken.[394] Nach Erwägungsgrund 11 obliegt grundsätzlich den Mitgliedstaaten die Wahl, welche Personen als Gründer gelten. Dies ist jedoch nur möglich, wenn der Anwendungsbereich und das Ziel der Richtlinie nicht eingeschränkt werden.[395]

aa) Auslegung der Richtlinie

Die Richtlinie verwendet – wenig präzise – den Begriff des Antragstellers. Auch ein Blick auf den englischen Wortlaut, der von „*applicants*" ausgeht, sorgt diesbezüglich nicht für Klarheit. Aufgrund des offenen Wortlauts könnte demnach sowohl die Möglichkeit einer Online-Gründung für natürliche Personen wie auch für juristische Personen bestehen.[396] Sollten jedoch beide Möglichkeiten

---

391 *Lieder*, NZG 2018, 1081, 1087; *Bormann/Stelmaszczyk*, NZG 2019, 601, 607; *Birkefeld/Schäfer*, BB 2019, 2626, 2631.

392 Vgl. *Schmidt*, ZIP 2021, 112, 114; *Bock*, RNotZ 2021, 326, 330.

393 Vgl. *Knaier*, GmbHR 2018, 560, 563 f.; *Wachter*, GmbH-StB 2018, 218 f.

394 *Teichmann*, ZIP 2018, 2451, 2457; *Bormann/Stelmaszczyk*, NZG 2019, 601, 603 ff.; *Kindler/Jobst*, DB 2019, 1550, 1553; *Lieder*, NZG 2020, 81, 85.

395 So auch *Kindler/Jobst*, DB 2019, 1550, 1553.

396 *Teichmann*, ZIP 2018, 2451, 2457; *Bormann/Stelmaszczyk*, NZG 2019, 601, 605.

erfasst sein, fällt auf, dass die geplanten Regelungen zur präventiven Betrugsbekämpfung zum großen Teil auf natürliche Personen zugeschnitten sind.[397] So erfolgt etwa die Prüfung der Rechts- und Geschäftsfähigkeit nur bei natürlichen Personen. Auch die Identifizierung mithilfe der in der eIDAS-Verordnung genutzten Vertrauensdienste richtet sich überwiegend an natürliche Personen. Sollte eine Gründung durch juristische Personen von der Richtlinie vorgesehen sein, lässt sich feststellen, dass diesbezüglich weiterer Regelungsbedarf bestanden hätte und als Konsequenz diese Aufgabe nun dem nationalen Gesetzgeber aufgebürdet wird.[398]

Zudem fällt auf, dass nach Art. 28 a Abs. 5 UAbs. 1 GesRRL für die Online-Eintragung von Zweigniederlassungen Informationen über die Gesellschaft, die die Eintragung veranlasst, über das System der Registervernetzung überprüft werden können. Eine entsprechende Regelung fehlt bei der originären Gründung nach Art. 13 g GesRRL.[399] Es könnten folglich Unklarheiten bezüglich des persönlichen Anwendungsbereichs bestehen. Dem kann jedoch entgegengebracht werden, dass Art. 13 g Abs. 7 UAbs. 1 GesRRL eine Differenzierung hinsichtlich des Gründungszeitraums zwischen „ausschließlich [...] natürlichen Personen“ und anderen Fällen vornimmt. Aus der Formulierung geht hervor, dass auch andere Konstellationen möglich sind und allein der Gründungszeitraum hierbei variiert.[400] Darüber hinaus legt Art. 13 g Abs. 3 lit. a) GesRRL fest, dass die Mitgliedstaaten Regelungen hinsichtlich der Vertretung der Gesellschaft festlegen müssen. Art. 13 g Abs. 8 GesRRL, der einen speziellen Präsenzvorbehalt zur Überprüfung der Existenz der Gründer enthält, nimmt hierauf ebenfalls Bezug.[401] Dies spricht insgesamt für eine Einbeziehung juristischer Personen.

Darüber hinaus lässt sich aus dem Verlauf der Diskussionen um die geplante Regelungsweite der Richtlinie erkennen, dass sich letztlich ein weiter Anwendungsbereich durchsetzen sollte. Anregungen, die darauf hinzielten, eine Beschränkung auf natürliche Personen einzuführen,[402] konnten sich im

---

397 *Lieder*, NZG 2020, 81, 85; *Bormann/Stelmaszczyk*, NZG 2019, 601, 604. Zu den Betrugsvorkehrungen s. E.

398 Hierzu *Teichmann*, ZIP 2018, 2451, 2457; *Bormann/Stelmaszczyk*, NZG 2019, 601, 605.

399 *Teichmann*, ZIP 2018, 2451, 2457; *Bormann/Stelmaszczyk*, NZG 2019, 601, 605.

400 *Bormann/Stelmaszczyk*, NZG 2019, 601, 605; *Lieder*, NZG 2020, 81, 85.

401 *Lieder*, NZG 2020, 81, 85; *Bormann/Stelmaszczyk*, NZG 2019, 601, 604.

402 So etwa *Lieder*, NZG 2018, 1081, 1084; *Teichmann*, GmbHR 2018, 1, 14; Schreiben DNotV v. 4. Juli 2018, S. 4 f.; *Heckschen*, NotBZ 2020, 241, 243.

Verfahren nicht behaupten.[403] Aufgrund der Tatsache, dass nicht nur natürliche, sondern auch juristische Personen eine Online-Gründung durchführen können, ergeben sich mit Blick auf das aktuell praktizierte Verfahren verschiedene praktische Probleme.

bb) Aktuelle Probleme in der Praxis

Wird von ausländischen juristischen Personen die Gründung einer GmbH in Deutschland angestrebt, liegt derzeit ein Hauptaugenmerk des Notars auf der Überprüfung der Existenz der jeweiligen juristischen Person und der Wirksamkeit der Vertretungsbefugnis.[404] Grundsätzlich richtet sich die Frage nach einem wirksamen Zustandekommen der Gesellschaft und der Vertretungsmacht nach dem Recht des Landes, in dem die Gesellschaft ihren tatsächlichen Verwaltungssitz hat (Sitztheorie).[405] Die Nachweise hierfür sind jedoch in der in Deutschland dafür vorgesehenen Form zu erbringen.[406] Während für deutsche (natürliche und juristische) Personen das Handelsregister entsprechende Nachweise zur Gründung fordert und sich aus § 15 HGB umfassende Publizitätswirkungen ergeben, fehlt ein vergleichbar verlässliches System in vielen anderen EU-Staaten.[407]

Obwohl bereits am 9. März 1968 eine Publizitätsrichtlinie verabschiedet wurde, die unter anderem die handelsrechtliche Publizität in den Mitgliedstaaten verbessern sollte und sich inzwischen in der Gesellschaftsrichtlinie vom 20. Juli 2017 wiederfindet,[408] lassen sich weiterhin bei einzelnen

403 Im Rahmen der ersten öffentlichen Aussprache im EU-Parlament plädierte der Berichterstatter Tadeusz Zwiefka bereits für einen möglichst weiten Anwendungsbereich, während die Schattenberichterstatterin Jytte Guteland lediglich natürliche Personen in den Entwurf aufnehmen wollte, um potentiellen Missbräuchen vorzubeugen. Hierzu *Bormann/Stelmaszczyk*, NZG 2019, 601, 603; *Stelmaszczyk/Kienzle*, ZIP 2021, 765, 771.

404 *Schmidt*, ZIP 2021, 112, 115; *Wachter*, GmbH-StB 2018, 214, 219; *Bormann/Stelmaszczyk*, NZG 2019, 601, 603; *Stelmaszczyk/Kienzle*, ZIP 2021, 765, 771.

405 So die h.M. vergleiche etwa: *Heckschen*, in: Heckschen/Heidinger, Kap. 2 Rn. 39; *Hausmann*, in: Reithmann/Martiny, 7.10; KG, DNotZ 2012, 604; KG, RNotZ 2013, 426, 427. Demzufolge ist etwa eine britische *Limited* nach britischem Recht zu beurteilen.

406 *Zimmermann*, in: Beck'sches Notar-HdB, § 28 Rn. 314.

407 *Lieder*, NZG 2018, 1081, 1083; *Lieder*, NZG 2020, 81, 85; *Bormann/Stelmaszczyk*, NZG 2019, 601, 603; *Ries*, NotBZ 2019, 25, 26; *Knaier*, GmbHR 2021, 169, 173; *Stelmaszczyk/Kienzle*, ZIP 2021, 765, 771 f.

408 *Lutter/Bayer/Schmidt*, Europäisches Unternehmens- und Kapitalmarktrecht, § 18 Rn. 18.1 ff.

Mitgliedstaaten Umsetzungsdefizite erkennen.[409] Insofern überrascht es bei EU-Auslandsgesellschaften nicht, wenn zwischen gesetzlichen Vorgaben auf der einen Seite und darüber hinausgehenden Maßnahmen auf der anderen Seite, die lediglich dazu dienen, Rechtsunsicherheiten vorzubeugen, differenziert wird. Anknüpfungspunkt ist hierbei stets der Umfang des jeweiligen nationalen Registers.[410] Bei Staaten mit vergleichbarem Registerinhalt (wie etwa in Italien[411], Österreich, Portugal oder Spanien[412]) besteht für den Notar die „relativ einfache“[413] Möglichkeit, eine entsprechende Vertretungsbescheinigung nach § 21 BNotO auszustellen, sofern er über die notwendigen Sprachkenntnisse verfügt.[414] Teilweise wird eingewandt, dass sich aufgrund der im BRIS hinterlegten Daten ein Standardformat ergebe, aus dem der Notar alle wesentlichen Unternehmensdaten ziehen kann. Nachweisschwierigkeiten seien somit bei der Gründung durch juristische Personen nicht zu befürchten. Insbesondere widerspreche der Rechtsgedanke des *effet utile* und einer daraus resultierenden Anerkennungspflicht offengelegter Daten möglichen Nachweisproblemen hinsichtlich europäischer Kapitalgesellschaften. Bei Personengesellschaften bestehe die Problematik hingegen fort.[415] Sofern auf die Funktion des BRIS verwiesen wird, wird jedoch übersehen, dass es sich hierbei gerade nicht um ein europäisches Register handelt, sondern dort lediglich Verknüpfungen zu den nationalen Registern hergestellt werden und somit nur die Informationen abgerufen werden können, die im jeweiligen Register hinterlegt wurden.[416]

---

409 *Bock*, Der Harmonisierungserfolg der Publizitätsrichtlinie, S. 389 ff.; *Knaier*, GmbHR 2021, 169, 173.

410 Zur Rolle des Business Registers Interconnection System (BRIS) D. II. 2.

411 In Italien können etwa nicht eingetragene eintragungspflichtige Tatsachen einem Dritten nicht entgegengehalten werden, vgl. *Hausmann*, in: Reithmann/Martiny, 7. 231.

412 Vgl. *Hausmann*, in: Reithmann/Martiny Rn. 7.231 (Italien), 7.245 (Österreich), 7.263 (Portugal), 7.274 (Spanien); *Bormann/Stelmaszczyk*, NZG 2019, 601, 603; *Heckschen*, NotBZ 2020, 241, 243; *Stelmaszczyk/Kienzle*, ZIP 2021, 765, 772.

413 So *Zimmermann*, in: Beck´sches Notar-HdB, § 28 Rn. 315. Es erscheint überzeugender, nur dann von einer einfachen Möglichkeit zu sprechen, wenn die Sprachbarriere minimal wäre und sämtliche Inhalte auf Englisch verfügbar wären. Stattdessen muss der jeweilige Notar immer der Landessprache mächtig sein.

414 Schreiben DNotV v. 4. Juli 2018, S. 6; *Bormann/Stelmaszczyk*, NZG 2019, 601, 603; *Freier*, NotBZ 2018, 444; *Heckschen*, NotBZ 2020, 241, 243.

415 *Schmidt*, ZIP 2021, 112, 115.

416 Ausführlicher zum BRIS und seinen Wirkungen, s. D. II. 3.

Komplizierter sind hingegen Fälle, in denen der Notar keine abschließende Auskunft bei Einsicht in das Handelsregister erhält, sondern darauf angewiesen ist, dass ihm ein entsprechender Handelsregisterauszug übersandt wird.[417] Eine Übersendung ist als physische Übermittlung eines Papierdokuments zu verstehen, das mit einer Apostille beziehungsweise Legalisation versehen sind.[418] Die Möglichkeit, eine elektronische Apostille zu verwenden, besteht folglich nicht.[419]

Die größten Schwierigkeiten bestehen jedoch, wenn überhaupt kein zuverlässiges Register existiert. In diesem Zusammenhang wird häufig auf die Situation in Großbritannien verwiesen.[420] Ein Handelsregister, wie es bei kontinentaleuropäischen Staaten verbreitet ist, ist dem Rechtssystem Großbritanniens fremd.[421] Zwar werden die Gründungsunterlagen einer Gesellschaft beim *Registrar of Companies* eingereicht und in einem Gesellschaftsregister (*Companies Registry*) vermerkt, doch kann ausgehend von diesen Unterlagen nicht festgestellt werden, ob die jeweilige Gesellschaft noch Bestand hat.[422] Hierfür ist ein aktuelles *certificate of good standing* erforderlich.[423] Aus Sicht des in Deutschland praktizierten Verfahrens stellt es sich als problematisch dar, dass darüber hinaus keine Prüfung der materiellen Richtigkeit der Gesellschaft im Rahmen der Gründung erfolgt.[424] Der *Registrar* prüft grundsätzlich nur, ob eine Erklärung der Gründer abgegeben wurde, der zufolge die Gründung ordnungsgemäß

---

417 Vgl. *Lieder*, NZG 2018, 1081, 1084 und *Bormann/Stelmaszczyk*, NZG 2019, 601, 604 zur Einsichtnahme des Handelsregisters in den Niederlanden. Die Vertretungsberechtigung des Geschäftsführers ergibt sich dort nur aus der Satzung, auf die im Register lediglich verwiesen wird. Sie liegt nicht in elektronischer Form vor. Über www.kvk.nl können Eintragungen im Handelsregister auch online abgerufen werden.

418 Schreiben DNotV v. 4. Juli 2018, 6; *Bormann/Stelmaszczyk*, NZG 2019, 601, 604; *Lieder*, NZG 2020, 81, 85.

419 *Lieder*, NZG 2018, 1081, 1083; *Lieder*, NZG 2020, 81, 85; *Bormann/Stelmaszczyk*, NZG 2019 601, 604.

420 Auch nach dem Ausscheiden Großbritanniens aus der EU am 31. Januar 2020 kann auf die dort gewonnenen Erkenntnisse zurückgegriffen werden. Ähnliche Probleme stellen sich auch bei anderen europäischen Staaten, wie etwa Irland, Malta oder Zypern. Vgl. *Bormann/Stelmaszczyk*, NZG 2019, 601, 604; *Heckschen*, NotBZ 2020, 241, 243; *Bock*, RNotZ 2021, 326, 332.

421 *Hausmann*, in: Reithmann/Martiny Rn. 7.208.

422 *Hausmann*, in: Reithmann/Martiny Rn. 7.209; *Heckschen*, NotBZ 2020, 241, 243.

423 *Bormann/Stelmaszczyk*, NZG 2019, 601, 604.

424 *Lieder*, NZG 2018, 1081, 1083; *Lieder*, NZG 2020, 81, 85; *Wachter*, DB 2004, 2795, 2799; *Bormann/Stelmaszczyk*, NZG 2019, 601, 604.

abgelaufen ist (sog. *statement of compliance*).[425] Es findet somit lediglich eine Überprüfung hinsichtlich der Vollständigkeit und formellen Korrektheit der eingereichten Dokumente statt.[426] Basierend hierauf kann keine Bescheinigung nach § 21 BNotO ausgestellt werden.[427]

Daneben lassen sich auch die Vertretungsverhältnisse einer britischen Gesellschaft nicht immer zweifelsfrei bestimmen. Eine Vertretungsbescheinigung eines englischen Notars kann zwar eingefordert werden, doch genügt diese nicht, wenn der Informationsgehalt lediglich aus einer Einsicht in das *Companies House* resultiert.[428] Insofern erscheint es verfehlt, von einer sicheren Möglichkeit zu sprechen, da sich der deutsche Notar über das korrekte Zustandekommen der Bescheinigung nicht sicher sein kann.[429] Zwar sind in der Satzung alle vertretungsberechtigten Personen aufzuführen, doch findet sich entgegen der Vorgaben der Gesellschaftsrechtsrichtlinie kein Vermerk über die Art der Vertretungsbefugnis.[430] Eine wirksame Vertretung kann allein in Fällen angenommen werden, in denen der alleinige *director* der Gesellschaft handelt oder alle *directors* gemeinschaftlich tätig werden.[431] In anderen Fällen ist der Nachweis einer Vertretungsmacht etwa durch Einreichung eines Gesellschafterbeschlusses möglich oder durch Bescheinigung des *secretary* der jeweiligen Gesellschaft, die den Beschluss enthält und dessen Gültigkeit versichert. Die entsprechenden Dokumente müssen ebenfalls mit einer Apostille legalisiert werden, was jedoch nach aktuellem Stand in elektronischer Form nicht möglich ist.[432]

Als Konsequenz dieser vergleichsweise lockeren Gründung können in Großbritannien immer wieder Fälle des *Identity Fraud* beobachtet werden. Unbefugte

---

425 *Bunting*, Die Gründung von Kapitalgesellschaften in Deutschland, dem Vereinigten Königreich und den USA, S. 79. Sollten wissentlich oder grob fahrlässig falsche oder irreführende Informationen übermittelt werden, macht sich der Betroffene strafbar, vgl. *Freier*, NotBZ 2018, 444, 445.

426 *Bunting*, Die Gründung von Kapitalgesellschaften in Deutschland, dem Vereinigten Königreich und den USA, S. 79.

427 *Heckschen*, NotBZ 2020, 241, 243.

428 *Freier*, NotBZ 2018, 444, 445; *Heckschen*, NotBZ 2020, 241, 243.

429 So allerdings *Hausmann*, in: Reithmann/Martiny Rn. 7.211.

430 *Bock*, Der Harmonisierungserfolg der Publizitätsrichtlinie, S. 266 ff.; *Lieder*, NZG 2018, 1081, 1084; *Teichmann*, ZIP 2018, 2451, 2458; *Heckschen*, NotBZ 2020, 241, 243.

431 *Hausmann*, in: Reithmann/Martiny Rn. 7.209; *Bormann/Stelmaszczyk*, NZG 2019, 601, 604.

432 *Freier*, NotBZ 2018, 444, 445; *Wachter*, DB 2004, 2795; 2799; *Bormann/Stelmaszczyk*, NZG 2019, 601, 604.

lassen hierbei Eintragungen vornehmen, durch die sie selbst rechtliche Vorteile erlangen, wie etwa eine Bestellung zum Geschäftsführer.[433] Die genannten Rechtsunsicherheiten führen letztlich dazu, dass das *Companies House* mitunter als „staatlich geführte Unternehmensdatenbank“ und nicht als öffentliches Register angesehen wird.[434]

cc) Lösungsmöglichkeiten im Rahmen der Richtlinie

Die Öffnung des persönlichen Anwendungsbereichs für juristische Personen stellt eine „zentrale Schwachstelle“ der Richtlinie dar.[435] Letztlich ist der deutsche Gesetzgeber jedoch zur Umsetzung verpflichtet. Die kritischen Stimmen, die sich gegen einen weiten Anwendungsbereich ausgesprochen haben, konnten den Vorschlag allerdings insoweit voranbringen, als alternative Sicherheitsvorkehrungen getroffen wurden.[436] In diesem Zusammenhang ist vor allem Art. 13 c Abs. 3 GesRRL zu nennen, wonach die Echtheit, Korrektheit, Zuverlässigkeit, Vertrauenswürdigkeit und die vorgeschriebene rechtliche Form eingereichter Urkunden nach nationalem Recht zu beurteilen sind, sofern das in Art. 13 g GesRRL vorgesehene Verfahren der Online-Gründung weiterhin möglich ist. Konsequenz dieser Regelung ist, dass etwa organschaftliche Vollmachten wie bisher üblich in Urschrift oder Ausfertigung vorliegen müssen.[437] Ausländische öffentliche Urkunden sind weiterhin gemäß § 438 ZPO als Apostille oder Legalisation beizubringen.[438] Neben dem Vorbehalt, Dokumente vorzulegen, haben Rat und Parlament sich zudem für die Einführung eines Präsenzvorbehalts entschieden, wonach die physische Anwesenheit des Antragstellers erforderlich ist, wenn die diesbezüglichen Voraussetzungen vorliegen (Art. 13 g Abs. 8 GesRRL).[439] Es obliegt somit, zumindest in eingeschränktem

---

433 *Lieder*, NZG 2018, 1081, 1083; *Teichmann*, GmbHR 201, 1, 3; *Klumpen*, Die elektronische Gründung über die Grenze S. 102.

434 *Wachter*, DB 2004, 2795, 2799.

435 *Lieder*, NZG 2018, 1081, 1083; aA *Birkefeld/Schäfer*, BB 2019, 2626, 2628 wonach eine Beschränkung auf natürliche Personen der wirtschaftlichen Realität nicht entsprochen hätte.

436 *Bormann/Stelmaszczyk*, NZG 2019, 601, 604; *Lieder*, NZG 2020, 81, 85.

437 Hierzu BR-Drs. 611/19 S. 23; § 35 a Abs. 2 Nr. 4 BeurkG-E; *Bormann/Stelmaszczyk*, NZG 2019, 601 604; aA *Birkefeld/Schäfer*, BB 2019, 2626, 2628 wonach vor allem der Präsenzvorbehalt einen wirksamen Schutzmechanismus darstellt und die Form der einzureichenden Urkunden nur als ergänzende Vorschrift verstanden wird.

438 Hierzu BR-Drs. 611/19 S. 23.

439 Genaueres zum Präsenzvorbehalt unter E. III.

Umfang, dem Ermessen und Fingerspitzengefühl der zuständigen Stellen, wann sie von dieser Möglichkeit Gebrauch machen.

Daneben sehen die Erwägungsgründe der Richtlinie vor, dass elektronische Kontrollen zur Identität, der Rechts- und Geschäftsfähigkeit und der Rechtmäßigkeit durchgeführt werden sollen, um die für eine Gründung erforderlichen Bedingungen nachzuprüfen.[440] Hierdurch konnte ein Konsens auf kleinstmöglicher Stufe gefunden werden, der eine rechtssichere Online-Gründung von juristischen Personen ermöglicht.[441] Diese Schutzmechanismen wurden bereits im Gesetzesentwurf des Landes Nordrhein-Westfalen unter § 35 a Abs. 2 Nr. 4 und 5 BeurkG-E berücksichtigt. An der dort gewählten Formulierung wurde im DiRUG weitestgehend festgehalten (vgl. §§ 16 a Abs. 2, 16 d BeurkG nF).

d) Gründung mittels rechtsgeschäftlicher Vollmacht

Des Weiteren stellt sich die Frage, ob die jeweiligen Gründer persönlich auftreten müssen oder ob eine Gründung auch durch im Rahmen eines Rechtsgeschäfts Bevollmächtigte – und gerade nicht im Wege einer organschaftlichen Vertretung – erfolgen kann.

aa) Auslegung der Richtlinie

Der Wortlaut des Art. 13 g GesRRL hilft, wie bereits mehrmals festgestellt,[442] bei der Beantwortung der Frage nicht weiter. Systematisch lässt sich jedoch beobachten, dass soweit Regelungen zur Vertretung bestehen diese nur die Vertretung juristischer Personen zum Inhalt haben.[443] So betrifft etwa Art. 13 g Abs. 3 lit. a) GesRRL das Verfahren die Befugnis der Antragsteller zur Vertretung der Gesellschaft zu gewährleisten. Auch Art. 13 g Abs. 8 GesRRL gesteht das Recht, ein persönliches Erscheinen anzuordnen, nur soweit zu, als Zweifel hinsichtlich der Befugnis zur Vertretung der Gesellschaft bestehen. Hinsichtlich des persönlichen Erscheinens wird auch in den Erwägungsgründen der Richtlinie allein

---

440 Erwägungsgrund Nr. 22 RL (EU) 2019/1151; *Bormann/Stelmaszczyk*, NZG 2019, 601, 604; *Bormann/Stelmaszczyk*, EuZW 2018, 1009, 1010.

441 *Bormann/Stelmaszczyk*, NZG 2019, 601, 604; *Bormann/Stelmaszczyk*, EuZW 2018, 1009, 1010.

442 So etwa bei Gründung juristischer Personen s. C. II. 2. c) aa) oder bei der Frage, ob Gründer aus Drittstaaten vom Online-Verfahren Gebrauch machen können s. C. II. 2. b).

443 BR-Drs. 611/19, S. 16; *Bormann/Stelmaszczyk*, NZG 2019, 601, 605; *Lieder*, NZG 2020, 81, 85.

auf Zweifel hinsichtlich der ordnungsgemäßen Vertretung der Gesellschaft abgestellt.[444]

Daneben lässt sich auch aus dem bisherigen Gesetzgebungsverfahren schließen, dass lediglich die Regelung der organschaftlichen Vertretung erfasst sein sollte. Art. 13 f Abs. 1 des Richtlinienvorschlags sah noch vor, dass eine Gründung online durchgeführt werden konnte, ohne dass die Antragsteller oder ihre Vertreter persönlich erscheinen müssen. Diese Passage wurde in der endgültigen Fassung weggelassen. Es ist nur noch vom Antragsteller die Rede.[445] Hieraus lässt sich schließen, dass die Gründung mittels rechtsgeschäftlicher Vollmacht nicht verpflichtend von der Richtlinie vorgegeben ist und somit vom nationalen Gesetzgeber nicht umgesetzt werden muss. Dass sich eine verpflichtende Einführung der Gründung mittels rechtsgeschäftlicher Vollmacht unter Verweis auf die parallel mögliche Vollmachtsgründung im Präsenzverfahren nach deutschem Recht ergibt,[446] kann nicht angenommen werden und widerspricht insbesondere der Systematik und Historie der Richtlinie.

bb) Aktuelle Probleme in der Praxis

Die Vollmacht muss stets in Urschrift oder Ausfertigung vorgelegt werden. Dieses System lässt sich jedoch nicht in die elektronische Welt implementieren, da zum gegenwärtigen Zeitpunkt eine elektronische Urschrift oder Ausfertigung nicht existiert.[447] Auch wenn mit einer qualifizierten elektronischen Signatur (qeS) gearbeitet werden würde, die es erlaubt, ein elektronisches Dokument zu unterzeichnen, könnte hierdurch lediglich sichergestellt werden, dass das Dokument vom Signatar gebilligt wurde. Es ließe sich nicht dessen Einmaligkeit (Unikatsfunktion) feststellen und könne nach Belieben vervielfältigt werden.[448]

---

444 Erwägungsgrund 21 RL (EU) 2019/1151.

445 *Schmidt*, ZIP 2021, 112, 115; *Bormann/Stelmaszczyk*, NZG 2019, 601, 606; *Lieder*, NZG 2020, 81, 86.

446 So aber *Schmidt*, ZIP 2021, 112, 115. Der dort genannte Verweis auf die Möglichkeit der Vertretung im Präsenz-Verfahren nach § 2 Abs. 2 GmbHG schlägt fehl. Die Richtlinie will allein die Möglichkeit der Online-Gründung für die GmbH eröffnen. Dass ein unbedingter Gleichlauf mit dem deutschen Gründungsvorgang gewollt ist, kann nicht angenommen werden. Anderenfalls dürfte im Rahmen der Kapitalaufbringung nicht die Möglichkeit bestehen allein Bargründungen zuzulassen, s. C. II. 3.

447 *Schmidt*, ZIP 2021, 112, 115; *Lieder*, NZG 2018, 1081, 1085; *Lieder*, NZG 2020, 81, 86; Schreiben DNotV v. 4. Juli 2018, S. 7; *Bormann/Stelmaszczyk*, NZG 2019, 601, 605; *Kindler/Jobst*, DB 2019, 1550, 1554; *Ulrich*, GmbHR 2019, R 6 f.

448 Soweit eine Urschrift vorliegt, kann eine Ausfertigung angefordert werden. Jede Ausfertigung ist auf der Urschrift zu vermerken (§ 49 Abs. 4 BeurkG) und vertritt die

Zudem könnte eine mittels qeS erteilte Vertretungsmacht nur schwerlich wieder entzogen werden. Ein dadurch bestehender Rechtsschein ließe sich kaum mehr beseitigen. Eine Rückgabe wie sie in § 172 Abs. 2 Alt. 1 BGB vorgesehen ist, ist mangels physischer Existenz und ungewisser Anzahl der Vervielfältigungen der Vollmachtsurkunde nicht möglich. Ebenso wenig wäre ein „Vermerk“ der qeS dienlich, wonach eine Vollmacht noch nicht widerrufen worden sei. Dieser Vermerk könnte ebenso vervielfältigt werden und könnte dem Vollmachtgeber somit keinen ausreichenden Schutz gewährleisten.[449] Die Vermutung der Bevollmächtigung wird somit nur dann beseitigt, wenn der Vertragspartner positive Kenntnis vom Widerruf der Vollmacht hat oder hiervon Kenntnis haben muss (§ 173 BGB).

Es wird jedoch die Möglichkeit in Betracht gezogen, auf nationaler Ebene ein zentrales elektronisches Vollmachtsregister einzuführen.[450] Dies würde es ermöglichen, die dort hinterlegten Vollmachten als öffentlich bekanntgemacht im Sinne von § 171 Abs. 1 BGB anzusehen und eine Vertretungsbefugnis jedem Dritten gegenüber einzuräumen. Eine solche Lösung würde sich jedoch auf Deutschland beschränken. Im Ausland ausgestellte Vollmachten könnten weiterhin nur aufgrund einer Legalisation oder Apostille verwendet werden.[451] Für ein europäisches Vollmachtsregister bedarf es zunächst eines Vorstoßes des EU-Gesetzgebers und einer den praktischen Anforderungen genügenden Infrastruktur. Beide Punkte sind jedoch in unmittelbarer Zukunft nicht absehbar.[452] Gegen einen Alleingang Deutschlands bei der Einführung eines Vollmachtsregisters sprechen insbesondere die damit verbundenen Kosten und ein erheblicher Aufwand für die öffentliche Verwaltung. Bei Einführung eines Vollmachtsregisters wäre nämlich darauf zu achten, dass eine dem Handelsregister gleichwertige Eingangskontrolle stattfindet. Zudem wäre der Nutzen des Registers im grenzüberschreitenden Verkehr beschränkt, da ein entsprechendes Register sich allein auf nationaler Ebene auswirken würde. Hier sorgt jedoch bereits das Handelsregister für einen ausreichenden Verkehrsschutz.

Urschrift im Rechtsverkehr (§ 47 BeurkG). Hierdurch lässt sich stets ein Überblick über die erteilten Ausfertigungen behalten. Hierzu *Bormann/Stelmaszczyk,* NZG 2019, 601, 605; *Bock*, RNotZ 2021, 326, 332; *Kienzle*, DNotZ 2021, 590, 600.

449 *Bormann/Stelmaszczyk*, NZG 2019, 601, 605; *Stelmaszczyk/Kienzle*, ZIP 2021, 765, 773; Schreiben DNotV v. 4. Juli 2018, S. 6.

450 So etwa bei Schreiben DNotV v. 4. Juli 2018, S. 7; *Bormann/Stelmaszczyk*, NZG 2019, 601, 605; *Omlor/Blöcher*, DStR 2021, 2352, 2358.

451 *Bormann/Stelmaszczyk*, NZG 2019, 601, 605.

452 *Bormann/Stelmaszczyk*, NZG 2019, 601, 605; *Lieder*, NZG 2020, 81, 86.

cc) Lösungsmöglichkeiten im Rahmen der Richtlinie

Die Gründung mittels rechtsgeschäftlicher Vollmacht ist nicht verpflichtend vom Gesetzgeber einzuführen und bringt einige Probleme mit sich. Bereits im Rahmen eines Beschlusses des Bundesrates aus dem Jahr 2018 hat sich dieser mangels ausreichender Sicherstellung der Publizität und Verlässlichkeit des Registers für einen Ausschluss rechtsgeschäftlich Bevollmächtigter im Rahmen der Online-Gründung ausgesprochen.[453] Unabhängig davon wird oftmals eingewendet, dass bei einem Verfahren, welches ohnehin vollständig online durchgeführt werden kann, gar kein Bedürfnis besteht, eine Gründung mittels Vollmacht zuzulassen. Dem jeweiligen Gründer steht es unabhängig von seinem Aufenthaltsort frei, die Gründung selber online durchzuführen.[454]

Dennoch wurde in einem am 13. November 2019 vom Land Nordrhein-Westfalen gestellten Gesetzesantrag die Möglichkeit einer rechtsgeschäftlichen Vertretung im Entwurf aufgenommen.[455] Zur Umsetzung der Richtlinie sieht der Entwurf in § 35 a Abs. 2 Nr. 4 BeurkG-E explizit vor, dass rechtsgeschäftliche Vollmachten zuzulassen sind.[456] Ausschlaggebend für diese Einführung sei, dass in der Praxis nur schwerlich eine Unterscheidung zwischen einer organschaftlichen und einer rechtsgeschäftlichen Vertretungsmacht erfolgen könne.[457] Gleichzeitig wird in der Begründung zum Entwurf klargestellt, dass eine Vollmachtsurkunde weiterhin in Papierform vorliegen muss, wobei hiermit nicht die gleichzeitige physische Anwesenheit der Beteiligten verbunden ist. Dieses Erfordernis steht auch im Einklang mit der Richtlinie.[458] Art. 13 c Abs. 3 GesRRL legt fest, dass in Bezug auf die Echtheit und Korrektheit eingereichter Urkunden und

---

453 BR-Drs. 163/18, S. 6.

454 *Lieder*, NZG 2018, 1081, 1084; *Bormann/Stelmaszczyk*, NZG 2019, 601, 606; BR-Drs. 163/18 S. 6; *Heckschen*, NotBZ 2020, 241, 243; *Knaier*, GmbHR 2021, 169, 174.

455 BR-Drs. 611/19, S. 16.

456 „Vollmachten und Ausweise über die Berechtigung eines gesetzlichen Vertreters sollen der elektronischen Niederschrift in elektronisch beglaubigter Abschrift nach § 39 a beigefügt werden. Ein etwaiges Erfordernis, dem Notar den Besitz der Urschrift oder einer Ausfertigung einer Urkunde nachzuweisen, bleibt unberührt“ (§ 35 Abs. 2 Nr. 4 BeurkG-E). Aufgrund der getrennten Aufzählung ist davon auszugehen, dass unter Vollmachten etwas Anderes zu verstehen ist als unter Ausweisen. Da sich die Ausweise nur auf die Berechtigung der gesetzlichen Vertreter beziehen, kann es sich bei Vollmachten somit nur um solche rechtsgeschäftlicher Art handeln.

457 BR-Drs. 611/19, S. 16.

458 BR-Drs. 611/19, S. 16. So auch *Schmidt*, ZIP 2021, 112, 116 für den DiRUG-RefE bzw. DiRUG-RegE, S. 118.

Informationen die Anforderungen des nationalen Rechts unberührt bleiben. Soweit die Vorlage elektronischer Urkunden technisch nicht möglich ist, kann ausnahmsweise ein Dokument in Papierform verlangt werden.[459] Der Entwurf sei zukunftsorientiert und habe daher mögliche technische wie auch rechtliche Weiterentwicklungen im Blick. Es könne nicht schaden, eine bewusst offene Regelung einzuführen und rechtsgeschäftlich Bevollmächtigte in die Möglichkeit der Fernkommunikation mit aufzunehmen.[460]

Auch der Entwurf der Bundesregierung vom 10. Februar 2021 und das DiRUG in seiner letztlich verabschiedeten Form lassen die rechtsgeschäftliche Vertretung zu. Zwar wird ihre Zulässigkeit nicht ausdrücklich vorgeschrieben, doch enthält § 16 d BeurkG nF eine Regelung bezüglich des Nachweises vorgelegter Vollmachten. Indem dort die Frage des „Wie" geregelt wird, ergibt sich, dass das „Ob" der Vollmachtsgründung vorausgesetzt wird. Als Zeugnispflicht trifft die Vorschrift jedoch keine Aussage darüber, in welcher Form die Vertretungsmacht vorgelegt werden muss.[461] Wie bereits im Entwurf des Landes Nordrhein-Westfalen vorgesehen, soll mangels technischer Alternativen an der Möglichkeit, ausnahmsweise Dokumente in Papierform vorzulegen, festgehalten werden.[462]

Grundsätzlich ist zu berücksichtigen, dass eine Vertretung während des Gründungsprozesses den Vertretenen mitunter entlasten kann. Bei einer Vertretung soll eine Bindung an Rechtsgeschäfte im Rahmen der erteilten Vorgaben erfolgen.[463] Hierbei stehen grundsätzlich die Interessen des Vertretenen im Vordergrund.[464] Durch die Einschaltung eines rechtsgeschäftlichen Vertreters erhofft sich der Vertretene regelmäßig ihm hieraus erwachsende Vorteile. Denkbar sind etwa zeitliche Vorteile, die entstehen können, wenn der Gründer persönlich nicht in den Gründungsvorgang involviert ist. Daneben kann sich ein potentieller Gründer im Wege der Stellvertretung auch Personen bedienen, die über umfangreicheres Wissen oder Erfahrung im Zusammenhang mit Gründungen verfügen. Die Einführung einer Stellvertretung im Rahmen der Gründung kann sich somit für den jeweiligen Gründer im Einzelfall rentieren.

---

459 Erwägungsgrund 15 RL 2019/1151; dies ebenfalls klarstellend *Knaier*, GmbHR 2021, 169, 174; *Bock*, RNotZ 2021, 326, 332; *Kienzle*, DNotZ 2021, 590, 600.

460 BR-Drs. 611/19, S. 16 f.

461 DiRUG-RegE, S. 143.

462 DiRUG-RegE, S. 143; *Schmidt*, ZIP 2021, 112, 116; Knaier, GmbHR 2021, 169, 174.

463 *Schubert*, in: MüKo-BGB, § 164 Rn. 14.

464 So gehen etwa im Regelfall aufgrund der Wertung des § 181 BGB die Interessen des Vertretenen denen des Vertreters bei einem Interessenkonflikt vor.

Allein aufgrund der Betitelung eines Vorschlags als „entwicklungs- und technikoffen"[465] lässt sich jedoch noch nicht erkennen, weshalb bewusst eine Regelung aufgenommen werden sollte, die absehbar zu Rechtsunsicherheiten führt. Gerade bei brisanten Themen bietet sich ein Ausloten des neuen Verfahrens, während der typischerweise bei Umsetzung von Richtlinien stattfindenden Erprobungsphase, an. Soll ein Gesetz zukunftsweisend sein, könnte beispielsweise auch gleich der sachliche Anwendungsbereich auf die AG und die KGaA ausgeweitet werden, wogegen allerdings gute Gründe sprechen.[466] Zwar ist der Blick in die Zukunft zu loben, doch bietet es sich eher an, bei Vorliegen der technischen Möglichkeiten erneut tätig zu werden.[467] Die Einführung einer Online-Gründung mittels Vollmacht ist vor diesem Hintergrund als unbefriedigend anzusehen.

Die Behauptung, eine Differenzierung zwischen einer organschaftlichen und einer rechtsgeschäftlichen Vertretungsmacht sei oftmals nicht erkennbar, überzeugt nicht. Soweit eine Vertretungsmacht den Hinweis enthält, dass ein Gesellschaftsorgan bevollmächtigt ist, wird davon auszugehen sein, dass eine Vertretung lediglich aufgrund der Organstellung nicht aus einem Rechtsgeschäft heraus erfolgt. Zudem steht es dem deutschen Gesetzgeber offen, für eine Gründung mittels Vollmacht die Bedingung zu stellen, dass aus dem Dokument, das als Nachweis dient, eine organschaftliche Vertretung eindeutig hervorgeht. Den an der Gründung beteiligten Parteien ist folglich eine ausreichende Aufklärung zumutbar.

dd) Exkurs: Zulassung rechtsgeschäftlicher Vollmacht bei hinreichendem Nachweis der Vertretungsmacht

Aufgrund der Vorteile, die eine rechtsgeschäftliche Vertretung mit sich bringen kann, ist jedoch zu überlegen, ob ein allgemeiner Ausschluss der Stellvertretung dienlich ist. Wie bereits dargestellt,[468] ist eine Vollmacht in Urschrift oder Ausfertigung vorzulegen. Soweit dies jedoch entbehrlich ist, erscheint es sachgerecht, auch eine rechtsgeschäftliche Vertretung zuzulassen. Von einer solchen

465 BR-Drs. 611/19, S. 17.

466 Hierzu bereits unter C. II. 1.

467 Die technischen Gegebenheiten in Deutschland als „Armutszeugnis" anzusehen mag zutreffend sein, s. *Schmidt*, ZIP 2021, 112, 116. Dies ändert jedoch nichts an der Tatsache, dass im Rahmen der Umsetzung eine praxistaugliche Lösung bevorzugt werden sollte.

468 S. C. II. 2. d) bb).

Ausnahme erfasst ist vor allem ein im Handelsregister eingetragener Prokurist (vgl. § 53 HGB). Die Gründung einer Tochtergesellschaft oder auch die Errichtung einer Zweigniederlassung gehören zum Betrieb eines Handelsgewerbes im Sinne von § 49 Abs. 1 HGB und sind somit von der Prokura erfasst. Insbesondere stellen diese Fälle keine Grundlagengeschäfte dar.[469]

Bei der Prokura handelt es sich um eine rechtsgeschäftliche Bevollmächtigung, die jedoch eine Sonderstellung einnimmt, da im Rahmen der Gründung durch Vorlage eines Registerauszugs die Vollmacht nachgewiesen werden kann.[470] Es besteht somit kein Bedürfnis einer notariellen Vollmacht. Dieser Tatsache wird bereits durch eine teleologische Reduktion des § 2 Abs. 2 GmbHG Rechnung getragen.[471] Im Hinblick auf Vertretungsnachweise, die in – dem deutschen Handelsregister vergleichbaren - Registern anderer Länder enthalten sind, ist davon auszugehen, dass sich diese Überlegungen hierauf übertragen lassen und § 2 Abs. 2 GmbHG in diesen Fällen somit ebenfalls teleologisch zu reduzieren ist. Im Rahmen der ohnehin anstehenden Neugestaltung des § 2 GmbHG könnte der Einfachheit halber der Wortlaut der Norm dahingehend geändert werden, dass bei Vorliegen öffentlich einsehbarer Vertretungsverhältnisse, aufgrund der nicht erforderlichen notariellen Vollmacht eine Gründung durch einen Stellvertreter ausnahmsweise zulässig ist. Damit würde Klarheit in Bezug auf die Rechtslage geschaffen und das Instrument der teleologischen Reduktion sowohl für die Prokura wie auch für ausländische der Prokura vergleichbare Vertretungsverhältnisse obsolet. Dieser Gedanke wurde jedoch weder im Referentenentwurf noch im Gesetzentwurf zum DiRUG aufgenommen. Somit bleibt es bei einer teleologischen Reduktion.

e) Zwischenergebnis

Der Anwendungsbereich der Digitalisierungsrichtlinie ist weit gefasst. Hierbei ist jedoch zu beachten, dass nicht alle in der Richtlinie vorgesehenen Möglichkeiten verpflichtend umzusetzen sind. Der sachliche Anwendungsbereich sollte auf GmbH-Gründungen beschränkt werden. Einer Ausweitung auf die AG oder auch KGaA ist bei positiven Stellungnahmen der Praxis immer noch zu einem späteren Zeitpunkt möglich.

---

469 Vgl. *Krebs*, in: MüKo-HGB, § 49 Rn. 32.

470 *Altmeppen*, in: Altmeppen, § 2 Rn. 29; *Heinze*, in: MüKo-GmbHG, § 2 Rn. 69 a; *Fastrich*, in: Baumbach/Hueck, § 2 Rn. 21.

471 *Heinze*, in: MüKo-GmbHG, § 2 Rn. 69 a.

Der persönliche Anwendungsbereich umfasst zwingend sowohl Mehrpersonengründungen wie auch die Online-Gründung natürlicher und juristischer Personen aus dem gesamten EU-Raum. Um eine rechtssichere und den Bedürfnissen der Gründer entsprechende Gesellschaft zu errichten, ist jedoch die Beteiligung eines Notars erforderlich. Insbesondere im Hinblick auf die Gründung von Gesellschaften durch juristische Personen ist nur so ein ausreichender Vertrauensschutz möglich.[472] Daneben wurden im Laufe des Gesetzgebungsverfahrens alternative Sicherheitsvorkehrungen eingeführt. In der Gesamtschau bietet eine kumulierte Anwendung dieser Präventivmaßnahmen einen ausreichenden Schutz.

Daneben lässt die Digitalisierungsrichtlinie Raum für die Gründung einer Gesellschaft mit Hilfe von rechtsgeschäftlichen Vollmachten. Diese Gestaltungsmöglichkeit ist jedoch rein fakultativ. Aufgrund der beschriebenen Probleme sollte von einer Umsetzung der Online-Gründung durch Bevollmächtige grundsätzlich abgesehen werden. Ausnahmsweise sollte die Vollmachtsgründung möglich sein, wenn der Nachweis der Vertretungsmacht öffentlich einsehbar und auf einer hinreichenden Prüfung erfolgt. Demnach könnte in Deutschland auch die Online-Gründung von Tochtergesellschaften oder Online-Einreichungen von Zweigniederlassungen durch Prokuristen ermöglicht werden. Im DiRUG erfolgt eine Einschränkung hinsichtlich des sachlichen Anwendungsbereichs. Der persönliche Anwendungsbereich ist, entgegen der hier vertretenen Ansicht, in einem größeren Umfang eröffnet, als dies europarechtlich vorgeschrieben ist.[473]

3. Kapitalaufbringung

Während die Höhe des einzubringenden Stammkapitals im Rahmen der Online-Gründung verglichen mit dem Präsenz-Verfahren gleich bleibt, stellt sich die Frage, ob weiterhin die Möglichkeit bestehen wird, die Einlage in Form einer Bar- oder Sachleistung zu erbringen.[474] Bei der Umsetzung der Gesellschaftsrechtsrichtlinie besteht für den Gesetzgeber ein Wahlrecht, den Ausschluss einer Online-Gründung zu regeln, wenn das Gesellschaftskapital in Sachleistungen erbracht werden soll (Art. 13 g Abs. 4 lit. d) GesRRL).[475] Eine Anpassung

---

472 *Lieder*, NZG 2020, 81, 86.

473 Insbesondere zum Problem der Vollmachtsgründung s. C. II. 2. d); *Schmidt*, ZIP 2021, 112, 113, 115; *Heckschen/Knaier*, NZG 2021, 1093, 1097, 1098.

474 Zur Kapitalaufbringung *de lege lata* bereits unter C. I. 1. c).

475 Zur Entwicklung der entsprechenden Vorschiften im europäischen Gesetzgebungsverfahren s. B. III. 1. d).

der Erbringung der Einlage könnte aufgrund der Besonderheiten des Online-Verfahrens geboten sein.

a) *Bareinlage*

Die Bargründung stellt den Regelfall der Aufbringung des Stammkapitals dar und ist für die Unternehmergesellschaft (haftungsbeschränkt) die einzige Möglichkeit, auf das Stammkapital zu leisten (vgl. § 5 a Abs. 2 S. 2 GmbHG).[476] Ebenso wie Sacheinlagen müssen die Geldleistungen endgültig zur freien Verfügung der Geschäftsführer stehen.[477] Die Bargründung kann auf verschiedene Arten erfolgen. Denkbar sind sowohl eine Barzahlung wie auch eine Kontogutschrift, etwa auf das Konto der Vor-GmbH oder auch auf das Anderkonto des an der Gründung beteiligten Notars.[478] Erfüllungssurrogate stehen einer wirksamen Einzahlung entgegen.[479]

Nach § 19 Abs. 5 S. 1 GmbHG kann die Einlageschuld des Gesellschafters im Ausnahmefall auch erfüllt werden, wenn zwar unter wirtschaftlicher Betrachtung eine Rückzahlung der Einlage etwa in Form eines Darlehens vorliegt (sog. Hin- und Herzahlen), jedoch ein vollwertiger und jederzeit fälliger Rückzahlungsanspruch gegen den Gesellschafter besteht.[480]

b) *Sacheinlagen*

Soll das Stammkapital nicht durch Zahlungen abgedeckt werden, liegt eine Sacheinlage vor. Diese Form der Einlage wird in § 5 Abs. 4 GmbHG und § 7 Abs. 3 GmbHG vorausgesetzt und ist somit grundsätzlich zulässig.[481] Im Gegensatz zur Bargründung bedarf es allerdings für eine Sacheinlage einer ausdrücklichen Regelung im Gesellschaftsvertrag.[482] Mangels gesetzlicher Vorgaben stellt sich die Frage, welche Gegenstände einlagefähig sind. Entscheidend ist ein erfassbarer und verkehrsfähiger Vermögenswert, der eine „funktionale

---

476 *Koch*, GesR, § 33 Rn. 15; *Fastrich*, in: Baumbach/Hueck, § 5 Rn. 14.

477 *Koch*, GesR, § 33 Rn. 15.

478 *Herrler*, in: MüKo-GmbHG, § 7 Rn. 82 ff.

479 *Herrler*, in: MüKo-GmbHG, § 7 Rn. 88 ff.

480 *Herrler*, in: Müko-GmbHG, § 7 Rn. 96; *Grunewald*, GesR, § 13 Rn. 22; *Fastrich*, in: Baumbach/Hueck, § 19 Rn. 70 ff.; *Markwardt*, BB 2008, 2414, 2419; *Bunting*, Die Gründung von Kapitalgesellschaften in Deutschland, dem Vereinigten Königreich und den USA, S. 91; *Drygala/Staake/Szalai*, KapG, § 7 Rn. 47.

481 *Koch*, GesR, § 33 Rn. 17; *Servatius*, in: Baumbach/Hueck, § 7 Rn. 12.

482 *Fastrich*, in: Baumbach/Hueck, § 5 Rn. 14; *Grunewald*, GesR, § 13 Rn. 24.

Äquivalenz" zu einer Leistung in Geld darstellen muss.[483] Denkbar sind in diesem Zusammenhang insbesondere Sachen, Forderungen und sonstige Rechte.[484] Die Sacheinlagen sind vollständig vor der Anmeldung der Gesellschaft zu bewirken, so dass sie endgültig zur freien Verfügung der Geschäftsführer stehen (§ 7 Abs. 3 GmbHG). Von den Gesellschaftern ist ein Sachgründungsbericht anzufertigen, in welchem die für die Angemessenheit der Leistungen für Sacheinlagen wesentlichen Umstände dargelegt werden (§ 5 Abs. 4 S. 2 GmbHG).[485] Der Sachgründungsbericht ist der Anmeldung zur Eintragung ins Handelsregister beizufügen. Vor der Eintragung erfolgt noch eine Überprüfung der Sacheinlagen durch das zuständige Gericht.[486] Falls Sacheinlagen nicht bloß unwesentlich überbewertet worden sind, hat das Gericht die Eintragung abzulehnen (§ 9 c Abs. 1 S. 2 GmbHG).

Einen Sonderfall im Rahmen der Sacheinlage stellt die verdeckte Sacheinlage dar. Diese liegt vor, wenn ein Gesellschafter zwar eine Geldeinlage leistet, allerdings bei wirtschaftlicher Betrachtung und aufgrund einer im Zusammenhang mit der Übernahme der Geldeinlage getroffenen Abrede eine Bewertung als Sacheinlage geboten ist.[487] Hierdurch wird der Gründer, im Gegensatz zur beschriebenen Ausnahmekonstellation des Hin- und Herzahlens bei Bestehen eines vollwertigen Rückgewähranspruchs, nicht von seiner Pflicht zur Einlage befreit. Allerdings erfolgt eine Anrechnung des Vermögensgegenstandes auf die weiterhin bestehende Pflicht zur Geldeinlage (§ 19 Abs. 4 GmbHG).

c) Mit der Sacheinlage verbundene Risiken

Im Rahmen der Sacheinlage gilt es in einem ersten Schritt, einen äquivalenten Vermögenswert zu bestimmen, der im Anschluss auf seinen Wert hin überprüft werden muss. Während sich bei Leistungen in Geld deren Wert schnell

483 *Ulmer/Casper*, in: Ulmer/Habersack/Löbbe, § 5 Rn. 58; *Fastrich*, in: Baumbach/Hueck, § 5 Rn. 23; *Grunewald*, GesR, § 13 Rn. 24; *Wicke*, in: Wicke, § 5 Rn. 11; *Altmeppen*, in: Altmeppen, § 5 Rn. 22; *Leitzen*, in: Michalski/Heidinger/Leible/J.Schmidt, § 5 Rn. 52.

484 *Herrler*, in: MüKo-GmbHG, § 7 Rn. 110 ff.; *Altmeppen*, in: Altmeppen, § 5 Rn. 23 ff.; *Wicke*, in: Wicke, § 5 Rn. 11.

485 Die Gründer haften nach § 9a Abs. 1 GmbHG für die Richtigkeit dieser Angaben.

486 *Grunewald*, GesR, § 13 Rn. 25; *Altmeppen*, in: Altmeppen, § 9c Rn. 10. Gemäß § 8 Abs. 1 Nr. 4, 5 GmbHG sind die hierfür erforderlichen Unterlagen der Anmeldung beizufügen.

487 *Grunewald*, GesR, § 13 Rn. 26; *Markwardt*, BB 2008, 2414, 2415; *Einsele*, NJW 1996, 2681, 2682.

und zuverlässig festlegen lässt, gestaltet sich die Wertermittlung von Vermögensgegenständen häufig schwieriger. Grund hierfür ist nicht nur, dass von unterschiedlichen Bewertungskriterien Gebrauch gemacht werden kann, sondern dass Gegenstände auch gewissen zeitlichen Schwankungen unterliegen. Zudem wird einer Gesellschaft durch Bargeld unmittelbar Liquidität zugeführt, was zu einer verbesserten wirtschaftlichen Handlungsfähigkeit führt, wohingegen dies bei Gegenständen allenfalls mittelbar möglich ist.[488]

Die positive Feststellung der Einlagefähigkeit und Werthaltigkeit von Einlagen ist jedoch essentiell für das Gebot der realen Kapitalaufbringung, wonach die Einlage auch tatsächlich der Gesellschaft zufließen soll.[489] Als Ausfluss dieses Prinzips finden im Rahmen der wirksamen Erbringung von Sacheinlagen verschiedene Kontrollmechanismen Anwendung. Zudem gelten auch strengere Anforderungen an die Erfüllung und Dokumentation der Einlagepflicht.[490] Dies spiegelt sich, unter anderem, in dem aufgezeigten Erfordernis eines Sachgründungsberichts oder aber auch der vollständigen Erbringung von Sacheinlagen vor der Anmeldung der Gesellschaft wider.

d) Lösungsmöglichkeiten im Rahmen der Richtlinie

Die Gründung mithilfe der Einbringung von Sacheinlagen stellt sich als komplex und zeitaufwendig dar. Zwar nimmt die wirtschaftliche Bedeutung von Sacheinlagen nur eine untergeordnete Rolle ein, doch es empfiehlt sich dennoch, im Rahmen der Umsetzung der Richtlinie Sachleistungen bei Online-Gründungen entsprechend der Opt-Out-Möglichkeit in Art. 13 g Abs. 4 lit. d) GesRRL auch im Hinblick auf mögliche Missbrauchsfälle auszuschließen.[491] Gerade aufgrund

---

488 Hierzu *Schwandtner*, in: MüKo-GmbHG, § 5 Rn. 62; *Leitzen*, in: Michalski/Heidinger/Leible/J. Schmidt, § 5 Rn. 49; BGH, NJW 1996, 1473, 1476.

489 *Lieder*, NZG 2018, 1081, 1085; *Lieder*, in: MüKo-GmbHG, § 56 Rn. 1; *Schwandtner*, in MüKo-GmbHG, § 5 Rn. 62; *Einsele*, NJW 1996, 2681; *Altmeppen*, in: Altmeppen, § 7 Rn. 23.

490 *Schwandtner*, in: MüKo-GmbHG, § 5 Rn. 63; *Leitzen*, in: Michalski/Heidinger/Leible/J. Schmidt, § 5 Rn. 50; *Markwardt*, BB 2008, 2414.

491 *Lieder*, NZG 2018, 1081, 1085; *Leitzen*, in: Michalski/Heidinger/Leible/J. Schmidt, § 5 Rn. 46; *Bormann/Stelmaszczyk*, NZG 2019, 601, 606; *Wachter*, GmbH-StB 2018, 214, 220; *Kindler/Jobst*, DB 2019, 1550, 1554; *Teichmann/Götz*, ZEuP 2019, 260, 284; *Knaier*, GmbHR 2018, 560, 564; *Birkefeld/Schäfer*, BB 2019, 2626, 2627; *Wicke*, GmbHR 2018, 1105, 1115; *Heckschen*, GmbHR 2018, 1093, 1104; *Heckschen*, NotBZ 2020, 241, 243; aA *Keller/Schümmer*, NZG 2021, 573, 577 wonach das Kapitalschutzsystem auch im digitalen Verfahren gewährleistet werden kann.

der dargestellten Komplexität benötigt die Überprüfung der Sacheinlagen regelmäßig mehr Zeit und lässt sich nur schwer innerhalb der regelmäßigen Fünf-Tages-Frist des Art. 13 g Abs. 7 GesRRL durchführen.[492] Dies stellt jedoch kein allzu großes Problem dar, da die Frist ohnehin erst nach Einzahlung des Gesellschaftskapitals zu laufen beginnt.

Zudem gilt es zu berücksichtigen, dass bei Sachgründungen häufig Grundstücke oder Gesellschaftsanteile eingebracht werden.[493] In diesem Zusammenhang stellen die Formerfordernisse des § 311 b Abs. 1 S. 1 BGB bzw. § 15 Abs. 4 S. 1 GmbHG die Gründer vor weitere Herausforderungen. Diese Regelungen sehen für die jeweiligen Rechtsgeschäfte eine notarielle Beurkundung für deren Wirksamkeit zwingend vor. Durch die Digitalisierungsrichtlinie bleiben andere Beurkundungsverfahren jedoch in ihrer bisherigen Form bestehen.[494] Somit ist weiterhin das persönliche Erscheinen für Verträge über Grundstücke und die Übertragung von Geschäftsanteilen erforderlich. Eine diesbezügliche Änderung durch den europäischen Gesetzgeber wäre darüber hinaus auch nicht von dessen Regelungskompetenz erfasst.[495] Es bleibt abzuwarten, ob der deutsche Gesetzgeber im Rahmen einer Evaluierung zu einem positiven Resultat der Online-Beurkundung bei der GmbH-Gründung kommt und als Folge dessen die Online-Beurkundung selbstständig auch auf andere Rechtsgeschäfte ausweitet.[496] Ein reines Online-Verfahren ist aktuell jedoch für die Hauptanwendungsfälle der Sachgründung nicht geeignet.[497]

Darüber hinaus sind auch die für die Gesellschafter mit der Sachgründung verbundenen Gefahren zu berücksichtigen.[498] Zum einen kommt eine persönliche Haftung für die Wertdifferenz in den Fällen in Betracht, in denen ein Fehlbetrag zwischen der Sacheinlage und der dafür übernommenen Stammeinlage des Gesellschafters zum Zeitpunkt der Anmeldung zur Eintragung in das Handelsregister besteht (sog. Differenzhaftung, § 9

---

492 *Lieder*, NZG 2018, 1081, 1085; *Bormann/Stelmaszczyk*, NZG 2019, 601, 606; *Knaier*, GmbHR 2018, 560, 565.

493 *Lieder*, NZG 2018, 1081, 1085; *Bormann/Stelmaszczyk*, NZG 2019, 601, 606.

494 *Lieder*, NZG 2018, 1081, 1085; *Bormann/Stelmaszczyk*, NZG 2019, 601, 606; *Schurr*, EuZW 2019, 772, 776; Zur Beschränkung der möglichen Online-Beurkundung auf die GmbH-Gründung s. C. II. 4. b) bb) (2).

495 *Lieder*, NZG 2018, 1081, 1085.

496 Zu diesem allgemeinen Punkt s. A. I.

497 *Lieder*, NZG 2018, 1081, 1085; *Bormann/Stelmaszczyk*, NZG 2019, 601, 606.

498 *Wachter*, GmbH-StB 2018, 214, 220; *Wicke*, in: Wicke, § 5 Rn. 10; *Leitzen*, in: Michalski/Heidinger/Leible/J. Schmidt, § 5 Rn. 50.

GmbHG).[499] Zum anderen kann sich eine mögliche Strafbarkeit der Gesellschafter für falsche Angaben aus § 82 Abs. 1 Nr. 1, 2 GmbHG ergeben.

Aufgrund der beschriebenen Bewertungsschwankungen droht bei Sacheinlagen stets eine mögliche Differenzhaftung. Darüber hinaus sind etwa wie im Fall verdeckter Sacheinlagen Konstellationen denkbar, in denen sich für Laien eine Bewertung der eingebrachten Leistung als Sacheinlage nicht aufdrängt.[500] Insbesondere vor dem Hintergrund, dass die Regelungen der Digitalisierungsrichtlinie KMU die Gründung von Gesellschaften und damit die Teilnahme am Wirtschaftsverkehr erleichtern sollen, erscheint es sinnvoll, komplexe Regelungen soweit möglich auszuschließen. Sicherlich würde ein Notar im Rahmen der Gründung auf die Risiken hinweisen, doch sollte die Belehrungspflicht nicht unnötig erschwert werden. Das Vermögen, das einer Gesellschaft durch das Stammkapital zugesichert wird, muss der Gesellschaft in vollem Umfang zur Verfügung stehen. Aufgrund der Besonderheiten des Online-Verfahrens kann dies nur mithilfe einer Bareinlage sicher und zuverlässig erfolgen. Hiervon geht auch das DiRUG aus, wonach allein die Gründung ohne Sacheinlagen mittels Videokommunikation erfolgen kann (§ 2 Abs. 3 GmbHG nF).[501]

4. Die Rolle des Notars

Der nationale Gesetzgeber hat für die Online-Gründung von Gesellschaften detaillierte Regelungen vorzulegen (Art. 13 g Abs. 2 GesRRL). In diesem Zusammenhang ist insbesondere von Relevanz, welche Rolle der Notar künftig in der Online-Gründung einnehmen wird. Der ursprüngliche Vorschlag der Kommission sah noch vor, dass Notare mit der Einreichung eines Antrags auf Eintragung einbezogen werden können.[502] Bereits diese Formulierung wurde jedoch schon so verstanden, dass eine Einbeziehung während des gesamten Gründungsvorgangs möglich sei.[503] In einem zusätzlichen Schritt wurde der Wortlaut der Richtlinie klarstellend dahingehend angepasst, dass es den Mitgliedstaaten offensteht, die Möglichkeit der Rolle eines Notars oder einer anderen Person zu

---

499 Für einen Überblick zur Differenzhaftung s. *Altmeppen*, in: Altmeppen, § 9 Rn. 4 ff.; *Wicke*, in: Wicke, § 9 Rn. 2 ff.; *Lergon*, RNotZ 2003, 214, 224 ff.

500 *Markwardt*, BB 2008, 2414.

501 *Heckschen/Heidinger*, NZG 2021, 1093, 1094; *Linke*, NZG 2021, 309, 310; *Schmidt*, ZIP 2021, 112, 113; *Omlor/Blöcher*, DStR 2021, 2352, 2355.

502 Art. 13 f Abs. 4 lit. e) COM (2018) 239 final.

503 *Lieder*, NZG 2018, 1081, 1087; *Knaier*, GmbHR 2018, 560, 566; *Wolf*, MittBayNot 2018, 510, 520.

bestimmen, die nach nationalem Recht mit der Bearbeitung von Aspekten der Online-Gründung von Gesellschaften betraut ist (Art. 13 g Abs. 4 lit. c) GesRRL). Auch die allgemeinen Bestimmungen für Online-Verfahren sehen vor, dass nationale Rechtsvorschriften unberührt bleiben, die die Beteiligung von Personen am Gründungsverfahren regeln (vgl. Art. 13 c Abs. 1 GesRRL). Voraussetzung ist jedoch, dass die Gründung weiterhin online erfolgen kann. Ob die Einschaltung eines Notars in einer Gründung mittels Fernkommunikation erforderlich ist und wie eine mögliche, den europäischen Vorgaben entsprechende, Beteiligung aussehen könnte ist Gegenstand des folgenden Abschnitts.

a) Einbindung des Notars

Bereits bei vergangenen Diskussionen um die Einführung der SPE oder der SUP stellte sich die mögliche Beteiligung eines Notars stets als schwierig dar.[504] Es könnte der Eindruck entstehen, dass sich digitale Elemente nur in Ausnahmefällen im Prinzip der vorsorgenden Rechtspflege unterbringen ließen. Vor allem in Bezug auf die Beteiligung juristischer Personen und der Gründung mittels Vollmacht gelten die Erfahrungen Englands hinsichtlich des *Identity Fraud* als abschreckendes Beispiel.[505] Jedoch gibt es in Kontinentaleuropa mehrere Staaten, die ein dem deutschen Recht ähnliches System vorweisen, wie etwa Frankreich, Estland und Polen.[506] Diese Länder bieten bereits eine Online-Gründung an und haben es geschafft, Schutzmechanismen zu implementieren, die Betrugsfälle zumindest deutlich minimieren konnten.[507] Das Festhalten an der vorsorgenden Rechtspflege spricht somit auf den ersten Blick nicht *per se* gegen ein Online-Verfahren.

Bei einem eventuellen Ausschluss der Notare ist auch zu berücksichtigen, dass die von § 2 GmbHG angestrebten Schutzzwecke nicht mehr verfolgt werden könnten.[508] Somit sind bei der Abwägung insbesondere folgende Punkte zu berücksichtigen: eine unzureichende Beratung der Gründer, eine fehlende

504 Zu diesen Punkten bereits unter B. IV.

505 *Bormann*, in: Lutter/Koch, Societas Unius Personae (SUP), 23, 29; *Ries*, in: Lutter/Koch, Societas Unius Personae (SUP), 65, 66; *Teichmann*, GmbHR 2018, 1, 5; *Klumpen*, Die elektronische Gesellschaftsgründung über die Grenze, S. 102 f. Siehe zum englischen Recht bereits C. II. 2.

506 *Teichmann*, GmbHR 2018, 1, 5 f.

507 *Teichmann*, GmbHR 2018, 1, 6. Zu den sich hieraus für ein mögliches Online-Verfahren in Deutschland ergebenden Konsequenzen s. C. II. 3. b).

508 Zu den durch die Einbindung des Notars verfolgten Zielen bereits C. I. 1. a).

notarielle Prüfung vor Eintragung im Register, eine möglicherweise fehlende Identitätsgewähr und ein sich hieraus ergebendes unzuverlässiges Register.[509]

aa) Unzureichende Beratung der Gründer

Die Folgen einer unzureichenden Beratung der Gründer hätten nicht nur auf diese selbst Auswirkungen, sondern auch auf die Allgemeinheit.[510] Durch die Beteiligung eines Notars haben die Gründer die Möglichkeit, günstigen und geeigneten Rechtsrat einzuholen, der andernfalls teuer erkauft werden müsste.[511] Aus § 45 Abs. 1 GmbHG ergibt sich, dass das Recht der GmbH zum großen Teil dispositiv ist und die Satzung Vorrang hat.[512] Gerade im Hinblick auf diese Gestaltungsfreiheit bietet sich eine Beteiligung des Notars zugunsten der Gründer an. Für die von Gesellschaftern verfolgten Ziele kann der Notar im Regelfall die am besten geeignete Vorgehensweise bestimmen. Dies gilt insbesondere im Fall von Mehrpersonengründungen.[513] Minderheitsgesellschafter bedürfen in diesen Konstellationen eines erhöhten Schutzes und Beratungsbedarfs, der sich nur durch die Einbindung eines Notars verwirklichen lässt.

Zudem wirkt es sich zugunsten der Gründer aus, dass im Rahmen der Gründung die Gebührenordnung verbindlich festlegt, welche Kosten im Rahmen des Gründungsvorgangs entstehen. So werden von vornherein eventuelle Ungleichheiten beseitigt, die dadurch entstehen könnten, dass vermögende Gründer eine bessere rechtliche Beratung zu Hilfe ziehen würden. Durch eine entsprechende Quersubventionierung aufgrund der Gebührenordnung werden finanzschwache

---

509 *Hommelhoff*, in: Lutter/Koch, Societas Unius Personae (SUP), 69, 73. Für eine ausführliche Darstellung der Vor- und Nachteile, welche sich im Rahmen der notariellen Beteiligung ergeben können, s. *Klumpen*, Die elektronische Gesellschaftsgründung über die Grenze, S. 154 ff.

510 *Lieder*, NZG 2018, 1081, 1088; *Kindler/Jobst*, DB 2019, 1550, 1552; *Bormann/Stelmaszczyk*, 2019, 601, 609; *Hommelhoff*, in: Lutter/Koch, Societas Unius Personae (SUP), 69, 80; *Klumpen*, Die elektronische Gesellschaftsgründung über die Grenze, S. 160; *Ries*, NZG 2014, 569.

511 *Ries*, NZG 2014, 569; *Hommelhoff*, in: Lutter/Koch, Societas Unius Personae (SUP), 69, 80.

512 *Saenger*, GesR, § 17 Rn. 729; *Altmeppen*, in: Altmeppen § 45 Rn. 1; *Zöllner/Noack*, in: Baumbach/Hueck, § 45 Rn. 1a; *Römermann*, in: Michalski/Heidinger/Leible/J. Schmidt, § 45 Rn. 2.

513 S. C. II. 2. a).

Gründer entlastet, die andernfalls in Anbetracht der hohen Beratungskosten von einer Gründung vermutlich Abstand nehmen würden.[514]

Es ist jedoch zu berücksichtigen, dass den Empfehlungen des Notars nicht zwingend gefolgt werden muss, sondern diese teilweise zur Disposition der Gründer stehen. Zum einen kann ein Gesellschaftsvertrag im Ausland beurkundet werden.[515] Zum anderen ist auch denkbar, dass vom Notar vorgeschlagene Regelungen von den Gründern – soweit rechtlich zulässig[516] – abgelehnt werden.

Bei genauerer Betrachtung ist eine Beratung der Gründer bereits aus den in der Richtlinie enthaltenen Vorgaben unerlässlich. Um den Gründern Informationen im Vorfeld der Gründung an die Hand zu geben, sieht Art. 13 f GesRRL vor, dass prägnante, nutzerfreundliche und kostenlose Informationen mindestens in Bezug auf Gründung, Zweigniederlassung und Geschäftsleitung zur Verfügung zu stellen sind. Es handelt sich bei diesem Mindestumfang jedoch nur um bestimmte Informationen.[517] Diese rudimentären Vorgaben decken nicht sämtliche bestehenden Regelungsmöglichkeiten ab. Beispielsweise sind keine verpflichtenden Informationen zu möglichen Wettbewerbsverboten, Ausschluss und Austritt von einzelnen Gesellschaftern oder der Erbfolge vorgesehen.[518]

---

514 Insoweit ist dem von *Bunting* vertreten Ansatz, dass die Einschaltung eines Notars dazu diene, Kosten demjenigen aufzubürden, der sie verursacht hat, nur teilweise zuzustimmen, *Bunting*, Die Gründung von Kapitalgesellschaften in Deutschland, dem Vereinigten Königreich und den USA, S. 226. Vielmehr wird der für den Notar tatsächlich anfallende Aufwand bei der Gebühr nicht berücksichtigt, sondern allein der Geschäftswert. Somit werden bei einer umfangreicheren Beratung die Kosten nur zum Teil vom Verursacher getragen. Die Stellungnahme des DNotV v. 15. Januar 2021, S. 3 verweist ebenfalls auf das soziale Gebührensystem.

515 *Hommelhoff*, in: Lutter/Koch, Societas Unius Personae (SUP), 69, 80. Zu dieser Möglichkeit und den dabei bestehenden Rechtsunsicherheiten bereits unter C. I. g) bb).

516 So soll der Notar etwa die Beurkundung ablehnen, wenn erkennbar unerlaubte oder unredliche Zwecke verfolgt werden, vgl. § 4 BeurkG, § 14 Abs. 2 BNotO.

517 So auch Erwägungsgrund Nr. 14 RL (EU) 2019/1151. Zu dem Umfang des Informationsgehalts C. II. 5.

518 Hierbei handelt es sich bereits bei Mehrpersonengründungen im vereinfachten Verfahren um regelmäßige Kritikpunkte (hierzu C. II. 6. d) aa)). Als Beispiel sei auf die Gestaltungsvielfalt im Rahmen der Erbfolge verwiesen. So kann die GmbH-Satzung Regelungen enthalten, was mit einem Geschäftsanteil nach Anfall beim Erben geschehen soll. Hierzu beispielsweise *Ivo*, ZEV 2006, 252 ff. Insbesondere, wenn eine Freiberufler-GmbH gegründet wird, empfiehlt sich eine notarielle Beratung für den Fall des Todes eines Gesellschafters. So muss etwa in einer Rechtsanwalts-GmbH nach § 59 e Abs. 2 BRAO die Mehrheit der Geschäftsanteile und Stimmrechte

Doch auch ohne diese Informationen wird dem potentiellen Gründer eine Fülle an Informationen angeboten. Aufgrund der bereitgestellten Menge besteht die Gefahr, dass er sich ohne entsprechende Beratung mangels ausreichender Zeit nicht umfassend informiert. Zudem könnte durch die bereitgestellten Informationen der Eindruck entstehen, dass die Gründung einer GmbH sehr komplex ist, so dass von der Errichtung abgesehen wird. Der gewünschte Effekt die Gründungen, insbesondere für KMU, zu erleichtern würde somit ins Gegenteil verkehrt.

Doch selbst, wenn den Gründern bewusst ist, in welchen Bereichen sie in der Satzung Regelungen treffen können, wird ihnen ohne entsprechende Beratung häufig nicht bewusst sein, wie die konkrete Ausgestaltung zu erfolgen hat. So ist etwa in Art. 13 h GesRRL die Bereitstellung von Mustern vorgesehen, die von den Gründern nach eigenem Ermessen verwendet werden können. Ein Ausfüllen der Muster ohne entsprechende Beratung birgt allerdings Potential für Fehler, welche eher zu einer Verlängerung des Eintragungsverfahrens, als zu dessen Beschleunigung beitragen würden.[519] Des Weiteren erfordern die verbindlich umzusetzenden Mehrpersonengründungen aufgrund der sich daraus ergebenden Komplexität eine umfassende Beratung durch einen Notar. Anderenfalls lässt sich eine Gründung unter Berücksichtigung der verschiedenen Interessen, insbesondere von Minderheitsgesellschaftern, nicht realisieren. Eine umfassende Beratung durch einen Notar ist, insbesondere wenn die erteilten Hinweise ignoriert werden, kein Allheilmittel. Dennoch trägt sie wesentlich dazu bei eine interessengerechte Gründung zu vollziehen.

bb) Fehlende Vorprüfung

Durch den Verzicht auf eine Beteiligung des Notars würde auch die damit verbundene notarielle Vorprüfung entfallen. Es käme demnach nicht mehr zu einer doppelten Prüfung und die Filterfunktion des Notars im Gründungsverfahren bliebe aus.[520] Dies würde zu einer erheblichen Belastung der Registergerichte

---

Rechtsanwälten zustehen. Ein Notar wird im Gesellschaftsvertrag entsprechende Regelungen hierfür vorsehen.

519 *Ries*, NZG 2014, 569, 570. Zum geplanten Einsatz von Mustern für die Online-Gründung s. A. III. 1. b). Zu einer ausführlichen Übersicht über die Probleme, welche bei der Verwendung von Mustern entstehen können, s. C. II. 6.

520 *Lieder*, NZG 2020, 81, 84; Lieder, NZG 2018, 1081, 1088; *Hommelhoff*, in: Lutter/Koch, Societas Unius Personae (SUP), 69, 75; Schreiben DNotV v. 4. Juli 2018, S. 17; *Bormann/Stelmaszczyk*, NZG 2019, 601, 609.

führen, denn infolge der Vereinfachung des Gründungsverfahrens könnte mit einem Zulauf an Gründungen zu rechnen sein.[521] Aufgrund der nach Art. 13 g Abs. 7 GesRRL in gewissen Fällen bestehenden Höchstfrist von fünf beziehungsweise zehn Tagen für den vollständigen Vorgang der Online-Gründung wäre somit nicht auszuschließen, dass es zu ungeprüften Eintragungen kommt.[522] Andernfalls wird sich der jeweilige Mitgliedstaat regelmäßig hinsichtlich der Gründe für die Verzögerung erklären müssen.

Neben der Zahl der Gründungen erscheint eine Prüfung durch die Registergerichte auch hinsichtlich des Prüfungsumfangs nur schwer zu bewältigen. Durch seine Prüfung übernimmt der Notar die Gewähr für die materielle Richtigkeit der gesellschaftsvertraglichen Regelungen und eine rechtssichere Satzung.[523] Als „*Gatekeeper*" sorgt der Notar dafür, dass beim Registergericht nur solche Dokumente eingehen, die den Vorgaben des nationalen Rechts genügen.[524] Hierbei erfolgt unter anderem eine Kontrolle der Aufbringung des Stammkapitals.[525] In diesem Zusammenhang hat sich das unter anderem in § 12 HGB verankerte Vier-Augen-Prinzip bei der Eintragung im Handelsregister in zahlreichen Fällen bewährt.[526] Da die Online-Gründung nach hier vertretener Ansicht allerdings nur bei Bareinlagen möglich sein soll, ist die Prüfung hinsichtlich des Stammkapitals weniger komplex als bisher.

Zweifel an der Notwendigkeit einer notariellen Vorprüfung könnten sich jedoch im Hinblick auf das Personengesellschaftsrecht ergeben. So können etwa Vorgänge innerhalb einer OHG oder einer GmbH & Co. KG ebenso komplex

---

521 *Vossius/Götte/Renner/Zimmermann*, NotBZ 2016, 1, 15.

522 So bereits im Ergebnis Schreiben DNotV v. 4. Juli 2018, S. 17.

523 *Lieder*, NZG 2020, 81, 84; *Lieder*, ZIP 2018, 805, 807; *Bormann/Stelmaszczyk*, NZG 2019, 601, 609; *Karsten*, GmbHR 2006, 57, 63. Hierzu auch schon unter C. I. 1. a) aa). Nach *Wachter*, GmbH-StB 2018, 214, 218 sind mögliche Konstellationen einer Online-Gründung, die eine Beteiligung des Notars erfordern beispielsweise die Feststellung der Geistesfähigkeit eines Gründers oder die Verhinderung der Gründung durch Minderjährige ohne Genehmigung der Eltern und des Familiengerichts (vgl. § 1822 Nr. 3 BGB).

524 *Lieder*, NZG 2020, 81, 84; *Lieder*, NZG 2018, 1081, 1088; *Bormann/Stelmaszczyk*, NZG 2019, 601, 609.

525 *Lieder*, NZG 2020, 81, 84; *Lieder*, NZG 2018, 1081, 1088; *Karsten*, GmbHR 2006, 57, 63.

526 *Hecht*, MittBayNot 2020, 314, 320; Schreiben DNotV v. 4. Juli 2018, S. 18. In diesem Zusammenhang wird auch auf eine nochmalige Stärkung des existierenden Systems durch Einführung des § 378 Abs. 3 FamFG hingewiesen.

sein wie diejenigen in einer GmbH und sind dennoch formfrei möglich.[527] Dieser Ansatz verkennt jedoch, dass im Gegensatz zu Personengesellschaften die Gesellschafter einer GmbH keine persönliche Haftung übernehmen. Den Gläubigern haftet für Verbindlichkeiten der Gesellschaft nur das Gesellschaftsvermögen (§ 13 Abs. 2 GmbHG), weshalb es zum Schutz des Rechtsverkehrs einer umfassenderen Prüfung bei der Gründung bedarf. Ein direkter Vergleich mit Personengesellschaften ist somit aufgrund des erheblich divergierenden Haftungsrisikos für den Einzelnen nicht möglich.

Zudem überzeugt das Argument nicht, dass komplizierte Verträge regelmäßig durch Inhouse-Juristen ausgearbeitet würden und deshalb über das erforderliche Maß an Rechtssicherheit verfügten.[528] Zum einen fehlt es Inhouse-Juristen, die für ihren Arbeitgeber tätig werden, an der notwendigen Neutralität, die der Notar als unabhängiger Träger eines öffentlichen Amtes vorweisen kann (vgl. § 1 BNotO).[529] Aufgrund seiner umfassenden Belehrungspflicht für beide Parteien und Hinwirkung auf die Beseitigung von Informationsasymmetrien gilt er nicht ohne Grund als „Außenstelle" der Justiz.[530] Darüber hinaus verfolgt die Digitalisierungsrichtlinie das Ziel, KMU die Teilnahme am grenzüberschreitenden Wirtschaftsverkehr zu ermöglichen, welche jedoch regelmäßig nicht über eigene Konzernjuristen verfügen und somit Rechtsrat stets einkaufen müssten.[531]

Allerdings ist anzumerken, dass das Erfordernis einer doppelten Prüfung als langwierig und zu kostspielig erscheinen könnte.[532] Zum Teil wird

---

527 Vgl. *Kögel*, Rpfleger 2016, 1, 4.

528 So *Kögel*, Rpfleger 2016, 1, 4.

529 Sollten Rechtsanwälte bei der Bearbeitung eingebunden sein, ist insbesondere darauf zu berücksichtigen, dass sie nach § 43 a Abs. 4 BRAO keine widerstreitenden Interessen vertreten dürfen. Eine umfassende Beratung über die Risiken für beide Parteien ist somit schon aufgrund des Berufsrechts untersagt; hierzu *Ganter*, NJW 2014, 1771, 1774.

530 Hierzu bereits unter B. IV. 3. a); vgl. *Lieder*, Die rechtsgeschäftliche Sukzession, S. 338.

531 In diesem Zusammenhang werden etwa die in diesem Abschnitt angestellten Überlegungen zur Einbindung des Notars aus sozialpolitischen Gründen relevant.

532 *Hommelhoff*, in: Lutter/Koch, Societas Unius Personae (SUP), 69, 75. Hierzu besonders kritisch Schreiben DNotV v. 4. Juli 2018, S. 17, wonach der zentrale Regelungspunkt des Company Law Packages lediglich Schnelligkeit und Bequemlichkeit auf Kosten der Zuverlässigkeit des Handelsregisters seien. Dass jedoch irgendeine Form von Prüfung erfolgen muss, geht aus Art. 11 der Publizitätsrichtlinie (ursprünglich RL 68/151/EWG, nach Überarbeitung RL 2009/101/EG) hervor. Demnach ist in Mitgliedstaaten, in denen keine vorbeugende Verwaltungs- oder gerichtliche Kontrolle

darauf hingewiesen, dass eine sinnvolle Prüfung auch ohne die Beteiligung eines Notars und somit allein durch die Registrierungsbehörde erfolgen kann. Eine Eintragung ohne notarielle Vorprüfung sei in solchen Fällen nicht weniger vertrauenswürdig als solche im deutschen Register. [533] Allein die fehlende Vorprüfung rechtfertigt somit noch nicht die zwingende Existenz eines Notars im Gründungsverfahren.

cc) Fehlende Identitätsgewähr und unzuverlässiges Registerwesen

Gerade im Hinblick auf die Identifikation der Beteiligten erscheint die Einbindung des Notars allerdings geboten. Auf Grund des weiten persönlichen Anwendungsbereichs der Richtlinie sind auch Online-Gründungen durch juristische Personen zwingend zu ermöglichen. Darüber hinaus sieht auch der Entwurf eines Gesetzes zur Umsetzung der Digitalisierungsrichtlinie vor, dass eine über den verpflichtenden Inhalt der Gesellschaftsrechtsrichtlinie hinausgehende Vollmachtsgründung möglich sein soll.[534] Sollte dem gefolgt werden, besteht die Gefahr, dass ohne die Beteiligung eines Notars eine unzureichende Prüfung der Identitäten der Gesellschafter erfolgt. Welche Probleme sich hieraus ergeben können, wurde bereits beispielhaft im Hinblick auf das in England praktizierte Gründungsverfahren skizziert. Insbesondere gilt es Fälle des *Identity Fraud* zu verhindern, in denen Unbefugte Eintragungen zu ihren Gunsten vornehmen.[535] In der Praxis lassen sich bestehende Unsicherheiten nur dadurch aus dem Weg räumen, dass in einem zeitaufwändigen und kostenintensiven Verfahren die Unterlagen der jeweiligen Gesellschaft zu Rate gezogen werden müssen und entsprechende vertragliche Klauseln eingeführt werden.[536] Hierbei wird jedoch

---

besteht, jedenfalls eine öffentliche Beurkundung vorzunehmen, vgl. *Kindler*, ZHR 179 (2015), 330, 338, 380; *Teichmann*, GmbHR 2018, 1, 4.

533 Hierzu bereits im Hinblick auf das Gründungsverfahren in Dänemark, Finnland und Schweden, die ohne notarielle Vorprüfung auskommen, *Hommelhoff*, in: Lutter/Koch, Societas Unius Personae (SUP), 69, 81 m.w.N.

534 Hierzu bereits C. II. 2. d) cc).

535 S. C. II. 2. c) bb) zu den Problemen im Rahmen einer Gründung durch juristische Personen. Auch wenn der EU-Austritt des Vereinigten Königreichs am 31. Januar 2020 erfolgte, können die dort gemachten Erfahrungen bei der Beurteilung der GesRRL berücksichtigt werden. Im Companies House werden pro Monat etwa 50 bis 100 Betrugsfälle aufgedeckt, wobei vermutet wird, dass die Dunkelziffer noch höher liegt, *Hommelhoff*, in: Lutter/Koch, Societas Unius Personae (SUP), 69, 82 f.

536 *Ries*, NZG 2014, 569; *Hommelhoff*, in: Lutter/Koch, Societas Unius Personae (SUP), 69, 83.

nicht berücksichtigt, dass der jeweilige Gläubiger möglicherweise nicht über die erforderlichen Informationsgrundlagen oder das Wissen um seine Gefährdung verfügt.[537] Im angelsächsischen und zunehmend auch deutschen Raum erfreuen sich aufgrund dessen *Third Party Legal Opinions* großer Beliebtheit. Hierbei handelt es sich um eine kostenintensive Bestätigung einzelner Umstände, die insbesondere die Existenz einer Gesellschaft oder ihre rechtmäßige Vertretung zum Gegenstand hat.[538]

Solche Rückgriffe sind jedoch nur nötig, wenn kein Handelsregister mit einer umfassenden Publizitätswirkung existiert. Eine Gewähr für ein zuverlässiges Handelsregister kann allerdings nur unter Zuhilfenahme eines Notars gegeben werden. Das Handelsregister genießt öffentlichen Glauben und schützt die Interessen Dritter (vgl. etwa die Publizitätswirkung des § 15 HGB oder § 16 GmbHG).[539] Ein gutgläubiger Geschäftspartner kann darauf vertrauen, dass die einzutragenden Tatsachen im Handelsregister der Wirklichkeit entsprechen. Im Hinblick auf den in Art. 14 GG, Art. 17 der Charta der Grundrechte der Europäischen Union verankerten Eigentumsschutz des eigentlich Berechtigten sind an einen Rechtsscheinträger hohe Anforderungen zu stellen, damit das Vertrauen hinsichtlich der im Register getätigten Eintragungen erhalten bleiben kann.[540] Eine umfassende Publizitätswirkung ist somit nur möglich, wenn die Eintragungen einer umfassenden Kontrolle unterliegen.[541] Erfolgt keine Identitätsprüfung im Rahmen der Gründung, besteht keine Verlässlichkeit bezüglich dieser Angaben zur Identität. Es wäre somit ein Leichtes, unter einer falschen Identität am Wirtschaftsleben teilzunehmen.[542] Eine Beglaubigung der (ausländischen) Nachweise, gerade in Bezug auf die Identität der Beteiligten, bedarf eines besonderen Augenmerks sowohl von Seiten des Notars wie auch

---

537 *Adams*, Eigentum, Kontrolle und Beschränkte Haftung, S 61 f.

538 *Maier-Reimer*, NJW 2014, 2613, 2614; *Ganter*, NJW 2014, 1771; *Bormann*, in: Lutter/Koch, Societas Unius Personae (SUP) 23, 30.

539 *Merkt*, in: Baumbach/Hopt, § 15 Rn. 1; *Krebs*, in: MüKo-HGB, § 15 Rn. 5; Schreiben DNotV v. 4. Juli 2018, S. 18; *Kindler*, ZHR 179 (2015), 330, 340.

540 *Kindler*, ZHR 179 (2015), 330, 340 f.; *Ziemons*, BB Beilage Nr. 7 2006, 9, 11 f.

541 Vgl. *Bormann*, in: Lutter/Koch, Societas Unius Personae (SUP), 23, 30; Schreiben DNotV v. 4. Juli 2018, S. 18. Hiernach ist für ein funktionierendes Register unabdingbare Voraussetzung, dass „erstklassige Informationsquellen" vorliegen.

542 Zu diesem Punkt bereits während der Diskussion über den Entwurf der SUP-RL, *Hommelhoff*, in: Lutter/Koch, Societas Unius Personae (SUP), 69, 74.

des Registergerichts, da andernfalls eine Einschränkung der Rechtssicherheit zu befürchten ist.[543]

dd) Rechtsökonomische Bedeutung

Auch unter rechtsökonomischen[544] Gesichtspunkten erscheint eine Einbeziehung des Notars bei hochwertigen Gütern, die nicht selber als Objekte im Wirtschaftskreislauf gehandelt werden sollen, gerechtfertigt. Zwar lassen sich die finanziellen Vorteile einer präventiven Kontrolle mangels belastbarer Zahlen in einer Folgenabschätzung nicht zuverlässig bestimmen, doch kann zumindest eine Tendenz festgestellt werden.[545] Die einmaligen Kosten für eine Umstellung auf ein Online-Verfahren belaufen sich nach spekulativen Annahmen auf circa 38 Mio. EUR, während mit laufenden jährlichen Kosten von etwa 2,1 Mio. EUR zu rechnen ist.[546] Mit Blick auf die zu erwartenden Vorteile unter Beibehaltung einer Hand in Hand gehenden Prüfung durch Notar und Registergericht erscheinen die anberaumten Kosten jedoch von untergeordneter Bedeutung. Zum einen ist zu beachten, dass die Streitbewältigungskosten durch eine rechtssichere Ausgestaltung gesenkt werden. Zudem erfolgt eine umfassende Dokumentation der getroffenen Vereinbarungen, die sich im Streitfall gegenüber dem kostenintensiveren Zeugenbeweis als sicherere Alternative darstellt.[547]

Diese Überlegungen stehen der Möglichkeit gegenüber, auf die Mitwirkung des Notars vollends zu verzichten. In diesem Zusammenhang sei aber auf die bereits oben erwähnten Folgekosten verwiesen. Diese beziehen sich nicht nur

543 *Lieder*, NZG 2020, 81, 86; Schreiben DNotV v. 4. Juli 2018, S. 18.

544 Rechtsökonomie bedeutet hierbei eine Kosten-Nutzen-Analyse zu erstellen und das Recht an den Gesetzen des Marktes auszurichten, vgl. *Baumann*, RNotZ 2007, 297.

545 *Lieder*, Die rechtsgeschäftliche Sukzession, S. 335, 339.

546 So in BR-Drs. 611/19, S. 3. Die Zahlen beziehen sich auf eine Gesamtbetrachtung der entstehenden Kosten für Notare und die Verwaltung durch die Bundesnotarkammer. Die genannten Zahlen können lediglich Einschätzungen sein. Als Berechnungsgrundlage haben die Haushaltskammer und „unterschiedliche Annahmen" gedient. Bereits im Entwurf wurde klargestellt, dass es sich lediglich um eine Prognose handelt und die tatsächlich anfallenden Kosten von der ersten Einschätzung abweichen können. Dass die vorläufige Einschätzung des Landes Nordrhein-Westfalen wohl noch zu korrigieren ist, wird umso klarer, da lediglich ein Ergebnis präsentiert wurde, ohne darzustellen, wie genau dessen Berechnung erfolgte. Zu der Komplexität der Berechnung der zusätzlichen Ausgaben für den Bundeshaushalt s. DiRUG-RegE, S. 73 ff.

547 *Lieder*, Die rechtsgeschäftliche Sukzession, S. 338; *Lieder*, NZG 2018, 1081, 1088; *Lieder*, NZG 2020, 81, 84; *Bormann/Stelmaszczyk*, NZG 2019, 601, 609.

auf *Third Party Legal Opinions*. Erfolgt kein Schutz des Rechtsverkehrs im Vorfeld, ist eine Haftung im Nachgang der Gründung die einzige Alternative. Dies trifft dann die an der Gesellschaft beteiligten Personen, wie etwa Gesellschafter oder auch Geschäftsführer. Zudem ist zu berücksichtigen, dass die Geschäftsführer in Fällen einer nachträglichen Haftung häufig selber in Anspruch genommen werden. Dies kommt durch höhere Gehälter und eine umfangreiche *Directors-and-Officers*-Versicherung (D&O-Versicherung) zum Ausdruck. Zudem kann ein Übermaß an potentieller Haftung zu einer Überabschreckung führen und die Geschäftsführer in Anbetracht der Risiken handlungsunfähig machen.[548]

Es ist zu berücksichtigen, dass sich im Rahmen einer vorbeugenden Gründungskontrolle weniger Gründungen verzeichnen lassen, da sich die damit einhergehenden Kosten negativ auf die unternehmerische Aktivität auswirken.[549] Hierbei werden jedoch nicht die Langzeitfolgen berücksichtigt. So sei es möglich, dass infolge der geringen Gründungkosten unqualifizierte Personen zur Gründung motiviert würden, die jedoch aufgrund ihres fehlenden Wissens unrentable Entscheidungen treffen und somit den gesamtwirtschaftlichen Erfolg schmälern könnten.[550]

Dem stehen geringere Zweifel der Gründer an ordnungsgemäßen Rechtsabläufen gegenüber, wenn bei relevanten Handlungen ein Notar eingeschaltet wird. Durch das Vertrauen auf den Bestand der Gesellschaft werden regelmäßig größere Investitionen getätigt.[551]

ee) Zwischenergebnis

Zusammenfassend spricht vieles dafür, Notare – auch in Anbetracht der entstehenden Kosten – weiterhin an dem neu einzuführenden Online-Verfahren

548 Zu einem allgemeinen Vergleich der ex-ante und ex-post Systeme bei der Gründung s. *Bunting*, Die Gründung von Kapitalgesellschaften in Deutschland, dem Vereinigten Königreich und den USA, S. 201 ff.

549 *Braun/Eidenmüller/Engert/Hornuf*, ZHR 177 (2013), 131, 147; *Bunting*, Die Gründung von Kapitalgesellschaften in Deutschland, dem Vereinigten Königreich und den USA, S. 209 f., 215.

550 Vgl. *Braun/Eidenmüller/Engert/Hornuf*, ZHR 177 (2013), 131, 147. In diesem Zusammenhang bezieht sich das mangelnde Wissen nicht nur auf die Möglichkeiten im Rahmen der Gründung, sondern auch darüber hinaus auf Einschätzung der Wirtschaftlichkeit von getroffenen Entscheidungen.

551 *Lieder*, Die rechtsgeschäftliche Sukzession, S. 338.

zu beteiligen.[552] Der Dreiklang aus professioneller Beratung, zusätzlicher notarieller Vorprüfung und Sicherstellung der Identitäten stellt einen Vorteil dar, auf den der Gesetzgeber bei Umsetzung der Richtlinie nicht verzichten sollte. Ob das System der vorsorgenden Rechtspflege allgemein einer nachträglichen strengeren Haftung überlegen ist, lässt sich nicht abschließend beurteilen.[553]

Auch bei einer nach deutschem Recht gegründeten GmbH können Gründe vorliegen, die zu ihrer Nichtigkeit führen, doch dürfte diese Zahl im Vergleich zum angloamerikanischen Raum weitaus geringer sein.[554] Bei allen Vorkehrungen lässt sich jedoch bei hinreichend krimineller Energie wohl nie ausschließen, dass auch in Deutschland falsche Angaben gemacht werden.[555]

Ein Festhalten am Formerfordernis des § 2 Abs. 1 GmbHG ist den Parteien insbesondere dann zuzumuten, wenn es gleichwohl zu einer zügigen Durchführung kommt.[556] Aufgrund der in Art. 13 g Abs. 7 GesRRL vorgesehenen Höchstfrist von zehn Tagen ist davon auszugehen, dass eine rasche Abwicklung erfolgt, vorausgesetzt, die Notare werden in dem neu zu schaffenden Prozess effizient eingebunden.

b) *Mögliche Formen der Mitwirkung*

Nachfolgend soll dargestellt werden, welche Möglichkeiten sich bei der notariellen Mitwirkung ergeben, wenn ein persönliches Erscheinen, sowohl bei der

---

552 So bereits: *Lieder*, NZG 2020, 81, 83 f.; *Lieder*, NZG 2018, 1081, 1087 f.; *Bormann/Stelmaszczyk*, NZG 2019, 601, 608 f.; *Bayer/Schmidt*, BB 2019, 1922, 1923; *Schmidt*, DK 2018, 229, 231; *Bock*, DNotZ 2018, 643, 646; *Knaier*, GmbHR 2018, 560, 566, 570; *Kindler/Jobst*, DB 2019, 1550, 1552; *Noack*, DB 2018, 1324, 1328; *Wachter*, GmbH-StB 2018, 263, 264.

553 Vgl. *Bunting*, Die Gründung von Kapitalgesellschaften in Deutschland, dem Vereinigten Königreich und den USA, S. 215.

554 In diesem Zusammenhang sei etwa auf § 75 GmbHG hingewiesen, wonach eine Nichtigkeitsklage beantragt werden kann für den Fall, dass beispielsweise keine Bestimmungen über die Höhe des Stammkapitals oder über den Gegenstand des Unternehmens im Gesellschaftsvertrag getroffen wurden. Indes findet § 75 GmbHG nur Anwendung bei bereits im Handelsregister eingetragenen Gesellschaften. Die praktische Relevanz dürfte somit gering sein, da zu diesem Zeitpunkt bereits eine doppelte Prüfung sowohl durch den Notar, als auch durch das Registergericht erfolgt ist, vgl. *Haas*, in: Baumbach/Hueck, § 75 Rn. 2.

555 *Teichmann*, GmbHR 2018, 1, 6.

556 Vgl. *Lieder*, Die rechtsgeschäftliche Sukzession, S. 339.

Beratung als auch für die Beurkundung selbst, entfällt.[557] Die Schwierigkeit hierbei besteht darin, den Spagat zwischen den Formzwecken des § 2 Abs. 1 GmbHG auf der einen Seite sowie den Amtspflichten aus dem BeurkG[558] gerecht zu werden und andererseits die Vorgaben der Richtlinie bestmöglich umzusetzen.

aa) Digitale Elemente in anderen EU-Mitgliedstaaten

Nicht nur die EU hat sich die Digitalisierung als politisches Ziel für ganz Europa gesetzt. Im Hinblick auf das zu gestaltende Beurkundungsverfahren ist zu beachten, dass bereits einzelne EU-Mitgliedstaaten eine teilweise Online-Gründung von Gesellschaften in ihre nationalen Regelungen implementiert haben. So können zum einen beispielhaft die in Frankreich, Dänemark und Estland gewonnenen Erkenntnisse berücksichtigt werden.[559] Darüber hinaus wurde zum 1. Januar 2019 in Österreich ein elektronischer Notariatsakt eingeführt, der die digitale Gründung einer GmbH ermöglicht, ohne allerdings auf die bisherige Mitwirkung des Notars zu verzichten.[560] Hier eingesetzte Vorgehensweisen sollten berücksichtigt werden, um im Anschluss bewerten zu können, wie sich trotz Fehlens der physischen Präsenz der Gründer eine rechtssichere Gründung im deutschen Rechtssystem vollziehen lässt.

(1) Elektronische Gründungen in Frankreich, Dänemark und Estland

Im Hinblick auf die Online-Gründung in Frankreich, Dänemark und Estland fällt zunächst auf, dass in dieser Variante keine der genannten Staaten einen

---

557 *Lieder*, NZG 2020, 81, 84; *Lieder*, NZG 2018, 1081, 1088; *Bormann/Stelmaszczyk*, NZG 2019, 601, 609.

558 Gerade im Rahmen der Beurkundung dient ein persönliches Erscheinen dazu, die Identifizierung der Beteiligten zu ermöglichen (§§ 6 Abs. 2, 10 BeurkG), deren Geschäftsfähigkeit zu überprüfen (§ 11 BeurkG) und Nachweise für die Vertretungsberechtigung zu prüfen (§ 12 BeurkG). Darüber hinaus wird sichergestellt, dass rechtlich zulässige Willenserklärungen abgegeben werden und der Wille der Parteien in der Urkunde zum Ausdruck kommt (§ 17 BeurkG). Vgl. *Wachter*, GmbH-StB 2018, 263; *Teichmann*, ZIP 2018, 2451, 2455; *Teichmann*, GmbHR 2018, 1, 3.

559 Hierzu ausführlich *Teichmann*, GmbHR 2018, 1, 5 ff.

560 *Lieder*, NZG 2020, 81, 84; *Kalss/Nicolussi*, EuZW 2020, 41, 42. Ein Notariatsakt ist eine schriftliche Urkunde, die von einem Notar über ein Rechtsgeschäft verfasst wird. Durch die notarielle Mitwirkung wird die Urkunde zu einer öffentlichen Urkunde, womit ihr besondere Beweiskraft zukommt; zur Definition: https://www.oesterreich.gv.at/lexicon/N/Seite.991259.html (abgerufen am: 1. Mai 2021).

Notar in das Gründungsverfahren einschaltet. Dennoch wird durch den Einsatz anderer Kontrollmechanismen ein möglicher *Identity Fraud* verhindert.[561]

Frankreich setzt hierfür auf ein *Centres de Formalités d´Entreprise* (CFE), welches als zentrale Anlaufstelle für die Gründer dient. Das CFE ist elektronisch erreichbar und bietet Dokumente an, die am Computer ausgefüllt werden können und anschließend dem CFE übermittelt werden. Hierbei ist jedoch der Gründer gefordert, da ihm keine weitergehende zwingend zu nutzende Unterstützung zur Verfügung steht und er die erforderlichen Informationen weitestgehend in Eigenregie eintragen muss.[562] Hinzu kommt, dass die Dokumente für Laien oftmals unverständlich sind. Als Folge wird das CFE häufig mit der Bitte um Beratung kontaktiert. Der in Frankreich praktizierte Weg kann somit nur als Negativbeispiel angeführt werden und „erscheint […] wenig nachahmenswert".[563]

Auch Dänemark nutzt eine zentrale – teilweise sogar auf Englisch verfügbare – Plattform, um Anmeldeverfahren durchzuführen. Hierbei wird darauf geachtet, dass eine sinnvolle Struktur eingehalten wird, die dem Gründer das Verfahren erleichtern soll. Oftmals genügen im Rahmen der Gründung jedoch einfache Versicherungen der Gründer, ohne dass eine tatsächliche Prüfung der gemachten Angaben stattfindet.[564] Zur Identifizierung erhält jeder Bürger eine digitale Kennziffer („*nem-ID*"). Eine rechtssichere Zuordnung der Eintragungen ist hierdurch jedoch nicht möglich. Auch wenn jede Eintragung mit einer bestimmten Nummer in Verbindung gebracht werden kann, lässt sich nicht feststellen, dass die Eintragung auch tatsächlich von der berechtigten Person vorgenommen wurde. Von einem Passwortschutz, der verhindert, dass Dritte auf die *nem-ID* zugreifen, wird in der Praxis nur selten Gebrauch gemacht.[565] Eine Eindämmung unberechtigter Eintragungen erfolgt jedoch über ein Kontrollsystem via E-Mail. Wird eine Eintragung vorgenommen, erhält derjenige, den sie betrifft, automatisch eine Benachrichtigung an sein digitales Postfach. Allein die Möglichkeit der Mitteilung an den Betroffenen erhöht die Hemmschwelle, falsche Eintragungen vorzunehmen.[566] Zudem sind die dänischen Datenbanken so

561 *Teichmann*, GmbHR 2018, 1, 5.
562 *Teichmann*, GmbHR 2018, 1, 6.
563 *Teichmann*, GmbHR 2018, 1, 6 f.
564 *Teichmann*, GmbHR 2018, 1, 7 f.
565 *Teichmann*, GmbHR 2018, 1, 7.
566 In Dänemark werden im Durchschnitt 230.000 Eintragungen getätigt, von denen lediglich 400 reklamiert werden, *Teichmann*, GmbHR 2018, 1, 7 f.

gut miteinander vernetzt, dass stets ein elektronischer Abgleich mit den Daten aus der Gründung erfolgt und hierdurch ebenfalls Betrugsfällen vorgebeugt werden kann.[567]

Soll eine Gründung online durchgeführt werden, bietet Estland ein beschleunigtes Gründungsverfahren an, das ohne die Mitwirkung eines Notars auskommt. Über ein eigens dafür eingerichtetes Gründungsportal („*e-Business Register*“) können potentielle Gründer durchgängig in englischer Sprache ihre Anmeldung vornehmen und dabei sogar auf estnische Gesetze in englischer Übersetzung zurückgreifen.[568] Mit Hilfe einer ID-Karte und eines dazugehörigen Kartenlesegeräts wird die Identität des Handelnden sicher festgestellt. Jedoch steht dieser Weg nur natürlichen Personen offen. Für juristische Personen ist weiterhin der Gang zum Notar erforderlich. Ebenso wie in Dänemark erfolgt bei Eingabe der Daten ein Abgleich mit den nationalen Datenbanken. Zur Unterstützung der Gründer werden Standardsatzungen angeboten, die allerdings verwendet werden müssen und auch nicht nach den individuellen Bedürfnissen der Gründer angepasst werden können.[569] Hierdurch geht ein hohes Maß an Flexibilität verloren.

Nach einem kurzen Blick auf die Online-Verfahren in anderen Ländern lässt sich festhalten, dass bis *dato* folgende Elemente bei elektronischen Gründungen Verwendung finden:

- eine zentrale Anlaufstelle für Gründer verbunden mit einer hohen Zahl an Rückfragen aufgrund unvollständiger Beratung;
- ein E-Mail-Kontrollsystem, das Eintragungen Dritter verhindert;
- ein Abgleich der Angaben mit nationalen Registern;
- die Möglichkeit, sowohl die Anlaufstelle wie auch nationale Gesetze in Englisch zu nutzen;
- ein relativ hohes Niveau des Identifizierungsmittels in Form einer ID-Karte mit dazugehörigem Lesegerät oder digitaler Kennziffer;
- eine Satzung, die entweder verpflichtend oder als reiner Vorschlag einzubeziehen ist.

---

567 So können etwa Tätigkeitsverbote für Geschäftsführer geprüft werden oder in der Gründung angegebene Adressen mit den im Melderegister hinterlegten Adressen abgeglichen werden, vgl. *Teichmann*, GmbHR 2018, 1, 8.

568 *Teichmann*, GmbHR 2018, 1, 9.

569 *Teichmann* GmbHR 2018, 1, 9 f.

Diese Ansätze finden sich teilweise in der Gesellschaftsrechtsrichtlinie wieder. So sind etwa nach Art. 13 h GesRRL verbindlich Muster von den Mitgliedstaaten zur Verfügung zu stellen, die von den Gründern verwendet werden können. Eine verpflichtende Verwendung ist nicht vorgesehen und bereits aufgrund der vorgesehenen Mehrpersonengründung und den damit verbundenen Gestaltungsspielräumen nicht sachgemäß. Daneben sind die Informationen zur Unterstützung bei der Gründung von Gesellschaften in Einklang mit Art. 13 f Abs. 1 GesRRL in mindestens einer Sprache zur Verfügung zu stellen, die von möglichst vielen grenzüberschreitenden Nutzern gesprochen wird.

Jedoch finden sich in anderen Mitgliedstaaten auch Ansätze, die bei einer Umsetzung der Richtlinie aus deutscher Sicht relevant sein könnten und von der Richtlinie nicht verpflichtend vorgegeben sind, wie etwa das E-Mail-Kontrollsystem. Bei der verpflichtenden Einbindung eines Notars ist jedoch nicht ersichtlich, welchen zusätzlichen Nutzen ein nachträgliches Kontrollsystem hätte.

Daneben ist vorgesehen, dass die Mitgliedstaaten Vorschriften schaffen müssen, um eine Überprüfung der Qualifikation der Geschäftsführer sicherzustellen (Art. 13 i GesRRL). Auch soll nach Art. 13 i Abs. 3 GesRRL auf Anfrage eines anderen Mitgliedstaates Auskunft über solche Informationen erteilt werden können. Hierbei handelt es sich anders als auf nationaler Ebene nicht um einen automatischen Austausch, sondern um die Mitteilung von Informationen nach vorherigem Ersuchen aus einem anderen Mitgliedstaat. Ein automatischer Abgleich dürfte auf europäischer Ebene auch nur schwer abzubilden sein. Dies zeigt sich bereits daran, welche Probleme teilweise im estnischen Anmeldeverfahren zum Vorschein kamen, weil Finnen, die einem Tätigkeitsverbot in Finnland unterlagen, häufig eine elektronische Gründung in Estland vornahmen.[570] Erst durch ein bilaterales Abkommen zum Datenabgleich konnte dieses Problem behoben werden.[571]

In den untersuchten Mitgliedstaaten ist keine obligatorische Mitwirkung eines Notars vorgesehen. Es bedarf somit einer konstruktiven Fortführung der bisher verwendeten Elemente, um eine rechtssichere Online-Gründung zu ermöglichen.[572]

---

570 *Bormann*, ZGR 2017, 621, 644 f.; *Teichmann*, GmbHR 2018, 1, 10; *Teichmann*, ZfPW 2019, 247, 255.

571 *Teichmann*, GmbHR 2018, 1, 9.

572 Vgl. *Teichmann*, GmbHR 2018, 1, 11.

(2) Österreich

Eine mögliche Weiterentwicklung könnte sich am Beispiel Österreichs beobachten lassen. Nach § 4 Abs. 3 des österreichischen GmbH-Gesetzes (öGmbHG) bedarf der Gesellschaftsvertrag der Form eines Notariatsakts. Die formellen Voraussetzungen ähneln somit denjenigen des § 2 Abs. 1 GmbHG.[573] Seit dem 1. Januar 2019 kann der Notariatsakt auch online unter Nutzung einer elektronischen Kommunikationsmöglichkeit errichtet werden.[574] Die Regelungen hierfür finden sich nicht im öGmbHG, sondern vorwiegend in § 69 b Abs. 1 der österreichischen Notariatsordnung (öNotO). Die Feststellung und Prüfung der Identität der Parteien soll in einem elektronischen Verfahren entweder anhand eines amtlichen Lichtbildausweises im Rahmen eines videogestützten elektronischen Verfahrens erfolgen oder mittels eines elektronischen Ausweises, der dieselben Informationen wie ein amtlicher Lichtbildausweis zur Verfügung stellt (§ 69 b Abs. 2 öNotO), wobei diese Möglichkeiten als gleichwertig anzusehen sind.[575] Zu berücksichtigen ist jedoch, dass dies aufgrund der größeren Datenübertragung höhere Anforderungen an die Internetverbindung jedes Beteiligten stellt.[576]

Jedoch bleibt dem Notar nach pflichtgemäßem Ermessen die Entscheidung offen, von einer Gründung abzusehen, wenn er seine Identifizierungs- und Sorgfaltspflichten nicht wahren kann (§ 69 b Abs. 2 a.E. öNotO). Darüber hinaus werden allgemeine Verfahrensregeln aufgestellt. So soll der Notar zur Kommunikation mit den Beteiligten eine optische und akustische Zweiweg-Verbindung in Echtzeit nutzen und bei vorübergehenden Unterbrechungen der Verbindung mit der Errichtung des Notariatsakts innehalten und erst dann fortfahren, wenn die Verbindung wieder hergestellt ist (§ 69 b Abs. 3 öNotO).[577] Die erforderlichen Unterschriften sind von allen Beteiligten als elektronische Signatur beizufügen (§ 68 Abs. 1 lit. g) öNotO). Treten mehrere Gründer auf und nur einer erscheint persönlich vor dem Notar, hat eine elektronische Signatur der Übrigen bereits im Voraus zu erfolgen mit einem Vermerk im Notariatsakt, dass ein Online-Verfahren durchgeführt wurde (vgl. § 69 b Abs. 4 öNotO).

---

573 Vgl. *Wachter*, GmbHR 2019, R 68 ff.

574 Zum 1. Januar 2019 ist in Österreich das Elektronische Notariatsform-Gründungsgesetz – ENG in Kraft getreten (öBGBl. I Nr. 71/2018) abrufbar unter: https://www.ris.bka.gv.at (Stand: 23. November 2021).

575 *Wachter*, GmbHR 2019, R 68 f.

576 *Stelmaszczyk/Kienzle*, ZIP 2021, 765, 766.

577 Vgl. *Wachter*, GmbHR 2019, R 68 f.

Welche Sicherungsmaßnahmen bei dem elektronischen Verfahren einzuhalten sind, bestimmt sich nach der Notar-E-Identifikations-Verordnung (NEIV).[578] Hierbei fällt auf, dass die Maßnahmen denjenigen ähneln, die die Bundesanstalt für Finanzdienstleistungsaufsicht (BaFin) in einem Rundschreiben vom 10. April 2017 (im Folgenden: „Rundschreiben“) zu den Anforderungen an die Nutzung von Videoidentifizierungsverfahren bereits vorgab.[579] Beispielswiese wird in Punkt B. I. des Rundschreibens festgelegt, dass nur entsprechend geschulte und für die Videoidentifizierung ausgebildete Mitarbeiter in das Verfahren einbezogen werden dürfen. Ähnliches bestimmt auch § 2 Abs. 1 NEIV. Ebenso sehen beide Regelungen vor, dass sich die jeweiligen Empfänger der Daten (Notar bzw. Mitarbeiter des Kreditinstituts) in einem räumlich abgegrenzten und mit einer Zugangskontrolle versehenem Bereich befinden müssen (Punkt B.II. im Rundschreiben bzw. § 2 Abs. 2 NEIV). Zudem sind zuverlässige Ausweisdokumente ohne erkennbare Beschädigungen zu verwenden, deren Authentizität mithilfe verschiedener optischer Sicherheitsmerkmale überprüft werden kann (Punkte B.V., VI. im Rundschreiben bzw. § 3 NEIV).

Neben den hohen Anforderungen an die Identifikation der Beteiligung macht Österreich aber auch von dem bereits erwähnten E-Mail Kontrollverfahren Gebrauch. § 3 Abs. 4 NEIV sieht vor, dass während der Videoübertragung eine zufällig generierte Ziffernfolge per E-Mail oder SMS an den Gründer übertragen wird, die für das weitere Verfahren eingegeben werden muss.[580] Es könnte allenfalls die Zuverlässigkeit der Kontrollmittel bemängelt werden. Soweit nicht von staatlicher Seite aus eine Vergabe von digitalen Postfächern erfolgt, ist auf andere Weise sicherzustellen, dass die Kontrollnachricht auch denjenigen erreicht, der vom Anmeldeverfahren betroffen ist. Ein Kontrollmechanismus wäre nur wenig erfolgreich, wenn der Nichtberechtigte die Bestätigungsnachricht über den relevanten Vorgang erhielte. Diese Bedenken scheinen jedoch für das Verfahren

---

578 öBGBl. II Nr. 1/2019; *Lieder*, NZG 2020, 81, 84; *Wachter*, GmbHR 2019, R 68 f.

579 BaFin Rundschreiben 3/2017 v. 10. April 2017, abrufbar unter: https://www.bafin.de/SharedDocs/Veroeffentlichungen/DE/Rundschreiben/2017/rs_1703_gw_videoident.html?nn=9450904#doc9143870bodyText11 (Stand: 23. November 2021). *Wachter*, GmbH-StB 2018, 263, 264 weist auf das Rundschreiben hin, ohne allerdings einen Bezug zum – damals noch nicht bestehenden – österreichischen Notariatsakt herzustellen.

580 Auch dieses Vorgehen ist nicht gänzlich neu. Zum einen ist es aus dem praktizierten Verfahren in Dänemark und Estland bekannt. Zum anderen verwendet die BaFin in ihrem Rundschreiben 3/2017 v. 10. April 2017 unter Punkt B. IX. fast den identischen Wortlaut.

keine allzu große Relevanz zu haben. So konnte bereits in einem Pilotprojekt (*Proof of Concept*) eine positive Resonanz auf dieses Verfahren in der Praxis festgestellt werden.[581] Im Rahmen des Projektes wurden 120 GmbHs von 16 Notaren errichtet, wobei die Rückmeldungen stets positiv ausfielen.[582] Wie die Rückmeldungen über einen längeren Zeitraum ausfallen und ob aufgrund der Sicherheitsvorkehrungen ein zufriedenstellendes Niveau an Vertrauensschutz gewährleistet werden kann, bleibt abzuwarten.

bb) Anregungen für eine Umsetzung in Deutschland

Dies vorweggeschickt, ergeben sich verschiedene Möglichkeiten, wie eine Online-Gründung in Deutschland ausgestaltet sein kann. Hierbei muss auf der einen Seite zwischen einer zuverlässigen Feststellung der Identität und der inhaltlichen Ausgestaltung der Beurkundung auf der anderen Seite differenziert werden. Bereits zu einem frühen Zeitpunkt wurde ein Kompromiss dahingehend gefunden, dass bei der Implementierung eines Online-Verfahrens die Kombination einer Videokonferenz mit einem deutschen Notar und eines elektronischen Identifizierungsmittels möglich sein sollte.[583]

(1) Identitätsprüfung

Zur Überprüfung der Identität von nicht anwesenden Personen stehen grundsätzlich mehrere Varianten zur Verfügung.[584] Die Gesellschaftsrechtsrichtlinie bestimmt in einer Legaldefinition, was unter einem elektronischen Identifizierungsmittel im Sinne der Gesellschaftsrechtsrichtlinie zu verstehen ist. Nach Art. 13 a Nr. 1 GesRRL ist ein elektronisches Identifizierungsmittel ein Mittel nach Art. 3 Nr. 2 eIDAS-VO, also eine materielle und/oder immaterielle Einheit, die Personenidentifizierungsdaten enthält und zur Authentifizierung bei Online-Diensten verwendet wird. Art. 13 b Abs. 1 GesRRL legt fest, welche Identifizierungsmittel für die Zwecke der Online-Gründung anzuerkennen sind. Demnach soll es Antragstellern ermöglicht werden, ein Identifizierungsmittel

581 *Wachter*, GmbHR 2019, R 68 ff.

582 *Wachter*, GmbHR 2019, R 68 ff.

583 *Seibert*, FS Bergmann, 677, 682; hierzu ausführlich unter C. II. 4. b) bb) (1).

584 Beispielhaft sei hier auf das PostIdent-Verfahren oder das De-Mail-Verfahren verwiesen. Daneben existieren jedoch noch andere Möglichkeiten. Für eine Übersicht über verschiedene elektronische Identifizierungsmittel, s. *Hoffmann*, DuD 2014, 762 ff., *Klumpen*, Die elektronische Gesellschaftsgründung über die Grenze, S. 254 ff.

nutzen zu können, das im Rahmen eines elektronischen Identifizierungssystems[585] im jeweiligen Mitgliedstaat ausgestellt wurde. Daneben kommen solche elektronischen Identifizierungsmittel in Betracht, die in einem anderen Mitgliedstaat ausgestellt wurden und nach Art. 6 eIDAS-VO anerkannt sind. Sofern ein Identifizierungsmittel den in Art. 6 eIDAS-VO genannten Anforderungen nicht genügt, soll es abgelehnt werden können (Art. 13 b Abs. 2 GesRRL). Denkbar sind in diesem Zusammenhang vor allem Fälle, in denen das ausländische Identifizierungsmittel nicht dem im Inland verwendeten Standard entspricht.[586] In Deutschland wurde bereits der elektronische Personalausweis (eID) bzw. der elektronische Aufenthaltstitel (eAT) mit dem Sicherheitsniveau „hoch" von der Europäischen Kommission notifiziert.[587] Diese Anforderungen sind somit von ausländischen Identifizierungsmittelen zu erfüllen.[588]

Das Verfahren zur Anerkennung von Identifizierungsmitteln nach Art. 9 eIDAS-VO weist jedoch Schwächen auf, die zu Vorbehalten gegenüber der Verlässlichkeit solcher Identifizierungsmittel führen könnten.[589] Dies ist vor allem

585 Ein elektronisches Identifizierungssystem ist ein System für die elektronische Identifizierung, in dessen Rahmen natürlichen oder juristischen Personen oder natürlichen Personen, die juristische Personen vertreten elektronische Identifizierungsmittel ausgestellt werden, vgl. Art. 13 a Nr. 2 GesRRL.

586 *Kindler/Jobst*, DB 2019, 1550, 1551. Gem. Art. 6 Abs. 1 lit. b) eIDAS-VO müssen ausländische Identifizierungsmittel nur anerkannt werden, sofern ihr Sicherheitsniveau gleich hoch oder höher als das von der einschlägigen öffentlichen Stelle für den Zugang zu dem Online-Dienst geforderte Sicherheitsniveau ist, vgl. *Bormann*, ZGR 2017, 621, 643, *Hoffmann*, DuD 2014, 762 ff.; *Roßnagel*, NJW 2014, 3686, 3691. Somit haben es Mitgliedstaaten in der Hand durch Einführung eines hohen nationalen Niveaus mittelbar entsprechende Voraussetzungen an die Identifizierungsmittel von Personen aus anderen Mitgliedstaaten zu stellen.

587 Der vollständige Name des Systems lautet Online-Ausweisfunktion basierend auf Extended Access Control (elektronischer Identitätsnachweis — eID), Abl. 2017 Nr. C 319 S. 3; *Kindler/Jobst*, DB 2019, 1550, 1551; *Birkefeld/Schäfer*, BB 2019, 2626, 2628; *Bormann/Stelmaszczyk*, NZG 2019, 601, 607; *Noack*, DB 2018, 1324, 1325; *Heckschen*, NotBZ 2020, 241, 244. Notifizierungsverfahren für andere europäische Staaten laufen derzeit noch.

588 So nun auch DiRUG-RegE, S. 139.

589 Diese Schwächen waren bereits bei Schaffung der eIDAS-VO bekannt, da die Verordnung selber registerrechtliche Verfahren von ihrem Anwendungsbereich ausschließt, vgl. Art. 2 Abs. 3 wie auch Erwägungsgrund 21 der eIDAS-VO, vgl. *Lieder*, NZG 2020, 81, 83; *Lieder*, NZG 2018, 1081, 1087; *Kindler/Jobst*, DB 2019, 1550, 1551; *Bormann/Stelmaszczyk*, NZG 2019, 601, 607, 609; *Wachter*, GmbH-StB 2018, 214, 222.

darauf zurückzuführen, dass im Rahmen des Notifizierungsverfahrens keine inhaltliche Prüfung stattfindet und somit keine einheitlichen Standards hinsichtlich Sicherheit, Registrierung und Aufsicht elektronischer Identifikationsmittel existieren.[590] In jedem Mitgliedstaat existiert ein eigenes elektronisches Identifizierungsverfahren. Abhilfe könnte eine einheitliche europäische eID schaffen.[591] Dieses Manko wird jedoch dadurch behoben, dass sich zum einen nach dem Prinzip der gegenseitigen Anerkennung nicht gleiche, sondern lediglich gleichwertige Systeme gegenüberstehen. Zudem greifen auch weitere Schutzmechanismen ein wie etwa eine – nach hier vertretener Ansicht – verpflichtende Einbeziehung eines Notars.[592] Diese Möglichkeit steht auch im Einklang mit der Richtlinie.[593]

Für eine Überprüfung der Identifizierungsmittel durch den Notar erscheinen auf den ersten Blick drei Verfahren möglich. Zum einen kann eine Identifizierung allein über ein elektronisches Identifizierungsmittel erfolgen (reines eID-Verfahren). Daneben ist es möglich, eine Identifizierung mittels einer audiovisuellen Echtzeitverbindung vorzunehmen (Videoident). Zuletzt ist eine Kombination der beiden Verfahren denkbar (Kombinationsmodell).[594]

Gegen ein reines eID-Verfahren sprechen die damit verbundenen Missbrauchsmöglichkeiten. Es ließe sich nicht feststellen, ob gestohlene, verlorene oder sonst abhanden gekommene Ausweise genutzt würden. Ebenso wenig könnte die Geschäftsfähigkeit oder der Einfluss äußerer Zwänge festgestellt werden.[595] Bei einem Videoident-Verfahren stellt sich die Frage, ob dieses isoliert

---

590 *Lieder*, NZG 2020, 81, 83; *Kindler/Jobst*, DB 2019, 1550, 1551; *Bormann*, ZGR 2017, 621, 643; *Teichmann*, GmbHR 2018, 1, 11.

591 *Schmidt*, ZIP 2021, 112, 114.

592 *Lieder*, NZG 2018, 1081, 1087; *Lieder*, NZG 2020, 81, 83; *Noack*, DB 2018, 1324, 1325. Zu anderen Schutzmechanismen, wie etwa dem Präsenzvorbehalt s. E. III.

593 Nationale Formvorschriften werden von der eIDAS-VO nach Art. 2 Abs. 3 eIDAS-VO nicht berührt. Eine notarielle Prüfung ist somit zulässig, vgl. *Lieder*, NZG 2018, 1081, 1088; *Bormann/Stelmaszczyk*, NZG 2019, 601, 609.

594 Erwägungsgrund 22 RL 2019/1151 sieht explizit die Möglichkeit einer Kombination von eID und einer Videokonferenz vor. *Wachter*, GmbH-StB 2018, 263, 264; *Bormann*, ZGR 2017, 621, 642 ff.; *Bormann/Stelmaszczyk*, NZG 2019, 601, 609; *Lieder*, NZG 2020, 81, 84; *Lieder*, NZG 2018, 1081, 1088 f.; *Klumpen*, Die elektronische Gesellschaftsgründung über die Grenze, S. 271; *Knaier*, GmbHR 2018, 560, 561 f.; *Noack*, DB 2018, 1324, 1325.

595 Hierzu *Wachter*, GmbH-StB 2018, 263, 264; *Bormann/Stelmaszczyk*, NZG 2019, 601, 609; *Noack*, DB 2018, 1324, 1325; *Bormann*, ZGR 2017, 621, 642.

überhaupt genutzt werden kann. Erwägungsgrund 22 der Digitalisierungsrichtlinie sieht die Möglichkeit ergänzender elektronischer Kontrollen vor, um die Identität, die Rechts- und Geschäftsfähigkeit der Antragsteller sowie die Rechtmäßigkeit der Gesellschaft überprüfen zu können.[596] In diesem Zusammenhang werden audiovisuelle Echtzeitverbindungen als mögliche – zusätzliche - Kontrollmittel angesprochen. Dies lässt erkennen, dass die Überprüfung der Identität durch elektronische Kontrollen, wie etwa die Videokonferenz, unterstützt werden soll. Eine isolierte Verwendung scheint von der Richtlinie nicht vorgesehen. Daneben sprechen aber auch praktische Erwägungen gegen ein reines Videoident-Verfahren. Die Echtheit von Identifizierungsmitteln, die lediglich in die Kamera gehalten werden, lässt sich nur schwer feststellen.[597] Es könnte eine unechte Urkunde verwendet werden oder aber eine echte Urkunde, die etwa durch ein aufgeklebtes Bild verfälscht wurde.

Letztlich bietet nur eine Kombination aus einer Kontrolle der eID und einer zusätzlichen Videokonferenz ausreichend Schutz bei der Identifizierung durch einen Notar. Durch eine Verbindung der beiden Verfahren miteinander werden die Schwächen des jeweils anderen Verfahrens abgemildert.[598] Der Notar sollte sich also zunächst in einem eID-Verfahren davon überzeugen, dass der Antragsteller über eine gültige eID verfügt. Nach Übermittlung der erforderlichen Daten ließe sich in einer Videokonferenz die Übereinstimmung von Lichtbild und Videobild feststellen.[599] Dieses Vorgehen wird zurzeit in Österreich praktiziert (§ 69 b Abs. 2 Nr. 1 öNotO) und auch das DiRUG sieht in § 16 c BeurkG nF ein entsprechendes Kombinationsmodell vor.

Der Gesetzgebungsentwurf könnte nach dem Beispiel Österreichs durch ein zusätzliches E-Mail-Kontrollverfahren ergänzt werden, welches im Rahmen der Identifizierung erfolgt. Ein ausreichendes Kontrollsystem könnte im DiRUG bereits in § 16 b Abs. 5 BeurkG nF gesehen werden, wonach auf Verlangen die

---

596 So auch die englische Fassung der RL 2019/1151: „*Member states should be allowed also to enable [...] electronic controls of identity*".

597 Stellungnahme DNotV v. 15. Januar 2021, S. 4; *Bormann*, ZGR 2017, 621, 642; *Wachter*, GmbH-StB 2018, 263, 264. Zu ähnlichen Problemen bei Videoidentifizierungsverfahren bereits im BaFin Rundschreiben 3/2017 v. 10. April 2017 dort unter B. VI.

598 *Bormann*, ZGR 2017, 621, 642 f.; *Bormann/Stelmaszczyk*, NZG 2019, 601, 609; *Wachter*, GmbH-StB 2018, 263, 264; *Kindler/Jobst*, DB 2019, 1550, 1552; vgl. zur Zweistufigkeit nach des Verfahrens nach dem DiRUG *Kienzle*, DNotZ 2021, 590, 597 f.

599 *Lieder*, NZG 2020, 81, 84; *Bormann/Stelmaszczyk*, NZG 2019, 601, 609; *Wachter*, GmbH-StB 2018, 263, 264; *Klumpen*, Die elektronische Gesellschaftsgründung über die Grenze, S. 271 f.; *Teichmann*, GmbHR 2018, 1, 11.

elektronische Niederschrift den Beteiligten vor dem Anbringen der qualifizierten elektronischen Signatur zur Durchsicht übermittelt werden soll. Im Rahmen der Umsetzung sollte jedoch auf eine optionale Übermittlung verzichtet werden und die Verpflichtung eingeführt werden, den Parteien in jedem Fall vorab eine Niederschrift zuzuschicken. Hierdurch wäre eine ausreichende Kontrolle gewahrt.

Das erforderliche Videokommunikationssystem soll nach dem DiRUG als „unverzichtbarer Baustein“[600] für die Sicherheit in digitalen Verfahren ausschließlich von der Bundesnotarkammer betrieben und durch Gebühren finanziert werden (vgl. § 78 p BnotO nF). Eine Nutzung anderer Kommunikationsdienste ist im Rahmen der Online-Gründung nicht möglich. Hierdurch wird zum einen dem Umstand Rechnung getragen, dass es sich bei der Gründung von Gesellschaften um Staatsaufgaben handelt, die aufgrund des hoheitlichen Charakters nicht von privaten Dritten ausgeübt werden können. Zum anderen nimmt die Bundesnotarkammer besonderes Vertrauen für sich in Anspruch und stellt sicher, dass sensible Daten keinen Dritten offengelegt und Manipulationen von Anfang an ausgeschlossen werden können.[601]

Hierbei ist darauf zu achten, dass das Videokommunikationssystem kontinuierlich an den aktuellen Stand der Technik angepasst wird.[602] Allerdings erscheint es illusorisch anzunehmen, dass eine Form der Identitätsfeststellung möglich ist, die zu 100 Prozent betrugssicher ist. Auch Präsenzverfahren sind nicht fehlerfrei, da hier ebenfalls Dokumente so gefälscht werden können, dass dies im Rahmen einer Überprüfung durch den Notar nicht auffällt.[603] Ziel eines Identifizierungsverfahrens sollte es sein, ein größtmögliches Maß an Vorsicht walten zu lassen. Im Rahmen einer verpflichtenden Anerkennung elektronischer

---

600 Stellungnahme DNotV v. 15. Januar 2021, S. 2.

601 DiRUG-RegE, S. 133; DiRUG-RefE, S. 110 f.; *Schmidt*, ZIP 2021, 112, 113; *Knaier*, GmbHR 2021, 169, 174; Stellungnahme DNotV v. 15. Januar 2021, S. 4; *Stelmaszczyk/Kienzle*, ZIP 2021, 765, 769; *Bock*, RNotZ 2021, 326, 329; *Kienzle*, DNotZ 2021, 590, 595; dies befürwortend vor allem im Hinblick auf die Datensicherheit *Keller/Schümmer*, NZG 2021, 573, 576.

602 So kommt in naher Zukunft insbesondere die Einbindung künstlicher Intelligenz zur zusätzlichen Kontrolle in Betracht, vgl. *Lieder*, NZG 2020, 81, 84; *Wachter*, GmbH-StB 2018, 263, 264; *Teichmann*, ZIP 2018, 2451, 2455; *Kienzle*, DNotZ 2021, 590, 604.

603 Hierzu bereits *Noack*, DB 2018, 1324, 1325; *Teichmann*, ZIP 2018, 2451, 2456. Es kann nicht beurteilt werden, ob eine Fälschung aufgrund der Körpersprache von Personen im Präsenzverfahren zwingend besser erkannt wird wie von *Wolf*, MittBayNot 2018, 510, 522 behauptet.

Identifizierungsmittel ist dies bei Befolgung des Kombinationsmodells am ehesten gewahrt.

(2) Inhaltliche Ausgestaltung der Beurkundung

Nachdem in einem ersten Schritt die Identität der Beteiligten sichergestellt wurde, gilt es nun herauszuarbeiten, wie eine Beurkundung, die in jedem Fall mittels Videokommunikationssystem erfolgt, ablaufen könnte. Hierbei stellt sich zunächst die Frage, ob es sich bei dem neuen Verfahren überhaupt um eine Beurkundung handeln muss. Art. 13 g Abs. 2 GesRRL sieht zwar vor, dass die Mitgliedstaaten Regelungen für die Online-Gründung treffen müssen, doch steht es ihnen hierbei frei, das aus ihrer Sicht geeignetste Mittel zu wählen. Es wäre somit möglich, ein neues Verfahren zu schaffen, das außerhalb des Anwendungsbereichs des Beurkundungsgesetzes liegt. Dieser Schritt hätte jedoch zur Folge, dass sämtliche bisher bestehenden Amtspflichten entfielen.[604] Dies erscheint insbesondere im Hinblick auf die im Beurkundungsgesetz enthaltenen Prüfungs- und Belehrungspflichten (§§ 17 ff. BeurkG) bedenklich. Zwar bestünde die Möglichkeit, im Rahmen eines neuen Verfahrens ebenfalls Verhaltenspflichten für die Beteiligten festzulegen, doch erschließt sich der Mehrwert der Einführung eines neuen Verfahrens nicht, wenn gleichwohl an den bisherigen Amtspflichten festgehalten werden soll und somit ein Großteil der Regelungen aus dem Beurkundungsgesetz stammen würde. Die Beurkundung im Sinne des Beurkundungsgesetzes sollte weiterhin Bestandteil der Gründung sein.

Es erscheint vorzugswürdig, die Einführung eines elektronischen Beurkundungsverfahrens auf das GmbHG zu beschränken. Die Richtlinie sieht lediglich vor, dass die Möglichkeit besteht, eine GmbH in Zukunft online zu gründen. Das BeurkG ist jedoch für sämtliche Fälle einschlägig, in denen eine öffentliche Urkunde im Sinne von § 415 ZPO errichtet werden soll und umfasst somit einen deutlich weiteren Anwendungsbereich.[605] Folglich bietet sich eine spezielle Regelung im GmbHG an. Bereits § 2 Abs. 1 a GmbHG weicht aufgrund des in vollem Umfang verbindlichen Musterprotokolls vom allgemeinen Beurkundungsrecht ab. Eine abweichende Regelung ist dem GmbHG somit nicht fremd.[606]

---

604 *Teichmann*, ZIP 2018, 2451, 2455.

605 *Teichmann*, ZIP 2451, 2455; *Grziwotz*, in: Grziwotz/Heinemann, § 1 Rn. 7.

606 *Lieder*, NZG 2018, 1081, 1088; *Teichmann*, ZIP 2018, 2451, 2455; *Noack*, DB 2018, 1324, 1328; *Teichmann*, GmbHR 2018, 1, 14.

(a) Standardisierte Online-Gründung ohne Beratung

Als erste Möglichkeit für die inhaltliche Ausgestaltung der Online-Gründung kommt ein standardisiertes Verfahren ohne Beratung in Betracht.[607] Eine zentrale Anlaufstelle – etwa die Bundesnotarkammer – könnte ein elektronisches Benutzermenü zur Verfügung stellen, welches es dem Gründer ermöglicht, nur zulässige Gestaltungen vorzunehmen. Die dort gemachten Angaben würden an den Notar übermittelt, der mit dem weiteren Gründungsvorgang über ein Videokommunikationssystem betraut ist. Eine Beratung entfiele aufgrund der engen Vorgaben in diesem Fall zum Großteil. Die Aufgaben des Notars würden sich, neben der bereits oben beschriebenen Identitätsprüfung, darauf beschränken, die gemachten (zulässigen) Angaben entgegenzunehmen und bei eventuell frei formulierbaren Regelungen auf eine rechtssichere Ausgestaltung hinzuweisen.[608]

Damit würde dieses Vorgehen in weiten Teilen der bisher praktizierten Gründung einer Unternehmergesellschaft (haftungsbeschränkt) nach § 2 Abs. 1 a GmbHG ähneln, welches unter anderem um eine Online-Komponente ergänzt wird. Bei der Ausgestaltung eines solchen Systems läge ein Hauptaugenmerk auf der Ausgestaltung des elektronischen Benutzermenüs. Nach Art. 13 h Abs. 2 GesRRL können Antragsteller Muster verwenden. Hierzu besteht jedoch keine Verpflichtung. Diese Überlegung wird durch Erwägungsgrund 18 der Digitalisierungsrichtlinie bestärkt, der eine Wahlmöglichkeit der Gründer zwischen der Verwendung eines Musters und einem maßgeschneiderten Errichtungsakt als Soll-Vorschrift vorsieht. Die Befragung, die im Vorfeld über das Benutzermenü erfolgt, dürfte somit nicht als Muster zu verstehen sein. Nach Art. 13 a Nr. 6 GesRRL sind Muster die Vorlagen für den Errichtungsakt. Hierunter sind vorwiegend Satzungen zu verstehen.[609] Solange die abgefragten Informationen nur mittelbar der Vorbereitung eines Errichtungsakts dienen, stünde deren Verwendung im Einklang mit der Richtlinie.

Mitunter wird jedoch vertreten, dass in diesen Fällen keine Beurkundung vorliege. Bei teilweise entfallender Beratung könnten die umfassenden Amtspflichten des Notars nicht mehr erfüllt werden. Der Vorgang käme eher einer Tatsachenbeurkundung gleich (§§ 36 ff. BeurkG).[610] Aufgrund der systematischen Stellung der Tatsachenbeurkundung im dritten Abschnitt des BeurkG ist

---

607 *Teichmann*, GmbHR 2018, 1, 12; *Bormann/Stelmaszczyk*, NZG 2019, 601, 611; *Ulrich*, GmbHR 2019, R 6.

608 Ausführlich zu dieser Gestaltungsmöglichkeit *Teichmann*, GmbHR 2018, 1, 11 f.

609 Vgl. *Birkefeld/Schäfer*, BB 2019, 2626, 2629.

610 *Teichmann*, GmbHR 2018, 1, 12.

davon auszugehen, dass die im zweiten Abschnitt enthaltenen Prüfungs- und Belehrungspflichten nicht gelten sollen.[611] Gleichwohl steht es dem Notar offen, nach eigenem Ermessen eine zusätzliche Beratungs- und Betreuungstätigkeit nach § 24 BNotO zu übernehmen.[612]

Dieser Ansatz vermag jedoch nicht zu überzeugen. Entscheidend für das Vorliegen einer Beurkundung ist nicht, ob der bestehende Pflichtenkatalog erfüllt werden kann, sondern ob eine Willenserklärung vorliegt.[613] Inwieweit die daran anknüpfenden Amtspflichten nicht erfüllt werden können, wird erst im Anschluss relevant. Gleichwohl sind die geäußerten Bedenken hinsichtlich der Belehrungspflichten zu würdigen. Es wäre wenig konsequent, auf der einen Seite die Einbindung eines Notars aufgrund der umfassenden Amtspflichten insbesondere hinsichtlich einer professionellen Beratung und einer zusätzlichen Vorprüfung zu wählen und gleichzeitig ein Verfahren ins Leben zu rufen, in dem diese Pflichten nur zu einem kleinen Teil wahrgenommen werden können.[614] Insbesondere würden die sich ergebenden Schwierigkeiten im Rahmen von Mehrpersonengründungen und individueller Lösungen durch ein vorgegebenes Benutzermenü nicht zufriedenstellend bewältigt.[615] Auch stünde ein Verfahren ohne ausreichende Beratung nicht im Einklang mit der in Erwägungsgrund 18 enthaltenen Soll-Vorgabe dem Antragsteller eine Wahlmöglichkeit zu eröffnen.

(b) Standardisierte Online-Gründung mit Beratung

Das soeben vorgestellte Verfahren könnte um eine ausdrückliche Beratungskomponente ergänzt werden. Dies würde zu einer standardisierten Online-Gründung mit Beratung führen.[616] Wie bereits dargestellt, bestünde der erste Schritt für einen Antragsteller darin, das vorgegebene elektronische Benutzermenü auszufüllen.[617] Nachdem diese Angaben dem Notar zugänglich gemacht wurden, könnten die Beteiligten erneut via Videokommunikationssystem mit dem Notar in Kontakt treten. Der entscheidende Unterschied in dieser Variante liegt darin, dass ausdrücklich festgehalten werden könnte, dass der Notar

---

611 So auch im Ergebnis, aber ohne Begründung *Teichmann*, GmbHR 2018, 1, 12.

612 *Grziwotz*, in: Grziwotz/Heinemann, Vor. § 36 Rn. 5; *Teichmann*, GmbHR 2018, 1, 12.

613 Vgl. *Grziwotz*, in: Grziwotz/Heinemann, Vor. § 36 Rn. 3.

614 Zu der Frage welche Bedeutung die Einbindung eines Notars hat s. C. II. 4. a) ee).

615 So auch *Bormann/Stelmaszczyk*, NZG 2019, 601, 611.

616 Ausführlich zu diesem Verfahren *Teichmann*, GmbHR 2018, 1, 12 f.

617 S. C. II. 4. b) bb) (2) (a). Auch hierbei ist wieder darauf zu achten, dass die gemachten Angaben nur mittelbaren Eingang in die Gründung finden. Wie bereits festgestellt, sollen die Gründer nicht zur Verwendung von Mustern verpflichtet werden.

aufgrund der gemachten Angaben beraten und belehren kann.[618] Es käme somit zu einer rechtlichen Einordnung der geplanten Gründungsmodalitäten gepaart mit einer Einschätzung, inwieweit hiermit den Interessen der Gründer entsprochen wird. Im Falle zu großer Divergenzen zwischen dem von Gesellschaftern Gewollten und dem im Benutzermenü Geäußerten könnte der Notar empfehlen, einen erneuten Antrag zu stellen oder aber eine Gründung im Präsenzverfahren durchzuführen.[619]

Im Rahmen der Regelung zur Online-Gründung nach Art. 13 g Abs. 2 GesRRL könnte darüber hinaus überlegt werden, ob dem Notar die Befugnis zusteht, den Gründungsantrag eigenmächtig einzustellen, wenn er der Auffassung ist, die Gründung entspreche nicht den Interessen der Parteien. Nach dem Wortlaut des Art. 13 g Abs. 4 lit. c) GesRRL kann jeder Mitgliedstaat Vorschriften zur Rolle eines Notars erlassen. Dies könnte so verstanden werden, dass eine umfassende Regelung der notariellen Befugnisse möglich ist. Hiergegen spricht jedoch zum einen der Sinn und Zweck der Richtlinie, wonach es möglich sein soll, das Gründungsverfahren vollständig online durchzuführen.[620] Es läge somit in der Hand der Notare, unter dem Deckmantel einer interessengerechten Lösung stets eine Präsenzbeurkundung anzuordnen. Sollte den Notaren das Recht zugesprochen werden, bei einer nach ihrer Sicht unzureichenden Interessensberücksichtigung die Gründung zu verhindern, würde darüber hinaus ihr rechtlicher Stellenwert im Vergleich zur Präsenzgründung gesteigert, bei der nur aufgrund der Nichtigkeit von Willenserklärungen die Beurkundung zu unterbleiben hat.[621] Eine umfassende Befugnis des Notars, den Gründungsantrag eigenmächtig einzustellen, ist somit nicht von der Richtlinie erfasst und auch dem deutschen Recht fremd.

Mit der dargestellten Methode könnte man davon ausgehen, dass das Risiko einer Gründung, die nicht im Einklang mit den unterschiedlichen Interessen steht, minimiert wird, da eine Beratung stattfindet.[622] Allerdings besteht, wenn mehrere Personen über ein Fernkommunikationsmittel miteinander in Kontakt stehen, häufig die Gefahr, dass unterschwellige Konflikte nicht geäußert werden

---

618 *Teichmann*, GmbHR 2018, 1, 13; *Noack*, DB 2018, 1324, 1328 spricht insoweit von einem gestuften Verfahren.

619 *Teichmann*, GmbHR 2018, 1, 13.

620 Vgl. Erwägungsgrund 20 RL (EU) 2019/1151; Zur Frage, wann der Notar ein persönliches Erscheinen anordnen darf, dem Folge geleistet werden muss, s. E. III.

621 Hierzu bereits unter C. I. 1.

622 Vgl. *Teichmann*, GmbHR 2018, 1, 12.

und daher verborgen bleiben.[623] Zudem kann der Notar im Rahmen der Beratung nicht auf eine neue Gestaltung im selben Verfahren hinwirken. Er kann den Gründern lediglich empfehlen, einen erneuten Antrag unter Berücksichtigung der Ratschläge zu stellen oder aber vor Ort zu erscheinen. Er kann jedoch nicht sicherstellen, dass der erneute Antrag fehlerfrei ist. Gerade bei unerfahrenen Gründern herrscht häufig Ratlosigkeit hinsichtlich juristischer Fragestellungen. Im schlimmsten Fall wären somit sich häufig wiederholende Anträge derselben Gründer denkbar.

(c) Online-Gründung mit Beratung und Gestaltungsfreiheit

Aufgrund der geäußerten Bedenken hinsichtlich einer fehlenden flexiblen Gestaltungskomponente könnte überlegt werden, eine Online-Gründung mit Beratungs- und Gestaltungskomponenten einzuführen.[624] Auch in diesem Fall bietet es sich an, den Gründern eine zentrale Anlaufstelle, vorzugsweise über die Bundesnotarkammer, anzubieten. Es könnte hinterfragt werden, ob bei einer entsprechend umfassenden Beteiligung eine im Vorfeld stattfindende Befragung über ein Benutzermenü noch erforderlich ist. Um eine Entlastung des Notars zu ermöglichen, erscheint eine solche Ausgestaltung jedoch sinnvoll. Eine Übersicht über die relevanten Informationen erleichtert den Erstkontakt zwischen Notar und Gründer. Wie genau die Befragung mithilfe des Benutzermenüs erfolgt, ist letztlich eine Frage der inhaltlichen Ausgestaltung. Nach ersten Erfahrungen in der Praxis und entsprechenden Rückmeldungen sollte das Benutzermenü kontinuierlich an die jeweiligen Bedürfnisse angepasst werden. Um nicht als Muster eingestuft zu werden, das verbindlich zu nutzen wäre, dürften sich die Angaben im Benutzermenü wiederum allenfalls mittelbar auswirken.

Es empfiehlt sich, in einem zweiten Schritt einen Notar mittels Videokommunikation einzubinden. Durch die nun stattfindende Beratung und Gestaltung nähert sich das Online-Verfahren funktional der bisherigen notariellen Präsenzbeurkundung an.[625] Es ist jedoch darauf zu achten, dass sich das eingerichtete Benutzermenü und die persönliche Belehrung durch den Notar sinnvoll ergänzen. Einer sinnvollen Ergänzung steht es jedenfalls noch nicht entgegen, wenn sich die den Gründern erteilten Hinweise wiederholen, da verschiedene Informationskanäle zu einer verbesserten Wahrnehmung führen.[626]

---

623 *Teichmann*, GmbHR 2018, 1, 13. Zu den Auswirkungen von Videokonferenzen auf Verhandlungen s. C. II. 4. c).

624 *Teichmann*, GmbHR 2018, 1, 13; *Ulrich*, GmbHR 2019, R 6.

625 *Teichmann*, GmbHR 2018, 1, 14.

626 *Teichmann*, GmbHR 2018, 1, 13.

Unter Berücksichtigung der bestehenden technischen Möglichkeiten scheint das Verfahren einer Online-Gründung mit Beratung und Gestaltungsfreiheit dem Präsenzverfahren am nächsten zu kommen und sollte dementsprechend auch bei der Umsetzung verfolgt werden.

cc) Umsetzung der Beurkundung mittels Videokommunikation im DiRUG

Das Verfahren zur Regelung der Beurkundung mittels Videokommunikation ist im DiRUG in §§ 16 a bis e BeurkG nF geregelt. Nach § 16 a BeurkG nF ist die Beurkundung von Willenserklärungen mittels Videokommunikationssystem zukünftig möglich, soweit dies nach § 2 Abs. 3 GmbHG nF zugelassen ist. Wie bereits im Vorfeld erwartet, werden zukünftig Online-Verfahren somit unter Mitwirkung von Notaren durchgeführt.[627] Hierbei erfolgen im DiRUG keine Einschränkungen, sodass von einer umfassenden Beratungs- und Gestaltungsfreiheit auszugehen ist. Zudem können zukünftig im Rahmen der Gründung gefasste Beschlüsse mittels Videokommunikation erfolgen, wenn diese typischerweise in einem engen Zusammenhang zu der Gründung stehen. Dies betrifft etwa die Bestellung eines Geschäftsführers. Hiervon nicht betroffen sind nach dem Willen des Gesetzgebers Kapitalmaßnahmen oder Umwandlungsvorgänge.[628] Unterschriften der Gesellschafter sind bei der Videokommunikation als qualifizierte elektronische Signaturen zu erbringen, soweit diese am Online-Verfahren teilnehmen.[629] Bei der Beurkundung von Willenserklärungen mittels Videokommunikation ist eine elektronische Niederschrift anzufertigen (§ 16 b BeurkG nF). Diese orientiert sich an Regelungen der allgemeinen Bestimmungen nach §§ 8 bis 16 BeurkG, soweit Besonderheiten des Online-Verfahrens keine Abweichung hiervon erfordern. Abweichungen sind beispielsweise für den Ort der Verhandlung erforderlich, der sich nach dem Ort bestimmt, an dem die elektronische Niederschrift aufgenommen wird, § 16 b Abs. 3 BeurkG nF.[630] Die nach § 16 b BeurkG erstellte Niederschrift bleibt in der Verwahrung des Notars, § 45 b Abs. 1 S. 1 BeurkG nF.[631]

---

627 Vgl. *Linke*, NZG 2021, 309, 310; *Knaier*, GmbHR 2021, 169, 174; *Omlor/Blöcher*, DStR 2021, 2352, 2352.

628 DiRUG-RegE, S. 190; *Stelmaszczyk/Kienzle*, ZIP 2021, 765, 767.

629 Vgl. C. II. 4. d) bb); *Linke*, NZG 2021, 309, 311; *Keller/Schümmer*, NZG 2021, 573, 574; *Stelmaszczyk/Kienzle*, ZIP 2021, 765, 767; *Kienzle*, DNotZ 2021, 590, 601.

630 *Linke*, NZG 2021, 309, 311.

631 *Omlor/Blöcher*, DStR 2021, 2352, 2357; *Kienzle*, DNotZ 2021, 590, 605.

Die Feststellung der Beteiligten ist in § 16 c BeurkG nF geregelt. Die Identifikation ist durch die Einführung einer Kombination aus einem Videoident-Verfahren und verschiedener Identifizierungsmittel, unter anderem solcher mit eID-Funktion, geplant. Der Wortlaut des Gesetzgebers orientiert sich somit weitgehend an Art. 13 b GesRRL. Wie von der Richtlinie vorgesehen hat Deutschland von der Möglichkeit nach Art. 13 b Abs. 2 GesRRL Gebrauch gemacht und lässt nur solche Identifizierungsmittel aus anderen Mitgliedstaaten zu, die dem Sicherheitsniveau „hoch" entsprechen. Daneben genügen im Einklang mit der Digitalisierungsrichtlinie solche ausländischen elektronischen Identifizierungsmittel, die nach der eIDAS Verordnung anerkannt sind.[632] Des Weiteren sind zur Prüfung der Identität elektronische Identitätsnachweise nach § 18 Personalausweisgesetz, § 12 eID-Karte-Gesetz oder § 78 Abs. 5 Aufenthaltsgesetz zugelassen. Vorgelegte Vollmachten und Ausweise über die Berechtigung eines gesetzlichen Vertreters sollen nach § 16 d BeurkG nF in elektronisch beglaubigter Abschrift beizufügen.[633] Das Verlesen der Niederschrift kann, anders als bei der klassischen Beurkundung, vom Bildschirm erfolgen, da dort die Niederschrift gespeichert ist.[634]

Im Gesetz mitaufgenommen wurde das Erfordernis eines elektronisch übermittelten Lichtbildes. Durch dieses zusätzliche Prüfelement soll eine besonders sichere Identifizierung möglich sein. Insbesondere kann sich der Notar der höchstpersönlichen Mitwirkung der ausgewiesenen Personen versichern.[635] Da Erwägungsgrund 22 der Digitalisierungsrichtlinie ergänzende elektronische Kontrollen ausdrücklich gestattet, bestehen hinsichtlich der konkreten Ausgestaltung keine Bedenken.[636] Zudem steht das Auslesen eines übermittelten Lichtbildes auch nicht der eIDAS-VO entgegen, da sich aus dieser Verordnung keine Vorgabe hinsichtlich nationaler Formvorschriften für öffentliche Register ergibt.[637] Die zusätzliche Verwendung eines Lichtbildes ähnelt dem Vorgehen im aktuell praktizierten Präsenzverfahren und ermöglicht die notwendige Identifizierung der Beteiligten im Rahmen der Online-Gründung.[638]

---

632 Hierzu bereits unter C. II. 4. b) bb) (1); vgl. *Bock*, RNotZ 2021, 326, 330.

633 *Schmidt*, ZIP 2021, 112, 114; *Linke*, NZG 2021, 309, 311; *Knaier*, GmbHR 2021, 169, 177; *Omlor/Blöcher*, DStR 2021, 2352, 2353; *Keller/Schümmer*, NZG 2021, 573, 575; *Stelmaszczyk/Kienzle*, ZIP 2021, 765, 767; *Bock*, RNotZ 2021, 326, 333.

634 *Bock*, RNotZ 2021, 326, 330 f.; *Kienzle*, DNotZ 2021, 590, 602.

635 DiRUG-RegE, S. 139; Stellungnahme DNotV v. 15. Januar 2021, S. 4; *Keller/Schümmer*, NZG 2021, 573, 575.

636 Vgl. *Schmidt*, ZIP 2021, 112, 113 f.; *Stelmaszczyk/Kienzle*, ZIP 2021, 765, 770.

637 Vgl. DiRUG-RegE, S. 142.

638 Stellungnahme DNotV v. 15. Januar 2021, S. 4.

c) Exkurs: Auswirkung von Videokonferenzen auf Verhandlungen

Obwohl das hier vorgeschlagene Verfahren der Präsenzgründung in weiten Teilen ähnelt, besteht dennoch die Möglichkeit, dass sich aufgrund der Online-Komponente weitere psychologische Probleme ergeben. Bei mehreren Teilnehmern kann die Fernkommunikation an ihre Grenzen stoßen. Insbesondere können die Wahrnehmungsbedingungen in der Videokonferenz von denen im täglichen Leben abweichen.[639] Aufgrund technischer Eigenheiten birgt die Videokommunikation Besonderheiten, welche entscheidenden Einfluss auf Verhandlungen haben können.

aa) Technische Eigenarten der Videokonferenz

Im Rahmen von Videokonferenzen fehlt es regelmäßig an einer Kommunikationshandlung, die gleichzeitig wahrgenommen wird. Häufig treten Übertragungsverzögerungen auf. Bereits bei Verzögerungen von Bruchteilen einer Sekunde kommt es für Teilnehmer an verschiedenen Orten zu Schwierigkeiten, sich in eine Diskussion einzubringen.[640] In der Konsequenz besteht die Gefahr, dass der Gesprächsverlauf unterschiedlich wahrgenommen wird. Nachfragen, die aufgrund einer schlechten Verbindung erfolgen, könnten fehlgedeutet und als unhöfliche Unterbrechung gewertet werden.[641]

Zudem kommt nonverbalen Kommunikationsmöglichkeiten in einer Videokonferenz weniger Bedeutung zu als in einem Präsenzverfahren. Dies liegt zum einen daran, dass aufgrund der Position der Kamera über oder unter einem Bildschirm kein direkter Augenkontakt möglich ist. Nur wenn eine Person direkt in die Kamera spricht, besteht für die anderen Teilnehmer der Videokonferenz die Möglichkeit einseitig Augenkontakt herzustellen.[642]

Zudem zeigt eine Videoübermittlung nur Ausschnitte der jeweiligen Personen. Der Platz des Einzelnen wird umso kleiner, je mehr Teilnehmer auf einer Seite der Videokonferenzen sitzen. Dies erschwert die Wahrnehmung von Gestik und Körperhaltung.[643] Darüber hinaus verändert sich bei der Kommunikation

---

639 *Glunz*, Psychologische Effekte beim gerichtlichen Einsatz von Videotechnik, S. 77; *Teichmann*, GmbHR 2018, 1, 13.

640 Bereits Verzögerungen ab 200 Millisekunden können zu erheblichen Beeinträchtigungen führen, *Glunz*, Psychologische Effekte beim gerichtlichen Einsatz von Videotechnik, S. 78; *Meier*, in: Kallmeyer, Sprache und neue Medien S. 213 f.

641 *Glunz*, Psychologische Effekte beim gerichtlichen Einsatz von Videotechnik, S. 79.

642 *Glunz*, Psychologische Effekte beim gerichtlichen Einsatz von Videotechnik, S. 81.

643 *Glunz*, Psychologische Effekte beim gerichtlichen Einsatz von Videotechnik, S. 81 ff.

über Videokonferenzsysteme die Aufteilung des Besprechungsraums. Während normalerweise derjenige das Geschehen leitet, der am Tischende sitzt, liegt der Fokus bei einer Videokonferenz auf den Personen, die sich am nächsten zur Kamera befinden.[644]

Nicht nur das abgebildete Geschehen selbst ändert sich. Durch die ausschnitthafte Übertragung kann auch das Umfeld einer Person nicht in gleicher Weise eingesehen werden wie es bei Verhandlungen vor Ort möglich ist. Es könnten sich somit Probleme ergeben, festzustellen, ob ein Dritter, der sich außerhalb des Blickfelds befindet, den Sprechenden in irgendeiner Form nötigt.[645]

bb) Auswirkungen auf die Verhandlung

Die beschriebenen Umstände können Auswirkungen auf den kognitiven Austausch der Beteiligten haben und hierdurch die Konversationsstruktur verändern.[646] Es lässt sich beobachten, dass aus Angst vor möglichen Übertragungsverzögerungen, welche bei Sprecherwechseln auftreten können, die Redebeiträge Einzelner häufig in einen vortragsartigen Stil übergehen und es hierdurch vermehrt zu Monologen mit redundanten Äußerungen kommt.[647] Sobald sich der Schwerpunkt der Interaktion lediglich auf einen Standort verlagert, entsteht eine Trägheit hinsichtlich der Aufmerksamkeit und Beteiligung.[648] Während dies noch bei der bloßen Mitteilung von Informationen unschädlich ist, ergeben sich spätestens dann Probleme, wenn es an die Konfliktlösung geht. Teilnehmer könnten verunsichert sein, welche Reaktionen ihre Äußerungen hervorrufen und ob ihr jeweiliger Standpunkt verstanden wurde. Die Vergleichsbereitschaft der Beteiligten könnte aufgrund dessen abnehmen.[649] Hierbei ist

---

644 *Meier*, in: Kallmeyer: Sprache und neue Medien S. 218 f.

645 *Reimer/Waldhoff*, DB 2015, 2106, 2109; *Klumpen*, Die elektronische Gesellschaftsgründung über die Grenze, S. 274.

646 *Glunz*, Psychologische Effekte beim gerichtlichen Einsatz von Videotechnik, S. 93; Schreiben DNotV v. 4. Juli 2018, S. 10.

647 *Glunz*, Psychologische Effekte beim gerichtlichen Einsatz von Videotechnik, S. 94, 99; Schreiben DNotV v. 4. Juli 2018, S. 11. Teilweise wird überlegt, ob der jeweilige Teilnehmer auf seinem Bildschirm eine Eigenbilddarstellung erhalten soll. Hierdurch könnte er selber feststellen, ob es zu Übertragungsverzögerungen kommt. Jedoch sind die Risiken zu groß, dass der Beteiligte verunsichert wird und sein Verhalten bei einer Eigenbilddarstellung ändert, m.w.N. *Glunz*, Psychologische Effekte beim gerichtlichen Einsatz von Videotechnik, S. 90 f.

648 *Meier*, in: Kallmeyer: Sprache und neue Medien S. 219.

649 Vgl. *Glunz*, Psychologische Effekte beim gerichtlichen Einsatz von Videotechnik, S. 96, 98, 120; Schreiben DNotV v. 4. Juli 2018, S. 11.

jedoch danach zu differenzieren, ob eine zukünftige Interaktion der Beteiligten geplant ist oder ob es bei einem einmaligen virtuellen Kontakt bleibt. Während sich bei den Beteiligten im letzten Fall häufig feindseliges Verhalten beobachten lässt, ist dies bei erwartetem persönlichem Kontakt in der Zukunft nicht der Fall. Das Level an entgegengebrachtem Vertrauen entspricht bei späterem Kontakt in der realen Welt eher dem einer Präsenzverhandlung.[650] Da sich die Gründer einer Gesellschaft bereits vor der eigentlichen Beurkundung kennen und auch im Anschluss weiterhin zusammenarbeiten, dürfte feindseliges Verhalten somit nur selten zu beobachten sein. Gleichwohl wird es beim lediglich virtuellen Kontakt mit dem Notar verbleiben.

Aufgrund der räumlichen Distanz bei Videokonferenzen erfolgen außerdem häufiger unaufrichtige Aussagen einzelner Personen, als dies bei sich unmittelbar gegenüberstehenden Gesprächspartnern der Fall ist. Hierdurch leidet die Glaubwürdigkeit der Beteiligten insgesamt.[651] Als Folge könnte den Beteiligten im Vergleich zu Präsenz-Verfahren weniger Vertrauen entgegengebracht werden.

cc) Mögliche Vorkehrungen

Die aufgrund der technischen Kommunikationsmittel dargestellten Risiken erfordern eine hinreichende Berücksichtigung bei der Ausgestaltung des Online-Beurkundungsverfahrens. Ausgangspunkt für einen bestmöglichen Ablauf ist die konstante Verbindung der Beteiligten über ein Videokommunikationssystem. Jede Partei muss die hierfür erforderlichen technischen Maßnahmen (Bereitstellen einer Internetverbindung, Webcam, etc.) auf ihrer Seite ergreifen. Ob eine ausreichende Verbindung vorliegt, sollte vom Notar während der Beurkundung überprüft werden. Im Falle einer Unterbrechung ist das Verfahren erst dann fortzusetzen, wenn die Verbindung wieder vollständig hergestellt ist.[652] Im Vorfeld der Online-Beurkundung sollten die Teilnehmer auf die Besonderheiten des von ihnen gewählten Verfahrens aufmerksam gemacht werden. Wie bereits dargestellt ergeben sich kommunikative Besonderheiten, wenn

650 *Stuhlmacher/Citera*, Journal of Business and Psychology 2005, 69, 86.

651 *Glunz*, Psychologische Effekte beim gerichtlichen Einsatz von Videotechnik, S. 145 ff.; *Stuhlmacher/Citera*, Journal of Business and Psychology 2005, 69, 79; Schreiben DNotV v. 4. Juli 2018 S. 11.

652 Diese Überlegungen fanden bereits Einklang im Online-Notariatsakt, der in Österreich durchgeführt wird, vgl. § 69 b Abs. 3 öNotO; so auch *Klumpen*, Die elektronische Gesellschaftsgründung über die Grenze, S. 275.

elektronische Hilfsmittel eingeschaltet werden. Dies müssen sich die Beteiligten bewusst machen.

Während der Beurkundung empfiehlt es sich, den Notar bei der Führung durch die Beurkundung als Gesprächsmoderator dadurch zu unterstützen, dass dieser möglichst nah am Videokommunikationssystem sitzt. Hierdurch wird die Aufteilung des Besprechungsraums genutzt, um einen Fokus auf den Notar zu legen und somit auch die zugeschalteten Teilnehmer in die Beurkundung miteinzubeziehen. Zusätzlich sollten Personen vom Notar direkt angesprochen werden, um zu verdeutlichen, dass von ihnen eine Handlung verlangt wird. Durch entsprechende Interaktion lässt sich auch die Gefahr des Aufkommens von Trägheit bei den Beteiligten verringern.[653]

Zurecht wird darauf hingewiesen, dass Erklärungen aufgrund der ausschnitthaften Übertragung nicht in gleicher Weise wie bei einem Präsenzverfahren daraufhin überprüft werden können, ob sie unter Ausschluss von Zwang stattfinden.[654] Zur Umgehung dieses Problems wird mitunter vorgeschlagen, dass bei allen Beteiligten vor Ort ein Notar anwesend ist, der den ordnungsgemäßen Ablauf überwacht.[655] Ein solches Vorgehen dürfte jedoch nicht im Einklang mit der Gesellschaftsrechtsrichtlinie stehen, wonach ein persönliches Erscheinen gerade nicht erforderlich ist (vgl. Art. 13 g Abs. 1 GesRRL). Diese Vorgabe gilt auch für einzelne Aspekte wie etwa die Sicherstellung, dass bei Abgabe der Willenserklärungen kein Zwang von außen auf die Beteiligten wirkt. Es wird zudem übersehen, dass bereits aktuell Fälle vorliegen können, bei denen eine Gründung unter Zwang erfolgt, auch ohne, dass die den Zwang ausübende Person anwesend ist. Ungeachtet dessen kann der Notar sich mithilfe psychologischer Fragestellungen und sonstiger Beobachtungen während des Beurkundungsvorgangs hinsichtlich der Glaubwürdigkeit der gemachten Angaben vergewissern.[656] Es sollten entsprechende Schulungen eingeführt werden, um die Notare auf die auf sie zukommenden Aufgaben vorzubereiten.[657]

---

653 *Meier*, in: Kallmeyer: Sprache und neue Medien S. 207 f.

654 *Reimer/Waldhoff*, DB 2015, 2106, 2109; *Klumpen*, Die elektronische Gesellschaftsgründung über die Grenze, S. 274.

655 So etwa der Vorschlag im Schreiben DNotV v. 4. Juli 2018, S. 11.

656 Welche Kontrollmöglichkeiten nicht vor Ort anwesende Personen bei der Überprüfung einzelner Angaben haben, hat bereits die BaFin im Rahmen von Videoidentifizierungsverfahren angesprochen, vgl. BaFin Rundschreiben 3/2017 v. 10. April 2017, dort unter B. VII.

657 Bereits für die Videoidentifizierungsverfahren herrschte Einigkeit dahingehend, dass solche Maßnahmen nur durch hierfür geschulte und entsprechend ausgebildete

Um Missverständnissen im Nachgang zur Beurkundung vorzubeugen, bietet es sich an, den gesamten Beurkundungsprozess in einem umfassenden – freiwilligen – Protokoll festzuhalten. Dies kann etwa im Wege einer Audio-Video-Aufnahme geschehen, da in diesen Fällen keine vorherige Filterung basierend auf einer individuellen Wahrnehmung stattfindet und mögliche Verfremdungseffekte weitestgehend ausgeblendet werden.[658]

Die Durchführung einer Videokonferenz erscheint möglich, erfordert aber ein Umdenken aller Beteiligter. Bei allen möglichen Vorkehrungen verläuft eine Verhandlung über Videokonferenz nach aktuellem Stand der Technik dennoch nie so ab wie in der realen Welt. Gleichwohl ist von staatlicher Seite für faire Bedingungen mit gleichen Partizipationschancen zu sorgen.[659]

d) Einzelfragen der Online-Gründung

Im Rahmen der Online-Gründung stellen sich im Hinblick auf die Beteiligung eines Notars verschiedene Einzelfragen, die einer Erörterung bedürfen.

aa) Wahlrecht der Gründer

Lediglich klarstellend soll festgehalten werden, dass die Möglichkeit einer Online-Gründung das bisherige Präsenzverfahren ergänzt. Nach Umsetzung der Richtlinie besteht für die Gründer somit ein Wahlrecht hinsichtlich der Art der Beurkundung für Gründungsvorgänge.[660] Durch das Online-Verfahren als spezielle Beurkundungsvariante wird eine Erleichterung der Gründung erreicht, wodurch eines der Hauptanliegen des europäischen Gesetzgebers verwirklicht wird.[661] Die beiden Gründungsvarianten sind als gleichwertig

---

Mitarbeiter durchgeführt werden dürfen, vgl. BaFin Rundschreiben 3/2017 v. 10. April 2017, B. I.; *Wachter*, GmbH-StB 2018, 263, 264; . Entsprechende Schulungen sind erst recht durchzuführen, wenn die Online-Komponenten an Bedeutung zunehmen, *Keller/Schümmer*, NZG 2021, 573, 576.

658 *Stürner*, SchiedsVZ 2018, 299, 302 f.; In diese Richtung gehend schlägt bereits die BaFin in ihrem Rundschreiben 3/2017 v. 10. April 2017 vor, dass Identifizierungsprozesse aufzuzeichnen sind. Zur Frage inwieweit die umfassende Aufzeichnung mit dem Datenschutzrecht in Einklang steht, s. E. IV. 2.

659 Schreiben DNotV v. 4. Juli 2018, S. 11.

660 *Wachter*, GmbHR 2019, R 232 ff.; *Birkefeld/Schäfer*, BB 2019, 2626, 2631; *Noack*, DB 2018, 1324, 1326; *Heckschen*, NotBZ 2020, 241, 242.

661 So etwa Erwägungsgrund 8 RL 2019/1151; *Birkefeld/Schäfer*, BB 2019, 2626, 2631.

anzusehen.[662] Die Annahme eines Wahlrechts entspricht darüber hinaus am ehesten den Resultaten aus der Entwicklungshistorie der Digitalisierungsrichtlinie.[663] Bereits Art. 14 Abs. 3 SUP-RL-Rat stellte für den Entwurf der SUP, auf dem die Digitalisierungsrichtlinie basiert klar, dass auch andere als die elektronische Eintragungsmöglichkeit bestehen. Insofern missverständlich ist die Formulierung in der Begründung zum DiRUG, wonach das Präsenzverfahren weiterhin den Normalfall des notariellen Beurkundungsverfahrens darstellt.[664] Dies kann allein so verstanden werden, dass das Präsenzverfahren als Normalfall angesehen wird, soweit es nicht um die Gründung einer GmbH oder Unternehmergesellschaft (haftungsbeschränkt) geht.

bb) Gemischte Beurkundung

Wie bereits festgestellt sieht die Gesellschaftsrechtsrichtlinie die Möglichkeit einer Mehrpersonengründung vor.[665] Mögliche Szenarien hierbei sind, dass zum einen alle Gründer über ein Videokommunikationssystem in Verbindung mit dem Notar stehen oder, dass zum anderen manche Beteiligte vor dem Notar anwesend sind und andere lediglich zugeschaltet werden. In der Richtlinie wurde nur das erste Szenario berücksichtigt, wohingegen die Möglichkeit einer Kombination der Verfahren nicht angesprochen wurde.[666] Dennoch sollte diese Ausgestaltung ohne Weiteres zulässig sein.[667] Wenn schon ein reines Online-Verfahren möglich ist, dann gilt dies erst recht für eine abgemilderte Form, die aufgrund der zum Teil anwesenden Gründer dem bisher praktizierten Verfahren nähersteht.

Hiervon geht auch der Gesetzgeber im DiRUG aus und orientiert sich an dem bereits in Österreich praktizierten Verfahren. § 16 e BeurkG nF erlaubt ausdrücklich eine gemischte Beurkundung und stellt klar, dass in diesem Fall zwei inhaltsgleiche Niederschriften zu erstellen sind, die je nach Beteiligung der Gründer mit einer qualifizierten elektronischen Signatur oder einer Unterschrift versehen werden und im Anschluss gemeinsam verwahrt werden. Zudem

662 In diese Richtung gehend auch *Birkefeld/Schäfer*, BB 2019, 2626, 2631 wonach das Online-Verfahren nicht als Aliud zur bisher praktizierten Unternehmensgründung zu verstehen ist.

663 Hierzu bereits B. IV. 2. b).

664 DiRUG-RegE, S. 130; *Linke*, NZG 2021, 309, 310.

665 Hierzu bereits C. II. 2. a).

666 *Birkefeld/Schäfer*, BB 2019, 2626, 2628.

667 *Wachter*, GmbHR 2019, R 232 ff.

sollen die Niederschriften einen Vermerk über die gewählte Beurkundungsart enthalten.[668] In diesem Zusammenhang ist zu berücksichtigen, dass im Fall einer gemischten Beurkundung die am jeweiligen Verfahren teilnehmenden Gesellschafter allein „ihre" Niederschrift unterzeichnen. Eine wechselseitige Unterzeichnung der Niederschriften durch sämtliche Gesellschafter ist nicht notwendig.[669] Allerdings sind beide Niederschriften zusammen zu verwahren, § 16 e Abs. 2 BeurkG nF. Dies soll durch eine technische Verknüpfung der elektronischen Niederschrift und der elektronischen Version der im Präsenzverfahren unterzeichneten Niederschrift im elektronischen Urkundenarchiv und die Vergabe derselben Urkundennummer ermöglicht werden.[670]

cc) Einbeziehung inländischer Notare

Es sollte ausdrücklich festgehalten werden, dass nur inländische Notare mit einer Gründung betraut werden können. Dass dem Notar bei der Online-Gründung eine verpflichtende Rolle nach nationalem Recht zustehen kann, ergibt sich bereits aus Erwägungsgrund 20 der Digitalisierungsrichtlinie.[671] Eine entsprechende Regelung einzuführen, wonach ausschließlich inländische Notare hiervon erfasst sind, ist im Einklang mit der Rechtsprechung des Europäischen Gerichtshofs zulässig.[672] Zudem lässt auch die Richtlinie eine Beschränkung auf inländische Notare ausdrücklich zu. Art. 13 c Abs. 1 UAbs 1 GesRRL stellt

---

668 § 16 e BeurkG-E, DiRUG-RegE; *Linke*, NZG 2021, 309, 311; *Knaier*, GmbHR 2021, 169, 175; *Omlor/Blöcher*, DStR 2021, 2352, 2353; *Keller/Schümmer*, NZG 2021, 573, 575; *Kienzle*, DNotZ 2021, 590, 601.

669 So Stellungnahme DNotV v. 15. Januar 2021, S. 8. Im Referentenentwurf fehlte eine diesbezügliche Klarstellung. Im Rahmen des DiRUG-RegE wurde dies in § 2 Abs. 3 S. 2 GmbHG-E nachgeholt.

670 § 78 h Abs. 3 S. 1 BNotO, s. *Knaier*, GmbHR 2021, 169, 175; *Bock*, RNotZ 2021, 326, 331.

671 So auch *Schurr*, EuZW 2019, 772, 777.

672 In der Rechtssache Piringer (EuGH, C 342/15, NJW 2017, 1455, 1458) wurde entschieden, dass die Richtigkeit von Eintragungen im Grundbuch einer Überprüfung durch vereidigte nationale Berufsangehörige bedarf. Hierdurch wird die Rechtssicherheit von Transaktionen sichergestellt. Nationale Regelungen, die eine entsprechende Beschränkung vorsehen, beeinträchtigen zwar die Dienstleistungsfreiheit, jedoch ist der Eingriff durch zwingende Gründe des Allgemeinwohls gerechtfertigt. Eine Verpflichtung zur Mitwirkung von inländischen Notaren, welche der Richtigkeit von Eintragungen im Handelsregister dient, dürfte ebenfalls unter diesen Rechtfertigungsgrund fallen, vgl. *Waldhoff*, EuZW 2017, 382, 385; *Bormann/Stelmaszczyk*, NZG 2019, 601, 610; *Schurr*, EuZW 2019, 772, 778.

klar, dass für die Kompetenzzuweisung zur Bearbeitung von Aspekten der Online-Verfahren nationale Rechtsvorschriften unberührt bleiben. Für das Verfahren zur Erstellung des Errichtungsakts gilt ausweislich Art. 13 c Abs. 1 UAbs 2 GesRRL nichts Anderes. Durch eine sachkundige Beratung wird dem in Erwägungsgrund 16 der Richtlinie genannten Ziel einer Beschleunigung des Gründungsverfahrens entsprochen.[673] Zudem kann den Formzwecken des § 2 Abs. 1 GmbHG nur durch einen deutschen Notar entsprochen werden.[674] Auch in Anbetracht der in Erwägungsgrund 19 der Richtlinie angestrebten Wahrung gesellschaftsrechtlicher Traditionen scheint eine Beschränkung auf inländische Notare sinnvoll zu sein. Nur teilweise kann dem Argument zugestimmt werden, dass vor allem ausländische Gründer von einem in Deutschland amtsansässigen Notar profitieren.[675] Hierdurch würde unterstellt, dass inländische Gründer stets ein größeres Wissen um die Besonderheiten der GmbH-Gründung haben und auf eine Beratung verzichten könnten. Dies mag vereinzelt der Fall sein. Tatsächlich ist die Beteiligung eines inländischen Notars jedoch für alle Gründer und auch für den Rechtsverkehr aufgrund der materiellen Richtigkeitsgewähr von Vorteil. Eine ausdrückliche Beschränkung auf inländische Notare ist, entgegen des hier unterbreiteten Vorschlags, im DiRUG jedoch nicht erfolgt.

dd) Einbindung Dritter in das elektronische Identifizierungsverfahren

Das elektronische Identifizierungsverfahren kann für viele Notare eine besondere Schwierigkeit darstellen. Aufgrund der Bedeutung des Identifizierungsverfahrens und der gleichzeitig damit verbundenen technischen Herausforderungen könnte überlegt werden, bestimmte Handlungen auf Mitarbeiter des Notars oder externe Dienstleister auszulagern.[676] Dem steht jedoch entgegen, dass die Identifizierung der Beteiligten Teil der persönlichen Amtsausübung des Notars ist (vgl. §§ 10 ff. BeurkG) und grundsätzlich nur von ihm selbst und in eigener

---

673 BR-Drs. 611/19, S. 21.

674 *Bormann/Stelmaszczyk*, NZG 2019, 601, 610. Zur Beurkundung der Gründung von Kapitalgesellschaften im Ausland s. C. I. g) bb). Gerade im Hinblick auf die materielle Richtigkeitsgewähr kann die Handlung eines deutschen Notars wohl nicht substituiert werden. Selbst wenn eine Substituierung bei statusrelevanten Maßnahmen höchstrichterlich geklärt würde, wäre der Gesetzgeber nicht verpflichtet, eine solche ausdrücklich vorzusehen, s. BR-Drs. 611/19, S. 22.

675 So jedoch BR-Drs. 611/19, S. 21.

676 Teilweise wird für umfangreiche Delegierung hinsichtlich Identifizierung der Beteiligten, Feststellung der Rechts- und Geschäftsfähigkeit und die Prüfung der Vertretungsbefugnisse plädiert, s. *Wachter*, GmbHR 2019, R 232 ff.

Verantwortung auszuüben ist.[677] Von der Pflicht zur persönlichen Ausübung bestehen allerdings Ausnahmen.

So ist es dem Notar bei Abwesenheit oder vorübergehender Verhinderung der Amtsausübung nach § 39 BNotO erlaubt, einen Vertreter zu bestellen.[678] Hiervon könnte der Notar Gebrauch machen, um das elektronische Identifizierungsverfahren auszulagern. Die Gewährleistung der erforderlichen Rechts- und Geschäftsfähigkeit der Antragsteller, wie auch die Prüfung der Befugnis zur Vertretung der Gesellschaft sollten dagegen aufgrund der damit verbundenen Komplexität, gerade im Hinblick auf juristische Personen, vom Notar vorgenommen werden. Ob eine Vertreterbestellung des Notars für die Ausübung lediglich bestimmter Amtsgeschäfte möglich ist, lässt sich nicht generell beantworten, sondern erfordert stets eine interessengerechte Abwägung.[679] Die dauerhafte Durchführung elektronischer Identifizierungsverfahren durch einen Notarvertreter ist jedoch wohl nicht von § 39 BNotO vorgesehen. Bei einer Auslagerung aufgrund von technischen Besonderheiten eines bestimmten Verfahrens handelt es sich nicht um einen Fall von Abwesenheit oder Verhinderung, so dass es bereits an den Voraussetzungen einer Vertreterbestellung fehlt. Darüber hinaus widerspricht eine dauerhafte Bestellung dem vorübergehenden Charakter der Vertretung.[680] Eine Bestellung ist in der Regel zeitlich begrenzt und soll die Dauer eines Jahres nicht überschreiten (§ 39 Abs. 1 S. 2 BNotO).

Bei der Einbindung von Mitarbeitern ist zu beachten, dass diese nur vorbereitende, begleitende und vollziehende Tätigkeiten ausüben dürfen, welche in jedem Fall vom Notar abschließend zu kontrollieren sind.[681] Hiervon erfasst sind vornehmlich Entwürfe.[682] Die eigenverantwortliche Feststellung der Identität kann somit nicht an Mitarbeiter delegiert werden.

Ebenso wenig bietet sich die Inanspruchnahme von externen Dienstleistern für das Identifizierungsverfahren an. Nach § 26 a Abs. 1 S. 2 BNotO ist ein Dienstleister eine andere Person oder Stelle, die vom Notar im Rahmen seiner Berufsausübung mit Dienstleistungen beauftragt wird. Nach der Gesetzbegründung

677 *Frisch*, in: BeckOK-BNotO, § 39, Rn. 1; *Bremkamp*, in: Beck´sches Notar-HdB, § 32 Rn. 60.

678 *Frisch*, in: BeckOK-BNotO, § 39 Rn. 6.

679 *Peterßen*, RNotZ 2008, 181, 188.

680 *Peterßen*, RNotZ 2008, 181, 187; BGH, DNotZ 1954, 728, 732.

681 *Schramm*, in: BeckOK-BNotO, § 19 Rn. 186; *Bremkamp*, in: Beck´sches Notar-HdB, § 32 Rn. 61.

682 *Starke*, in: Eylmann/Vaasen, § 25 Rn. 7 ff.; *Bremkamp*, in: Beck´sches Notar-HdB, § 32 Rn. 61.

sind hiervon jedoch vorwiegend unterstützende Dienstleistungen etwa in den Bereichen IT, Reinigung oder Aktenarchivierung und -vernichtung erfasst.[683] Selbstständige Leistungen im unmittelbaren Zusammenhang mit der Erstellung von Urkunden sind im Umkehrschluss ausgeschlossen. Eine Einbindung Dritter in das elektronische Identifizierungsverfahren ist somit nach aktuellem Stand nicht möglich.

Gleichwohl besteht für den Gesetzgeber die Möglichkeit, eine Regelung zu erlassen, aufgrund derer die Beteiligung von Dienstleistern möglich ist. Als Vorbild könnte Österreich dienen, welches in § 5 NEIV bestimmt, dass der Notar zur Ausführung des elektronisch unterstützten Identifikationsverfahrens einen Dienstleister beauftragen darf, wenn er die endgültige Verantwortung für diesen trägt.[684] Es stellt sich jedoch die Frage, welche persönlichen Anforderungen an einen Dienstleister zu stellen sind.[685] Eine Delegierung erscheint nur bei entsprechender Qualifikation und fachlicher Eignung sinnvoll.[686] Gerade aufgrund der Bedeutung einer zweifelsfreien Feststellung der Identität in einem Online-Verfahren und den damit verbundenen Besonderheiten sollte allein der Notar die Identifizierung der Beteiligten vornehmen, soweit er nicht auf besonders geschulte Mitarbeiter zurückgreifen kann. Eine entsprechende Regelung findet sich jedoch nicht im DiRUG. Es bleibt somit bei der Alleinzuständigkeit des jeweils beurkundenden Notars.

ee) Amtsverweigerung

Nach § 15 Abs. 1 BNotO darf ein Notar seine Urkundstätigkeit nicht ohne ausreichenden Grund verweigern.[687] Im Rahmen des Online-Verfahrens wurden Stimmen laut, wonach von der grundsätzlich obligatorischen Ausübung der Amtspflichten (vgl. § 4 BeurkG) abgesehen werden sollte. Nur weil die Gründung von Kapitalgesellschaften ohne persönliches Erscheinen verpflichtend

---

683 *Hushahn*, in: BeckOK-BNotO, § 26a, Rn. 4; BT-Drs. 18/11936, S. 22.

684 Im Fall Österreichs handelt es sich bei dem Dienstleister um einen Auftragsverarbeiter gemäß Art. 4 Nr. 8 der Verordnung (EU) 2016/679. Demnach ist ein Auftragsverarbeiter eine natürliche oder juristische Person, Behörde, Einrichtung oder andere Stelle, die personenbezogene Daten im Auftrag des Verantwortlichen verarbeitet.

685 § 5 der Notar-E-Identifikations-Verordnung in Österreich sieht lediglich vor, dass bei Abschluss, Durchführung und Kündigung des Vertragsverhältnisses mit dem Dienstleister mit der gebotenen Professionalität und Sorgfalt zu verfahren ist.

686 So im Ergebnis auch *Wachter*, GmbHR 2019, R 232 ff.

687 Unter Urkundstätigkeit ist die Durchführung des Beurkundungsverfahrens nach dem BeurkG zu verstehen, *Frenz*, in: Eylmann/Vaasen, § 15 Rn. 7.

umzusetzen ist, führe dies nicht dazu, dass hiervon jeder Notar betroffen sein müsse, indem er dazu verpflichtet werde, die neue Gründungsvariante anzubieten. Dies wird mit den beträchtlichen Neuerungen in technischer und organisatorischer Hinsicht begründet.[688]

Dieser Einwand greift jedoch nicht. Eine Lockerung des Kontrahierungszwangs ist nur möglich, wenn gleichzeitig gewährleistet werden kann, dass das Online-Verfahren dennoch durchgeführt wird. Es sind somit in jedem Fall ausreichend Notare zum Anbieten dieser Gründungsvariante vorzuhalten. Sollte eine zu große Lockerung des Kontrahierungszwangs erfolgen, könnte eine flächendeckende Online-Gründung nur durch die Verpflichtung zur Nutzung der Online-Komponenten von einzelnen Notaren erfolgen. Hierbei ist jedoch unklar, nach welchen Kriterien eine mögliche Auswahl erfolgen soll. Darüber hinaus würde eine entsprechende Verpflichtung wohl gegen den in Art. 3 Abs. 1 GG garantierten Gleichheitsgrundsatz verstoßen und wäre somit nicht verfassungskonform. Eine Verletzung des Gleichheitsgrundsatzes liegt vor, wenn wesentlich Gleiches ungleich behandelt wird, ohne dass dies ein sachlicher Grund rechtfertigt.[689] Die spezielle Online-Gründungsvariante nur für bestimmte Notare verpflichtend einzuführen, stellt eine Ungleichbehandlung dar. Insbesondere ist hierfür keine Rechtfertigung ersichtlich. Das neue Verfahren erfordert bei allen Notaren in gleicher Weise eine technische und organisatorische Umstellung. Bei der Umsetzung der Richtlinie sollte somit der Kontrahierungszwang im Sinne von § 4 BeurkG in seiner bisher bestehenden Form beibehalten werden. Erfreulicherweise sieht das DiRUG auch keine entsprechende Änderung vor, sondern hält an § 4 BeurkG fest.

ff) Notarielle Zuständigkeit

Mit der Einführung des Online-Verfahrens geht die Frage einher, wo die jeweilige Urkundstätigkeit auszuüben ist. Bei Präsenz-Verfahren findet die Urkundstätigkeit des Notars üblicherweise in seinem Amtsbereich statt (vgl. § 10 a Abs. 2 BNotO).[690] Durch eine Beschränkung der Tätigkeit auf bestimmte

---

688 *Wachter*, GmbHR 2019, R 232 ff.

689 *Heun*, in: Dreier, Art. 3 Rn. 20 ff.

690 Nach § 10a Abs. 2 BNotO ist eine Urkundstätigkeit außerhalb des Amtsbereichs des Notars nur möglich, wenn ein besonderes berechtigtes Interesse der Rechtssuchenden dies erfordert. Ein Verstoß gegen die Zuständigkeitsregelung hat jedoch nicht die Unwirksamkeit des Rechtsgeschäfts, sondern lediglich disziplinarische Maßnahmen zur Folge, s. DiRUG-RegE, S. 122; BT-Drs. 611/19, S. 26; *Eylmann*, in: Eylmann/

Bereiche erfolgt eine räumliche Verteilung, wodurch dem in § 4 BNotO verankerten Bedürfnis Rechnung getragen wird, dass so viele Notare bestellt werden, wie es eine geordnete Rechtspflege erfordert.[691] Es stellt sich die Frage, wie eine hinreichende Verteilung der Notare bei einem Verfahren, das regelmäßig ohne Präsenz der Beteiligten auskommt, gewährleistet werden kann. Nur durch eine interessengerechte Festlegung der notariellen Zuständigkeit kann verhindert werden, dass einzelne Notare nicht häufiger als andere in Fernbeurkundungen eingebunden werden, was eine flächendeckende Zuweisung von Notarstellen erschweren würde.[692] Bei einer unzureichenden Regelung ist zu befürchten, dass Urkundstätigkeiten, die die Online-Gründung von Gesellschaften betreffen, zunehmend in größere Städte verlegt werden, was zu einem Abbau von Notarstellen in strukturschwachen Regionen führen kann.[693] Das in § 4 BNotO zum Ausdruck gebrachte Erfordernis einer flächendeckenden Versorgung könnte hierdurch gefährdet werden. Ohne Vorgaben zur örtlichen Zuständigkeit ist zu befürchten, dass Notare in einem deutschlandweiten Konkurrenzkampf von potentiellen Gründern allein aufgrund eines Suchmaschinenrankings ausgewählt werden. Somit läge der Fokus nicht mehr auf Kriterien wie Kompetenz und Qualität, sondern die Auswahl könnte sich an einer geschickten Selbstvermarktung der Notare im Internet orientieren.[694]

(1) Umsetzung im Gesetzgebungsverfahren

Der Gesetzentwurf des Landes Nordrhein-Westfalen sah zur Verhinderung dessen noch vor, dass bei Online-Verfahren der Notar zuständig ist, in dessen Amtsbereich sich der Sitz der betroffenen Gesellschaft, der Wohnsitz oder Sitz eines handelnden Gesellschafters oder der Wohnsitz eines handelnden

---

Vaasen, § 11 Rn. 1; *Keller/Schümmer*, NZG 2021, 573, 575; *Stelmaszczyk/Kienzle*, ZIP 2021, 765, 768.

691 BR-Drs. 611/19, S. 28; *Görk*, in: BeckOk-BNotO, § 10a Rn. 2.; *Eylmann*, in: Eylmann// Vaasen, § 10a Rn. 1; *Bremkamp*, in: Beck´sches Notar-HdB, § 32 Rn. 74; *Stelmaszczyk/ Kienzle*, ZIP 2021, 765, 768; *Bock*, RNotZ 2021, 326, 329; *Kienzle*, DNotZ 2021, 590, 591. Eine Aufhebung dieser Beschränkung käme nach *Keller/Schümmer*, NZG 2021, 573, 578 erst dann in Betracht, wenn alle notariellen Aufgaben auch digital erledigt werden können.

692 BR-Drs. 611/19, S. 26; *Omlor/Blöcher*, DStR 2021, 2352, 2353.

693 Stellungnahme DNotV v. 15. Januar 2021, S. 5; DiRUG-RegE, S. 125; *Kienzle*, DNotZ 2021, 590, 592.

694 Stellungnahme DNotV v. 15. Januar 2021, S. 6.

Geschäftsführers befindet.[695] Wenn sich der Sitz oder Wohnsitz mindestens eines Beteiligten im Ausland befindet, soll diese Beschränkung nicht greifen (§ 10 b S. 2 BeurkG-E). Somit ergibt sich in diesen Fällen die grundsätzliche Zuständigkeit aller deutschen Notare. Die grundsätzliche Regelung der Zuständigkeit verdient Zustimmung. Nicht ganz erschließt sich jedoch der Vorschlag, bereits bei Beteiligung nur eines ausländischen Gesellschafters alle deutschen Notare für zuständig zu erklären. Diese Sachverhalte würden im Vergleich mit denen mit rein inländischer Beteiligung bevorzugt. Die Festlegung eines Ortskriteriums gestaltet sich für Ausländer zwar schwieriger, doch kann auch in diesen Fällen an den Satzungssitz der Gesellschaft angeknüpft werden, der sich notwendigerweise im Inland befindet.[696] Dies wurde erfreulicherweise im DiRUG berücksichtigt.

Nach dem DiRUG erfolgen Urkundstätigkeiten, die nach den §§ 16 a bis 16 e und 40 a BeurkG nF mittels Videokommunikation vorgenommen werden, weiterhin ausschließlich im Amtsbereich der Notare. Der Amtsbereich unterliegt hierbei jedoch einer flexiblen Gestaltung und wird bei Vorliegen der Voraussetzungen gesetzlich fingiert, was aufgrund fehlender Präsenz im jeweiligen Amtsbereich auch erforderlich ist. Nach §§ 10 a Abs. 3, 11 Abs. 3 BNotO nF gilt eine Urkundstätigkeit als im Amtsbereich ausgeübt, wenn sich in diesem (1) der Sitz der betroffenen Gesellschaft oder die Hauptniederlassung oder der Wohnsitz des betroffenen Einzelkaufmanns, (2) bei einer Gesellschaft mit Sitz im Ausland oder einem Einzelkaufmann mit Hauptniederlassung im Ausland der Sitz oder die Geschäftsanschrift der betroffenen Zweigniederlassung oder (3) der Wohnsitz oder Sitz eines Gesellschafters der betroffenen Gesellschaft befindet. Hierbei genügt entsprechend des Wortlauts das Vorliegen einer Variante. Regelmäßig werden den Beteiligten jedoch mindestens zwei Anknüpfungspunkte eröffnet sein.

(2) Notarielle Zuständigkeit im DiRUG

Durch diese Regelung erfolgt eine örtliche Beschränkung der Urkundstätigkeit von Notaren, da weiterhin der jeweilige Amtsbereich ausschlaggebend ist. Während ursprünglich die Zuständigkeitsbeschränkung an die Amtsgeschäfte des Notares anknüpfte und der Wohnort der Mandanten irrelevant war, ist allerdings nunmehr für den Amtsbereich der Wohnort oder der Ort der Tätigkeit der jeweiligen Mandanten entscheidend. Die ebenfalls auf Urkundstätigkeiten in

695 So etwa § 10 b BeurkG-E in BR-Drs. 611/19.

696 Vgl. zum Satzungssitz *Heinze*, in: MüKo-GmbHG, § 4a Rn. 13 f.

Online-Verfahren anwendbaren § 10 a Abs. 2 BNotO und § 10 a Abs. 4 BNotO erlauben jedoch eine Ausnahme von Urkundstätigkeiten außerhalb des jeweiligen Amtsbereichs.[697]

Teilweise wird angenommen, der Begriff des Wohnsitzes sei nicht eindeutig bestimmbar. Insbesondere bestünden Abgrenzungsfragen zu verwandten Begriffen, wie etwa dem Wohnort, dem ständigen Aufenthaltsort oder dem dienstlichen Wohnsitz. Zur Vermeidung von Unsicherheiten solle der Gesetzgeber an den melderechtlichen Wohnungsbegriff anknüpfen.[698] Dem kann entgegengebracht werden, dass der Begriff des Wohnsitzes dem deutschen Recht nicht fremd ist. So bestimmt § 7 Abs. 1 BGB, dass der Wohnsitz der Ort ist, an dem sich jemand ständig niederlässt. Hiervon ist auszugehen, wenn ein räumlicher Schwerpunkt der Lebensverhältnisse an einem bestimmten Ort gegeben ist.[699] Auch wenn der Wohnsitz nach § 7 Abs. 2 BGB an mehreren Orten bestehen kann, widerspricht dies nicht einer eindeutigen Bestimmbarkeit des Wohnsitzes. Mehrere potentielle Wohnsitze stehen dem Sinn von § 10 a Abs. 3 BnotO nF nicht entgegen, da nicht ein alleiniger Anknüpfungspunkt für den Amtsbereich gelten soll, sondern aufgrund der verschiedenen Alternativen eine grundsätzliche Flexibilität gegeben sein soll. Es soll lediglich verhindert werden, dass ein Amtsbereich ohne jeglichen Bezug frei ausgesucht wird. Dieses Ziel wird durch die Regelung erreicht. Des Weiteren geht die Begründung des Entwurfs des DiRUG davon aus, dass ein Wohnsitz dort vorliegt, wo ein „räumlich-persönliches Verhältnis begründet"[700] ist. Dies kann nicht anders zu bewerten sein als ein räumlicher Schwerpunkt im Sinne von § 7 Abs. 1 BGB. Einer Anknüpfung an den melderechtlichen Wohnungsbegriff bedarf es somit nicht.

Da nach Art. 13 c Abs. 1 GesRRL nationale Rechtsvorschriften unberührt bleiben, die die Zuständigkeitsregelungen betreffen, stehen dieser Vorgehensweise keine europarechtlichen Regelungen entgegen.[701] Jedoch könnte die Fiktion des Amtsbereichs eine Einschränkung der grundsätzlich freien Wahl des

---

697 DiRUG-RegE, S 122, 124 f; *Heckschen/Knaier*, NZG 2021, 1093, 1099; *Stelmaszczyk/Kienzle*, ZIP 2021, 765, 768.

698 Stellungnahme DNotV v. 15. Januar 2021, S. 6 f.

699 *Spickhoff*, in: MüKo-BGB, § 7 Rn. 9. Im Übrigen knüpfen auch verwandte Begriffe wie der Wohnort oder der gewöhnliche beziehungsweise ständige Aufenthalt zumindest faktisch an den Wohnsitz an, s. *Spickhoff*, in: MüKo-BGB, § 7 Rn. 11 ff.

700 DiRUG-RegE, S. 123.

701 DiRUG-RegE, S. 125; *Linke*, NZG 2021, 309, 310.

Notars mit sich bringen.[702] Während bei einer Gründung im Präsenz-Verfahren beispielsweise Gründer aus München einen geeignet erscheinenden Notar in Hamburg aufsuchen können, ist ihnen dies im Online-Verfahren grundsätzlich verwehrt, wenn nicht die Voraussetzungen des § 10 a Abs. 2 BNotO vorliegen. Ausweislich der Gesetzgebungsmaterialien können allerdings im Rahmen des Online-Verfahrens berechtigte Interessen nach § 10 a Abs. 2 BNotO angenommen werden, die eine Urkundstätigkeit außerhalb des jeweiligen Amtsbereichs zulassen, wenn zu dem jeweiligen Notar eine besondere Vertrauensbeziehung besteht.[703] Hierdurch kann eine hinreichende Flexibilität erreicht werden, da sich eine entsprechende Vertrauensbeziehung zum einen aus in der Vergangenheit liegenden Geschäftsbeziehungen ergeben kann. Es erscheint jedoch geboten, eine solche Beziehung mit Wirkung für die Zukunft ebenfalls anzunehmen, wenn sie sich aufgrund einer Prognoseentscheidung ergibt. Ein solches Verständnis der Vertrauensbeziehung ist mit Blick auf die Überlegungen des Gesetzgebers zum Wohnsitz gerechtfertigt. Dort wird die Vermutung aufgestellt, dass eine rechtliche Beratung des jeweiligen Notares auch über den konkreten Anlass der Urkundstätigkeit hinaus bestehen wird. Diese Vermutung lässt sich auf die besondere Vertrauensbeziehung übertragen, die somit nicht allzu restriktiv zu verstehen ist. Dies kann dazu führen, dass die Ausnahme des § 10 a Abs. 2 BNotO bei Online-Beurkundung zur Regel wird. Das grundsätzliche Regel-Ausnahme-Verhältnis wird somit umgekehrt. Dies entspricht jedoch dem gesetzgeberischen Willen, wonach zum einen eine gewisse Flexibilität bestehen soll und zum anderen die örtliche Beschränkung derjenigen im Präsenz-Verfahren faktisch möglichst nahekommen soll.[704] Im oben gewählten Beispiel werden die Gründer aus München nicht ohne besonderen Anlass den Weg nach Hamburg antreten. Dieser besondere Anlass wird aufgrund von § 10 a Abs. 2 BNotO auch im Online-Verfahren berücksichtigt. Insgesamt handelt es sich somit um eine interessengerechte Regelung. Ob sich durch diese Vorschrift eine Steuerung der Notarstellen dahingehend ergeben wird, dass Online-Gründungen beziehungsweise Online-Eintragungen zumindest ebenso häufig in ländlichen Regionen wie auch in größeren Städten stattfinden werden, erscheint allerdings zweifelhaft.[705]

---

702 Der Gesetzentwurf selbst geht von einer nur unwesentlichen Einschränkung aus, DiRUG-RegE, S. 124; *Linke*, NZG 2021, 309, 310.

703 DiRUG-RegE, S. 124.

704 DiRUG-REgE, S. 124.

705 So im Ergebnis auch *Linke*, NZG 2021, 309, 310; *Kienzle*, DNotZ 2021, 590, 593.

gg) *Gebühren für Online-Verfahren*

Nach Art. 13 d GesRRL sind die Gebührenregelungen für Online-Verfahren transparent zu gestalten. Zudem sollen sie diskriminierungsfrei angewandt werden.[706] Im Gegensatz zu den Registergebühren ist die Höhe der Gebühren für Online-Verfahren nicht auf die Deckung von Kosten beschränkt.[707] Nichtsdestotrotz ist zu erwarten, dass das Prinzip der Kostendeckung auch für Online-Verfahren gelten wird.

Für den Betrieb des Videokommunikationssystems sieht das DiRUG nach § 78 q Abs. 1 BnotO nF vor, dass die Gebühren so zu bemessen sind, dass der mit der Einrichtung, der Inbetriebnahme sowie der dauerhaften Führung und Nutzung des Systems verbundene Aufwand abgedeckt wird. Die Höhe der Gebühren soll regelmäßig überprüft werden (§ 78 q Abs. 2 BnotO nF). Gegen diese Regelung sprechen keine Bedenken. Insbesondere ist bei einer regelmäßigen Überprüfung der Kosten von einer ausreichenden Transparenz auszugehen.

e) *Exkurs: Die Online GmbH (OGmbH)*

Gegenüber der Einführung einer Online-Gründung bestehen trotz verschiedener Schutzsysteme, vor allem aufgrund des weiten persönlichen Anwendungsbereichs, teilweise noch Bedenken.[708] Um diesen entgegenzuwirken, könnte überlegt werden, einen alternativen Rechtsformzusatz einzuführen. Im Wege der Online-Gründung errichtete GmbHs könnten künftig als Online GmbH (OGmbH) bezeichnet werden.[709] Es könnte beschlossen werden, das Online-Verfahren nur bei diesen Gesellschaften einzusetzen.

Diese Möglichkeit müsste jedoch von der Richtlinie vorgesehen sein. Im Umkehrschluss aus Art. 13 g Abs. 1 UAbs. 2 GesRRL ergibt sich, dass die in Anhang IIA genannten Rechtsformen vom neu einzuführenden Verfahren erfasst sein müssen. Für Deutschland wird nur die Gesellschaft mit beschränkter Haftung

---

706 Erwägungsgrund 12 RL (EU) 2019/1151.

707 *Birkefeld/Schäfer*, BB 2019, 2626, 2629. Das Gebot der Kostendeckung gilt nach Art. 13 d Abs. 2 GesRRL allein für die Registergebühren.

708 S. C. II. 2.

709 Bei der Wahl eines möglichen Rechtsformzusatzes ist darauf zu achten, dass eine hinreichende Nähe zur GmbH deutlich wird. Dies wurde bei Einführung der Unternehmergesellschaft (haftungsbeschränkt) bemängelt. Wenn ein Rechtsformzusatz verwendet wird, sollte aus ihm selbst hervorgehen, dass es sich um eine Rechtsformvariante der GmbH handelt, vgl. hierzu Handelsrechtsausschuss des Deutschen Anwaltsvereins, NZG 2007, 735, 736 f.

aufgelistet, ohne auf mögliche Rechtsformzusätze hinzuweisen. Gleichwohl ist davon auszugehen, dass die Unternehmergesellschaft (haftungsbeschränkt) vom Anwendungsbereich erfasst ist.[710] Die GmbH in ihrer Ursprungsform ist somit in jedem Fall erfasst. Der nachträglichen Einführung einer weiteren Gesellschaftsform, die der GmbH ähnelt und für die ebenfalls die Online-Gründung möglich sein soll, spricht nichts entgegen. Die Einführung einer OGmbH mit dem Ziel die Online-Gründung auf diese zu begrenzen, würde jedoch gegen den Wortlaut der Richtlinie und den Willen des europäischen Gesetzgebers verstoßen. Es soll keine untergeordnete GmbH errichtet werden. Ziel ist es vielmehr, ein probates Mittel zur Teilnahme am Wirtschaftsverkehr bereitzustellen. Dies ist nur möglich, wenn die originäre GmbH für die Online-Gründung offensteht.

Nichtsdestotrotz kann der Gesetzgeber nach seinem Ermessen eine OGmbH als weiteren Rechtsformzusatz, der ausschließlich bei Online-Gründungen Verwendung findet, einführen.[711] Durch diesen Schritt würde der Rechtsverkehr über die Besonderheiten einer in dem speziellen Gründungsverfahren errichteten GmbH frühzeitig in Kenntnis gesetzt werden. Es erscheint auch denkbar, diese Möglichkeit als Übergangslösung zu nutzen, bis eine noch durchzuführende Evaluierung Aussagen zum möglichen Mehrwert des Online-Verfahrens liefert.

Hiervon sollte jedoch abgesehen werden. Dem Gesetzgeber steht es zwar offen, die Anzahl an Gesellschaftsformen und damit den *Numerus Clausus* im Gesellschaftsrecht aufzulockern, doch führt dies zu der Gefahr der Schaffung einer GmbH zweiter Klasse. Zudem war dieser Schritt vom europäischen Gesetzgeber – anders als noch für die SUP – nicht geplant.[712] Darüber hinaus erscheint die Sinnhaftigkeit einer Maßnahme fraglich, wenn ihr einziger Zweck darin besteht, etwaigen Ressentiments vorzubeugen und Gründer sich daneben für die Rechtsform der klassischen GmbH entscheiden können.

f) Zwischenergebnis

Auch in Zukunft werden Notare bei der Gründung von Gesellschaften eine bedeutende Rolle spielen. Ein Festhalten am Formerfordernis des § 2 Abs. 1 GmbHG erfolgt zum Wohl aller Beteiligten. Nur hierdurch kann weiterhin ein rechtssicheres Verfahren der Online-Beurkundung gewährleistet

---

710 Hierzu bereits C. II. *Noack*, DB 2018, 1324; *Kindler/Jobst*, DB 2019, 1550; *Bormann/Stelmaszczyk*, NZG 2019, 601, 602; *Birkefeld/Schäfer*, BB 2019, 2626, 2627.

711 Die inhaltliche Gestaltung könnte sich weiterhin an der GmbH orientieren.

712 S. B. IV. 4.

werden.[713] Im Rahmen des erstmals einzuführenden Online-Verfahrens ist es jedoch unumgänglich, dass neue Wege beschritten werden. Ein Nachweis der Identifizierungsmittel kann durch eine Kombination des eID-Verfahrens und des Videoident-Verfahrens erfolgen. In diesem Zusammenhang kann eine Orientierung an dem in Österreich eingeführten elektronischen Notariatsakt erfolgen, der bereits als Vorlage für den Gesetzesantrag des Landes Nordrhein-Westfalen diente. Damit der Notar bestmöglich eingebunden wird, ist es erforderlich, dass die Online-Gründung mit Hilfe einer umfassenden Beratungs- und Gestaltungsfreiheit erfolgt. Um psychologische Besonderheiten abzumildern, die durch den Einsatz von Videokommunikationsmitteln entstehen können, kann sich die freiwillige Protokollierung des Beurkundungsvorganges anbieten.

Zur Umsetzung des Verfahrens sollte eine Öffnungsklausel in § 2 GmbHG eingefügt werden, die eine Einbeziehung von Videokommunikationssystemen vorsieht. Zudem sollte sichergestellt werden, dass eine Gründung mittels Vollmacht ebenso wie durch Einbringung von Sacheinlagen grundsätzlich ausgeschlossen ist. Somit ergibt sich folgender möglicher Wortlaut:

§ 2 GmbHG
„(2) Die Unterzeichnung durch vor Ort erschienene Bevollmächtigte ist nur auf Grund einer notariell errichteten oder beglaubigten Vollmacht zulässig.

(3) Die Gründung einer Gesellschaft kann auch auf elektronischem Wege erfolgen. Die Unterzeichnung durch Bevollmächtigte ist abweichend von Absatz 2 nur auf Grund einer Prokura zulässig. Die notarielle Form für die zur Gründung und Ersteintragung der Gesellschaft erforderlichen Erklärungen ist in Fällen dieses Absatzes gewahrt, wenn sie über ein Videokommunikationssystem von einem in Deutschland amtsansässigen Notar entgegengenommen werden. Dies gilt nur, sofern keine Sacheinlagen vereinbart sind. Näheres bestimmt das Beurkundungsgesetz.[714]*“*

Durch die Beschränkung der Vollmachtsgründung in § 2 Abs. 2 GmbHG-E und die systematische Stellung des § 2 Abs. 3 GmbHG-E wird zum Ausdruck gebracht, dass eine Vollmachtsgründung im Online-Verfahren ausgeschlossen ist, sofern kein Prokurist eine Tochtergesellschaft gründet oder eine Zweigniederlassung einträgt. Bezüglich der notwendigen Änderungen im Beurkundungsgesetz enthält der Gesetzesantrag des Landes Nordrhein-Westfalen bereits Vorschläge, die sich zum Großteil bewährt haben und leicht geänderter Form

---

713 So auch *Lieder*, NZG 2020, 81, 86.
714 vgl. § 2 Abs. 3 GmbHG-E, BR-Drs. 611/19.

auch Eingang in das DiRUG gefunden haben (vgl. etwa § 2 Abs. 3 GmbHG nF). Unabhängig von den sich aus dem Beurkundungsgesetz ergebenden Pflichten wurde die Aufgabe der Notare bereits teilweise überdacht. Die Hauptaufgabe wird nicht mehr in der reinen Niederschrift von Verträgen mit Siegel und Kordel gesehen. Vielmehr liegt der Fokus der Notare auf der Gewährleistung der Sicherheit und Streitvermeidung. Die verwendeten Medien sind hierbei von untergeordneter Bedeutung.[715]

5. Informationsanforderungen

Nach Art. 13 f GesRRL sollen Gründer unterstützt werden, indem ihnen für die Gründung von Gesellschaften und der Eintragung von Zweigniederlassungen prägnante, nutzerfreundliche und kostenlose Informationen zugänglich gemacht werden. Die Informationen müssen über das neu zu schaffende zentrale digitale Zugangstor abgerufen werden können. Ebenso wie die Muster für die Online-Gründung von Gesellschaften sind die Informationen mindestens in einer Sprache zu veröffentlichen, die von möglichst vielen grenzübergreifenden Nutzern verstanden wird.[716] Hieraus ergibt sich, dass die Informationen somit in jedem Fall in Englisch zur Verfügung zu stellen sind. Eine darüber hinausgehende Fassung in der jeweiligen Amtssprache des Mitgliedstaates dürfte mit einem unerheblichen Mehraufwand verbunden sein und sollte ebenfalls bereitgestellt werden, um nicht nur EU-Ausländer, sondern auch Bürger des jeweiligen Mitgliedstaates zu informieren.

a) Zentrales digitales Zugangstor

Das zentrale digitale Zugangstor (sog. *Single Digital Gateway*)[717] hat eine wesentliche Funktion für die Kommunikation von Informationen mit den

---

715 *Seibert*, FS Bergmann, 677, 686; *Noack*, DB 2018, 1324, 1328.

716 Hinsichtlich der sprachlichen Besonderheiten s. C. II. 6. f). Die Bereitstellung von Informationen in englischer Sprache ist zwar von der Richtlinie vorgesehen, trägt aber gleichzeitig auch dazu bei, die GmbH international attraktiver zu machen, *Teichmann*, ZIP 2018, 2451, 2459.

717 Verordnung (EU) 2018/1724 des Europäischen Parlaments und des Rates vom 2. Oktober 2018 über die Einrichtung eines einheitlichen digitalen Zugangstors zu Informationen, Verfahren, Hilfs- und Problemlösungsdiensten und zur Änderung der Verordnung (EU) Nr. 1024/2012, ABl. L 295/1 vom 21. November 2018. Ab dem 12. Dezember 2023 ist eine vollumfängliche Nutzung des zentralen digitalen Zugangstors geplant, s. *Schmidt*, ZIP 2021, 112, 116. Hierdurch könnten sich erste

Antragstellern. Zum einen werden die nach Art. 13 f GesRRL mitzuteilenden Informationen über das Zugangstor zugänglich gemacht. Daneben sind die Muster für Online-Gründungen nach Art. 13 h GesRRL über das zentrale digitale Zugangstor bereitzustellen.[718] In diesem noch zu errichtenden Online-Portal sollen allgemeine Informationen, Verfahren und Hilfsdienste bereitgestellt werden, die zum Funktionieren des Binnenmarktes beitragen.[719] Der Umfang der im Portal enthaltenen Daten wird durch die Digitalisierungsrichtlinie erweitert.

b) Umfang der Informationen

Die an Gründer adressierten Informationen im zentralen digitalen Zugangstor haben sich an dem in Art. 13 f GesRRL bestimmten Mindestumfang zu orientieren. Der Richtlinienvorschlag sah hierfür noch im Detail vor, welcher Mindestinhalt zugänglich zu machen ist.[720] In diesem Zusammenhang erfolgte eine grundsätzliche Unterscheidung zwischen Informationen zum Ablauf des Gründungsverfahren in Abs. 1 und Mindestangaben zu den in Anhang IIA der Digitalisierungsrichtlinie aufgeführten Gesellschaftsformen in Abs. 2. Die ursprüngliche Formulierung der Richtlinie rief gerade hinsichtlich der Angaben zu den rechtlichen Besonderheiten von Gesellschaften Kritik hervor. So bestand etwa die umfassende Verpflichtung über Rechte und Pflichten der Geschäftsführer, der Gesellschafter oder auch der Entscheidungsfindung innerhalb der Gesellschaft zu informieren. In der englischen Fassung war stellenweise von „*details*" die Rede, woraus sich eine sehr umfangreiche Informationspflicht ergeben hätte. Aufgrund dessen wurden die Informationsanforderungen als „kleines Lehrheft zum GmbH-Recht" bezeichnet.[721]

Die letztlich verabschiedete Version ist hingegen deutlich kürzer ausgefallen.[722] Die Informationen zum Verfahren der Online-Gründung sind jedoch aufgrund von Querverweisen in Art. 13 f lit. a), b) GesRRL erhalten geblieben. Aufgrund der gänzlich neu hinzugefügten Online-Komponente ist dies

---

Anlaufschwierigkeiten ergeben, da die wesentlichen Regelungen der Digitalisierungsrichtlinie in Deutschland bereits zum 1. August 2022 umgesetzt werden.

718 *Bock*, DNotZ 2018, 643, 652; *Lieder*, NZG 2018, 1081, 1089.

719 Erwägungsgrund 5 RL (EU) 2019/1151; BR-DRs. 611/19, S. 2.

720 Die Informationsanforderungen waren im Richtlinienvorschlag in Art. 13 e enthalten.

721 *Noack*, DB 2018, 1324, 1325; *Teichmann*, ZIP 2018, 2451, 2459; *Bock*, DNotZ 2018, 643, 653.

722 So bereits zum Dokument 14828/18 des Ausschusses der Ständigen Vertreter der Mitgliedstaaten *Teichmann*, ZIP 2018, 2451, 2459.

zu begrüßen. Daneben ist nun nicht mehr die Rede von Mindestangaben zu Gesellschaften, sondern es sind Informationen mitzuteilen. Diese müssen lediglich eine Übersicht bzw. nach der englischen Fassung ein „*outline*", also eine Kurzfassung, wiedergeben. Somit ist nur noch umrissartig darzustellen, welche Vorschriften für die Bestellung von Gesellschaftsorganen anwendbar sind und welche Befugnisse und Zuständigkeiten die jeweiligen Organe haben.

c) Betroffene Gesellschaftsformen

Während der Richtlinienentwurf die Mindestangaben zu Gesellschaften ausdrücklich nur für GmbHs vorsah, fehlt eine Beschränkung bezüglich der Informationspflicht in der endgültigen Fassung.[723] Somit stellt sich die Frage, ob es bei der Begrenzung auf GmbHs bleibt, oder ob für sämtliche Kapitalgesellschaften Lehrhefte zur Verfügung zu stellen sind.

In Art. 13 f lit. c), d) GesRRL ist von Verwaltungs-, Leitungs- und Aufsichtsorganen die Rede. Diese allgemeine Formulierung kann sich auf sämtliche Kapitalgesellschaften beziehen, weshalb hieraus noch keine Beschränkung abgeleitet werden kann. Auch die historische Entwicklung der Richtlinie sorgt nicht für Klarheit. Aus der Neuformulierung des ursprünglichen Art. 13 e Abs. 2 GesRRL lässt sich nicht schließen, ob von einer Beschränkung abgewichen werden sollte oder ob sie lediglich als Folge der bewusst überschaubaren Formulierung entfallen ist. Es erscheint jedoch abwegig, dass im Rahmen einer deutlichen Kürzung von einer detaillierten Darstellung abgewichen wird, nur um eine breitere Informationspflicht einzuführen.

Erwägungsgrund 14 der Digitalisierungsrichtlinie sieht vor, dass Informationen „über die Verfahren und Anforderungen für die Gründung von Kapitalgesellschaften [...], sowie eine Übersicht über die Befugnisse und Zuständigkeiten der [Organe] von Gesellschaften" bereitgestellt werden sollten. Dies könnte so zu verstehen sein, dass ungeachtet der Umsetzung des fakultativen Inhalts (Opt-Out-Option) der Richtlinie eine umfassende Informationspflicht besteht. Art. 13 f GesRRL bezieht sich jedoch auf Online-Gründungen und ist somit in diesem Kontext zu verstehen. Da hiervon nur GmbHs zwingend erfasst werden, kann für die diesbezüglichen Informationen nichts Anderes gelten. Es müssen in gleichem Umfang Informationen zur Verfügung gestellt werden, wie die jeweiligen Mitgliedstaaten die Online-Gründung in nationales Recht implementieren.

723 Zur Betroffenheit der GmbH nach dem Richtlinienvorschlag s. *Noack*, DB 2018, 1324, 1325.

Da in Deutschland zunächst nur das Online-Verfahren für eine GmbH eröffnet werden sollte, sind auch nur hinsichtlich dieser Gesellschaftsform auf die relevanten Vorschriften und Befugnisse und Zuständigkeiten der Organe zu verweisen. Die konkrete Ausgestaltung der Informationen zur GmbH ist aufgrund der allgemeinen Anforderungen der Richtlinie weitestgehend in das Ermessen des deutschen Gesetzgebers gestellt.

d) Stellung der Informationsanforderungen im Rahmen der Richtlinie

Da eine zwingende Beratung durch einen Notar nach der Richtlinie nicht erforderlich ist, soll die fehlende Beteiligung durch die zur Verfügung gestellten Informationen zu den GmbH-Grundlagen ausgeglichen werden.[724] Eines solchen Ausgleichs bedarf es bei der hier vertretenen obligatorischen Einbindung des Notars in das deutsche Gründungsverfahren jedoch nicht.

Darüber hinaus erschien bereits der im Richtlinienentwurf enthaltene Umfang nicht geeignet, eine notarielle Belehrung zu ersetzen. Aufgrund der Masse an Informationen wäre eine Überforderung von juristischen Laien zu befürchten gewesen.[725] Die vorgenommene Reduzierung wird jedoch ebenso wenig dazu beitragen, die Relevanz der über das zentrale digitale Zugangstor abrufbaren Informationen zu steigern. Zwar sollen die Informationen die Gründer zufolge Art. 13 f GesRRL nur unterstützen, doch erscheint eine derart fragmentarische Sammlung von einzelnen Normen aus dem GmbHG nicht geeignet, bei geringer Kenntnis um die GmbH zu einer zufriedenstellenden Zusammenfassung zu führen. Im deutschen Rechtssystem stellen die Informationsanforderungen somit keine sinnvolle Ergänzung dar.

6. Muster für die Online-Gründung von Gesellschaften

Nachfolgend soll die Möglichkeit der Antragsteller beleuchtet werden, im Rahmen der Gründung eine Vorlage für den Errichtungsakt einer Gesellschaft zu verwenden. In diesem Zusammenhang werden die bisherigen Verwendungsmöglichkeiten von Musterprotokollen und Chancen und Risiken bei standardisierten Vorlagen untersucht.

---

724 *Noack*, DB 2018, 1324, 1325.

725 *Teichmann*, ZIP 2018, 2451, 2459.

a) Anforderungen an das Muster

Die Einführung freiwillig nutzbarer Muster soll insbesondere KMU bei der Gründung von Gesellschaften unterstützen.[726] Zu diesem Zweck sind Muster für alle in Anhang IIA der Digitalisierungsrichtlinie genannten Rechtsformen verpflichtend über das zentrale digitale Zugangstor zur Verfügung zu stellen, in Deutschland also für die GmbH und die Unternehmergesellschaft (haftungsbeschränkt). Darüber hinaus steht es den Mitgliedstaaten frei, auch für andere Gesellschaftsformen Muster bereitzustellen.[727] Hiervon sollte jedoch mangels praktischer Bedürfnisse Abstand genommen werden.[728] Als Muster ist nach der in Art. 13 a Nr. 6 GesRRL enthaltenen Legaldefinition eine Vorlage für den Errichtungsakt einer Gesellschaft zu verstehen, die von den Mitgliedstaaten nach den nationalen Rechtsvorschriften erstellt wird und für die Online-Gründung einer Gesellschaft gemäß Art. 13 g GesRRL verwendet werden kann.

Bezüglich des Inhalts des Musters verlangt die Richtlinie keine besonderen Anforderungen, außer dass es sich um Errichtungsdokumente, vornehmlich also Satzungen, handeln muss.[729] Vielmehr stellt Art. 13 h Abs. 4 GesRRL klar, dass der Inhalt des Musters dem Recht der Mitgliedstaaten unterfällt. Vor dem Hintergrund, dass letztlich nur der nationale Gesetzgeber die Besonderheiten des Rechts im Rahmen der Gründung beurteilen kann, ist dieser Vorgehensweise zuzustimmen.[730] Trotz Kritik an dem bereits bei der Gründung im vereinfachten Verfahren (§ 2 Abs. 1 a GmbHG) verwendeten Musterprotokoll kann es nach einigen Änderungen als Vorlage für ein mögliches Muster dienen.[731] Im Rahmen der inhaltlichen Ausgestaltung sollten somit insbesondere Regelungen zum Sitz und der Firma der Gesellschaft, dem Unternehmensgegenstand, der Höhe und Aufteilung des Stammkapitals sowie der Bestellung eines Geschäftsführers als zwingender Mindestinhalt aufgenommen werden.[732]

---

726 Erwägungsgrund 18 RL (EU) 2019/1151; hierzu bereits unter B. III. 1. c).

727 Erwägungsgrund 18 RL (EU) 2019/1151.

728 *Wachter*, GmbH-StB 2018, 263, 265.

729 *Bock*, DNotZ 2018, 643, 647; *Birkenfeld/Schäfer*, BB 2019, 2626, 2629; Schreiben DNotV v. 4. Juli 2018, S. 12; *Noack*, DB 2018, 1324, 1326.

730 *Bock*, DNotZ 2018, 643, 647.

731 *Lieder*, NZG 2018, 1081, 1090; *Noack*, DB 2018, 1324; 1326; *Bock*, DNotZ 2018, 643, 647 f.; *Birkefeld/Schäfer*, BB 2019, 2626, 26269; *Kindler/Jobst*, DB 2019, 1550, 1554.

732 Hierzu *Heidinger/Knaier*, in: Heckschen/Heidinger, Kap. 2 Rn. 146.

b) Vereinbarkeit des Musters mit der notariellen Mitwirkung

Bereits im Rahmen des ersten Richtlinienvorschlags herrschte Unklarheit darüber, ob bei der Verwendung von Mustersatzungen die zusätzliche verpflichtende Mitwirkung eines Notars zulässig ist.[733] Grund hierfür ist, dass Art. 13 g Abs. 2 des Richtlinienentwurfs eine Fiktion vorsah, wonach bei Nutzung eines Musters gegebenenfalls die Anforderungen an die öffentliche Beurkundung der Gesellschaft nach Art. 10 GesRRL als erfüllt gelten. Hierdurch entstand der Eindruck, dass für eine Gründungskontrolle nach Art. 10 GesRRL nur die Verwendung des Musters erforderlich sei und darüber hinaus keine vorbeugende Verwaltungs- oder gerichtliche Kontrolle sowie tatsächliche öffentliche Beurkundung stattfinden muss.[734] Eine solche Auslegung hätte der deutschen Gründungspraxis widersprochen, wonach auch bei Verwendung eines Musterprotokolls weiterhin ein Beurkundungserfordernis besteht.[735]

Trotz der gewählten Formulierung war bereits der erste Richtlinienvorschlag so zu verstehen, dass bei einer Gründung mittels Muster weitere Prüfungen von den Mitgliedstaaten nicht vorgesehen werden müssen, aber dennoch darüber hinausgehende Gründungskontrollen möglich sind.[736] Hierfür spricht vor allem ein Verständnis dieser Norm als Sondervorschrift im Rahmen der Online-Gründung, der Wortlaut und die Systematik der Richtlinie. Die ursprüngliche Fassung sah vor, dass die Muster im Rahmen des Online-Eintragungsverfahrens verwendet werden können.[737] Dieser Verweis ist so zu verstehen, dass das allgemeine Verfahren bestehen bleiben soll. Die Regelungen zur Verwendung von Mustern sind aufgrund ihrer kurzen Ausführungen lediglich ergänzend im

---

733 *Lieder*, NZG 2018, 1081, 1089; *Teichmann*, ZIP 2018, 2451, 2460; *Bormann/Stelmaszczyk*, NZG 2019, 601, 610 f.; *Bock*, DNotZ 2018, 643, 648; *Schurr*, EuZW 2019, 772, 778; *Ries*, NotBZ 2019, 25, 27.

734 Dieser Weg wurde von der Kommission gewählt, um Länder, die bereits eine Online-Gründung in ihren nationalen Rechtssystemen kannten, keinen Verstoß gegen EU-Recht anzuhängen, s. *Bormann/Stelmaszczyk*, NZG 2019, 601, 610 f.

735 *Birkefeld/Schäfer*, BB 2019, 2626, 2629; *Heidinger/Knaier*, in: Heckschen/Heidinger, Kap. 2 Rn. 144.

736 *Bock*, DNotZ 2018, 643, 648; *Teichmann*, ZIP 2018, 2451, 2460; *Lieder*, NZG 2018, 1081, 1089; *Bormann/Stelmaszczyk*, NZG 2019, 601, 610 f.; *Wachter*, GmbH-StB 2018, 263, 265.

737 Der letztlich verabschiedete Wortlaut spricht in diesem Zusammenhang von Online-Gründungen nach Art. 13 g.

Gründungsverfahren anzuwenden.[738] Darüber hinaus legte Art. 13 a Abs. 4 des Richtlinienentwurfs fest, dass unter einem Muster eine Vorlage zu verstehen ist, die für die Online-Eintragung einer Gesellschaft verwendet wird.[739] Diese Vorschriften sind auch in der beschlossenen Fassung der Richtlinie vorhanden und verdeutlichen den Stellenwert einer Nutzung von Musterregelungen als Sondervorschriften im Rahmen der Gründung.[740]

Der EU-Gesetzgeber kam jedoch einer von verschiedenen Stellen geforderten Klarstellung nach und führte Art. 13 h Abs. 2 UAbs. 2 GesRRL ein, um mögliche Missverständnisse zu beseitigen.[741] Demnach werden etwaige Anforderungen nach nationalem Recht, die für die Erstellung des Errichtungsakts die öffentliche Beurkundung verlangen, von der Richtlinie nicht berührt. Dies gilt jedoch nur, solange eine Gründung weiterhin im Online-Verfahren möglich ist. Hierbei handelt es sich jedoch letztlich nur um eine Wiederholung des in Art. 13 c Abs. 2 GesRRL festgelegten Grundsatzes. In diese Richtung geht auch Erwägungsgrund 18 der Digitalisierungsrichtlinie, wonach die Mitgliedstaaten den rechtlichen Stellenwert von Mustern bestimmen können.[742] Die Einschaltung eines Notars in der hier vorgeschlagenen inhaltlichen Ausgestaltung der Beurkundung ist somit möglich und sollte aus den bereits erwähnten Gründen auch bei der Umsetzung in nationales Recht obligatorisch sein.[743]

c) *Vor- und Nachteile bei der Verwendung von Mustern*

Die Verwendung von Mustern ist keine Neuheit des *Company Law Packages*. Auf europäischer Ebene wurde die Idee von Mustersatzungen bereits unter anderem bei der SPE und der SUP eingebracht.[744] Auch auf nationaler Ebene sind

738 *Lieder*, NZG 2018, 1081, 1089; *Bormann/Stelmaszczyk*, NZG 2019, 601, 610; *Bock*, DNotZ 2018, 643, 648.

739 Art. 13 a Nr. 6 GesRRL spricht nach Anpassungen im Gesetzgebungsverfahren von einer Vorlage, die für eine Online-Gründung gemäß Art. 13 g verwendet wird.

740 *Bormann/Stelmaszczyk*, NZG 2019, 601 610 f.; *Lieder*, NZG 2018, 1081, 1089.

741 Vgl. *Lieder*, NZG 2018, 1081, 1089; Schreiben DNotV v. 4. Juli 2018, S. 14; *Teichmann*, ZIP 2018, 2451, 2460; *Bormann/Stelmaszczyk*, NZG 2019, 601, 611; BR-Drs. 611/19, S. 18.

742 Dass ein Muster nur dann als eine öffentliche Urkunde gilt, wenn es in der öffentlichen Beurkundung verwendet wird, ist zwar richtig, ergibt sich jedoch nicht aus Erwägungsgrund 18 wie von *Bormann/Stelmaszczyk*, NZG 2019, 601, 611 behauptet.

743 Zur inhaltlichen Ausgestaltung der Beurkundung, s. C. II. 4. b) bb).

744 *Teichmann/Götz*, ZEuP 2019, 260, 265 f.; *Teichmann*, NJW 2014, 3561, 3563; *Wicke*, ZIP 2014, 1414, 1415; *Hommelhoff/Teichmann*, DStR 2008, 925, 930; *Teichmann/*

etwa mit dem Musterprotokoll bei der vereinfachten GmbH-Gründung (§ 2 I a GmbHG) standardisierte Satzungen bekannt. Gerade im Rahmen von Online-Verfahren werden automatisierte Abläufe als „Kernelement“ für eine erfolgreiche Gründung angesehen.[745] Nachfolgend soll dargestellt werden, inwieweit sich allgemeine Muster zur Regelung individueller Sachverhalte eignen und ob die Gründung von Gesellschaften durch KMU hierdurch erleichtert wird.

aa) Vorteile

Die Verwendung von Mustern wird oftmals gleichgesetzt mit einem effizienteren Vorgehen. Hierfür sind verschiedene Punkte ausschlaggebend.

(1) Kostenvorteil

Als Hauptargument wird oftmals ein möglicher Kostenvorteil genannt.[746] Hierbei handelt es sich um den einzigen Vorteil, den der Gesetzgeber bereits nach jetzigem Stand bei der Verwendung eines Musterprotokolls explizit vorgibt. Während sich der Geschäftswert der Gründung mit Musterprotokoll für Gesellschaften nach dem Stammkapital bestimmt, liegt der Geschäftswert in anderen Fällen bei mindestens 30.000 EUR (§ 105 Abs. 1 S. 2, Abs. 6 GNotKG).[747] Neben dem geringeren Geschäftswert und den damit verbundenen niedrigeren Kosten spielen auch ökonomische Erwägungen eine Rolle. Zum einen werden durch die Verwendung bekannter Klauseln Rechtsunsicherheiten vermieden.[748] Werden die gleichen Klauseln mehrfach benutzt, ist dem Rechtsverkehr deren Bedeutung und Reichweite spätestens nach den ersten Gerichtsurteilen klar. Zudem kann eine Mustersatzung den Bedürfnissen der Gründer entsprechend angepasst werden, wobei je nach in der Praxis gezeigter Notwendigkeit Klauseln aus dem Muster entfernt oder hinzugefügt werden können. Hierdurch bleiben nur die Punkte erhalten, deren Sinnhaftigkeit sich bereits erwiesen hat.[749] Durch dieses Vorgehen verringern sich die im Rahmen der Beratung anfallenden Kosten.

Limmer, GmbHR 2009, 537, 539 f.; *Klumpen*, Die elektronische Gesellschaftsgründung über die Grenze, S. 133 ff.; *Hübner*, Mustersatzungen in der SPE, S. 99 ff.

745 *Teichmann/Götz*, ZEuP 2019, 260, 271.

746 *Heidinger/Knaier*, in: Heckschen/Heidinger, Kap. 2 Rn. 148; *Klumpen*, Die elektronische Gesellschaftsgründung über die Grenze, S. 135.

747 *Schmidt*, ZIP 2021, 112, 116; *Heidinger/Knaier*, in: Heckschen/Heidinger, Kap. 2 Rn. 148; *Heinze*, in: MüKo-GmbHG, § 2 Rn. 226; *Wicke*, GmbHR 2018, 1105, 1112.

748 So bereits zur Mustersatzung für die SPE *Peters/Wüllrich*, DB 2018, 2179, 2185; *Hommelhoff/Teichmann*, DStR 2008, 925, 930.

749 *Hübner*, Mustersatzungen in der SPE, S. 99 ff.

(2) Verfahrenserleichterung

Des Weiteren kann die Verwendung einer Standardsatzung eine Verfahrenserleichterung mit sich bringen.[750] Für den Gründer besteht aufgrund der vorgegebenen Satzung keine weitere Notwendigkeit, sich um deren Ausformulierung zu kümmern. Darüber hinaus sind bereits landesspezifische Angaben in der Satzung erhalten, was vor allem ausländischen Gründern die Errichtung einer Gesellschaft erleichtert.[751] Somit entsteht der Eindruck, dass die Satzung ohne Weiteres übernommen werden könnte.

Zudem birgt eine Mustersatzung, die vom europäischen Gesetzgeber vorgeschrieben wurde und vom nationalen Gesetzgeber ausgearbeitet wird, ein hohes Maß an Autorität in sich.[752] Für Zweifel an der Wirksamkeit oder Zulässigkeit einzelner Klauseln dürfte infolgedessen kein Raum sein.[753] Von dem hoheitlich vorgegebenen Inhalt wird somit kaum abgewichen, was den Parteien die Entscheidungsfindung der Ausgestaltung „ihrer" GmbH vereinfacht.[754] Ein freiwillig nutzbares Muster, das den gesetzlichen Mindestinhalt widerspiegelt, erweckt den Eindruck einer abschließenden Regelung, die keiner Korrektur bedarf und für sämtliche Zwecke geeignet ist. Auf den ersten Blick erleichtert eine solche Hilfestellung die Gründung einer Gesellschaft mit beschränkter Haftung.

(3) Beschleunigung

Die Erleichterung des Verfahrens könnte eine gleichzeitige Beschleunigung der Gründung mit sich bringen. Dieses Ziel wird in der Richtlinie explizit genannt und soll durch die Verwendung von Mustern erreicht werden. Art. 13 g Abs. 7 GesRRL sieht vor, dass die Mitgliedstaaten dafür zu sorgen haben, dass eine Gründung ausschließlich natürlicher Personen unter Verwendung von Mustersatzungen in fünf Arbeitstagen erfolgt.[755] Damit wurden die für andere Gründungen geltenden zeitlichen Vorgaben von zehn Arbeitstagen halbiert.

Bereits bei Einführung des Musterprotokolls war die Beschleunigung der Gründung gesetzgeberisches Ziel.[756] Ob die Einführung des Musterprotokolls

---

750 *Heidinger/Knaier*, in: Heckschen/Heidinger, Kap. 2 Rn. 152.

751 *Hommelhoff*, in: Lutter/Koch, Societas Unius Personae (SUP), S. 69, 72 f.; Hiervon zu unterscheiden sind die allgemeinen Informationen, die den Gründern nach Art. 13 f GesRRL zur Verfügung gestellt werden sollen.

752 *Peters/Wüllrich*, DB 2018, 2179, 2185.

753 *Hommelhoff/Teichmann*, DStR 2008, 925, 930.

754 *Peters/Wüllrich*, DB 2018, 2179, 2185. Zu den daraus resultierenden Gefahren sogleich.

755 Zum Beginn der Frist s. C. II. 7.

756 *Heidinger/Knaier*, in: Heckschen/Heidinger, Kap. 2 Rn. 153.

tatsächlich zu einer schnelleren Eintragungszeit bei den Registergerichten geführt hat, war bislang noch nicht Gegenstand detaillierter Untersuchungen.[757] Teilweise wird eingewendet, dass ein Abgleich der Satzung mit dem Musterprotokoll bei etwaigen Umformulierungen oder Ergänzungen zu einer längeren Verfahrensdauer führt.[758] Während die Gründung einer Gesellschaft mit beschränkter Haftung unter Verwendung eines Musterprotokolls im Mittel 48 Tage dauerte, erfolgte die Eintragung bei Gründungen ohne Musterprotokoll nach 40 Tagen.[759]

Dies zeigt, dass der Beschleunigungsgedanke beim Gesetzgeber zwar stets vorhanden ist, aber dessen Verwirklichung Schwierigkeiten bereiten kann. Ob sich die in der Richtlinie angestrebte Beschleunigung auf das gesamte Gründungsverfahren auswirkt, kann letztlich erst nach der Umsetzung beurteilt werden.

bb) Nachteile

Den Vorteilen, die aus der Verwendung von Mustersatzungen resultieren, stehen jedoch einige gewichtige Nachteile gegenüber. Im Grundsatz lassen diese sich darauf zurückführen, dass die Interessen der Parteien in der Realität außerordentlich vielfältig sind und sich die Geeignetheit von Mustern für verschiedene Sachverhalte lediglich im Einzelfall feststellen lässt.[760] Nicht selten führt die Verwendung von Mustern in der Praxis somit zu Komplikationen.[761] Hierbei sind verschiedene Aspekte von Bedeutung.

(1) Wörtliche Übernahme

Bei dem bisher bekannten vereinfachten Verfahren dürfen keine Änderungen am Musterprotokoll vorgenommen werden, soweit sie nicht völlig unbedeutend sind.[762] Es besteht somit häufig die Gefahr einer wörtlichen Übernahme der vorgefertigten Muster, ohne diese in Bezug auf die individuellen Bedürfnisse

757 *Heinze*, in: MüKo-GmbHG, § 2 Rn. 252.

758 *Heidinger/Knaier*, in: Heckschen/Heidinger, Kap. 2 Rn. 153.

759 Dies ergab einer Untersuchung der Gründungen von 159 Gesellschaften im vereinfachten Verfahren, s. *Bayer/Hoffmann*, GmbHR 2009, R 225 f.

760 Vgl. Schreiben DNotV v. 4. Juli 2018, S. 12.

761 *Wicke*, GmbHR 2018, 1105, 1112.

762 *Heinze*, in: MüKo-GmbHG, § 2 Rn. 254; *Fastrich*, in: Baumbach/Hueck, § 2 Rn. 51; *J. Schmidt*, in: Michalski/Heidinger/Leible/J. Schmidt, § 2 Rn. 99; *Wicke*, in: Wicke, § 2 Rn. 18; *Heckschen*, GmbHR 2018, 1093, 1100; OLG Düsseldorf, DStR 2011, 2106, 2107.

der Beteiligten zu überprüfen.[763] Diese Vermutung steht mit den in der Praxis gemachten Erfahrungen im Einklang.[764] Obwohl eine detaillierte Ausgestaltung von Nöten wäre, tendieren Gründer zur bequemeren Alternative bereits vorhandene Satzungen zu übernehmen.[765] Gerade im Hinblick auf die bestehende Satzungsautonomie der Gründer erscheint diese Herangehensweise problematisch. Es ist zu befürchten, dass eine Gesellschaft zustande kommt, die ohne externe Anreize, wie etwa ein Muster, wohl gar nicht entstanden wäre.[766] Dieses Problem lässt sich jedoch dadurch relativieren, dass die Digitalisierungsrichtlinie explizit die Beteiligung eines Notars vorsieht und in Deutschland hiervon auch absehbar Gebrauch gemacht wird. Es ist davon auszugehen, dass der Notar, selbst wenn sich die Beteiligten für eine Mustersatzung entscheiden, auf die bestehenden Risiken hinweisen wird. Eine komplett unreflektierte Übernahme, wie dies bei vorherigen Vorschlägen zur Einführung von Mustern bemängelt wurde, scheint somit unwahrscheinlich.[767]

(2) Komplexität versus Unvollständigkeit

Für den Ersteller eines Musters ergeben sich bei der Frage wie ein Muster gestaltet sein sollte, das von möglichst vielen Gründern sinnvoll genutzt werden kann, auf den ersten Blick unterschiedliche Optionen. Zum einen können Muster sehr umfangreich ausgestattet werden und fast sämtliche Regelungen enthalten, die für den sinnvollen Einsatz einer GmbH erforderlich sind. Die Klauseln eines Gesellschaftsvertrages lassen sich in den gesetzlich vorgeschriebenen Mindestinhalt, Regelungen des Innenverhältnisses und Regelungen der Aufnahme und des Ausscheidens von Gesellschaftern unterteilen.[768] Mit dem Rechtsinstitut der Mustersatzung, welches durch den *Companies Act* 1862 in England eingeführt wurde, wurden diesbezüglich umfassende Regelungen vorgegeben.[769] Die Mustersatzung findet grundsätzlich bei jeder englischen *Limited* Anwendung, soweit sie nicht geändert oder abbedungen wird. In circa 150 Jahren wurde der

---

763 *Wachter*, GmbH-StB 2018, 214, 220; *Wachter*, GmbHR 2007, R1, R 2.

764 *Peters/Wüllrich*, DB 2008, 2179, 2185;

765 Vgl. *Wachter*, GmbH-StB 2018, 214, 220. Einer Online-Gründung aufgrund dessen die generelle Eignung bei individuellen Satzungen abzusprechen, erscheint jedoch zu weitgehend.

766 *Hübner*, Mustersatzungen in der SPE, S. 114 ff.

767 Zu den Nachteilen einer Mustersatzung ohne Einbeziehung eines Notars, s. *Klumpen*, Die elektronische Gesellschaftsgründung über die Grenze, S. 145 f.

768 Schreiben DNotV v. 4. Juli 2018, S. 13.

769 *Bayer/Hoffmann/Schmidt*, GmbHR 2007, 953; *Karsten*, GmbHR 2007, 958, 960.

Inhalt der Mustersatzungen nur wenige Male modifiziert.[770] Die detaillierten Regelungen sind nicht zuletzt Ausdruck der Besonderheiten des *common law*. Für die Rechtspraxis relevant sind vor allem Gerichtsurteile und nicht so sehr das Gesetz selber. Die Gesellschafter sind somit gezwungen, weitreichende vertragliche Regelung zu erschaffen, um die Handlungsfähigkeit ihrer Gesellschaft gewährleisten zu können.[771]

Zum anderen ist eine fragmentarische Regelung denkbar, die nur den absolut notwendigen Mindestinhalt vorgibt und den Gründer selbst in die Pflicht nimmt, die Gesellschaft nach seinen Bedürfnissen und gegebenenfalls in Abweichung von disponiblen Vorschriften zu gestalten. Mit der Einführung des vereinfachten Verfahrens nach § 2 I a GmbHG hat sich der deutsche Gesetzgeber für diese Möglichkeit mit der Einschränkung entschieden, dass Änderungen grundsätzlich unterbleiben sollen. In lediglich sieben Paragraphen werden die wesentlichen Regelungen für eine GmbH erfasst.[772]

Die abstrakte Gegenüberstellung der verschiedenen Mustersatzungstypen verdeutlicht die in jedem Fall bestehenden Schwächen. Umfassende Muster können sich zur Abbildung der meisten Bereiche einer Gesellschaft eigenen. Gleichzeitig entsteht durch die umfassende Aufnahme von Klauseln ein komplexes Regelwerk, das umfangreich und nicht leicht zu verstehen ist. Dadurch könnten Gründer zu einem raschen „Durchklicken" ähnlich wie bei Allgemeinen Geschäftsbedingungen verleitet werden.[773] Setzen sich die Gründer jedoch intensiv mit dem Muster auseinander, besteht durch die Streichung unliebsamer Klauseln die Gefahr, den in sich aufeinander abgestimmten Entwurf unbrauchbar zu machen.

Demgegenüber lassen sich fragmentarische Regelungen schnell lesen. Aufgrund der Lückenhaftigkeit ist jedoch eine Ergänzung von Regelungen angebracht. Zudem stellt sich bei der einfachen Wiedergabe des Gesetzeswortlauts die Frage nach der Notwendigkeit von Mustern.[774] Letztlich lässt sich die angestrebte Verfahrenserleichterung in beiden Fällen nur eingeschränkt realisieren.

---

770 Im Jahr 2007 gab es in der 150-jährigen Geschichte der englischen Mustersatzungen nur sechs Fassungen, vgl. *Karsten*, GmbHR 2007, 958, 960.

771 Vgl. *Hübner*, Mustersatzungen in der SPE, S. 54 f.

772 Bei dieser Gegenüberstellung sind jedoch die konträren Ziele der Gesetzgeber zu berücksichtigen. Während durch die deutsche Mustersatzung vor allem unkomplizierte Standardgründungen vereinfacht werden sollten, sollte durch den *Companies Act* das gesamte Leben einer Gesellschaft abgedeckt werden, vgl. *Bayer/Hoffmann/Schmidt*, GmbHR 2007, 953; *Karsten*, GmbHR 2007, 958, 966.

773 Schreiben DNotV v. 4. Juli 2018, S. 13.

774 Schreiben DNotV v. 4. Juli 2018, S. 13.

(3) *Exkurs:* Smart Contracts, *automatisierte Dokumentenerstellung und Fehleranfälligkeit*

Soweit von Mustersatzungen die Rede ist, wird häufig die Verwendung automatisierter Dokumente und *Smart Contracts* zur Effizienzsteigerung vorgeschlagen.[775] Bei *Smart Contracts* handelt es sich um Programme, die unter Ausschluss von Manipulationsmöglichkeiten vorher definierte Pflichten erfüllen, sobald die hierfür erforderlichen Bedingungen eingetreten sind.[776] Voraussetzung ist somit die Abbildung von Vertragsklauseln in einer tauglichen Software.[777] Dies gestaltet sich bei Ereignissen, die nicht digital überprüft werden können, als schwierig. Hier ist weiterhin die Eintragung relevanter Daten von Menschenhand erforderlich, was einem vollständigen Automatismus widerspricht.[778] Ein möglicher Anwendungsbereich im Fall der GmbH könnte jedoch beispielsweise eine automatisierte Zahlung der Stammeinlage nach Ausfertigung des Gesellschaftsvertrages darstellen, welche zu einer schnelleren Anmeldung im Handelsregister führen kann.[779]

In Verbindung mit automatisierten Dokumenten wird eine Beteiligung des Notars in der Konsequenz für nicht mehr notwendig erachtet. Automatisierte Dokumente stellen in gewisser Weise eine Vorstufe zu *Smart Contracts* dar.[780] Die Verbreitung der automatisierten Erstellung in der Rechtspraxis lässt sich bis zum Beginn der 2000er Jahre zurückverfolgen.[781] Wesentliches Element dieser Dokumente ist eine Fortentwicklung der vielfach erhältlichen Formularbücher. Das endgültige Dokument kann vom Anwender durch Auswahl verschiedener Textalternativen erstellt werden.[782] Falls vorgeschlagen wird, aufgrund der dargestellten technischen Möglichkeiten auf die Mitwirkung eines Notars zu verzichten, wird verkannt, dass die bisherigen Erfahrungen mit automatisierten Dokumenten stets eine notarielle Beteiligung enthielten. Sollte dieser Schritt entfallen, ist bei den Punkten, für die keine Textvorgaben bestehen – wie etwa

---

775 *Bormann*, ZGR 2017, 621, 635; *Schurr*, EuZW 2019, 772, 773.

776 *Heckelmann*, NJW 2018, 504; *Wagner*, BB 2017, 898, 901; *Bormann*, ZGR 2017, 621, 635; *Sattler*, BB 2018, 2243, 2249. Zum Zusammenspiel von *Smart Contracts* und *Blockchain*, s. *Heckelmann*, NJW 2018, 504, 505.

777 *Wagner*, BB 2017, 898, 901.

778 *Hecht*, MittBayNot, 2020, 314, 321.

779 *Bormann*, ZGR 2017, 621, 635.

780 *Bormann*, ZGR 2017, 621, 635.

781 *Wagner*, BB 2017, 898, 900.

782 *Wagner*, BB 2017, 898, 900; *Bormann*, ZGR 2017, 621, 635.

im Fall der Firma oder des Unternehmensgegenstands – mit Fehlern zu rechnen, die zu einem längeren Eintragungsverfahren führen.[783]

Ungeachtet dessen können *Smart Contracts* und automatisierte Dokumentenerstellung nur bedingt zu einem sinnvollen Einsatz von Mustern führen. Aufgrund der Komplexität des Gesellschaftsrechts und den zahllosen Fallgestaltungen scheint die Verwendung für die Gründer lediglich bei Standardkonstellationen Erfolg versprechend.[784] In anderen Fällen geht der Einsatz dieser technischen Möglichkeiten mit einem Verlust an Gestaltungsfreiheit, Rechtssicherheit und Transparenz einher.[785]

d) Bisherige Probleme bei der Verwendung von Musterprotokollen

Das im Rahmen der Digitalisierungsrichtlinie zu erstellende Muster kann von den Erfahrungen profitieren, die im Rahmen des Musterprotokolls gemacht wurden.[786] Soweit angenommen wird, dass zur Bereitstellung von Mustern „kein gesetzgeberisches Tätigwerden veranlasst“[787] ist, kann dem nicht zugestimmt werden. Das gegenwärtige Musterprotokoll kann nur in einem sehr restriktiven Rahmen sinnvoll verwendet werden, nämlich bei einer Einpersonen-GmbH.[788] Zudem ist die Verwendung des Musterprotokolls nach aktuellem Stand nur für Gründungen mit maximal drei Gesellschaftern möglich. Zahlenmäßige Beschränkungen bei Mehrpersonengründungen sind der Richtlinie jedoch fremd.[789] Allein aus diesem Grund wird der Gesetzgeber zumindest eine Umformulierung vornehmen müssen.[790]

---

783 *Ries*, NZG 2014, 569, 570. Hierbei haben sich bereits in der Vergangenheit häufig Komplikationen ergeben.

784 *Bormann*, ZGR 2017, 621, 636 f.

785 *Bormann*, ZGR 2017, 621, 635 ff.; *Wicke*, GmbHR 2018, 1105, 1115.

786 *Lieder*, NZG 2018, 1081, 1090; *Noack*, DB 2018, 1324, 1326; *Knaier*, GmbHR 2018, 560, 566 f.; *Birkefeld/Schäfer*, BB 2019, 2626, 2629.

787 So in BR-Drs. 611/19, S. 18.

788 *Schmidt*, ZIP 2021, 112, 116; Vgl. *Wicke*, GmbHR 2018, 1105, 1112 f.; *Bock*, DNotZ 2018, 643, 647; *Karsten*, GmbHR 2007, 958, 966; *Bayer/Hoffmann/Schmidt*, GmbHR 2007, 953, 958; *Heinze*, in: MüKo-GmbHG, § 2 Rn. 255.

789 *Schmidt*, ZIP 2021, 112, 113; *Wachter*, GmbH-StB 2018, 263, 265.

790 So nun auch *Schmidt*, ZIP 2021, 112, 116; *Schmidt*, FS Hopt, 1097, 1098.

aa) Inhaltliche Mängel bei Mehrpersonengründungen

Das Hauptproblem der Musterprotokolle wird deutlich, wenn man sich den Inhalt des Entwurfs von Mehrpersonenregelungen verdeutlicht. Dieser stimmt in weiten Teilen mit dem Musterprotokoll einer Einpersonengesellschaft überein. Somit fehlen Klauseln, die bei individueller Beratung häufig zum Standardrepertoire von Mehrpersonengründungen gehören. Nicht selten wird in diesem Zusammenhang bei Mustern somit von einem „Fremdkörper im System" gesprochen, da es – unüblich im Rahmen der vorsorgenden Rechtspflege – einer zusätzlichen (nachträglichen) Gestaltung bedarf.[791] In der Tat sind Satzungen, die sich auf den gesetzlichen Mindestinhalt beschränken und keine nachträglichen Änderungen enthalten, in der Praxis nur vereinzelt anzutreffen.[792]

Das Musterprotokoll trifft keine Regelungen zu wesentlichen Inhalten, die bei mehreren Personen häufig Verwendung finden, wie etwa Vinkulierungsklauseln (vgl. § 15 Abs. 5 GmbHG), Wettbewerbsverbote, Kündigungs- und Einziehungsregelungen, Regelungen zur Erbfolge oder zu Modifikationen der Mehrheitserfordernisse.[793] Dass im Rahmen der Gründung von Einpersonen- und Mehrpersonengesellschaften verschiedene Bedürfnisse der Gesellschafter bestehen, ist nicht von der Hand zu weisen. Während das standardisierte Musterprotokoll für Einpersonengesellschaften durchaus geeignet erscheint, ist dies bei mehreren Gründern nicht mehr der Fall.[794] An der Aufteilung in zwei Muster sollte weiterhin festgehalten werden. Um den praktischen Bedürfnissen besser zu entsprechen, sollte allerdings ein Muster für Gesellschaften mit mehreren Personen neben dem gesetzlichen Mindestinhalt sinnvolle Regelungen zum Innenverhältnis und dem Ausscheiden bzw. Eintreten von Gesellschaftern enthalten. Solche Regelungen sind insbesondere Anteilsvinkulierungen, die „geradezu schon als typisch für einen Gesellschaftsvertrag" gelten oder auch Einziehungsklauseln.[795] Bei entsprechender Umsetzung durch den Gesetzgeber

---

791 *Preuß*, RNotZ 2009, 529, 530 f.; *Heinze*, in: MüKo-GmbHG, § 2 Rn. 255.

792 *Bayer/Hoffmann/Schmidt*, GmbHR 2007, 953, 954.

793 *Wicke*, GmbHR 2018, 1105, 1113; Schreiben DNotV v. 4. Juli 2018, S. 12; *Heidinger/Knaier*, in: Heckschen/Heidinger, Kap. 2 Rn. 215; *Kindler/Jobst*, DB 2019, 1550, 1554; *Ries*, NotBZ 2019, 25, 26; *Heckschen*, GmbHR 2018, 1093, 1100; *Heckschen*, DStR 2007, 1442, 1444; *Drygala/Staake/Szalai*, KapG, § 4 Rn. 22; *Bock*, RNotZ 2021, 326, 334. Zu den prozentualen Anteilen der Klauseln in einer stichprobenartigen Untersuchung s. *Bayer/Hoffmann/Schmidt*, GmbHR 2007, 953, 956 f.

794 Schreiben DNotV v. 4. Juli 2018, S. 12.

795 *Bayer/Hoffmann/Schmidt*, GmbHR 2007, 953, 956. Demnach enthalten 97% der untersuchten Mehrpersonengesellschaften Vinkulierungsklauseln und 84%

lässt sich auf diese Weise ein ausgewogener Mittelweg zwischen Komplexität und Unvollständigkeit herstellen.

bb) Fehlende Flexibilität

Allein durch die Aufnahme häufig verwendeter Klauseln sind die Probleme im Rahmen des Musterprotokolls jedoch noch nicht behoben. Oftmals sind Vereinbarungen erforderlich, die zwar für viele Gesellschaften von Belang sind, in ihrer konkreten Ausgestaltung jedoch voneinander divergieren, so dass eine einheitliche Abbildung nur schwer zu realisieren ist.[796] Bei einem Muster handelt es sich stets nur um ein Korsett, das den Bedürfnissen der Beteiligten nie hundertprozentig entspricht.[797]

Anpassungen des Wortlauts des Musters lassen sich nur eingeschränkt vornehmen. Teilweise herrscht die Auffassung, dass das Musterprotokoll mit Ausnahme der in der Anlage kenntlich gemachten Textlücken nicht verändert werden darf.[798] Daneben wird jedoch auch vertreten, dass Änderungen, die keinerlei Auswirkungen auf die inhaltliche Ausgestaltung haben, zulässig sind. Hiervon erfasst sind vorwiegend Fragen der Zeichensetzung, Satzstellung und Wortwahl, mithin also rein formale Abwandlungen.[799] Eine komplette Ergänzung einzelner Klauseln geht jedoch in beiden Fällen über das zulässige Maß einer Anpassung hinaus und ist stets unzulässig.[800] Sollte eine unzulässige Abweichung von dem Text des Musterprotokolls erfolgen, geht damit die Verfahrenserleichterung des § 2 Abs. 1 a GmbHG und die Kostenprivilegierung der vereinfachten Gründung verloren.[801] Für das weitere Vorgehen ist der Parteiwille entscheidend (vgl. § 140 BGB). Das Musterprotokoll enthält den gesetzlichen Mindestinhalt nach § 3 GmbHG. Somit ist der Weg einer klassischen GmbH-Gründung weiterhin offen.[802]

Einziehungsklauseln. In diesem Punkt unterschied sich die Häufigkeit dieser Klauseln deutlich zur Einpersonengesellschaft.

796 So im Ergebnis *Wicke*, GmbHR 2018, 1105, 1113.

797 *Heckschen*, DStR 2007, 1442, 1443.

798 DNotI-Report 2009, 57 f.; *Heckschen*, DStR 2009, 166, 168.

799 *Wicke*, in: Wicke, § 2 Rn. 18; *Wicke*, DNotZ 2012, 15, 17; *Fastrich*, in: Baumbach/Hueck, § 2 Rn. 51; *J. Schmidt*, in: Michalski/Heidinger/Leible/J. Schmidt, § 2 Rn. 100 ff.; *Altmeppen*, in: Altmeppen, § 2 Rn. 61; OLG München, GmbHR 2010, 1262.

800 *Wicke*, DNotZ 2012, 15, 16.

801 *Heinze*, in: MüKo-GmbHG, § 2 Rn. 233a; *Heckschen*, DStR 2009, 166, 168.

802 *Heidinger/Knaier*, in: Heckschen/Heidinger, Kap. 2 Rn. 203; *Heinze*, in: MüKo-GmbHG, § 2 Rn. 233; *Altmeppen*, in: Altmeppen, § 2 Rn. 86; a.A. OLG München, NZG

Obwohl die Interessen aller Gesellschafter durch ein Muster in dieser Form nicht hinreichend abgedeckt werden können, wird es gleichwohl häufig in der Praxis genutzt.[803] Die Verwendung eines Musters führt zu einem erheblichen Verlust an Gestaltungsfreiheit.[804]

cc) Unzureichende Effizienz

Das aktuell verwendete Musterprotokoll ist aufgrund der fehlenden Flexibilität nur bedingt dazu geeignet, eine Effizienzsteigerung zu gewährleisten. Aufgrund der fehlenden Flexibilität werden oftmals nachträgliche Änderungen an der Satzung vorgenommen. Bereits nach kurzer Zeit stellen die Gründer fest, dass die Regelungen in dem von ihnen gewählten Musterprotokoll nicht zu den tatsächlichen Abläufen des speziellen Unternehmens passen.[805] In der Folge entstehen Kosten für mögliche Gesellschafterstreitigkeiten, Korrekturen der Satzung oder schuldrechtliche Nebenvereinbarungen. Vor allem eventuelle Differenzen zwischen den Gesellschaftern binden häufig einen Großteil der Ressourcen einer Gesellschaft, wodurch die effektive Teilnahme am Wirtschaftsleben erschwert wird.[806] Die ursprünglich geplanten Erleichterungen werden somit in der Zeit nach der Gründung ins Gegenteil verkehrt.

e) Schuldrechtliche Nebenabreden

Sofern Muster verwendet werden, werden über den Inhalt des Musters hinausgehende Regelungen teilweise in schuldrechtlichen Nebenabreden festgehalten.[807] Nachfolgend soll dargestellt werden, inwiefern inhaltliche Schwächen von Mustern durch solche im Nachgang getroffenen Vereinbarungen abgemildert werden können.

2010, 795. Da § 2 Abs. 1 a S. 4 GmbHG nicht greift ist zudem noch eine gesonderte Gesellschafterliste einzureichen.

803 *Ries*, NZG 2014, 569, 570; Schreiben DNotV v. 4. Juli 2018, S. 13.

804 Vgl. *Bormann*, ZGR 2017, 621, 638.

805 *Ries*, NotBZ 2019, 25, 26; *Ries*, NZG 2014, 569, 570; Schreiben DNotV v. 4. Juli 2018, S. 13. Zur Verwendung schuldrechtlicher Nebenabreden s. C. II. 6. e).

806 Schreiben DNotV v. 4. Juli 2018, S. 13; *Heckschen*, GmbHR 2018, 1093, 1104.

807 *Noack*, DB 2018, 1324, 1326; *Hommelhoff*, in: Lutter/Koch, Societas Unius Personae (SUP), 69, 74.

aa) Allgemeines

Schuldrechtliche Nebenabreden finden in Fällen Anwendung, in denen entweder aufgrund eines Diskretionsinteresses keine Veröffentlichung im Handelsregister angestrebt wird oder die Gesellschaftssatzung nicht mehr den Bedürfnissen der Gesellschafter genügt und eine einfache Anpassung erfolgen soll. Mangels Notwendigkeit einer notariellen Beurkundung lassen sich die Abreden schnell realisieren.[808] Aufgrund des standardisierten Inhalts von Mustersatzungen dürfte in diesen Fällen häufiger auf schuldrechtliche Nebenabreden zurückgegriffen werden als bei Individualsatzungen.[809]

Im Rahmen einer solchen zulässigen Vereinbarung können die Gesellschafter die Rechtsverhältnisse im Zusammenhang mit ihrer Beteiligung an der Gesellschaft außerhalb der Satzung regeln.[810] Inhalt von schuldrechtlichen Nebenabreden können grundsätzlich sämtliche Regelungen sein, soweit ihnen kein Satzungsvorbehalt entgegensteht.[811] In Extremfällen kann es vorkommen, dass die Satzung nur das absolut notwendige Grundgerüst enthält und der Großteil der „Regelungsmasse" auf schuldrechtliche Vereinbarungen ausgelagert wird, wodurch das Unternehmen letztlich erst seine individuelle Ausprägung erfährt.[812] Somit ist die Möglichkeit einer Anpassung der Satzung an die Interessen der Gesellschaft gegeben. Hierbei ist jedoch zu berücksichtigen, dass aufgrund der Formfreiheit eine Beratung nicht notwendigerweise erfolgen muss. Die Gesellschafter haben folglich häufig keine Gewissheit darüber, ob die getroffenen Regelungen ihren Bedürfnissen am besten entsprechen und in zulässiger Weise ausgestaltet wurden. Wird anderenfalls jedoch Rechtsrat bei Erstellung der Nebenabreden zu Hilfe gezogen, entsteht ein Zeit- und Kostenaufwand, der dem einer notariellen Individualgründung entspricht.[813]

Zudem werden schuldrechtliche Nebenvereinbarungen, anders als der Gesellschaftsvertrag, nicht nach § 9 GmbHG zum Handelsregister eingereicht und sind somit nicht öffentlich zugänglich.[814] In vielen Fällen wird darüber hinaus

808 *Wicke*, in: MüKo-GmbHG § 3 Rn. 130; vgl. *Wicke*, DStR 2006, 1137, 1138 f.; *Grunewald*, GesR, § 13 Rn. 10.

809 *Bayer/Hoffmann/Schmidt*, GmbHR 2007, 953, 958.

810 *Wicke*, DStR 2006, 1137, 1138; *Fastrich*, in: Baumbach/Hueck, § 3 Rn. 56.

811 *Altmeppen*, in: Altmeppen, § 3 Rn. 44; *Fastrich*, in: Baumbach/Hueck, § 3 Rn. 57; *Wicke*, DStR 2006, 1137, 1138; *Grunewald*, GesR, § 13 Rn. 10.

812 *Hoffmann-Becking*, ZGR 1994, 442, 446; *Wicke*, DStR 2006, 1137, 1139.

813 Vgl. *Bayer/Hoffmann/Schmidt*, GmbHR 2007, 953, 958.

814 *Wicke*, in: Wicke, § 3 Rn. 25.

eine Schiedsabrede aufgenommen, wodurch der Gang zu staatlichen Gerichten hinsichtlich der getroffenen Regelungen nicht möglich ist.[815] Aufgrund dieser Intransparenz wird es den Gesellschaftern erschwert, Nebenabreden und eventuelle Änderungen an diesen beweissicher festzuhalten. Da sie jedoch bewusst abseits einer notariellen Beurkundung handeln, erscheint ihnen das daraus resultierende Risiko zumutbar.[816]

Sofern Dritte, etwa als zukünftige Gesellschafter, den in schuldrechtlichen Nebenabreden getroffenen Vereinbarungen unterfallen sollen, ist zu beachten, dass schuldrechtliche Vereinbarungen nur *inter partes* gelten. Sie gehen somit nicht automatisch durch die Übertagung eines GmbH-Geschäftsanteils auf einen Rechtsnachfolger über.[817] Selbst bei Kenntnis der getroffenen Regelungen bedarf es für eine konkludente Übertragung zusätzlicher Umstände.[818]

bb) Vermeidung von Nebenabreden

Schuldrechtliche Nebenabreden sind die Konsequenz einer unzureichenden Flexibilität von Satzungen. Vor allem die Verwendung von Mustersatzungen stellt die Gründer vor die Herausforderung, einen standardisierten Vorgang an ihre individuellen Bedürfnisse anzupassen. Unter Nebenvereinbarungen leidet jedoch die Transparenz des Handelsregisters und die Kontrollmöglichkeit durch das Registergericht. Dies kann nicht nur für die Gesellschafter negative Konsequenzen haben, sondern auch für den Rechtsverkehr und die Gläubiger der Gesellschaft.[819] Der Gesetzgeber sollte bei einer möglichen Neugestaltung von Mustern auf eine Vermeidung von schuldrechtlichen Nebenabreden hinwirken.

Dies lässt sich allerdings nur erreichen, indem das Flexibilitätsproblem eingeschränkt wird. Muster an sich können insbesondere ausländischen Gründern häufig sinnvoll helfen, soweit sie entsprechend durchdacht sind.[820] Ein möglicher Ansatzpunkt, um den Nutzen von Mustern zu steigern, könnte die Zulässigkeit kleinerer Änderungen des Musters bei gleichzeitigem Festhalten an einem

---

815 *Wicke*, in: MüKo-GmbHG, § 3 Rn. 130; *Wicke*, DStR 2006, 1137; *Hoffmann-Becking*, ZGR 1994, 442, 445 f.

816 Vgl. *Hübner*, Mustersatzungen in der SPE, S. 123 f.; *Hoffmann-Becking*, ZGR 1994, 442, 446; *Heckschen*, DStR 2007, 1442, 1443.

817 *Grunewald*, GesR, § 13 Rn. 10; *Wicke*, DStR 2006, 1137, 1140; *Drygala/Staake/Szalai*, KapG, § 4 Rn. 38; *Wicke*, in: MüKo-GmbHG, § 3 Rn. 136.

818 *Wicke*, DStR 2006, 1137, 1140; *Wicke*, in: MüKo-GmbHG, § 3 Rn. 136.

819 *Noack*, DB 2018, 1324, 1326; *Bormann*, ZGR 2017, 621, 640; Schreiben DNotV v. 4. Juli 2018, S. 13; *Heckschen*, DStR 2007, 1442, 1443.

820 Vgl. *Noack*, DB 2018, 1324, 1326.

beschleunigten Verfahren im Sinne von Art. 13 g Abs. 7 GesRRL darstellen. In eingeschränktem Maß sollte von einer starren Satzung abgewichen werden. Das gesetzgeberische Ziel eines Musters, nämlich eine Prüfung des Registergerichts durch einfaches Abgleichen zu erleichtern, darf jedoch nicht außer Acht gelassen werden.[821] Bei zu großen Änderungen und damit einhergehenden Prüfungspflichten erscheint die Notwendigkeit von Mustern fraglich.[822] Durch kleinere Änderungen wird jedoch am ehesten dem Freiwilligkeitsgedanken hinsichtlich der Verwendung von Mustern in der Richtlinie entsprochen.

Den Gründern sollten Muster für Einpersonengesellschaften auf der einen und Mehrpersonengesellschaften auf der anderen Seite zur Verfügung stehen. Muster für Mehrpersonengesellschaften sollten über den Regelungsbereich von Einpersonengesellschaften hinaus typische Regelungen enthalten, die bei Zusammenkommen mehrerer Personen von Bedeutung sind. Änderungen sollten von vornherein nur bei Mustern für Mehrpersonengesellschaften möglich sein. Im Konkreten könnten diese so ausgestaltet sein, dass zum einen nur einzelne Klauseln, die nicht dem gesetzlichen Mindestinhalt aus § 3 GmbHG zuzuordnen sind, ersatzlos gestrichen werden können. Durch eine optische Aufteilung kann auch unerfahrenen Gründern kenntlich gemacht werden, welche Klauseln den Mindestinhalt abbilden. Daneben sollten unter Berücksichtigung der Rolle des Registergerichts Ergänzungen nur soweit zulässig sein, dass der wesentliche Regelungsinhalt unverändert bleibt. Eine diesbezügliche Belehrung kann durch den beurkundenden Notar erfolgen. Hierüber hinausgehende Punkte sollten jedoch weiterhin die Privilegien bei Verwendung einer Mustersatzung entfallen lassen.

Durch die gänzliche Streichung einzelner Klauseln kommt das Muster einer Mehrpersonengründung demjenigen einer Gründung durch eine einzelne Person immer näher. Sofern wie hier vorgeschlagen weitere Klauseln in Muster aufgenommen werden, sollte es erst recht möglich sein, sich durch Streichen einzelner Passagen dem „Ausgangsmuster" wieder anzunähern. Was darüber hinaus als wesentlicher Regelungsinhalt zu verstehen ist, dürfte sich in der Praxis innerhalb weniger Jahre herausbilden. Eine Abweichung sollte jedenfalls dann für zulässig erklärt werden, soweit dies zur Befriedigung der Bedürfnisse der Gesellschafter erforderlich ist und die wesentliche Struktur des Musters beibehalten wird. Dem deutschen Gesetzgeber steht offen, in einem Gesetzesentwurf die Ziele und den wesentlichen Inhalt des Musters festzulegen. Die Änderungsmöglichkeiten

---

821 Vgl. *Heidinger/Knaier*, in: Heckschen/Heidinger, Kap. 2 Rn. 154.
822 *Wachter*, GmbHR 2007, R 1, R 2.

in engem Rahmen wird für die Registergerichte anfänglich einen Mehraufwand bedeuten, doch sollte sich dieser nach ersten Praxiserfahrungen in Grenzen halten.[823] Da die Gründer in beiden Fällen durch einen mit dem nationalen Recht vertrauten Notar beraten werden, können so Unsicherheiten im Gründungsprozess beseitigt werden.

f) Sprachliche Besonderheiten

Sämtlichen Bürgern aus Mitgliedstaaten der Europäischen Union soll die Möglichkeit offenstehen, die bereitzustellenden Muster für die Gründung ihrer Gesellschaft zu nutzen.

aa) Regelmäßige Sprache der Muster

Um dies zu gewährleisten, müssen Muster nach Art. 13 h Abs. 3 GesRRL neben der Amtssprache des betreffenden Mitgliedstaats zumindest in einer Amtssprache der Union zur Verfügung gestellt werden, die von einer möglichst großen Zahl grenzüberschreitender Nutzer weitgehend verstanden wird. In diesem Zusammenhang ist wohl Englisch gemeint.[824] Im Rahmen des Austritts Großbritanniens aus der Europäischen Union am 31. Januar 2020 könnten jedoch Unsicherheiten bezüglich der zu nutzenden Sprache bestehen. Als Folge des Austritts wird zum Teil angenommen, dass die Amtssprache der Muster Deutsch sein soll, da diese Sprache neben Englisch am weitesten verbreitet ist.[825] Jeder Mitgliedstaat habe nur das Recht, sich auf eine Amtssprache gegenüber der Europäischen Union festzulegen. Irland hat sich hierbei auf Gälisch festgelegt und Malta auf Maltesisch. Englisch käme somit nicht mehr als Amtssprache in Frage.[826] Gleichwohl ist auch nach dem Austritt Großbritanniens Englisch weiterhin eine Amtssprache der Europäischen Union.[827]

---

823 Zu der Prüfungspflicht des Registergerichts s. C. I. 1. e).

824 *Bayer/Schmidt*, BB 2019, 1922, 1923; *Schmidt*, DK 2018, 229, 230; Schreiben DNotV v. 4. Juli 2018, S. 14.

825 *Knaier*, GmbHR 2018, 560, 567.

826 *Knaier*, GmbHR 2018, 560, 567. In diesem Zusammenhang erfolgte der Vorschlag, den Wortlaut der Richtlinie dahingehend zu ändern, dass eine im „internationalen Wirtschaftsverkehr allgemein [verständliche] Sprache" gewählt wird. Im Ergebnis auch *Ries*, NotBZ 2019, 25, 27.

827 Vgl. Übersicht über EU-Sprachen (https://europa.eu/european-union/about-eu/eu-languages_de) Stand: 23. November 2021; *Schmidt*, DK 2018, 229, 230.

Somit sind die Muster neben der Amtssprache des jeweiligen Landes in Englisch zur Verfügung zu stellen.[828] Eine darüber hinausgehende Verpflichtung zur Bereitstellung von Mustern in mehr als zwei Sprachen besteht nach der Richtlinie nicht. Den Mitgliedstaaten steht es jedoch frei, zur Förderung des Verständnisses bei ausländischen Gründern weitere Übersetzungen zur Verfügung zu stellen.[829] Davon ist allerdings abzuraten. Hieraus würde sich ein nicht unerheblicher Mehraufwand ergeben, der die ohnehin schon begrenzten Kapazitäten im Rahmen des Verfahrens zusätzlich bindet. Zudem erscheint der sich daraus ergebende Mehrwert zweifelhaft. Soweit die Gründer nicht imstande sind, die Muster in der Landessprache oder in Englisch zu verstehen, erscheint eine gewinnbringende Teilnahme am Wirtschaftsleben im jeweiligen Land ohnehin mehr als fraglich.

Sofern mehr als eine Version desselben Musters existiert, stellt sich die Frage, wie sich mögliche Differenzen aufgrund sprachlicher Unterschiede bewältigen lassen. Diesbezüglich stellt die Richtlinie jedoch klar, dass im Regelfall lediglich das Muster in der Amtssprache des jeweiligen Mitgliedstaats verpflichtend ist. Muster in anderen Sprachen dienen ausschließlich der Information (Art. 13 h Abs. 3 S. 2 GesRRL).[830]

bb) Fakultative Verwendung englischsprachiger Muster

Gleichwohl steht es den Mitgliedstaaten frei, zu beschließen, dass es auch möglich ist, eine Gesellschaft anhand von Mustern zu gründen, die in Englisch abgefasst sind (Art. 13 h Abs. 3 S. 2 GesRRL). *De lege lata* ist die Errichtung von Urkunden durch einen Notar bereits in anderen Sprachen als Deutsch möglich (§ 5 Abs. 2 BeurkG). Hierfür ist das einvernehmliche Verlangen aller an der Urkunde formell Beteiligten erforderlich.[831] Dem Verlangen soll jedoch nur entsprochen werden, wenn der Notar der fremden Sprache hinreichend kundig ist (§ 5 Abs. 2 S. 2 BeurkG).[832] Eine entsprechende Verpflichtung besteht

---

828 *Bayer/Schmidt*, BB 2019, 1922, 1923; *Bormann/Stelmaszczyk*, NZG 2019, 601, 612; *Noack*, DB 2018, 1324, 1326.

829 Vgl. *Wachter*, GmbH-StB 2018, 263, 265. Ursprünglich enthielt der Richtlinienvorschlag keine Regelung zu einer unverbindlichen englischen Übersetzung; s. Schreiben DNotV v. 4. Juli 2018, S. 15.

830 Dies klarstellend auch *Bayer/Schmidt*, BB 2019, 1922, 1923; *Bormann/Stelmaszczyk*, NZG 2019, 601, 611.

831 *Ott*, RNotZ 2015, 189; *Heinze*, ZEV 2019, 621.

832 Der Notar hat nach pflichtgemäßem Ermessen selber zu beurteilen, ob er der fremden Sprache mächtig ist. Im Falle eines vorgelegten Entwurfs in der fremden Sprache

für den Notar jedoch nicht. Der Notar „kann" auf Verlangen tätig werden. § 15 Abs. 1 S. 2 BNotO legt fest, dass keine Verpflichtung des Notars besteht, eine Beurkundung in einer anderen als der deutschen Sprache vorzunehmen.[833] Zur Anmeldung beim Handelsregister ist dem Gesellschaftsvertrag eine Übersetzung beizufügen.[834] Urkunden können somit im Rechtsverkehr in Englisch erstellt und verwendet werden.

Unabhängig von einer geplanten Online-Gründung ist seit dem 1. Januar 2018 am Landgericht Frankfurt am Main vor der Kammer für internationale Handelssachen die Möglichkeit gegeben, mündliche Hauptverhandlungen in Englisch durchzuführen.[835] Klagen sind jedoch weiterhin in Deutsch zu erheben. Diese Möglichkeit besteht trotz der Vorgabe des § 184 Gerichtsverfassungsgesetzes, wonach die Gerichtssprache Deutsch ist. Nach § 128 Abs. 2 S. 1 ZPO ist es möglich, dass das Gericht nach pflichtgemäßem Ermessen und mit Zustimmung der Parteien eine Entscheidung ohne mündliche Verhandlung treffen kann. Wenn die Hauptverhandlung gänzlich entfallen kann, muss es erst recht möglich sein, sie in einer fremden Sprache durchzuführen.[836] Eine Verpflichtung zur Verwendung von Fremdsprachen besteht jedoch ebenso wenig, wie es bei Notaren der Fall ist.

Die Idee, (Vertrags-)Verhandlungen in fremden Sprachen vorzunehmen, findet in Deutschland zumindest ein Grundgerüst. Die Richtlinie verpflichtet jedoch deutsche Gerichte nicht zur Annahme englischsprachiger Urkunden.[837] Eine solche Verpflichtung ist auch dem deutschen Rechtssystem fremd.

---

gelten jedoch niedrigere Anforderungen als für den Fall, dass der Notar den Entwurf selber erstellen muss, s. *Ott*, RNotZ 2015, 189.

833 *Terbrack*, in: Süß/Wachter, Deutschland Rn. 46; *Ott*, RNotZ 2015, 189; *Heinze*, ZEV 2019, 621.

834 *Fastrich*, in: Baumbach/Hueck, § 2 Rn. 9; LG Düsseldorf, GmbHR 1999, 609.

835 *Meier*, WM 2018, 1827, 1832; Information der ordentlichen Gerichtsbarkeit des Landes Hessen zur Kammer für internationale Handelssachen, abrufbar unter: https://ordentliche-gerichtsbarkeit.hessen.de/ordentliche-gerichte/lgb-frankfurt-m/lg-frankfurt-m/kammer-für-internationale-handelssachen (Stand: 23. November 2021). Daneben wurde in Baden-Württemberg ein *Commercial Court* eingeführt. Dieser soll sich durch den Einsatz moderner Kommunikationsmittel und weitestgehend englische Verfahren auszeichnen; Internetauftritt des *Commercial Courts*, abrufbar unter: https://www.commercial-court.de/commercial-court (Stand: 23. November 2021).

836 *Meier*, WM 2018, 1827, 1829; *Fritsche*, in: MüKo-ZPO, § 128 Rn. 27 ff.

837 *Bormann/Stelmaszczyk*, NZG 2019, 601, 611.

In Anbetracht der bekannten Probleme bei der Verwendung von Mustersatzungen sollte im Rahmen der Umsetzung nicht davon abgewichen werden, englische Muster lediglich für Informationszwecke zu nutzen.[838] Gerade bei ausländischen Gründern, die englische Muster nutzen, ist ein erhöhter Beratungs- und Gestaltungsbedarf zu erwarten. Dieser Schutz lässt sich allerdings im Rahmen von Mustern nur eingeschränkt verwirklichen. Darüber hinaus ist zu erwarten, dass bei verbindlichen Fremdsprachen die Transaktionskosten steigen.[839]

g) *Zwischenergebnis*

Muster sind nicht nur für Einpersonen-, sondern auch für Mehrpersonengesellschaften verpflichtend einzuführen. Die Beteiligung eines Notars ist hierbei zulässig und geboten. Die allgemeinen Überlegungen zu Mustern und die Erfahrungen mit dem Musterprotokoll aus § 2 Abs. 1 a GmbHG zeigen, dass Muster häufig Schwächen mit sich bringen und nicht immer geeignet sind, den Bedürfnissen der Parteien optimal zu entsprechen. Inwieweit sich Muster dazu eignen, die Wirklichkeit abzubilden, ist stets vom Einzelfall abhängig.[840] Es lässt sich jedoch feststellen, dass gerade bei einer Gesellschaft mit mehreren Personen bestimmte Klauseln immer wieder vorkommen, für die bei Einpersonengründungen kein Bedarf besteht. Bei der Erstellung der verschiedenen Muster muss somit ein Schwerpunkt auf die unterschiedlichen Interessen der Beteiligten gelegt werden. Bei genauerer Untersuchung des aktuell verwendeten Musterprotokolls ist eine differenzierte Betrachtung nicht gelungen.[841] Dieses Säumnis sollte im Rahmen der Richtlinienumsetzung behoben werden, indem relevante Klauseln für Mehrpersonengesellschaften in das Muster aufgenommen werden.

Durch diese Maßnahme und eine flexiblere Gestaltung der Muster kann ein Ausweichen auf schuldrechtliche Nebenabreden verhindert werden. Es ist jedoch darauf zu achten, dass sämtliche Klauseln für sich alleine stehen können. Nur so lässt sich eine Streichung einzelner Klauseln sinnvoll durchführen. Soweit der wesentliche Regelungsinhalt bestehen bleibt, geht die Effizienz von Mustern im Rahmen einer Überprüfung durch die Registergerichte nicht verloren. Zudem

---

838 Sollte sich der Gesetzgeber anders entscheiden, ist den Gesellschaftern jedenfalls zu empfehlen, klarzustellen, welche sprachliche Fassung im Zweifel vorgeht.

839 Schreiben, DNotV v. 4. Juli 2018, S. 15.

840 Schreiben DNotV v. 4. Juli 2018, S. 12.

841 So aber BR-Drs. 611/19, S. 18.

sollten Muster nur in der jeweiligen Amtssprache verbindlich sein. Darüber hinausgehende Fassungen dienen lediglich zu Informationszwecken.

Doch auch diese Maßnahmen können aufgrund der Komplexität des Gesellschaftsrechts und der Vielschichtigkeit der Interessen nicht in sämtlichen Fällen zu einer zufriedenstellenden Lösung führen.[842] Selbst angepasste Muster für Mehrpersonengründungen werden regelmäßig nur in einfach gelagerten Fällen genügen. Mit Verwendung von Mustern steigt die Bedeutung des Notars im Gründungsprozess. Er wird die Gesellschafter hauptsächlich dahingehend beraten müssen, ob das Muster im Einzelfall für die Gesellschaft geeignet ist oder nicht doch eine individualisierte Satzung vorzuziehen ist.[843] Bereits im Vorfeld sollte jedenfalls auf dem zentralen digitalen Zugangstor ein Hinweis an die Gründer erfolgen, wonach die Verwendung von Mustern für Mehrpersonengründungen häufig zu Komplikationen führt.

h) Umsetzung im DiRUG

Im Rahmen der Umsetzung ist es dem deutschen Gesetzgeber nicht gelungen, die bestehenden Schwächen des Musterprotokolls zu beseitigen. Insbesondere erfolgte keine Anpassung der Musterprotokolle, um im weiteren Verlauf notwendig werdende Nebenabreden zu vermeiden.[844] Vielmehr werden die bisher im vereinfachten Verfahren genutzten Musterprotokolle weitgehend als Anlage 1 zum GmbHG beibehalten und nur geringfügig geändert.[845] Daneben werden zwei Musterprotokolle für die Gründung einer Ein- beziehungsweise Mehrpersonengesellschaft mittels Videokommunikation als Anlage 2 angefügt. Diese entsprechen im Wesentlichen dem Wortlaut der bereits im vereinfachten Verfahrens genutzten Musterprotokolle.[846] Da das aktuell im vereinfachten Verfahren genutzte Muster jedoch eine personelle Beschränkung enthält, erfolgte eine notwendige Änderung dahingehend, dass nach dem neu eingeführten Muster für die Gründung von Mehrpersonengesellschaften auch mehr als drei Gesellschafter und ein Geschäftsführer beteiligt werden können.[847] Hierbei ist das Musterprotokoll für Mehrpersonengesellschaften aus Anlage 2 jedoch irreführend.

---

842 Vgl. Schreiben DNotV v. 4. Juli 2018, S. 12 f.

843 *Bormann/Stelmaszczyk*, NZG 2019, 601, 611; *Schurr*, EuZW 2019, 772, 778.

844 S. C. II. 6. e) bb).

845 DiRUG-RegE, S. 53; so auch *Knaier*, GmbHR 2021, 169, 177.

846 *Schmidt*, ZIP 2021, 112, 116.

847 DiRUG-RegE, S. 190; *Schmidt*, ZIP 2021, 112, 116; *Knaier*, GmbHR 2021, 169, 177; *Bock*, RNotZ 2021, 326, 333.

Während für die Geschäftsführer ein Hinweis enthalten ist, demzufolge weitere Geschäftsführer ergänzt werden können, fehlt ein entsprechender Hinweis bei den Gesellschaftern.[848] Es entsteht somit der Eindruck, es könnten insgesamt maximal drei Geschäftsanteile bestehen. Ein klarstellender Verweis wie bei den Geschäftsführern auf mögliche Ergänzungen wäre wünschenswert gewesen.

Soweit mehrere Geschäftsführer bestellt werden, enthält das Musterprotokoll eine zwingend erforderliche Regelung zu Art und Umfang der Vertretungsbefugnis der Geschäftsführer, vgl. § 8 Abs. 4 Nr. 2 GmbHG. Diese sieht vor, dass bei der Bestellung mehrerer Geschäftsführer zwar grundsätzlich eine gemeinschaftliche Vertretung vorgesehen wird, diese aber unabhängig von der tatsächlichen Anzahl nur zwei Geschäftsführer erfordert (modifizierte Gesamtvertretung). Alternativ ist eine unechte Gesamtvertretung bestehend aus einem Geschäftsführer gemeinschaftlich mit einem Prokuristen analog § 78 Abs. 3 S. 1 AktG, § 125 Abs. 3 HGB vorgesehen.[849]

Es entfällt zudem die Kostenprivilegierung nach § 105 Abs. 6 GNotKG, die für das vereinfachte Verfahren Anwendung findet. Grund hierfür ist, dass keine Höchstgrenze hinsichtlich der Gesellschafter oder Geschäftsführer besteht.[850] Diese Begründung erscheint jedoch nicht geeignet, die entfallene Kostenprivilegierung zu rechtfertigen. Eine entsprechende Differenzierung wäre allenfalls interessengerecht, wenn bei der Gründung nach § 2 Abs. 3 GmbHG im Vergleich zur Gründung nach § 2 Abs. 1 a GmbHG eine umfassendere Beratung durch den Notar aufgrund des größeren Personenkreises erfolgen würde. Die differenzierte Kostenentscheidung erscheint willkürlich, da der Umfang, über den der Notar belehrt, weitestgehend gleich bleibt und allein die pauschale Behauptung des Gesetzgebers im Raum steht, wonach sich allein aus der größeren Personenanzahl Kostenunterschiede ergeben. Gleichwohl steht den Gründern die Möglichkeit offen, von dem Kostenvorteil für die Gründung im vereinfachten Verfahren Gebrauch zu machen. Diese kann nach dem Willen des Gesetzgebers unter den weiteren Voraussetzungen des § 2 Abs. 1 a GmbHG auch im Fall einer Online-Gründung genutzt werden.[851] Zudem ist zu beachten, dass nach § 2 Abs. 3 S. 4 GmbHG nF bei Verwendung der in Anlage 2 bestimmten Musterprotokolle

---

848 DiRUG-RegE, S. 56, Hinweis Nr. 5).

849 Vgl. zu diesen Gestaltungsmöglichkeiten *Beurskens*, in: Baumbach/Hueck, § 35 Rn. 46, 48; *Heckschen/Knaier*, NZG 2021, 1093, 1097.

850 DiRUG-RegE, S. 190; *Schmidt*, ZIP 2021, 112, 116; *Knaier*, GmbHR 2021, 169, 177; *Bock*, RNotZ 2021, 326, 334; *Kienzle*, DNotZ 2021, 590, 593.

851 DiRUG-RegE, S. 190; *Linke*, NZG 2021, 309, 311.

§ 2 Abs. 1 a S. 3 bis 5 GmbHG entsprechend gelten. Es sind somit keine abweichenden Bestimmungen möglich. Zudem gilt das Musterprotokoll zugleich als Gesellschafterliste.[852]

Durch den weitestgehend gleichbleibenden Inhalt des Musterprotokolls im Rahmen der Online-Gründung bleibt es bei den bereits dargestellten Problemen. Insbesondere sind die geplanten Musterprotokolle für Mehrpersonengesellschaften für die Gründung ungeeignet und weisen wesentliche inhaltliche Mängel auf. Darüber hinaus bleiben die fehlende Flexibilität und eine unzureichende Effizienz als Kritikpunkte erhalten. Die Verwendung von Musterprotokollen kann somit, wie bereits im vereinfachten Verfahren, allenfalls bei Einpersonengründungen in Betracht gezogen werden. In anderen Konstellationen erscheint eine interessengerechte Gründung nicht möglich.[853] Zudem fehlen noch die englischsprachigen Versionen des Musterprotokolls.[854] Die entsprechenden Musterprotokolle sind im Rahmen der Umsetzung noch nachzureichen.

7. Dauer

Die Online-Gründung soll zufolge Erwägungsgrund 19 der Digitalisierungsrichtlinie bei ordnungsgemäßem Ablauf schnell vonstattengehen.

a) Höchstfrist für Online-Gründung

Um dies zu verwirklichen, ist grundsätzlich ein Zeitraum von fünf Arbeitstagen vorgesehen, in dem der Abschluss der Gründung erfolgen soll. Dies gilt jedoch nur, wenn die Gesellschaft ausschließlich von natürlichen Personen und unter Verwendung des neu einzuführenden Musters gegründet wird (Art. 13 g Abs. 7 UAbs. 1 GesRRL). In anderen Fällen beträgt die Gründungsdauer zehn Tage. Hiervon erfasst sind Fälle, in denen entweder nicht ausschließlich natürliche Personen an der Gründung beteiligt sind *oder* das vorgegebene Muster nicht verwendet wird. Voraussetzung für die Ingangsetzung der genannten Frist ist zunächst, dass alle erforderlichen Formalitäten erfüllt wurden (Art. 13 g Abs. 7 lit. a) GesRRL). Hiervon ist auszugehen, wenn keine Zweifel an den

852 *Schmidt*, ZIP 2021, 112, 116.

853 So auch *Schmidt*, ZIP 2021, 112, 117; *Knaier*, GmbHR 2021, 169, 177 f.; nach *Stelmaszczyk/Kienzle*, ZIP 2021, 765, 774 ist das aktuell verwendete Musterprotokoll trotz bestehender Kritik nicht verbesserungswürdig ist. Gleichwohl wird den Mustern attestiert nur für Einpersonengründungen interessengerecht zu sein.

854 *Knaier*, GmbHR 2021, 169, 178.

einzureichenden Informationen und Unterlagen bestehen und insbesondere die Identität des Antragstellers geklärt ist. Alternativ kann das Online-Verfahren auch bei Verdacht auf Vorliegen eines Missbrauchsfalles oder Betruges länger dauern.[855]

Daneben müssen die für die Gründung notwendigen Leistungen erbracht worden sein (Art. 13 g Abs. 7 lit. b) GesRRL). Die Mitgliedstaaten sind hierbei in der Pflicht dafür zu sorgen, dass die Zahlung über einen weithin verfügbaren Online-Zahlungsdienst abgewickelt werden kann (Art. 13 e GesRRL). Der Nachweis der Zahlung soll ebenfalls online abgerufen werden können.[856] Obwohl diese Möglichkeit faktisch bereits möglich ist, muss bei der Umsetzung berücksichtigt werden, dass Banken häufig Compliance-Vorschriften befolgen müssen, die gerade bei Zahlungen aus dem Ausland einer schnellen Gründung entgegenstehen.[857] Ausschlaggebend für den Fristbeginn ist der jeweils spätere Zeitpunkt.

b) Später Fristbeginn und Konsequenzen bei Verzögerungen

Da für den Fristbeginn verschiedene Handlungen des Antragstellers erforderlich sind, wird der Druck des Handelsregisters, schnell tätig zu werden, verringert.[858] Tatsächlich lässt sich die Frist von fünf bzw. zehn Arbeitstagen gut in das bestehende Eintragungsverfahren in Deutschland implementieren. Teilweise sind bereits Eintragungen innerhalb von zwei Werktagen möglich.[859]

Es stellt sich somit die Frage, ob die vorgesehene Höchstfrist tatsächlich zu einer Beschleunigung des Verfahrens führen kann. Zum einen erfolgt keine abschließende Definition der erforderlichen Urkunden, was aufgrund der Bezugnahme auf nationale Regelungen verständlich ist. Dies ermöglicht jedoch

---

855 Hierzu Erwägungsgrund 16 RL (EU) 2019/1151. Weitere Gründe, bei deren Vorliegen die Frist erst später zu laufen beginnt, könnten die Überprüfung der Rechtmäßigkeit des Namens der Gesellschaft oder auch die Disqualifikation eines Geschäftsführers sein.

856 Art. 13 g Abs. 6 S. 2 GesRRL; *Wachter*, GmbH-StB 2018, 214, 224; *Bormann/Stelmaszczyk*, NZG 2019, 601, 606; *Bayer/Schmidt*, BB 2019, 1922, 1923; *Knaier*, GmbHR 2018, 560, 562; *Heckschen*, NZG 2020, 241, 243.

857 *Wachter*, GmbH-StB 2018, 214, 224; *Bormann/Stelmaszczyk*, NZG 2019, 601, 606; *Heckschen*, NotBZ 2020, 241, 243.

858 *Teichmann*, ZIP 2018, 2451, 2458.

859 *Lieder*, NZG 2018, 1081, 1086; *Bormann/Stelmaszczyk*, NZG 2019, 601, 607; *Wicke*, GmbHR 2018, 1105, 1115; *Schmidt*, DK 2018, 229, 230; *Teichmann*, ZIP 2018, 2451, 2459; *Stelmaszczyk/Kienzle*, ZIP 2021, 765, 774.

den Mitgliedstaaten, umfassend festzulegen, was „sonstige Informationen oder Urkunden“[860] sind. Aufgrund des offenen Wortlauts ist infolgedessen denkbar, dass Mitgliedstaaten umfassende Regelungen zu den vorzulegenden Formalitäten treffen, wodurch der Beginn der Frist nach hinten verschoben wird.

Zudem ist die Gründungsdauer nicht als Ausschlussfrist ausgestaltet. Das Gründungsprozedere kann weiterhin verfolgt werden, selbst wenn die Frist überschritten wurde.[861] Die Mitgliedstaaten haben in diesen Fällen lediglich dafür zu sorgen, dass der Antragsteller über die Gründe für die Verzögerung unterrichtet wird. Die Kombination aus Unbestimmtheit und Fehlen von Konsequenzen lässt die vorgegebene Frist als stumpfes Schwert erscheinen.[862]

c) Teilweiser Verlust der Vor-GmbH

Wenn jedoch das Ziel der Richtlinie verwirklicht wird, ist zu beachten, dass die ab der notariellen Beurkundung des Gesellschaftsvertrages bestehende Vorgesellschaft fortan über einen kürzeren Zeitraum besteht.[863] Somit dominiert die BGB-Gesellschaft die Gründungsphase, welche den Abschluss eines Gesellschaftsvertrages zum Ziel hat (sog. Vorgründungsgesellschaft). Da das Gründungsverfahren jedoch insgesamt beschleunigt wird und für die Vor-GmbH ohnehin zum Großteil GmbH-Recht Anwendung findet, dürfte diese Tatsache kaum ins Gewicht fallen.[864]

d) Umsetzung im DiRUG

Die Höchstfristen haben im DiRUG in § 25 Abs. 3 HRV nF Berücksichtigung gefunden. Hierbei erfolgt eine vollständige Umsetzung von Art. 13 Abs. 7 und Art. 28 a Abs. 6 GesRRL, wonach die Online-Gründung beziehungsweise Online-Eintragung von Zweigniederlassungen innerhalb eines Zeitraums von regelmäßig fünf Werktagen erfolgt, wenn ausschließlich natürliche Personen

---

860 So Erwägungsrund 18 RL (EU) 2019/1151.

861 *Lieder*, NZG 2018, 1081, 1086.

862 Sollte die Frist nur selten eingehalten werden, könnte durch die Europäische Kommission ein Vertragsverletzungsverfahren vor dem Europäischen Gerichtshof eingeleitet werden.

863 Allgemein zu der Gründungsphase *Drygala/Szalai/Staake*, KapG, § 4 Rn. 4 ff.; *Grunewald*, GesR, § 13 Rn. 35 ff.

864 Vgl. *Bunting*, Die Gründung von Kapitalgesellschaften in Deutschland, dem Vereinigten Königreich und den USA, S. 227 zum vollständigen Verlust des Rechtsinstituts der Vorgesellschaft für Fälle, in denen eine Beteiligung des Notars gänzlich entfällt.

unter Verwendung von Musterprotokollen handeln.[865] Beginn der Frist ist hierbei die notarielle Beurkundung der Gründung. In anderen Fällen ist eine Frist von grundsätzlich zehn Arbeitstagen hierfür vorgesehen. Erfolgt die Eintragung nicht innerhalb der jeweiligen Fristen, informiert das Registergericht die Antragsteller über die Gründe für die Verzögerung.

In beiden Fällen beginnt die Frist nicht vor Eingang aller für Anmeldung erforderlichen Unterlagen und nach Beseitigung eventueller Eintragungshindernisse. Der Nachweis der Leistung der Einlage kann, auch elektronisch, durch Vorlage von Einzahlungsbelegen eines in der Europäischen Union niedergelassenen Finanzinstituts oder Zahlungsdienstleisters erfolgen.[866] Die Fristen finden keine Anwendung auf Präsenzverfahren. Soweit es zu einer Verzögerung kommt, genügt das Registergericht seiner Informationspflicht durch die allgemeine Angabe von Gründen für die Verzögerung. Spezielle Anforderungen bestehen nicht.[867] Indem eine pauschale Begründung vom Gesetzgeber als ausreichend erachtet wird, eine Verzögerung zu entschuldigen, bestätigt sich der Eindruck der Frist als lediglich stumpfes Schwert. Eine Verzögerung zieht für die Registergerichte grundsätzlich keine Konsequenzen nach sich und muss auch nicht besonders begründet werden. Dies scheint nur vor dem Hintergrund plausibel zu sein, dass eine Eintragung, wie bereits dargestellt, ohnehin innerhalb von zwei Arbeitstagen erfolgen kann.[868]

III. Bewertung

Die seit jeher praktizierte Präsenz-Gründung der GmbH erfährt durch die verpflichtend einzuführende Online-Gründung eine weitreichende Umstellung. Der EU-Gesetzgeber ist sich dessen jedoch bewusst und unterscheidet an verschiedenen Stellen zwischen einem verpflichtenden Mindestinhalt und freiwilligen Ergänzungen, die jeder Mitgliedstaat vornehmen kann. Hierdurch wird eine Flexibilität erreicht, die dazu dient, die gesellschaftsrechtlichen Traditionen der Mitgliedstaaten aufrecht zu erhalten.[869]

Auch wenn etwa durch die verpflichtende Online-Gründung von juristischen Personen Komplikationen entstehen können, ermöglicht die umfassende

865 DiRUG-RegE, S. 28, 159; *Omlor/Blöcher*, DStR 2021, 2352, 2356.
866 *Schmidt*, ZIP 2021, 112, 117.
867 DiRUG-RegE, S. 160.
868 S. C. II. 7. b).
869 Erwägungsgrund 19 RL (EU) 2019/1151.

Einbindung des Notars als Ausprägung der vorsorgenden Rechtspflege weiterhin die Gewährleistung eines Mindeststandards. Daneben bietet die Online-Gründung die Chance, aktuelle Abläufe im Rahmen der Gründung zu reflektieren und etwa hinsichtlich der Verwendung von Mustern beziehungsweise Musterprotokollen an die tatsächlichen Bedürfnisse anzupassen. Dies wurde jedoch bislang im Gesetzgebungsverfahren vernachlässigt. Vor dem Hintergrund der Online-Gründung ist insbesondere der Wortlaut des § 2 GmbHG anzupassen. Dass sich im Rahmen der Online-Gründung Risiken ergeben, ist nicht von der Hand zu weisen. Die Einführung eines neuen Rechtsformzusatzes, etwa in Form der OGmbH, bietet sich nicht an, um dem entgegenzuwirken. Es könnte jedoch überlegt werden, die bestehenden Risiken mit Hilfe von Versicherungsmodellen abzufangen.[870] Die Regelungen im DiRUG stehen im Einklang mit den europarechtlichen Vorgaben und gehen teilweise über diese hinaus.

870 *Sattler*, BB 2018, 2243, 2246.

D. Informationsaustausch und Lebenszyklus von Gesellschaften

Die Online-Gründung von Kapitalgesellschaften stellt den zentralen Bestandteil der Richtlinie dar. Gleichwohl hat der europäische Gesetzgeber die Möglichkeit genutzt, um auch im weiteren Verlauf des Bestehens einer Gesellschaft Regelungen zu treffen. Die Einreichung von Urkunden und Informationen soll fortan während des gesamten Lebenszyklus einer Gesellschaft möglich sein.[871] Um feststellen zu können, inwieweit ein Tätigwerden des deutschen Gesetzgebers notwendig ist, wird zunächst auf den gegenwärtigen Verfahrensablauf einzugehen sein. Im Anschluss wird der tatsächlich anfallende Handlungsbedarf für Deutschland im Rahmen der Umsetzung erörtert.

Um bei grenzüberschreitenden Sachverhalten ein Mindestmaß an Transparenz gewährleisten zu können, hat sich der europäische Gesetzgeber zudem entschieden, den bereits bestehenden Informationsaustausch in Bezug auf gesellschaftsrechtliche Angelegenheiten zwischen den einzelnen Mitgliedstaaten zu erweitern.

Im Zuge der Online-Einreichung soll zudem die Registerpublizität geändert werden. Zukünftig wird die Bedeutung von Bekanntmachungen abnehmen, da nur noch Eintragungen verpflichtend vorgesehen sind. Von diesen Änderungen sind auch die Publizitätswirkungen betroffen. Welche Konsequenzen sich hieraus ergeben, wird nachfolgend zu erörtern sein.

Zuletzt enthält die Richtlinie auch Vorschriften, die die Online-Komponente bei der Eintragung von Zweigniederlassungen regeln. Es wird zu untersuchen sein, ob sich hierbei wesentliche Änderungen im Vergleich zu dem Online-Verfahren der Gesellschaft ergeben.

I. Online-Einreichung

Nach Art. 13 j GesRRL sind in Zukunft Urkunden und Informationen von Gesellschaften sowie diesbezügliche Änderungen online beim Register des Mitgliedstaates einzureichen, in welchem die Gesellschaft eingetragen ist. Für die

---

871 Erwägungsgrund 26 RL (EU) 2019/1151; *Lieder*, NZG 2018, 1081, 1090; *Bormann/Stelmaszczyk*, NZG 2019, 601, 611; BR-Drs. 611/19, S. 11.

Fristvorgaben hinsichtlich der Online-Einreichung sind weiterhin die Mitgliedstaaten verantwortlich.

1. Bisheriges Verfahren bei Eintragungen im Handelsregister

Seit Inkrafttreten des EHUG im Jahr 2007 sind Anmeldungen im Handelsregister bereits *de lege lata* elektronisch in öffentlich beglaubigter Form einzureichen (§ 12 HGB, § 129 Abs. 1 S. 1 BGB).[872] Hierbei kann die Anmeldung bereits dadurch beschleunigt werden, dass der Notar diese selber durchführt, sofern er die Eintragungsgrundlage selber beurkundet oder beglaubigt hat. Erforderlich ist jedoch, dass eine Anmeldung durch Bevollmächtigte möglich ist (vgl. § 378 Abs. 2 FamFG).[873] Die elektronische Übermittlung bezieht sich dabei gemäß § 12 Abs. 2 HGB auch auf die dazugehörigen Dokumente.[874] Gleichwohl findet die bisherige Kommunikation zwischen den Gesellschaftern und dem Notar im Präsenzverfahren statt. Gemäß § 40 Abs. 1 BeurkG soll eine Unterschrift nur beglaubigt werden, wenn sie in Gegenwart des Notars vollzogen oder anerkannt wird. Hier wird zur Umsetzung ein Tätigwerden des Gesetzgebers erforderlich sein, wobei für die Gesellschafter, wie bereits für die Gründung festgestellt, grundsätzlich keine Verpflichtung zur Nutzung von Online-Einreichungen bestehen soll.[875]

2. Umfang

Von der Online-Einreichung betroffen sind alle in Art. 14 GesRRL bezeichneten Urkunden und Informationen, die der Offenlegung unterliegen. Konkret bedeutet dies, dass unter anderem Informationen zum Errichtungsakt und der Satzung, der Bestellung und dem Ausscheiden von gesetzlich vorgesehenen Gesellschaftsorganen, Vertretungsbefugnisse oder auch die Verlegung des Gesellschaftssitzes online einzureichen sind.[876] In diesem Zusammenhang ist zu berücksichtigen,

872 *Lieder*, NZG 2018, 1081, 1090; *Bormann/Stelmaszczyk*, NZG 2019, 601, 612; *Birkefeld/Schäfer*, BB 2019, 2626, 2629; *Heckschen*, NotBZ 2020, 241, 242; *Sattler*, BB 2018, 2243, 2244; *Lutter/Bayer/Schmidt*, Europäisches Unternehmens- und Kapitalmarkrecht, § 18 Rn. 18.16; *Malzer*, DNotZ 2000, 169, 172; *Paal*, ZGR 2017, 590, 597 f.; hierzu bereits C. I. 1. d).

873 *Ising*, NZG 2012, 289, 290, 292.

874 *Lieder*, NZG 2018, 1081, 1090; *Bormann/Stelmaszczyk*, NZG 2019, 601, 612.

875 S. C. II. 4. d) aa); *Bormann/Stelmaszczyk*, NZG 2019, 601, 612; *Birkefeld/Schäfer*, BB 2019, 2626, 2629.

876 Hierbei handelt es sich nur um eine exemplarische Auflistung.

dass Art. 14 GesRRL keine abschließende Aufzählung enthält, sondern lediglich einen „Grundstock" vorgibt.[877] Da nur vorgegeben ist, welche Urkunden und Angaben *mindestens* offenzulegen sind, besteht für den nationalen Gesetzgeber bei der Festlegung die Möglichkeit, den verbindlichen Umfang um weitere Angaben zu ergänzen. Somit können nicht nur eintragungspflichtige Tatsachen der Online-Einreichung zugänglich gemacht werden, sondern darüber hinaus auch eintragungsfähige Tatsachen.

Im Gegensatz zur Online-Gründung sieht Art. 13 j GesRRL keine Opt-Out-Möglichkeit für bestimmte Gesellschaftsformen vor.[878] Somit muss in Zukunft für alle in Anhang II der Gesellschaftsrechtsrichtlinie genannten Gesellschaftsformen (AG, KGaA und GmbH) unabhängig von der Form ihrer Gründung die Möglichkeit bestehen Einreichungen online vorzunehmen.[879] Dass das gewählte Beurkundungsverfahren für die Nutzbarkeit der Online-Eintragung nicht von Bedeutung ist, wird dadurch bestätigt, dass in der Digitalisierungsrichtlinie, soweit eine Regelung ausschließlich für die Online-Gründung Anwendung finden soll, ein ausdrücklicher Hinweis in der jeweiligen Norm erfolgt. So bezieht sich Art. 13 h GesRRL beispielsweise explizit auf „Muster für die Online-Gründung von Gesellschaften". Ein entsprechender Hinweis fehlt jedoch in Art. 13 j GesRRL. Zudem wäre die in Art. 13 j Abs. 3 GesRRL enthaltene Alternative zur Verpflichtung der Online-Einreichung für bestimmte oder alle Gesellschaften im Fall der Beschränkung der Online-Einreichung auf online gegründete Gesellschaften inkonsequent. Wie bereits festgestellt ist die Online-Gründung nämlich nur für eine einzige Gesellschaft, namentlich die GmbH, verpflichtend.

Grundsätzlich besteht nach Art. 13 j Abs. 5 GesRRL ein Wahlrecht zwischen der Online-Einreichung und dem daneben bisher praktizierten Präsenzverfahren. Den Mitgliedstaaten steht allerdings, wie eben beschrieben, nach Art. 13 j Abs. 3 GesRRL die Möglichkeit offen, zu verlangen, dass bestimmte oder alle Angaben online eingereicht werden müssen.[880] Gerade in Anbetracht der

877 *Lutter/Bayer/Schmidt*, Europäisches Unternehmens- und Kapitalmarktrecht, § 18 Rn. 18.29.

878 Für die Online-Gründung ist eine Beschränkung in Art. 13 g Abs. 1 UAbs. 2 GesRRL vorgesehen.

879 *Schurr*, EuZW 2019, 772, 778; *Schmidt*, DK 2018, 229, 231; *Bayer/Schmidt*, BB 2019, 1922, 1923; *Bormann/Stelmaszczyk*, NZG 2019, 601, 611.

880 *Bayer/Schmidt*, BB 2019, 1922, 1923; *Schurr*, EuZW 2019, 772, 778.

gezeigten Skepsis gegenüber der Online-Gründung ist nicht zu erwarten, dass der deutsche Gesetzgeber hiervon Gebrauch machen wird.[881]

3. Reichweite der Vorschrift

Welche Vorgänge von der Tätigkeit des „Einreichens" erfasst werden, ist mangels Definition in der Richtlinie nicht von Vornherein eindeutig bestimmbar.

a) Umfassende Online-Einreichung

Art. 13 j GesRRL könnte so zu verstehen sein, dass die der Einreichung zugrunde liegenden materiellen Änderungen zukünftig ebenfalls online durchführbar sein müssen.[882] Hierfür spricht, dass wenn bereits die Gründung vollständig online erfolgen kann, dies erst recht für im Nachgang erfolgende kleinere Rechtsänderungen gelten müsse.[883] Für einen vollständigen *digital lifecycle*, der von dem europäischen Gesetzgeber angestrebt wird, wäre somit eine Änderung dahingehend erforderlich, dass sämtliche gesellschaftsrelevanten Vorgänge online abgeschlossen werden können.[884] In diese Richtung geht auch Erwägungsgrund 10 der Digitalisierungsrichtlinie, wonach den Gesellschaften ermöglicht werden soll, über digitale Werkzeuge mit den in den jeweiligen Mitgliedstaaten zuständigen Behörden zu kommunizieren.

b) Technische Online-Einreichung

Daneben ist jedoch auch ein restriktives Verständnis der Norm denkbar. So würden die Vorgänge, die zu einer Änderung und somit zur Online-Einreichung führen, weiterhin nationalem Recht unterliegen.[885] Diese Auffassung wird zunächst durch den Wortlaut von Art. 13 j GesRRL bestärkt. Die Norm spricht explizit

---

881 *Teichmann*, ZIP 2018, 2451, 2460; Ein solcher Schritt ist zudem im ersten Gesetzesentwurf des Bundesrates (BR-Drs. 611/19) und auch im DiRUG nicht vorgesehen.

882 *Lieder*, NZG 2018, 1081, 1090; *Bock*, DNotZ 2018, 643, 650; *Teichmann*, ZIP 2018, 2451, 2461; *Bormann/Stelmaszczyk*, NZG 2019, 601, 611.

883 *Teichmann*, ZIP 2018, 2451, 2461; *Birkefeld/Schäfer*, BB 2019, 2626, 2629; kritisch *Bock*, DNotZ 2018, 643, 651 wonach gerade im Hinblick auf das größere Bedürfnis individueller Regelungen ein rein digitales Verfahren abzulehnen ist.

884 *Noack*, DB 2018, 1324.

885 *Lieder*, NZG 2018, 1081, 1090; *Bormann/Stelmaszczyk*, NZG 2019, 601, 612; *Teichmann*, ZIP 2018, 2451, 2461; *Bock*, DNotZ 2018, 643, 651; *Kindler/Jobst*, DB 2019, 1550, 1554; *Schurr*, EuZW 2019, 772, 778; *Birkefeld/Schäfer*, BB 2019, 2626, 2629; *Noack*, DB 2018, 1324; *Wachter*, GmbH-StB 2018, 214, 226.

nur von einer Online-Einreichung und lässt weitere Vorgänge außen vor.[886] Darüber hinaus war im Richtlinienvorschlag nur die Rede von der „Übermittlung" notwendiger Informationen an das Register während des Lebenszyklus einer Gesellschaft.[887] Bereits der Richtlinienentwurf ist somit so zu verstehen, dass nur hinsichtlich der Art und Weise der Mitteilung von Urkunden und Informationen Vorgaben gemacht werden sollten. Wie diesen Urkunden vorangehende Vorgänge stattfinden sollten, wurde nicht vorgegeben.

Darüber hinaus verweist Art. 13 j Abs. 4 GesRRL lediglich auf Art. 13 g Abs. 2 bis 5 GesRRL. Eine entsprechende Anwendung von Art. 13 g Abs. 1 GesRRL, der explizit die vollständige Online-Durchführung einer Gründung regelt, findet somit nicht statt. Wäre vom europäischen Gesetzgeber ein vollständiges Online-Verfahren gewollt, hätte er dies durch einen einfachen Verweis klarstellen können.

Zudem stellt Art. 10 GesRRL die Anforderungen an die Beurkundung von Satzungen dar. Demnach ist eine öffentliche Beurkundung erforderlich, wenn die Gesellschaftsgründung keiner vorbeugenden Verwaltungs- oder gerichtlichen Kontrolle unterworfen ist. Es bestehen also Vorgaben hinsichtlich materieller Änderungen von Gesellschaften. Art. 13 j GesRRL nimmt jedoch auf Art. 10 GesRRL, anders als etwa Art. Art. 13 h Abs. 2 UAbs. 1 GesRRL, nicht Bezug. Dies spricht ebenfalls für die Auffassung, dass das Regelungsziel der Richtlinie nicht darin besteht, eine umfassende Online-Einreichung zu ermöglichen, sondern lediglich der technische Vorgang betroffen ist.[888]

Diese Auffassung entspricht auch dem Ziel der Richtlinie, wonach zwar ein online funktionierendes System erschaffen werden soll, gleichzeitig aber die gesellschaftsrechtlichen Traditionen der jeweiligen Mitgliedstaaten gewahrt bleiben. Ein gewisses Maß an Flexibilität ist somit ebenso erforderlich wie gewünscht und würde bei einer verbindlichen umfassenden Online-Einreichung nicht erhalten bleiben.[889] Insbesondere würde es zu Widersprüchen innerhalb

---

886 *Bock*, DNotZ 2018, 643, 650.

887 COM (2018) 239 final, S. 16.

888 *Lieder*, NZG 2018, 1081, 1090; *Birkefeld/Schäfer*, BB 2019, 2626, 2629; *Bormann/Stelmaszczyk*, NZG 2019, 601, 611 f.; *Bock*, DNotZ 2018, 643, 650.

889 Vgl. Erwägungsgrund 19. *Birkefeld/Schäfer*, BB 2019, 2626, 2629 dort Rn. 29 verkennen, dass der Schwerpunkt der Richtlinie auf einer flexiblen Umsetzung und nicht auf einer unbedingten Gleichschaltung liegt. Gerade im Hinblick auf die Entwicklungsgeschichte der Richtlinie vermag diese Auffassung nicht zu überzeugen. Zudem liegt der Schwerpunkt der Richtlinie auf der Ermöglichung der Online-Gründung. Ein komplettes „Online-Paket" war zu keinem Zeitpunkt geplant.

der Richtlinie kommen, wenn hinsichtlich der von der Online-Gründung betroffenen Gesellschaftsformen eine Opt-out-Möglichkeit besteht, aber nicht für spätere statusrelevante Änderungen. Diese würden somit allen Kapitalgesellschaften nach Anhang II unabhängig vom durch die Mitgliedstaaten gewählten Grad der Umsetzung offen stehen.[890] Des Weiteren scheint eine verkappte Einführung von Online-Verfahren für sämtliche gesellschaftsrechtlich relevanten Vorgänge durch eine so „unscheinbare Regelung" nur schwer vorstellbar.[891] Insofern überzeugt es lediglich den technischen Vorgang der Einreichung als von der Richtlinie erfasst anzusehen.

c) Sachkapitalerhöhung

Teilweise wird trotz des technischen Vorgangs der Einreichung angenommen, es bestünde die Notwendigkeit, in der Richtlinie darauf hinzuweisen, dass ein Ausschluss der Online-Einreichung von Sachkapitalerhöhungen entsprechend Art. 13 g Abs. 4 lit. d) GesRRL möglich sein soll.[892] Hiergegen spricht jedoch zum einen, dass sich die Kapitalerhöhung mit Sacheinlagen weiterhin nach den §§ 56 ff. GmbHG richtet. Der der Erhöhung zu Grunde liegende Vorgang bleibt wie gewohnt bestehen und wird auch durch die Richtlinie nicht geändert.[893] Zum anderen würde eine entsprechende Formulierung gegen das verfolgte Ziel der Richtlinie sprechen. Der Anwendungsbereich der Online-Einreichung ist explizit weiter gefasst als derjenige der Online-Gründung. Die Online-Gründung sieht etwa ein Opt-Out-Recht vor. Dies ist im Rahmen der Einreichung nicht der Fall, da alle Kapitalgesellschaften – auch solche, die nicht online gegründet wurden – hiervon Gebrauch machen sollen. Sofern die Online-Einreichung von Sachkapitalerhöhungen vom Anwendungsbereich ausgeschlossen wird, würde dies dem Ziel der Richtlinie zuwiderlaufen und den geplanten weiten Anwendungsbereich verkleinern.

4. Exkurs: Interne Willensbildung unter Einsatz digitaler Elemente

Durch die Digitalisierungsrichtlinie soll der der Eintragung zugrundeliegende gesellschaftsrechtliche Vorgang von Kapitalgesellschaften nicht beeinflusst

---

890 *Lieder*, NZG 2018, 1081, 1090; *Bormann/Stelmaszczyk*, NZG 2019, 601, 612.
891 *Teichmann*, ZIP 2018, 2451, 2461.
892 *Schmidt*, DK 2018, 229, 231.
893 *Lieder*, NZG 2018, 1081, 1091.

werden. Teilweise besteht dennoch *de lege lata* die Möglichkeit, materiellrechtliche Änderungen, die später beim Handelsregister eingereicht werden sollen, virtuell vorzunehmen.[894]

a) GmbH

Beim Einsatz digitaler Elemente kommt der GmbH ein hohes Maß an Gestaltungsfreiheit zu Gute.[895] Voraussetzung ist eine entsprechende Grundlage im Gesellschaftsvertrag bzw. in der Satzung.[896] Grundsätzlich gehören zum Aufgabenkreis der Gesellschafter nach § 46 Nr. 5 und 7 GmbHG etwa die Bestellung und Abberufung von Geschäftsführern oder auch die Bestellung von Prokuristen. Beschlüsse hierzu werden grundsätzlich auf der Gesellschafterversammlung gefasst (§ 48 Abs. 1 GmbHG).[897] Dabei kann die Willensbildung auch außerhalb der nach dem gesetzlichen Leitbild erforderlichen (Präsenz-) Gesellschafterversammlung erfolgen.[898] § 48 Abs. 2 GmbHG erlaubt eine Beschlussfassung ohne Präsenzveranstaltung, wenn sämtliche Gesellschafter in Textform (§ 126 b BGB) mit der zu treffenden Bestimmung oder mit der schriftlichen Abgabe der Stimmen einverstanden sind. Erforderlich ist somit die Einstimmigkeit der Gesellschafter.[899] Nach § 45 Abs. 2 GmbHG stehen diese Vorschriften jedoch zur Disposition. Die Gesellschafter können somit im Gesellschaftsvertrag Regelungen treffen, wonach entweder eine umfassende digitale Stimmabgabe per E-Mail, Videokonferenz oder sogar WhatsApp möglich ist wie auch per kombiniertem Abstimmungsverfahren.[900] Beschränkungen des reinen Online-Verfahrens ergeben sich jedoch aus dem Erfordernis einer notariellen Beurkundung, etwa bei einer Abänderung eines Gesellschaftsvertrages (§ 53 Abs. 2

---

894 Vorliegend soll nur ein kurzer Ausblick vermittelt werden. Eine vollständige Darstellung bereits bestehender digitaler Elemente in Kapitalgesellschaften ist nicht Gegenstand dieser Arbeit. Für eine ausführliche Darstellung virtueller Versammlungen vgl. *Lieder*, NZG 2020, 81, 90 ff. m.w.N.

895 *Teichmann*, ZfPW 2019, 247, 258; *Paal*, ZGR 2017, 590, 595; *Heckschen*, NotBZ 2020, 241, 242.

896 *Lieder*, NZG 2020, 81, 89; *Paal*, ZGR 2017, 590, 595; *Bormann*, ZGR 2017, 621, 626.

897 *Teichmann*, ZfPW 2019, 247, 258; *Zöllner/Noack*, in: Baumbach/Hueck, § 48 Rn. 2; *Grunewald*, GesR § 13 Rn. 89; *Drygala/Staake/Szalai*, KapG, § 11 Rn. 120.

898 *Bormann*, ZGR 2017, 621, 626; *Altmeppen*, in: Altmeppen, § 48 Rn. 38 f.

899 *Drygala/Staake/Szalai*, KapG, §11 Rn. 153; *Bormann*, ZGR 2017, 621, 626.

900 *Lieder*, NZG 2020, 81, 89; *Paal*, ZGR 2017, 590, 595; *Bormann*, ZGR 2017, 621, 626; *Zöllner/Noack*, in: Baumbach/Hueck, § 48 Rn. 41; *Altmeppen*, in: Altmeppen, § 48 Rn. 48 f.; *Liebscher*, in: MüKo-GmbHG, § 48 Rn. 178.

GmbHG).[901] Eine Abstimmung im schriftlichen Verfahren kann zwar weiterhin erfolgen, jedoch ist für diesen Fall das sukzessive (persönliche) Erscheinen vor dem Notar erforderlich.[902]

Eine detaillierte Klausel im Gesellschaftsvertrag zur Einberufung und Durchführung der Gesellschafterversammlung bietet sich aufgrund der lückenhaften gesetzlichen Regelung ohnehin an.[903] Wird eine entsprechende Klausel vom Notar im Gründungsverfahren ausformuliert, kann die digitale Stimmenabgabe ebenfalls Einfluss finden. Auf diese Weise wird den Gesellschaftern nicht nur die Möglichkeit zur Online-Einreichung von Urkunden und Angaben nach Art. 14 GesRRL gegeben, sondern sie können darüber hinaus auch der Einreichung zugrundeliegende Vorgänge (etwa die Bestellung von Geschäftsführern oder Prokuristen) digital durchführen, soweit sie nicht beurkundungsbedürftig sind.

b) AG, KGaA

Schwieriger gestaltet sich die Lage im Falle der AG und KGaA. Die Regelungen, die für die AG und die KGaA Anwendung finden, sind weitestgehend zwingend und können somit nicht abbedungen werden.[904] So ist beispielsweise für die Hauptversammlung, die nach § 119 Abs. 1 Nr. 6 AktG Satzungsänderungen vornehmen kann, weiterhin eine Präsenzversammlung nach §§ 118 Abs. 1, 278 Abs. 3 AktG erforderlich.[905] Auch wenn alle Aktionäre im Einklang mit § 118 Abs. 1 S. 2 AktG von einer Satzungsklausel Gebrauch machen, die den Einsatz elektronischer Kommunikationsmittel vorsieht, ist gleichwohl eine tatsächlich stattfindende reale Versammlung notwendig.[906] Aufgrund der Versammlungsverbote während der Corona-Pandemie wurde den Gesellschaften nach Art. 2 § 1 Abs. 2 Corona-Folgenabmilderungs-Gesetz (CoFAG)[907] die Möglichkeit gegeben, eine Haupt- und Gesellschafterversammlung auch ohne entsprechende Satzungsermächtigung rein virtuell abzuhalten.[908] Hierdurch wurde der

---

901 Vgl. *Lieder*, NZG 2018, 1081, 1091; *Wachter*, GmbH-StB 2018, 263, 266.

902 *Liebscher*, in: MüKo-GmbHG, § 48 Rn. 147.

903 *Grunewald*, GesR, § 13 Rn. 92.

904 Hierzu bereits C. II. 1. a), b); *Teichmann*, ZfPW 2019, 247, 258.

905 *Lieder*, NZG 2020, 81, 90; *Teichmann*, ZfPW 2019, 247, 258; *Schäfer*, NZG 2020, 481, 482; *Rubner/Pospiech*, NJW-Spezial 2020, 239.

906 *Lieder*, NZG 2020, 81, 90; *Teichmann*, ZfPW 2019, 247, 258; *Paal*, ZGR 2017, 590, 594 f.; *Sattler*, BB 2018, 2243, 2247.

907 Gesetz zur Abmilderung der Folgen der COVID-19-Pandemie im Zivil-, Insolvenz- und Strafverfahrensrecht, BGBl. 2020 I 569.

908 *Schäfer*, NZG 2020, 481, 488; *Rubner/Pospiech*, NJW-Spezial 2020, 239, 240.

Gesetzwortlaut jedoch nicht geändert und es sind nach Art. 2 § 7 CoFAG aF nur Versammlungen im Jahr 2020 betroffen.[909] Dieser Zeitraum wurde in Art. 2 § 7 CoFAG nF bis zum 31. August 2022 verlängert. Welche Lehren hieraus für die Zukunft hinsichtlich einer virtuellen Hauptversammlung gezogen werden können, bleibt abzuwarten.

Hinsichtlich des Aufsichtsrates, der für die Auswahl, Bestellung und Abberufung des Vorstandes der AG (§ 84 AktG) und somit über die Bestellung der Vertreter (§ 78 Abs. 1 S. 1 AktG) entscheidet, ist bereits nach aktueller Rechtslage eine rein digitale Beschlussfassung ohne Sitzung bei entsprechender Satzungsregelung nach § 108 Abs. 4 AktG möglich.[910]

c) Zwischenergebnis

Somit können bereits teilweise die Art. 14 GesRRL zugrundeliegenden gesellschaftsrechtlichen Vorgänge online durchgeführt werden. Es bleibt abzuwarten, welche Erfahrung mit digitalen Elementen gerade bei der AG aufgrund der Regelungen zum Umgang mit Corona-Beschränkungen gemacht werden. Im Falle einer positiven Resonanz erscheint eine dauerhafte Ausweitung bei entsprechendem Vertrauensschutz möglich.[911]

5. Einbindung des Notars

Im Richtlinienentwurf wurde nicht geregelt, ob und wie ein Notar in die Einreichung von Gesellschaftsunterlagen eingebunden werden kann.[912] Im derzeit durchgeführten Verfahren ist die Beteiligung eines Notars jedoch essenziell für die Identifizierung der Personen.[913] Es wäre widersprüchlich, die Feststellung der Beteiligung der an der Gründung beteiligten Personen durch einen Notar zu treffen, nur um hierauf bei späteren Änderungen zu verzichten.[914] Darüber hinaus trifft den Notar nach § 378 Abs. 3 FamFG die Pflicht, Anmeldungen zum

---

909 *Rubner/Pospiech*, NJW-Spezial 2020, 239; *Heckschen*, NotBZ 2020, 241, 242.

910 *Habersack*, in: MüKo-AktG § 108, Rn. 60; *Koch*, in: Hüffer/Koch, § 108 Rn. 21 ff.; *Drygala/Staake/Szalai*, KapG, § 21 Rn. 173; *Sattler*, BB 2018, 2243, 2246. Dies ist für die KGaA aufgrund mangelnder Bestellungskompetenz kaum relevant, vgl. *Drygala/Staake/Szalai*, KapG, § 27 Rn. 15.

911 Vgl. *Lieder*, NZG 2020, 81, 92.

912 *Lieder*, NZG 2018, 1081, 1090; *Omlor*, DStR 2019, 2544, 2548; *Bormann/Stelmaszczyk*, NZG 2019, 601, 612; *Bock*, DNotZ 2018, 643, 651.

913 *Teichmann*, ZIP 2018, 2451, 2460.

914 *Bock*, DNotZ 2018, 643, 651; Schreiben DNotV v. 4. Juli 2018, S. 17.

Handelsregister auf ihre Eintragungsfähigkeit hin zu überprüfen. Ihm kommt somit, wie auch schon bei der Gründung, eine Filterfunktion zu.[915] Ein Verzicht auf die Beteiligung eines Notars bei der Online-Einreichung würde zu einer Mehrbelastung der Registergerichte führen, da Änderungen direkt von Beteiligten vorgenommen werden könnten und diese keiner vorherigen Prüfungen unterzogen wären.[916] Somit wurde bereits im Rahmen des Gesetzgebungsverfahrens der Vorschlag unterbreitet, eine Beteiligung des Notars ausdrücklich aufzunehmen.[917]

Dies ist durch einen umfassenden Verweis in Art. 13 j Abs. 4 GesRRL auf die Regelungen in Art. 13 g Abs. 2 bis 5 GesRRL geschehen. Somit finden nicht nur die obligatorischen Regelungen hinsichtlich der Überprüfung der Identität der Antragsteller (Art. 13 g Abs. 3 GesRRL) Anwendung, sondern auch die fakultativen Regelungen des Abs. 4, die Regelungen zur Rolle des Notars ermöglichen. Zusätzlich stellen Art. 13 c Abs. 2 und 3 GesRRL klar, dass auch im Rahmen der Online-Einreichung die Verfahren und Anforderungen des nationalen Rechts von der Richtlinie unberührt bleiben.[918] Ein Festhalten der Beteiligung des Notars im Rahmen der Online-Einreichung ist somit zulässig und sollte bei der Umsetzung auch entsprechend beachtet werden. Mit Blick auf den Gesetzesentwurf des Landes Nordrhein-Westfalen ist zu erwarten, dass dies geschehen wird (vgl. dort § 40 a BeurkG-E).[919] Zudem besteht wie bei der Gründung auch im Rahmen der Online-Einreichung von Unterlagen die Möglichkeit die physische Anwesenheit der Antragsteller zu verlangen.[920] Somit besteht auch im Rahmen der Online-Einreichung ein hohes Schutzniveau.[921]

---

915 Zur Rolle des Notars bei der Gründung s. C. I. 1. a).

916 *Lieder*, NZG 2018, 1081, 1091; *Schmidt*, ZIP 2021, 112, 118; *Bock*, DNotV 2018, 643, 652; *Zimmer*, NJW 2017, 1909, 1910; *Bormann/Stelmaszczyk*, NZG 2019, 601, 612; *Wolf*, MittBayNot 2018, 510, 521.

917 *Lieder*, NZG 2018, 1081, 1091; *Knaier*, GmbHR 2018, GmbHR 2018, 560, 568; *Bock*, DNotZ 2018, 643, 652; Schreiben DNotV v. 4. Juli 2018, S. 17.

918 *Bormann/Stelmaszczyk*, NZG 2019, 601, 612; *Birkefeld/Schäfer*, BB 2019, 2626, 2629 sprechen allgemein von Schutzmechanismen.

919 So bereits *Teichmann*, ZIP 2018, 2451, 2460. Der Gesetzesentwurf BR-Drs. 611/19 S. 18 spricht von einer elektronischen Kommunikation mit dem Notar. Eine Abkehr von dem bisher praktizierten Verfahren ist somit nicht zu erwarten. Vielmehr soll die digitale Komponente in das bestehende Verfahren integriert werden.

920 Zum Präsenzvorbehalt s. E. III.

921 *Birkefeld/Schäfer*, BB 2019, 2626, 2629.

6. Zwischenergebnis

Die Online-Einreichung stellt eine sinnvolle Ergänzung beim Einsatz digitaler Werkzeuge und Verfahren dar, um wirtschaftliche Aktivitäten einfacher und effizienter vorzunehmen. Die Einführung einer weiteren Online-Komponente neben der Gründung stellt einen konsequenten Schritt in der elektronischen Kommunikation zwischen den Anmeldenden und dem Notar dar.[922] Gleichwohl sollte eine Digitalisierung nicht um jeden Preis erfolgen. Somit erscheint es folgerichtig, dass die Richtlinie nur Regelungen in Bezug auf den technischen Vorgang der Einreichung vorgibt und den materiell-rechtlichen Vorgang außen vor lässt. Hierdurch ergibt sich für den Gesetzgeber nur ein eingeschränkter Umsetzungsbedarf.[923] Nichtsdestotrotz besteht bereits *de lege lata* bei entsprechenden Klauseln in der Gesellschaftssatzung die Möglichkeit gesellschaftsrechtlich relevante Prozesse ohne persönliches Erscheinen der Beteiligten durchzuführen.

Die Einbindung eines Notars in die Einreichung ist zur Feststellung der Identitäten der Beteiligten weiterhin wichtig und erforderlich. Hinsichtlich der Frage, wie das Verfahren ausgestaltet sein sollte, kann nichts anderes gelten als im Rahmen der Online-Gründung.[924] Somit ist auch bei der Online-Einreichung eine Kombination aus eID und einer zusätzlichen Videokonferenz erforderlich, damit sich der Notar über die Person des Erklärenden Gewissheit verschaffen kann (vgl. § 10 BeurkG). Ein erster Gesetzesentwurf des Landes Nordrhein-Westfalen schlägt zur Umsetzung die Einführung eines neuen § 40 a BeurkG-E vor, wonach die öffentliche Beglaubigung der Unterschrift durch ein Online-Verfahren ersetzt werden kann.[925] In Abs. 2 wird klargestellt, dass für öffentliche Beglaubigungen nach § 12 HGB weiterhin die Möglichkeit besteht, vor Ort zu erscheinen. Daneben können aber auch unter Nutzung des neu einzuführenden Videokommunikationssystems der Bundesnotarkammer Beglaubigungen stattfinden, ohne dass die Erklärenden körperlich anwesend sind. Sofern sich die Erklärenden allerdings gegen ein Präsenzverfahren entscheiden, ist zwingend, dass kumulativ ein elektronischer Identitätsnachweis vorliegt und darüber hinaus während der Videokonferenz das Erscheinungsbild der Beteiligten überprüft werden kann (§ 40 a Abs. 3 BeurkG-E).

---

922 *Schmidt*, DB 2018, 229, 231; *Birkefeld/Schäfer*, BB 2019, 2626, 2629; *Bormann/Stelmaszczyk*, NZG 2019, 601, 612.

923 So auch *Lieder*, NZG 2018, 1081, 1090; *Noack*, DB 2018, 1324, 1328.

924 So auch Schreiben DNotV v. 4. Juli 2018, S. 19.

925 *Schmidt*, EuZW 2019, 963.

Hierbei handelt es sich um eine gelungene Formulierung, der zugestimmt werden kann und die im weiteren Gesetzgebungsverfahren erhalten bleiben sollte. Insgesamt ist zu erwarten, dass durch die digitale Einreichung von Urkunden und Informationen in der Praxis eine erhebliche Beschleunigung eintreten wird.[926]

7. Umsetzung im DiRUG

Die Beglaubigung der qualifizierten elektronischen Signatur mittels Videokommunikation ist auch im DiRUG nach § 40 a BeurkG nF[927] in Fällen des § 12 HGB nF möglich. Bei einer Beglaubigung mittels Videokommunikation sind die Dokumente entsprechend § 12 Abs. 2 S. 1 HGB nF elektronisch in einem maschinenlesbaren und durchsuchbaren Datenformat einzureichen. Die Dokumente werden als Scans der Papierdokumente vorliegen. Hierbei ist allein der bildlich wiedergegebene Inhalt maßgeblich.[928] Eine Online-Einreichung soll nach § 12 Abs. 1 HGB nF künftig für Einzelkaufleute wie auch für eine GmbH, AG oder KGaA und deren Zweigniederlassungen möglich sein.

Darüber hinaus war noch im Gesetzentwurf des DiRUG vorgesehen, dass Anmeldungen zum Genossenschaftsregister auf dem gleichen Weg erfolgen können.[929] Dies wurde damit begründet, dass das Online-Verfahren hierbei besonders geeignet sei.[930] Somit ging der Gesetzentwurf über den verpflichtenden Mindestinhalt der Digitalisierungsrichtlinie hinaus. Auch Genossenschaften hätten somit von den Vorteilen einer Online-Eintragung profitieren können, die vor allem bei neu gegründeten Genossenschaften aufgrund möglicher Anpassungsbedürfnisse in Bezug auf die Satzung zum Tragen gekommen wären.[931] Dieser Punkt wurde jedoch im Rahmen des Verfahrens aus dem DiRUG gestrichen. Begründet wurde dies damit, dass eine entsprechende Regelung evident über das Ziel der Digitalisierungsrichtlinie hinausgegangen wäre.[932]

---

926 *Schmidt*, DB 2018, 229, 231.

927 § 129 Abs. 1 Nr. 2 BGB nF korrespondiert insoweit mit § 40 a BeurkG nF in Bezug auf das Registerrecht, *Linke*, NZG 2021, 309, 312; BR-Drs. 144/21, S. 170; *Kienzle*, DNotZ 2021, 590, 602.

928 Dies klarstellend DiRUG-RegE, S. 110 nach Anregung durch Stellungnahme DNotV v. 15. Januar 2021, S. 7.

929 *Schmidt*, ZIP 2021, 112, 118; *Linke*, NZG 2021, 309, 312.

930 DiRUG-RegE, S. 148.

931 Stellungnhame GdW, S. 2.

932 *Omlor/Blöcher*, DStR 2021, 2352, 2356; *Kienzle*, DNotZ 2021, 590, 602.

Zuspruch verdient die Kritik, wonach eine fehlende Ausdehnung des Online-Verfahrens auf Personengesellschaften bemängelt wird.[933] Hierdurch wird das Ziel der Digitalisierungsrichtlinie, die Förderung von KMU, nicht umfassend verfolgt. Darüber hinaus sind Fälle denkbar, in denen ein Auseinanderfallen der Regelung zur Online-Einreichung zu umständlichen Differenzierungen führen kann, so etwa bei der GmbH & Co. KG.[934] Eine mögliche Erklärung könnten die unterschiedlichen Intentionen des Gesetzgebers sein. Während eine bessere Vernetzung dem Informationsinteresse der Marktteilnehmer dient, begünstigt die Online-Einreichung allein die jeweiligen Unternehmen. Gleichwohl erscheinen die Interessenlagen bei Einreichung innerhalb einer Kapital- und einer Personengesellschaft vergleichbar. Insofern konsequent schlug der Bundesrat zwischenzeitlich in einem Beschluss eine Ausweitung auf offene Handelsgesellschaften und Kommanditgesellschaften vor.[935] Der Vorschlag fand jedoch keinen Eingang in das DiRUG.

Zu weit geht jedoch der Vorschlag des Bundesrates bei einer online gegründeten Gesellschaft auch zukünftige notarielle Beurkundungen, vor allem im Rahmen von Satzungsänderungen nach § 53 Abs. 2 GmbHG, online durchzuführen.[936] Hierbei handelt es sich um eine überschießende Umsetzung. Ein solcher Schritt erscheint jedoch mangels praktischer Erfahrungen in Deutschland mit Online-Komponenten verfrüht. Über eine Ausweitung der Online-Einreichung auf zugrundeliegende gesellschaftsrechtliche Vorgänge sollte vielmehr anlässlich einer Evaluierung nachgedacht werden. Folgerichtig fand der Vorschlag des Bundesrates im DiRUG keine Berücksichtigung.

II. Informationsaustausch

Die Informationen, die Gesellschaften betreffen sollen nicht nur leichter bei den nationalen Registern eingereicht werden können. Um zu gewährleisten, dass im grenzüberschreitenden Verkehr möglichst wenig Informationsasymmetrien bestehen, soll es den am Wirtschaftsleben Beteiligten künftig offenstehen einen

---

933 *Schmidt*, ZIP 2021, 112, 118; *Knaier*, GmbHR 2021, 169, 172; *Heckschen/Knaier*, NZG 2021, 1093, 1100; *Omlor/Blöcher*, DStR 2021, 2352, 2357; *Stelmaszczyk/Kienzle*, ZIP 2021, 765, 775; *Bock*, RNotZ 2021, 326, 333.

934 *Knaier*, GmbHR 2021, 169, 172; *Omlor/Blöcher*, DStR 2021, 2352, 2357; *Bock*, RNotZ 2021, 326, 333.

935 BR-Drs. 144/1/21, S. 2.

936 BR-Drs. 144/1/21, S. 8. In diese Richtung wohl auch *Keller/Schümmer*, NZG 2021, 573, 577.

einfacheren Zugang zu Informationen über Gesellschaften zu erhalten.[937] Hierdurch wird die Transparenz und der Schutz der Arbeitnehmer, Gläubiger und Minderheitsgesellschafter gestärkt. Daneben wird aber auch das Vertrauen von Geschäftspartnern oder Investoren in die Gesellschaften gefördert.[938] Im gleichen Zug erfolgt jedoch auch eine Erleichterung für diejenigen Gesellschaften, die grenzüberschreitend tätig sind. Für sie soll der Grundsatz der einmaligen Erfassung gelten, wonach sie dieselbe Information nicht mehrmals Behörden vorlegen müssen, was sich positiv auf den Verwaltungsaufwand und die Verfahrensdauer auswirkt.[939] Zu diesem Zweck sollen die Register zum einen relevante Informationen vorhalten, die bei Bedarf abgerufen werden können (passiver Informationszugang). Zum anderen besteht nach Art. 16 Abs. 2 UAbs. 2 GesRRL die Pflicht, alle Urkunden und Informationen im Register aufzubewahren oder direkt in elektronischer Form darin einzutragen. Hierzu kann eine Einreichung sowohl in Papierform als auch elektronisch erfolgen (aktiver Informationszugang).[940] Nach Art. 13 a Nr. 3 GesRRL bezeichnet die elektronische Form hierbei die elektronische Ausrüstung für die Verarbeitung einschließlich der digitalen Komprimierung und Speicherung von Daten, über die Informationen am Ausgangspunkt gesendet und am Endpunkt empfangen werden, wobei eine vollständige Übermittlung erforderlich ist.

1. Umfang der Registervernetzung

Der erweiterte Informationsaustausch soll durch einen Ausbau des schon bestehenden Systems der Registervernetzung (*Business Registers Interconnection System*, im Folgenden auch „BRIS“) erfolgen, welches bereits eine elektronische Kommunikation ermöglicht.[941] Im Fokus steht hierbei die Etablierung eines zentralen, europaweiten Zugangs zu Handels-, Gesellschafts- und

---

937 Zu den Informationen, die die Gründer im Rahmen der Gründung über das Verfahren anfordern können s. C. II. 5.

938 Erwägungsgrund 30 RL (EU) 2019/1151.

939 Erwägungsgrund 28 RL (EU) 2019/1151. Demnach handele es sich um einen allgemeinen Grundsatz der europäischen Gesellschaftsrechts. Dies gehe etwa aus der Verordnung (EU) 2018/1724 oder dem EU-eGovernment-Aktionsplan hervor.

940 *Sattler*, BB 2018, 2243, 2244.

941 Das BRIS wurde aufgrund der RL (EU) 2012/17 vom 13. Juni 2012 zur Änderung der Richtlinie 89/666/EWG des Rates sowie der Richtlinien 2005/56/EG und 2009/101/EG in Bezug auf die Verknüpfung von Zentral-, Handels- und Gesellschaftsregistern (ABl. L 144 v. 10. Juni 2015) umgesetzt; s. *Stiegler*, NotBZ 2015, 329, 330; Punkt 1 des Anhangs der Durchführungsverordnung (EU) 2015/884.

Insolvenzregistern.[942] Grundlage der Registervernetzung ist eine europäische einheitliche Kennung (*European Unique Identifier*, im Folgenden auch „EUID") der Gesellschaften, um eine zweifelsfreie Identifikation der Unternehmen ermöglichen zu können (Art. 16 Abs. 1 UAbs. 2 GesRRL). Obligatorischer Bestandteil der EUID ist der Ländercode, die Registerkennung und eine Eintragungsnummer. Darüber hinaus kann eine optionale Prüfziffer in die EUID mit aufgenommen werden.[943]

Ausgangspunkt für die offenzulegenden Informationen sind die in Art. 14 GesRRL genannten Urkunden und Informationen. Für den Zugang werden Gebühren erhoben, die allerdings nicht über die Verwaltungskosten sowie die zur Entwicklung und Wartung des Registers erforderlichen Kosten hinausgehen sollen (Art. 19 Abs. 1 GesRRL). Daneben werden in Zukunft die in Art. 19 Abs. 2 GesRRL gelisteten Informationen und Urkunden kostenlos zugänglich sein.[944] Der Katalog des Art. 19 Abs. 2 GesRRL setzt ausweislich des Wortlauts bloß den verpflichtenden Mindestumfang fest. Den Mitgliedstaaten steht es frei, hiervon nach oben abzuweichen.

Dass kostenlose Daten abgerufen werden können, ist jedoch keine Neuheit der Digitalisierungsrichtlinie. Bereits vorher waren als Basisinformation im BRIS zumindest Angaben zum Namen, Sitz, dem nationalen Register einschließlich Registernummer und der Rechtsform des Unternehmens zugänglich zu machen.[945] Zudem stellt Art. 19 Abs. 3 GesRRL klar, dass der Austausch von Informationen der Register untereinander über das System der Registervernetzung kostenlos ist. Aufgrund der systematischen Stellung in einem eigenen Absatz ist hierbei nicht von einer bloß klarstellenden Regelung bezüglich des sich aus Art. 19 Abs. 2 GesRRL ergebenden kostenlosen Informationszugangs auszugehen. Vielmehr sind über den Verweis des Art. 19 Abs. 1 GesRRL sämtliche

---

942 *Sattler*, BB 2018, 2243, 2244; *Omlor*, DStR 2019, 2544, 2547; *Bayer/Schmidt*, BB 2019, 1922, 1925; *Bayer/Schmidt*, BB 2018, 2562, 2566; *Bayer/Schmidt*, BB 2013, 3, 5.

943 Punkt 8 des Anhangs der Durchführungsverordnung (EU) 2015/884 vom 8. Juni 2015 zur Festlegung technischer Spezifikationen und Verfahren für das System der Registervernetzung gemäß RL 2009/101/EG (ABl. L 144); *Lutter/Bayer/Schmidt*, Europäisches Unternehmens- und Kapitalmarktrecht, § 18 Rn. 18.17; *Bock*, GmbHR 2018, 281, 283.

944 *Bayer/Schmidt*, BB 2019, 1922, 1925; *Bayer/Schmidt*, BB 2018, 2562, 2568; *Bock*, DNotZ 2018, 643, 656.

945 *Bock*, GmbHR 2018, 281, 283; *Bock*, DNotZ 2018, 643, 656; *Bock*, Der Harmonisierungserfolg der Publizitätsrichtlinie, S. 156.

in Art. 14 GesRRL genannten Urkunden und Informationen vom kostenlosen Austausch der Register erfasst.

a) Kostenlos abrufbare Informationen und Urkunden

Zu den kostenlos abrufbaren Informationen für die Allgemeinheit neu hinzugekommen sind beispielsweise verpflichtende Angaben zur Internetseite der Gesellschaft, Status oder auch Gegenstand der Gesellschaft. Die EUID war bereits zuvor Bestandteil der mitzuteilenden Informationen. Sie fungierte bisher jedoch nur als interne Verwaltungsangabe für die Kommunikation zwischen den Registern. Die Kennung wird in Zukunft für den gesamten Wirtschaftsverkehr kostenlos zugänglich sein und somit an Bedeutung gewinnen.[946]

Teilweise ist mit den Erweiterungen ein echter Mehrwert verbunden. Dies kann etwa an dem mitzuteilenden rechtlichen Status oder Zweck der Gesellschaft festgemacht werden. Ob eine Gesellschaft nach den nationalen Rechtsvorschriften aufgehoben oder gelöscht wurde, wird sich in Zukunft unmittelbar aus dem BRIS ergeben.[947] Dies gilt ausweislich des Wortlauts des Art. 19 Abs. 2 GesRRL allerdings nur, sofern die entsprechenden Angaben nach dem Recht der Mitgliedstaaten im nationalen Register aufgenommen wurden.[948] Je nach Auskunft der nationalen Register werden sich somit auch die über das BRIS einsehbaren Informationen voneinander unterscheiden. In jedem Fall positiv hervorzuheben ist hingegen, dass Informationen über Zweigniederlassungen unabhängig von den für das nationale Register geltenden Vorschriften zu veröffentlichen sind.[949]

Daneben besteht auch eine Mitteilungspflicht hinsichtlich Informationen, denen nur eine geringe Bedeutung zugemessen werden kann. So sind Angaben zur Internetseite der Gesellschaft zugänglich zu machen, sofern sie in das nationale Register aufgenommen werden. Soweit eine Person jedoch vom passiven Informationszugang des BRIS Gebrauch macht, erschließt sich nicht, weshalb das eigenständige Finden der zur Gesellschaft gehörenden Website ein Problem darstellen sollte.[950]

---

946 Erwägungsgrund 14 RL (EU) 2012/17. Kritisch zu der bisherigen Funktion der EUID als Verwaltungsangabe *Bayer/Schmidt*, BB 2013, 3, 5; *Lutter/Bayer/Schmidt*, Europäisches Unternehmens- und Kapitalmarktrecht, § 18 Rn. 18.17; *Bock*, GmbHR 2018, 281, 283.

947 Erwägungsgrund 29 RL (EU) 2019/1151; vgl. *Bock*, DNotZ 2018, 643, 657 f.; *Birkefeld/Schäfer*, BB 2019, 2626, 2630; *Omlor*, DStR 2019, 2544, 2547.

948 So auch *Birkefeld/Schäfer*, BB 2019, 2626, 2630.

949 *Bock*, DNotZ 2018, 643, 658 f.

950 *Bock*, DNotZ 2018, 643, 657.

Vom Grundsatz der kostenlosen Verfügbarkeit von Informationen zur Internetseite der Gesellschaft und dem Unternehmenszweck können die Mitgliedstaaten jedoch Ausnahmen machen und entscheiden, dass diese Angaben ausschließlich den Behörden anderer Mitgliedstaaten kostenlos zugänglich gemacht werden (Art. 19 Abs. 4 GesRRL).[951] Hierdurch wird Bedenken Rechnung getragen, wonach eine zu umfangreiche kostenlose Informationsfülle das Betreiben gebührenfinanzierter Register erschwert. Dass die (mögliche) Einschränkung jedoch dazu dienen soll, einer eventuellen Marktevaluation durch Investoren entgegenzuwirken kann nicht angenommen werden.[952] Nach Erwägungsgrund 30 soll gerade auch Marktteilnehmern ein einfacher Zugang zu Informationen über Gesellschaften gewährt werden. Hierzu zählen ebenfalls Investoren.

b) *Erfasste Gesellschaftsformen*

Zugunsten einer umfassenden Registervernetzung macht der neu eingeführte Art. 18 Abs. 1 S. 2 GesRRL darüber hinaus eine Ausnahme von der grundsätzlichen Beschränkung der Vorschriften der Art. 13 ff. GesRRL auf die in Anhang II der Gesellschaftsrechtsrichtlinie genannten Rechtsformen. Neben Kapitalgesellschaften können die Mitgliedstaaten festlegen, dass auch für Rechtsformen von Gesellschaften, die nicht in Anhang II aufgeführt sind, im BRIS Daten zur Satzung oder der Bestellung gesetzlich vorgesehener Gesellschaftsorgane bereitzustellen sind. Durch diese Regelung kann somit die Grundlage dafür geschaffen werden, dass auch die für Personengesellschaften relevanten Daten online eingesehen werden.[953] Hierdurch würde dem grundsätzlich bestehenden Interesse an Unternehmensinformationen über alle Rechtsformen hinweg entsprochen.[954] Eine entsprechende Umsetzung in deutsches Recht wäre wünschenswert.

---

951 Vgl. *Birkefeld/Schäfer*, BB 2019 2626, 2630. Dort wird als relevante Norm fälschlicherweise Art. 19 Abs. 3 GesRRL genannt.

952 *Birkefeld/Schäfer*, BB 2019, 2626, 2630 f.

953 Erwägungsgrund 29 RL (EU) 2019/1151; *Bayer/Schmidt*, BB 2018, 2562, 2568; *Bayer/Schmidt*, BB 2019, 1922, 1925; *Schmidt*, DK 2018, 229, 233; *Omlor*, DStR 2019, 2544, 2547.

954 So schon *Terbrack*, DStR 2015, 236, 237; *Stiegler*, NotBZ 2015, 329, 333, 339. Insofern wird sogar bemängelt, dass die Daten zu Personengesellschaften nicht obligatorisch zu veröffentlichen sind, *Schmidt*, DK 2018, 229, 233.

c) Optionale Zugangspunkte zum System der Registervernetzung

Darüber hinaus wird es der Kommission in Zukunft möglich sein, optionale Zugangspunkte zum System der Registervernetzung einzurichten (Art. 22 Abs. 4 UAbs. 2 GesRRL). Um ihre Verwaltungsaufgaben erfüllen zu können oder die Einhaltung der Bestimmungen des Unionsrechts zu überprüfen, werden zukünftig auch die Kommission oder sonstige Organe über den Zugangspunkt von der Registervernetzung profitieren können und Zugriff auf das BRIS erhalten. Dies ermöglicht die Sicherstellung, dass die Systeme Informationen über Gesellschaften enthalten, die exakt, aktuell und verlässlich sind.[955] Eine Überprüfung der mitgeteilten Informationen durch die Kommission stellt zudem keine unverhältnismäßige Belastung für diese dar.[956]

d) Informationen bezüglich disqualifizierter „Geschäftsführer"[957]

Ein gänzlich neuer Vorstoß der Digitalisierungsrichtlinie stellt die Vernetzung der Register hinsichtlich Informationen dar, aus denen hervorgeht, ob eine bestimmte Person als „Geschäftsführer" disqualifiziert (*directors' disqualification*) ist.[958] Indem der Richtlinienentwurf anfangs vorsah, dass die nationalen Register, in denen eine Gesellschaft eingetragen werden soll, von anderen Mitgliedstaaten nach eigenem Ermessen Informationen über die potentielle Ungeeignetheit des designierten „Geschäftsführers" einholen können, wurde lediglich eine Transparenzlösung anvisiert. Dass der endgültige Regelungsinhalt über einen reinen Informationsaustausch hinausgeht und daneben verpflichtende Vorschriften zur Disqualifikation vorsieht, die auch Daten aus anderen Mitgliedstaaten berücksichtigen, ist positiv zu bewerten.[959] Nach Art. 13 i Abs. 4 GesRRL haben die Mitgliedstaaten Vorkehrungen zu treffen, um über das BRIS unverzüglich Informationen darüber bereitstellen zu können, ob eine bestimmte Person disqualifiziert ist oder andere in diesem Zusammenhang relevante Informationen bestehen. Daneben können weitere Informationen über den Zeitraum

---

955 Erwägungsgrund 31 RL (EU) 2019/1151.

956 *Bock*, GmbHR 2018, 281, 286.

957 Ausführlich zur Regelung über disqualifizierte Geschäftsführer s. E. II.

958 *Bock*, DNotZ 2018, 643, 654; *Wachter*, GmbH-StB 2018, 214, 225.

959 *Bayer/Schmidt*, BB 2018, 2562, 2567; *Bayer/Schmidt*, BB 2019, 1922, 1924; *Wachter*, GmbH-StB 2018, 214, 225; *Bock*, DNotZ 2018, 643, 655; *Kindler/Jobst*, DB 2019, 1550, 1552.

und die Gründe für die Disqualifikation nach nationalem Recht zwischen den Mitgliedstaaten ausgetauscht werden.

e) Sprache der Urkunden und Informationen

Sobald Informationen zur Verfügung gestellt werden, die vor allem im nationalen Rechtsverkehr Verwendung finden, stellt sich die Frage nach möglichen Sprachbarrieren im grenzüberschreitenden Verkehr.[960] Sollten Informationen auf die jeweilige Landessprache begrenzt sein, werden sich die daraus zu gewinnenden Erkenntnisse für Bürger aus anderen Mitgliedstaaten in Grenzen halten.[961]

Eine Pflicht zur Informationsmitteilung in Amtssprachen, die von einer möglichst großen Zahl grenzüberschreitender Nutzer verstanden wird, könnte sich aus Art. 13 h Abs. 3 GesRRL ergeben. Dies wäre der Fall, wenn dort ein allgemeingültiges *lingua franca*-Prinzip verankert ist.[962] Die Regelung des Art. 13 h Abs. 3 GesRRL beschränkt sich nach dem Wortlaut allerdings ausdrücklich nur auf Muster. Gegen eine verpflichtende Übersetzung spricht auch, dass die Gesellschaftsrechtsrichtlinie an anderer Stelle, nämlich in Art. 13 f GesRRL, die Pflicht Informationsanforderungen in anderen Sprachen zu veröffentlichen, ausdrücklich nennt. Hieraus ergibt sich, dass nach der Systematik der Gesellschaftsrechtsrichtlinie die zu verwendende Sprache in der jeweiligen Norm ausdrücklich festgelegt wird. In diesem Sinne bestimmt auch Art. 21 Abs. 1 GesRRL, dass den Anforderungen an eine Offenlegung von Angaben bereits dann genügt wird, wenn sie in der Sprache erstellt sind, die in dem jeweiligen Mitgliedstaat gilt, in welchem die Gesellschaft in das jeweilige Handelsregister eingetragen ist. Eine Pflicht zur Übersetzung in andere Sprachen, wie etwa Englisch, besteht ausgehend von der Gesellschaftsrechtsrichtlinie nicht.[963]

Auch aus der Richtlinie zum BRIS ergibt sich keine umfassende Übersetzungspflicht. Zwar sind nach Art. 3 a Abs. 3 BRIS-RL[964] bestimmte Informationen

---

960 Zu diesem Problem bereits im Rahmen der Informationsanforderungen (s. C. II. 5.a)) beziehungsweise der Muster für die Online-Gründung (s. C. II. 6. f)).

961 *Bock*, Der Umsetzungserfolg der Publizitätsrichtlinie, S. 159.

962 *Omlor*, DStR 2019, 2544, 2547 sieht für offengelegte Informationen unmittelbar aus der Richtlinie eine Pflicht zur Übersetzung in eine *lingua franca*, also eine Verkehrssprache, die von möglichst vielen EU-Bürgern verstanden wird.

963 Vgl. *Schmidt*, DK 2018, 229, 233; *Bock*, Der Umsetzungserfolg der Publizitätsrichtlinie, S. 159.

964 RL (EU) 2012/17 des europäischen Parlaments und des Rates vom 13. Juni 2012 zur Änderung der Richtlinie 89/666/EWG des Rates sowie der Richtlinien 2005/56/EG und 2009/101/EG des Europäischen Parlaments und des Rates in Bezug auf

in allen Amtssprachen zu veröffentlichen. Dies betrifft jedoch vor allem rudimentäre Informationen, wie etwa den Sitz und die Rechtsform der Gesellschaft. Gerade für Informationen zum Unternehmensgegenstand oder der Satzung, soweit online verfügbar, besteht keine Pflicht zur Übersetzung.[965] Allein die Suchmaske steht in allen Amtssprachen der Union zur Verfügung. Mangels bestehender Verpflichtung zur Übersetzung kann an die Mitgliedstaaten lediglich appelliert werden, den obligatorischen Umfang freiwillig zu ergänzen. Hiermit ist jedoch aufgrund des damit verbundenen Aufwands nicht zu rechnen. Bisher bestehende Sprachbarrieren bleiben somit erhalten, wodurch der Informationsgewinn eingeschränkt ist.

2. Aktueller Stand des BRIS und Handlungsbedarf aus deutscher Sicht

Um den Handlungsbedarf für den deutschen Gesetzgeber zur Umsetzung feststellen zu können, ist es zunächst erforderlich, den aktuellen Gesetzesstand zu beleuchten.[966] Aufgrund des Erlasses der BRIS-RL zur Einführung des Systems der Registervernetzung als Teil des seit 2010 bestehenden europäischen E-Justiz-Portals wurden in Deutschland §§ 9 b, 13 e Abs. 6 HGB sowie § 26 HRV geschaffen.[967] Hieraus resultiert für die Landesjustizverwaltungen nach § 9 b Abs. 1 S. 2 HGB die Verpflichtung, die Daten des Handelsregisters an die Europäische Plattform zu übermitteln. Das Gleiche gilt für den Betreiber des Unternehmensregisters bezüglich der Daten der Rechnungslegungsunterlagen.[968]

Gemäß § 9 b Abs. 2 HGB nehmen die jeweiligen Registergerichte bereits jetzt am Informationsaustausch zwischen den Registern über die zentrale Europäische Plattform teil. Der Informationsaustausch ist jedoch nur für Kapitalgesellschaften vorgesehen.[969] Soweit sich der Gesetzgeber dazu entschließt, dass er von der in Art. 18 Abs. 1 S. 2 GesRRL vorgesehenen Möglichkeit Informationen

---

die Verknüpfung von Zentral-, Handels- und Gesellschaftsregistern, 16. Juni 2012, ABl. 156/1.

965 Vgl. *Schmidt*, DK 2018, 229, 233.

966 Bezüglich der Umsetzung der Reglungen zu den disqualifizierten Geschäftsführern, s. E. II.

967 *Bock*, Der Harmonisierungserfolg der Publizitätsrichtlinie, S. 155, 160 f.; *Stiegler*, NotBZ 2015, 329, 330; *Kilian*, notar 2018, 13, 19; *Kalss/Klampfl*, in: Dauses/Ludwigs, Kap. E III. Rn. 231; *Preuß*, in: Oetker, § 9 b Rn. 2.

968 *Stiegler*, NotBZ 2015, 329, 333.

969 *Preuß*, in: Oetker, § 9 b Rn. 4; *Stiegler*, NotBZ 2015, 329, 333.

über Personengesellschaften auszutauschen, Gebrauch macht – was aufgrund des erleichterten Informationszugangs für den Rechtsverkehr zu empfehlen ist – wird eine entsprechende Ergänzung erforderlich sein.

Folglich ist ein Austausch nach deutschem Recht zumindest für Kapitalgesellschaften gewährleistet. Zudem werden die für das BRIS relevanten Daten bereits im Handelsregister und Unternehmensregister wiedergegeben.[970] Es besteht somit vorwiegend Handlungsbedarf auf europäischer Ebene, um einen kostenfreien Zugang zu ermöglichen. Der technische Vorgang der Zurverfügungstellung von Informationen bereitet aus deutscher Sicht keine Probleme.[971]

3. Zwischenergebnis

Die europäische Vernetzung der Handels-, Gesellschafts- und Insolvenzregister ist mit Blick auf bereits bestehende ähnliche Systeme im Immaterialgüter- und IT-Recht seit langer Zeit überfällig. Der geplante Ausbau des BRIS stellt eine willkommene Ergänzung im bestehenden System dar und ist nachdrücklich zu begrüßen.[972] Insbesondere ist eine vorherige Registrierung bei nationalen Portalen nicht erforderlich, soweit lediglich deren Bestand überprüft werden soll bzw. einfache Basisdaten abgefragt werden.[973] Der Kauf von Registerdokumenten hingegen ist über das BRIS nicht möglich. Insofern wird die eingeschränkte Informationsmöglichkeit durch eine größere Anzahl kostenfreier Angaben teilweise ausgeglichen.[974]

Als Schwäche des BRIS kann jedoch weiterhin ausgemacht werden, dass es sich hierbei nicht um ein europäisches Register handelt. Es werden lediglich über eine zentrale Anlaufstelle Verknüpfungen zu den nationalen Registern hergestellt. Somit können auch nur diejenigen Daten abgerufen werden, die dort hinterlegt wurden.[975] Dies kann abhängig von dem jeweiligen Register, in dem ein Unternehmen eingetragen ist, weiterhin zu Informationsasymmetrien führen.

---

970 *Lutter/Bayer/Schmidt*, Europäisches Unternehmens- und Kapitalmarktrecht, § 18 Rn. 18.18; *Preuß*, in: Oetker, § 8 b Rn. 1.

971 *Bock*, DNotZ 2018, 643, 658 f.; *Wachter*, GmbH-StB 2018, 214, 226; *Birkefeld/Schäfer*, BB 2019, 2626, 2630.

972 *Bayer/Schmidt*, BB 2019, 1922, 1925; *Schmidt*, DK 2018, 229, 233; *Sattler*, BB 2018, 2243, 2244.

973 *Terbrack*, DStR 2015, 236; *Bock*, Der Harmonisierungserfolg der Publizitätsrichtlinie, S. 159.

974 Vgl. *Kilian*, notar 2018, 13, 20.

975 *Bock*, GmbHR 2018, 281, 282.

Der mögliche Zugang elektronischer Urkunden und Angaben für Personengesellschaften würde einen kleinen Systembruch zur Folge haben, wonach die Offenlegung und Vernetzung von Registern grundsätzlich nur für Kapitalgesellschaften Anwendung finden soll (s. Art. 13 GesRRL). Aufgrund der daraus resultierenden höheren Transparenz wäre dieser Schritt gleichwohl wünschenswert.

Für das deutsche Registerwesen könnten sich jedoch aufgrund der verbindlichen Umsetzung aller Voraussicht nach Umsatzeinbußen ergeben.[976] Informationen wie etwa bezüglich des Unternehmensgegenstands, die bis *dato* zahlungspflichtig waren, werden in Zukunft kostenlos über das BRIS abgerufen werden können.[977] Gleichwohl sind die angestrebten Änderungen insgesamt im grenzüberschreitenden Kontext begrüßenswert.

4. Umsetzung im DiRUG

Im DiRUG kommt ein Informationsaustausch zum Ausdruck, der signifikant über das Mindestziel der Richtlinie hinausgeht. Über das BRIS sollen nicht nur die in Art. 19 Abs. 2 GesRRL genannten Informationen kostenlos zugänglich sein. Vielmehr wird gänzlich auf die Erhebung von Abrufgebühren für Daten aus dem Handelsregister verzichtet. Dies folgt bislang aus Teil 1 Hauptabschnitt 1 Abschnitt 4 des Kostenverzeichnisses in der Anlage zu § 4 Justizverwaltungskostengesetz (JVKostG). Dieser Teil wird aufgehoben werden.[978] Um eine einheitliche Handhabung zu gewährleisten, soll der generelle Verzicht von Abrufgebühren auch in Partnerschafts-, Genossenschafts- und Vereinsregisterangelegenheiten gelten.[979]

Gleichwohl fallen für die jeweiligen Register weiterhin Kosten an. Kostenschuldner soll in Zukunft derjenige sein, der das gerichtliche Verfahren zur Eintragung einleitet (§ 22 Abs. 1 GNotKG).[980] Die Abrufgebühr wandelt sich somit in eine Bereitstellungsgebühr um, die von den eingetragenen Rechtsträgern übernommen wird. Hierfür wurde ein neuer Gebührentatbestand geschaffen.[981]

---

976 Zur Finanzierung des geplanten Informationsaustausches sogleich unter D. II. 4.

977 *Bock*, GmbHR 2018, 643, 658.

978 DiRUG-RegE, S. 35, 156, 170; *Schmidt*, ZIP 2021, 112, 120; *Linke*, NZG 2021, 309, 314; *Stelmaszczyk/Kienzle*, ZIP 2021, 765, 772.

979 DiRUG-RegE, S. 170; *Schmidt*, ZIP 2021, 112, 120; *Linke*, NZG 2021, 309, 314; *Knaier*, GmbHR 2021, 169, 182; *Bock*, RNotZ 2021, 326, 336.

980 DiRUG-RegE, S. 166.

981 Nummer 6000 Gebührenverzeichnis Handelsregistergebührenverordnung (HRegGebV); *Linke*, NZG 2021, 309, 314; noch zum DiRUG-RefE *Schmidt*, ZIP 2021, 112, 120; *Omlor/Blöcher*, DStR 2021, 2352, 2354.

Demzufolge fällt für die Bereitstellung von Registerdaten oder Dokumenten zum Abruf künftig eine Gebühr von 1/3 der für die Eintragung oder Entgegennahme bestimmten Gebühr an. Ziel ist es, den entstehenden Aufwand zu entschädigen, der aus der Bereitstellung resultiert.[982] Da die Regelung an die Eintragung oder Entgegennahme anknüpft, ermöglicht sie eine gerechte Gebührenhöhe im Einzelfall. Für Vorgänge mit geringer wirtschaftlicher Bedeutung wird eine geringere Bereitstellungsgebühr zu entrichten sein, als für komplexere Prozesse.[983] Diese Gebühr fällt zusätzlich zu der Gebühr für Eintragungen oder für Entgegennahmen an (§ 2 Abs. 2 HRegGebV).

Der bereits dargestellte Mehrwert,[984] der sich aus den nach der Richtlinie kostenfrei abrufbaren Informationen ergibt, wird somit noch verstärkt. Durch die vereinfachte Einsichtnahme kann ein höheres Maß an Transparenz gewährleistet werden, da ein Anreiz besteht, in die Register Einsicht zu nehmen. Hierdurch wird das Maß an Vertrauen in die eingetragenen Gesellschaften gestärkt, was sich letztlich zugunsten des Rechtsverkehrs auswirkt.[985] Gleichwohl bestehen jedoch Bedenken, dass ein freier Zugang zu Handelsregisterdaten eine zweckwidrige Verwendung des Registerinhalts mit sich bringen könnte. Es besteht die Gefahr, dass nicht regulierte Private die Daten aus den Registern umfassend abbilden. Hier könnten sich datenschutzrechtliche Probleme ergeben.[986] Dem ist jedoch entgegenzuwenden, dass sämtliche Informationen bereits aktuell im Handelsregister hinterlegt sind. Allein der Wegfall von Registergebühren ist für sich noch nicht geeignet zur Ausforschung von Daten natürlicher Personen beizutragen. Zur Sicherheit hat der Gesetzgeber in § 9 Abs. 1 HGB nF jedoch klargestellt, dass die Informationszwecke nur durch einzelne Abrufe gewährleistet werden. Somit wird bereits durch den Gesetzeswortlaut eine zweckwidrige Sammlung von Informationen vermieden.[987]

III. Neugestaltung der Registerpublizität

Ein weiteres Anliegen der Richtlinie ist die Neugestaltung der Offenlegung von Informationen im Handelsregister. Änderungen an der Art der Offenlegung können Folgewirkungen für die Registerpublizität mit sich bringen. Das

---

982 DiRUG-RegE, S. 165; *Linke*, NZG 2021, 309, 314.
983 DiRUG-RegE, S. 166.
984 S. D. II. 1. a).
985 So bereits unter D. II.; *Linke*, NZG 2021, 309, 314.
986 BR-Drs. 144/1/21, S. 6.
987 *Omlor/Böchler*, DStR 2021, 2352, 2356.

Handelsregister ist als „Kernmedium“[988] für die gesellschaftsrechtliche Publizität von außerordentlicher Wichtigkeit.[989] Die Versorgung Dritter mit den dort hinterlegten besonders bedeutsamen Rechtsverhältnissen dient der Verkehrssicherheit. Dass ein grundsätzliches Informationsbedürfnis besteht, ist vor allem daran zu erkennen, dass anders als bei Grundbucheinträgen kein berechtigtes Interesse für eine Einsicht nachgewiesen werden muss (vgl. § 12 Abs. 1 S. 1 GBO). Vielmehr ist die Einsichtnahme in das Handelsregister sowie in die zum Handelsregister eingereichten Dokumente für jedermann möglich (§ 9 Abs. 1 S. 1 HGB).[990] Als Folge der umfassenden Publizitätsfunktion besteht für den Dritten, der das Handelsregister einsieht, ein hohes Maß an Rechtssicherheit. Sein Vertrauen hinsichtlich der angegebenen Rechtsverhältnisse ist immer geschützt, es sei denn, er hat Kenntnis von deren Unrichtigkeit.[991] Die weitreichende Registerpublizität stellt einen Grundpfeiler des Handelsrechts dar.[992] Im Folgenden sollen die Auswirkungen der Gesellschaftsrechtsrichtlinie auf das bestehende System der Registerpublizität dargestellt werden.

1. Bisherige Rechtslage

Die geänderte Art der Offenlegung wird mitunter als überfällige Reform der „historisch bedingte[n] Dichotomie aus […] Registern und anschließender Bekanntmachung“[993] bezeichnet. Zum besseren Verständnis der geplanten Änderungen bietet sich folglich ein Blick auf die Publizität des Handelsregisters in ihrer bisherigen Form an.

a) Historische Entwicklung

Als erste schriftliche Dokumente von handelsrechtlicher Relevanz gelten die mittelalterlichen Gilderollen sowie die italienischen Zunftmatrikel. Da jedoch

---

988 *Jung*, HandelsR, § 10 Rn. 1.

989 *Bökelmann*, DStR 1991, 945, 946.

990 *Lieder*, NZG 2020, 81, 86; *Bokelmann*, DStR 1991, 945, 946; *Merkt*, in: Baumbach/Hopt, § 15 Rn. 1; *Omlor/Blöcher*, DStR 2021, 2352, 2356.

991 *Lieder*, NZG 2020, 81, 86; *Bokelmann*, DStR 1991, 945, 947 f.; *Krebs*, in: MüKo-HGB, § 15 Rn. 5; *Merkt*, in: Baumbach/Hopt, § 15 Rn. 1; *Gehrlein*, in: Ebenroth/Boujong/Joost/Strohn, § 15 Rn. 2; *Hecht*, MittBayNot 2020, 314, 320.

992 Zur Rolle der Register im Allgemeinen für die Bedeutung des bundesdeutschen Zivilrechtssystems *Malzer*, DNotZ 2000, 169, 174; *Wolf*, MittBayNot 2018, 510, 521.

993 *Bayer/Schmidt*, BB 2018, 2562, 2567; *Bayer/Schmidt*, BB 2019, 1922, 1924; *Schmidt*, ZIP 2021, 112, 118; *Schmidt*, FS Hopt, 1097, 1099.

lediglich die Zugehörigkeit zu einer Gilde beziehungsweise Zunft vermerkt wurde, war deren Funktion allerdings auf interne Zwecke beschränkt.[994] Durch eine Zunahme von Kreditgeschäften und einer zugleich wachsenden Anonymität der Geschäftspartner im 18. Jahrhundert bestand in Deutschland erstmals die Notwendigkeit, öffentliche Register mit Publizitätsfunktionen einzuführen.[995]

Ihren Ursprung haben die Regelungen zum deutschen Registerwesen in den Bestimmungen des Allgemeinen Deutschen Handelsgesetzbuchs (ADHGB). Art. 12 ADHGB legte fest, dass jedes Handelsgericht ein Handelsregister zu führen hat, in das Eintragungen aufgenommen werden, die von einem Jeden eingesehen werden können. Dort gemachte Eintragungen waren entsprechend Art. 13 ADHGB durch Anzeigen in öffentlichen Blättern ohne Verzug bekannt zu machen. Die beiden noch heute primär genutzten Publizitätsinstrumente, Eintragung im Register und Bekanntmachung, fanden bereits zu diesem Zeitpunkt Anwendung.[996]

Diese grundsätzliche Zweiteilung wurde in Art. 3 der am 9. März 1968 erlassenen Publizitätsrichtlinie[997] auch auf europäischer Ebene bekräftigt. Seitdem aufgrund des EHUG jedoch die Pflicht besteht, das Handelsregister elektronisch zu führen (vgl. § 8 HGB) ist eine eindeutige Differenzierung der verschiedenen Publizitätsmittel, die nun beide digital zugänglich sind, erschwert worden.[998] *De lege lata* bildet die konsolidierte Gesellschaftsrechtsrichtlinie, in die unter anderem die Publizitätsrichtlinie integriert wurde, die Grundlage für die heute noch geltenden Publizitätselemente und -wirkungen im deutschen Handelsrecht.[999]

---

994 *Krafka*, in: MüKo-HGB, § 8 Rn. 1; *Merkt*, in: Baumbach/Hopt, § 8 Rn. 1; *Bokelmann*, DStR 1991, 945; *Fleischer/Pendl*, WM 2019, 2137, 2138.

995 *Krafka*, in: MüKo-HGB, § 8 Rn. 1; *Merkt*, Unternehmenspublizität, S. 32; *Fleischer/Pendl*, WM 2019, 2137, 2138.

996 *Krafka*, in: MüKo-HGB, § 8 Rn. 2; *Fleischer/Pendl*, WM 2019, 2137, 2139.

997 Erste Richtlinie 68/151/EWG des Rates vom 9. März 1968 zur Koordinierung der Schutzbestimmungen, die in den Mitgliedstaaten den Gesellschaften im Sinne des Artikels 58 Absatz 2 des Vertrages im Interesse der Gesellschafter sowie Dritter vorgeschrieben sind, um diese Bestimmungen gleichwertig zu gestalten, ABlEG Nr. L 65/8.

998 *Schmidt*, DK 2018, 229, 232; *Merkt*, in: Baumbach/Hopt, § 8 Rn. 2a; *Tebben*, FS Hopt, 1237, 1239. Das Register kann unter www.handelsregister.de und Bekanntmachungen können unter www.handelsregisterbekanntmachungen.de abgerufen werden.

999 *Lieder*, NZG 2020, 81, 86 f.; *Lutter/Bayer/Schmidt*, Europäisches Unternehmens- und Kapitalmarktrecht, Rn. 18.8; *Bock*, Der Harmonisierungserfolg der Publizitätsrichtlinie, S. 123; *Tebben*, FS Hopt, 1237, 1238.

Die dargestellte Doppelung der Informationsmitteilung stellt sich als ein Überbleibsel aus einer anderen Zeit dar, in der mangels technischer Alternativen dieser Weg gegangen werden musste, um einen zuverlässigen Informationsfluss zu gewährleisten. Die heutzutage standardmäßig zweifach erfolgende elektronische Kundgebung erscheint somit unnötig umständlich.[1000]

b) Publizität des Handelsregisters

Die Publizitätswirkungen des Handelsregisters sind in § 15 HGB verankert. Anknüpfungspunkt ist hierbei stets kumulativ die Eintragung wie auch die Bekanntmachung von Tatsachen. Grundsätzlich erfolgt eine Unterscheidung zwischen der in § 15 Abs. 1 HGB festgelegten negativen Publizitätswirkung auf der einen Seite und der positiven Publizitätswirkung aus § 15 Abs. 3 HGB auf der anderen Seite. Negative Publizität bedeutet in diesem Zusammenhang, dass im Handelsregister eintragungspflichtige Tatsachen, solange sie noch nicht eingetragen und bekanntgemacht worden sind, einem Dritten nicht entgegengesetzt werden können, außer sie waren ihm bekannt (vgl. Art. 16 Abs. 6 GesRRL aF).[1001] Umgekehrt ist unter positiver Publizität zu verstehen, dass sich ein Dritter grundsätzlich auf eine im Handelsregister eingetragene Tatsache verlassen kann, selbst wenn diese unrichtig bekanntgemacht wurde. Dies gilt jedoch nicht, soweit der Dritte von der Unrichtigkeit wusste (vgl. Art. 16 Abs. 7 GesRRL).[1002]

Die verschiedenen Publizitätswirkungen sind somit abhängig von den verwendeten Publizitätsmitteln. Eine veränderte Offenlegung von Informationen im Handelsregister durch die Digitalisierungsrichtlinie hätte auf diese Systematik folglich unmittelbare Auswirkungen.

2. Änderung der europarechtlichen Grundlage

Durch die beschlossene Änderung des Art. 16 GesRRL ergeben sich für die Handelsregister der Mitgliedstaaten weitreichende Konsequenzen.

1000 So auch *Lieder*, NZG 2020, 81, 87; *Schmidt*, DK 2018, 229, 232; *Schmidt*, EuZW 2019, 801, 802; *Tebben*, FS Hopt, 1237, 1239; SWD (2018) 141, S. 15.

1001 *Lieder*, NZG 2020, 86, 87; *Bokelmann*, DStR 1991, 945, 947; *Schmidt*, DK 2018, 229, 232; *Jung*, HandelsR, § 10 Rn. 11; *Merkt*, in: Baumbach/Hopt, § 15 Rn. 4; *Krebs*, in: MüKo-HGB, § 15 Rn. 6; *Gehrlein*, in: Ebenroth/Boujong/Joost/Strohn, § 15 Rn. 2.

1002 *Lieder*, NZG 2020, 86, 87; *Bokelmann*, DStR 1991, 945, 948; *Jung*, HandlesR, § 10 Rn. 11; *Merkt*, in: Baumbach/Hopt, § 15 Rn. 16; *Krebs*, in: MüKo-HGB, § 15 Rn. 8; *Gehrlein*, in: Ebenroth/Boujong/Joost/Strohn, § 15 Rn. 2.

a) *Register als einziges Publizitätsmittel*

Der neu gefasste Art. 16 GesRRL legt als zwingend zu verwendendes Publizitätsmittel allein das Register fest. Während Art. 16 Abs. 5 GesRRL aF noch vorsah, dass eine Bekanntgabe im Amtsblatt zu erfolgen hat, ist dies nach Art. 16 Abs. 3 GesRRL lediglich fakultativ. Demnach können einige oder alle der in Art. 14 GesRRL genannten Urkunden in einer entsprechenden Mitteilung veröffentlicht werden. Die Mitgliedstaaten haben in diesem Fall jedoch die erforderlichen Maßnahmen zu treffen, um Abweichungen zwischen der Bekanntmachung und dem Register zu vermeiden (Art. 16 Abs. 4 UAbs. 2 GesRRL). Hierdurch manifestiert sich das „*once-only*"-Prinzip erneut in der Richtlinie, wonach es für Gesellschaften genügt dieselben Informationen nur einmal einreichen zu müssen.[1003]

Wie bereits oben dargestellt würde eine Umsetzung in dieser Form allerdings zu vermeidbaren Wiederholungen führen.[1004] Von der Option, weiterhin eine Bekanntmachung im (elektronischen) Amtsblatt zu ermöglichen, sollte folglich kein Gebrauch gemacht werden. Eine Offenlegung sollte in Zukunft allein durch die öffentliche Zugänglichkeit von Informationen im Register erfolgen. Da sich im Rahmen der Bekanntmachung bei Personengesellschaften die gleichen Doppelungseffekte wie bei Kapitalgesellschaften ergeben, empfiehlt es sich eine entsprechende Gesetzesänderung nicht nur für in Abteilung B des Handelsregisters eingetragene Gesellschaften, sondern auch für solche in Abteilung A vorzunehmen.[1005]

Negative Auswirkungen auf das in das Handelsregister gesetzte Vertrauen sind hierdurch nicht zu befürchten. Vielmehr ist eine verbesserte Richtigkeitsgewähr aufgrund sinkender Übertragungsfehler, bedingt durch ein höheres Maß an Effektivität, zu erwarten.[1006] Aufgrund der bestehenden Gutglaubensregelungen, die ausschließlich zu Gunsten eines Dritten greifen,[1007] würden vorwiegend die veröffentlichenden Kaufleute von einer geringeren Fehleranfälligkeit des Registers profitieren.

1003 S. D. II.; Vgl. *Knaier*, GmbHR 2018, 560, 568; *Schmidt*, ZIP 2021, 112, 118; *Linke*, NZG 2021, 309, 312.

1004 D. III. 1. a).

1005 *Noack*, DB 2018, 1324, 1328.

1006 Hierzu *Lieder*, NZG 2020, 81, 87; *Bayer/Schmidt*, BB 2019, 1922, 1925; *Bayer/Schmidt*, BB 2018, 2562, 2567 f.; *Bock*, DNotZ 2018, 643, 656; *Kalss/Nicolussi*, EuZW 2020, 41, 42.

1007 *Roth*, in: Koller/Kindler/Roth/Drüen, § 15 Rn. 34.

b) Folgen im Hinblick auf europäische Vorgaben zu Publizitätswirkungen

Die allein an Veröffentlichungen im Register anknüpfenden Publizitätswirkungen wurden während des Gesetzgebungsverfahrens angepasst. So war ursprünglich im Richtlinienvorschlag kein Wahlrecht für einen Dritten vorgesehen, wodurch es ihm erlaubt gewesen wäre, sich auf die wahre Rechtslage zu berufen. Dieses Säumnis wurde in der verabschiedeten Fassung durch Einführung des Art. 16 Abs. 5 UAbs. 3 GesRRL behoben.[1008]

Die negative Publizitätswirkung hat daneben keine weiteren Änderungen erfahren. Nach Art. 16 Abs. 5 UAbs. 1 GesRRL können eintragungspflichtige Tatsachen Dritten erst nach der Offenlegung im Handelsregister entgegengehalten werden. Für § 15 Abs. 1 HGB ergeben sich somit durch die Gesellschaftsrechtsrichtlinie keine Änderungen.[1009] Ebenso bleibt die aktuell in § 15 Abs. 2 HGB vorgeschriebene Schonfrist von 15 Tagen nach Art. 16 Abs. 5 UAbs. 2 GesRRL erhalten.[1010]

Trotz der versuchten Klarstellung bestehen im Hinblick auf die positive Publizität Unklarheiten dahingehend, ob sie weiterhin von der Gesellschaftsrechtsrichtlinie erfasst wird. Ausgangspunkt der Betrachtung ist der aufgrund des Wegfalls einer obligatorischen Offenlegung durch eine separate Bekanntmachung modifizierte Art. 16 Abs. 4 UAbs. 3 GesRRL. Demnach haben bei Abweichungen gemäß diesem Artikel die im Register zur Verfügung gestellten Urkunden und Informationen Vorrang. Soweit – wie hier vertreten – in Zukunft keine gesonderte Bekanntmachung erfolgt, ist für Abweichungen somit einzig die Eintragung im Register und die Eintragung in der Akte von Bedeutung (vgl. Art. 16 Abs. 4 UAbs. 1 GesRRL). In diesem Verhältnis genießt der Inhalt des Registers Vorrang. Nicht ausdrücklich geregelt ist hingegen was gelten soll, wenn die Registereintragung selbst unrichtig ist.[1011]

1008 *Bayer/Schmidt*, BB 2019, 1922, 1925.

1009 DiRUG-RegE, S. 113; *Lieder*, DNotZ 2021, 830, 833; *Lieder*, NZG 2020, 81, 87; *Schmidt*, ZIP 2021, 112, 119; *Bayer/Schmidt*, BB 2019, 1922, 1925; *Schmidt*, DK 2018, 229, 232.

1010 DiRUG-RegE, S. 113; *Lieder*, DNotZ 2021, 830, 836; *Schmidt*, ZIP 2021, 112, 119; *Merkt*, in: Baumbach/Hopt, § 15 Rn. 14; *Bayer/Schmidt*, BB 2019, 1922, 1925; *Tebben*, FS Hopt, 1237, 1244. Aufgrund des gleichen Wortlauts der Norm ist auch nach dem DiRUG weiterhin auf die ordnungsgemäße Eintragung und Bekanntmachung zu achten, hierzu *Lieder*, DNotZ 2021, 830, 836 f.

1011 *Lieder*, NZG 2020, 81, 87; *Bayer/Schmidt*, BB 2019, 1922, 1925.

c) *Stellenwert der positiven Publizität in der Gesellschaftsrechtsrichtlinie*

Obwohl die positive Publizität grundsätzlich an eine (falsche) Bekanntmachung anknüpft, ist sie auch bei deren Wegfall weiterhin von Relevanz. Über den Wortlaut hinaus erfasste bereits Art. 16 Abs. 7 UAbs. 2 GesRRL aF Fälle, in denen nicht nur die Bekanntmachung, sondern auch der Registerinhalt falsch waren. Wenn sich ein Dritter bereits auf falsche Bekanntmachungen berufen kann, muss dies erst recht gelten, wenn zusätzlich auch die Eintragung fehlerhaft ist.[1012] Fraglich ist hingegen, was gelten soll, wenn allein die Eintragung im Register falsch ist. Teilweise wurde für diese Konstellationen vertreten, dass sie aufgrund fehlender Praxisrelevanz nicht von der Richtlinie erfasst seien.[1013] Dem steht jedoch entgegen, dass ein Dritter, der sich auf das Register verlässt, somit für Fehler einstehen müsste, die nicht aus seiner Sphäre resultieren. Zudem erscheint es widersprüchlich, das Vertrauen in die kurzlebige Bekanntmachung stärker zu schützen als das Vertrauen in die beständige Eintragung eines Registers.[1014] Im Ergebnis findet die positive Publizität nach der bisher geltenden Fassung der Gesellschaftsrechtsrichtlinie auch isoliert auf die Registereintragungen Anwendung.[1015]

Um feststellen zu können, ob die positive Publizität allein für Registereintragungen weiterhin von Art. 16 Abs. 4 UAbs. 3 GesRRL vorgesehen ist, bedarf es einer Auslegung der Norm. Der Wortlaut trifft für Fälle einer unrichtigen Registereintragung keine Aussage.[1016] Der tatsächliche Wille des europäischen Gesetzgebers könnte sich jedoch im Rahmen einer historischen Auslegung ergeben. Bereits im Vorschlag der Kommission wurde festgehalten, dass es für Dritte möglich sein soll, sich auf die Informationen im Register verlassen zu können,

---

1012 *Lutter/Bayer/Schmidt*, Europäisches Unternehmens- und Kapitalmarktrecht, § 18 Rn. 18.54, *Kalss/Klampf*, in: Dauses/Ludwigs, Kap. E. III. Rn. 228; *Schmidt*, DK 2018, 229, 232; *Teichmann*, ZIP 2018, 2451, 2461 f.; *Schmidt*, DK 2018, 229, 232; *Bock*, GmbHR 2018, 281, 287; *Bock*, Der Harmonisierungserfolg der Publizitätsrichtlinie, S. 120.

1013 So *Wilhelm*, ZIP 2010, 713, 715; *Ankele*, GmbHR 1969, 52, 54.

1014 *Teichmann*, ZIP 2018; 2451, 2462; *Lutter/Bayer/Schmidt*, Europäisches Unternehmens- und Kapitalmarktrecht, § 18 Rn. 18.55 m.w.N.; *Bock*, GmbHR 2018, 281, 287; *Bock*, Der Harmonisierungserfolg der Publizitätsrichtlinie, S. 118 m.w.N.

1015 So im Ergebnis auch *Lieder*, NZG 2020, 81, 87; *Bayer/Schmidt*, BB 2019, 1922, 1925; *Schmidt*, DK 2018, 229, 232. Ob unrichtige Eintragungen hingegen von § 15 Abs. 3 HGB erfasst werden ist nicht abschließend geklärt, s. *Lutter/Bayer/Schmidt*, Europäisches Unternehmens- und Kapitalmarktrecht, § 18 Rn. 18.57 m.w.N.

1016 Hierzu bereits D. III. 2. b).

ohne weitere Schritte vornehmen zu müssen.[1017] Hieraus geht hervor, dass dem Registerinhalt grundsätzlich hohe Aussagekraft zugemessen werden soll. Darüber hinaus lässt sich im Gesetzgebungsprozess nachvollziehen, dass zunächst überhaupt keine Regelung zur positiven Publizität vorgesehen war. Durch die Einführung des Art. 16 Abs. 4 UAbs. 3 GesRRL, wonach bei Abweichungen von der Akte das Register Vorrang genießt, wurde dieses Säumnis zumindest teilweise behoben. Hieraus lässt sich jedenfalls schließen, dass ein grundsätzliches Bewusstsein des EU-Gesetzgebers für diese Problematik vorhanden war. Daneben sollen zufolge Erwägungsgrund 26 der Digitalisierungsrichtlinie die nationalen Vorschriften über den rechtlichen Stellenwert des Registers und die Rolle des nationalen Amtsblatts – sofern fortgeführt - nicht berührt werden. Aufgrund der offenen Formulierung ist davon auszugehen, dass von dem rechtlichen Stellenwert des Registers auch die bisherigen Publizitätswirkungen erfasst werden. In Kenntnis der – zumindest in Deutschland – bestehenden Regelungen zur positiven Publizität hat sich der EU-Gesetzgeber folglich dazu entschieden, keine Änderungen vorzunehmen. Vor diesem Hintergrund könnte sich die unklare Formulierung lediglich als Redaktionsversehen darstellen.[1018]

Deutlich kritischer hingegen ist die Ansicht, wonach die Wirkungen der positiven Publizität aus Sicht des EU-Gesetzgebers keine Bedeutung mehr hätten und aus diesem Grund keine Berücksichtigung in der Richtlinie fanden.[1019] Ein entsprechender Wille des Gesetzgebers lässt sich jedoch nicht feststellen. Der Gesetzgeber hat die Bedeutung der positiven Publizität für das System der „Nur-Register-Lösung“[1020] nicht gänzlich verkannt. Zumindest im Hinblick auf Eintragungen in der Akte wird deutlich, dass letztlich dem Register der größere Stellenwert beigemessen wird. Darüber hinaus erscheint es fraglich, dass der

---

1017 COM (2018) 239 final, S. 16.

1018 So im Ergebnis *Bayer/Schmidt*, BB 2019, 1922, 1925.

1019 *Lieder*, DNotZ 2021, 930, 838; *Lieder*, NZG 2020, 81, 88. So im Ergebnis auch *Teichmann*, ZIP 2018, 2451, 2461; *Noack*, DB 2018, 1324, 1327, wobei jedoch zu beachten ist, dass teilweise zum Zeitpunkt der Veröffentlichung der Aufsätze der ausschlaggebende Art. 16 Abs. 4 UAbs. 3 GesRRL noch nicht in den Entwurf aufgenommen wurde.

1020 *Bayer/Schmidt*, BB 2019, 1922, 1924; *Schmidt*, EuZW 2019, 801, 802; *Bayer/Schmidt*, BB 2018, 2562, 2568.

europäische Gesetzgeber die positive Publizität als wesentliche Komponente der Registerpublizität ohne weitere Begründung abschaffen wollte.[1021]

Auffällig ist jedoch, dass die Richtlinie an anderer Stelle die positive Publizität weiterhin ausdrücklich regelt. So legt Art. 21 Abs. 4 GesRRL fest, dass sich Dritte im Fall der Abweichung von Eintragungen im Register in der jeweiligen Amtssprache von einer freiwillig offengelegten Übersetzung auf die falsche Übersetzung berufen können.[1022] Es erscheint widersprüchlich, einen wesentlichen Grundgedanken innerhalb derselben Richtlinie an einer Stelle explizit zu regeln, während er andernorts im Rahmen einer Auslegung hineinzulesen ist.

Sollten sich Dritte jedoch nicht auf die Angaben im Register verlassen können, würde dies zu einem erheblichen Verlust des in das Register gesetzten Vertrauens führen.[1023] Insbesondere würden Wertungswidersprüche entstehen, wenn einerseits auf das „Schweigen" des Registers vertraut werden darf, dem „Reden" des Registers jedoch nicht der gleiche Wert beigemessen wird.[1024] Dies würde auch dem Zweck der Digitalisierungsrichtlinie zuwiderlaufen. Nach Erwägungsgrund 2 besteht das primäre Ziel darin, wirtschaftliche Aktivitäten einfacher, kostengünstiger und effizienter zu gestalten. Eine Regelung, durch die man sich auf den offengelegten Inhalt nicht verlassen kann, lässt die Bemühungen um die elektronische Verfügbarkeit und europaweite Vernetzung von Handelsregistern nicht nur ineffizient, sondern auch benutzerfeindlich erscheinen.[1025] Vielmehr stellt sie im Vergleich zu den bisher bestehenden Standards einen Rückschritt dar, der dem Zweck der Richtlinie widerspricht.

Darüber hinaus ist ein auch nur teilweiser Verzicht auf die Publizitätswirkungen aus rechtsökonomischer Perspektive verfehlt und steht der anvisierten Effizienz des Rechts- und Handelsverkehrs entgegen.[1026] Könnten sich die Verkehrsteilnehmer nicht mehr auf die offengelegten Informationen verlassen, müssten sie sich selbstständig um die Beschaffung der für sie jeweils relevanten

1021 *Bayer/Schmidt*, BB 2019, 1922, 1925. Bereits im Rahmen der Online-Einreichung erschien es zweifelhaft, dass der Gesetzgeber von bestehenden gesellschaftsrechtlich relevanten Abläufen ohne genauere Erklärung abweichen wollte, s. D. I. 3. b).

1022 *Lieder*, NZG 2020, 81, 88; *Bayer/Schmidt*, BB 2019, 1922, 1925; *Schmidt*, FS Hopt, 1097, 1099.

1023 So einheitlich *Lieder*, NZG 2020, 81, 87 f.; *Bayer/Schmidt*, BB 2019, 1922, 1925; *Teichmann*, ZIP 2018, 2451, 2461; *Schmidt*, DK 2018, 229, 232.

1024 *Lieder*, NZG 2020, 81, 87 f.; *Bayer/Schmidt*, BB 2019, 1922, 1925; *Schmidt*, FS Hopt, 1097, 1099.

1025 Vgl. *Teichmann*, GmbHR 2018, 2451, 2462.

1026 *Lieder*, NZG 2020, 81, 88.

Informationen bemühen. Hierdurch entstehen nicht nur zusätzliche Kosten, die im Regelfall über die Kosten hinausgehen, die bei Abruf von Informationen aus dem Register entstehen. Zusätzlich verbleibt stets ein Restrisiko, dass die mitgeteilten Informationen unrichtig sind.[1027] Somit ergibt die Auslegung, dass sich ein Dritter auch im Rahmen des neu gestalteten Art. 16 GesRRL auf eine unrichtige Eintragung im Register verlassen kann, sofern er die Unrichtigkeit nicht kannte.[1028]

3. Umsetzung in Deutschland

Losgelöst von der Frage, ob die Gesellschaftsrechtsrichtlinie auf unionsrechtlicher Ebene weiterhin eine positive Registerpublizität vorschreibt oder nicht, stellt sich jedenfalls bei der Umsetzung in nationales Recht die Frage, wie ein umfassender Vertrauensschutz gewährleistet werden kann.

a) Bisherige Umsetzung des EU-Rechts

Ähnlich wie seine europarechtliche Grundlage ist auch § 15 Abs. 3 HGB in einem weiteren Umfang zu verstehen als es der Wortlaut der Norm, wonach ein Dritter sich nur auf eine bekanntgemachte Tatsache berufen kann, vermuten lässt.[1029] Demnach sind von § 15 Abs. 3 HGB nicht nur Fälle unrichtiger Bekanntmachungen erfasst. Darüber hinaus findet die Norm auch Anwendung bei doppelter Unrichtigkeit, mithin also einer falschen Bekanntmachung und einer falschen Eintragung.[1030] Ob hingegen allein die unrichtige Eintragung bei falscher oder nicht vorhandener Bekanntmachung § 15 Abs. 3 HGB unterfällt, wird unterschiedlich beurteilt.[1031] Nach überwiegender Auffassung ist jedoch

---

1027 Insgesamt zu den rechtsökonomischen Aspekten *Lieder*, NZG 2020, 81, 88.

1028 So im Ergebnis auch *Bayer/Schmidt*, BB 2019, 1922, 1925.

1029 So noch übereinstimmend *Merkt*, in: Baumbach/Hopt, § 15 Rn. 18; *Krebs*, in: MüKo-HGB, § 15 Rn. 81; *Roth*, in: Koller/Kindler/Roth/Drüen, § 15 Rn. 25; *Lutter/Bayer/Schmidt*, Europäisches Unternehmens- und Kapitalmarktrecht, § 18 Rn. 18.57; *Teichmann*, ZIP 2018, 2451, 2461 f.; BT-Drs. V/3862, S. 10 f.

1030 *Merkt*, in: Baumbach/Hopt, § 15 Rn. 18; *Krebs*, in: MüKo-HGB, § 15 Rn. 88; *Lutter/Bayer/Schmidt*, Europäisches Unternehmens- und Kapitalmarktrecht, § 18 Rn. 18.57; *Bock*, Der Harmonisierungserfolg der Publizitätsrichtlinie, S. 132; *Teichmann*, ZIP 2018, 2541, 2461; BT-Drs. V/3862 S. 11.

1031 Hierzu *Merkt*, in: Baumbach/Hopt, § 15 Rn. 18 m.w.N.; *Tebben*, FS Hopt, 1237, 1245 f. Für die Frage, wie eine Neufassung von § 15 Abs. 3 HGB aussehen könnte, ist dieser Streit nicht relevant, weshalb auf eine ausführliche Darstellung verzichtet wird.

für alle oben genannten Konstellationen erforderlich, dass die Bekanntmachung von der sie betreffenden Person zumindest durch eine von ihr vorgenommene Anmeldung zum Handelsregister mit veranlasst wurde und ihr als Folge dessen zurechenbar ist (sog. Veranlassungsprinzip).[1032]

b) *Mögliche Neugestaltung von § 15 Abs. 3 HGB*

Nach der hier vertretenen Ansicht ist die positive Publizität auch weiterhin in der Gesellschaftsrechtsrichtlinie vorgesehen und wird künftig allein an die Eintragung anknüpfen.[1033] Zur Umsetzung dieses verbindlichen Ziels der Richtlinie ist eine Neugestaltung des § 15 Abs. 3 HGB notwendig. Sollte hingegen angenommen werden, dass eine positive Publizität von den Mitgliedstaaten nicht verpflichtend einzuführen beziehungsweise beizubehalten ist, bietet sich gleichwohl eine überschießende Umsetzung der Richtlinie aus Sicht des deutschen Gesetzgebers an. Da die Digitalisierungsrichtlinie unter Berücksichtigung der Wertung des Erwägungsgrundes 19 keine Vollrechtsharmonisierung anstrebt, stehen dem keine europarechtlichen Erwägungen entgegen.[1034] Zudem entspricht eine solche Umsetzung dem in Erwägungsgrund 2 der Digitalisierungsrichtlinie festgehaltenen Zweck effiziente wirtschaftliche Aktivitäten zu ermöglichen.[1035] Allein durch eine überschießende Umsetzung kann ein notwendiger und interessengerechter Verkehrsschutz erreicht werden. Andernfalls bestünde für Dritte lediglich die Möglichkeit, ergänzend auf die allgemeinen Grundsätze der Rechtsscheinhaftung zurückzugreifen.[1036]

Dies hätte jedoch zur Folge, dass das Vertrauen eines Dritten nur unter strengeren Voraussetzungen gewährt wird. Der Dritte müsste unter anderem seine Schutzbedürftigkeit nachweisen, wofür dessen Gutgläubigkeit erforderlich ist

---

1032 *Merkt*, in: Baumbach/Hopt, § 15 Rn. 19; *Gehrlein*, in: Ebenroth/Boujong/Joost/Strohn, § 15 Rn. 33; *Preuß*, in: Oetker, § 15 Rn. 61; *Lutter/Bayer/Schmidt*, Europäisches Unternehmens- und Kapitalmarktrecht, § 18 Rn. 18.57; *Lieder*, NZG 2020, 81, 89.

1033 S. D. III. 2. c).

1034 *Lieder*, DNotZ 2021, 830, 838; *Lieder*, NZG 2020, 81, 88 f.; *Schmidt*, ZIP 2021, 112, 119; *Teichmann*, ZIP 2018, 2451, 2462; *Schmidt*, FS Hopt, 1097, 1099.

1035 Hierzu bereits unter D. III. 2. c).

1036 *Lieder*, NZG 2020, 81, 88; *Teichmann*, ZIP 2018, 2451, 2462. Im Hinblick auf das deutsche Rechtssystem kommen die beiden unterschiedlichen Ansichten zur Reichweite der GesRRL hinsichtlich der positiven Publizität somit letztlich zum gleichen Ergebnis. Wird der Lösung über eine überschießende Umsetzung gefolgt, wird jedoch der deutsche Gesetzgeber in höherem Maße in die Pflicht genommen.

und er im Vertrauen auf die Eintragung handeln muss. Regelmäßig schadet über die Fälle des § 15 Abs. 3 HGB hinaus neben der Kenntnis von der wahren Rechtslage zusätzlich auch fahrlässige Unkenntnis.[1037] Des Weiteren trifft den Dritten bei Vorliegen besonderer Umstände eine Pflicht, Nachforschungsmaßnahmen einzuleiten und das Handelsregister tatsächlich einzusehen.[1038] Demgegenüber ist der in § 15 Abs. 3 HGB verankerte Schutz des Dritten abstrakt, so dass es weder eines Einblicks in das Handelsregister bedarf, noch der Kenntnis von getätigten Bekanntmachungen.[1039] Durch diese Einschränkungen wird im Rahmen des bloß gewohnheitsrechtlich anerkannten Instituts eine zufällige Begünstigung des Dritten vermieden, der allein aufgrund seines blinden Vertrauens als nicht schützenswert erscheint.[1040]

Diese Einschränkungen stehen jedoch dem bisher verfolgten umfassenden Schutz des § 15 Abs. 3 HGB entgegen. Um in jedem Fall ein drohendes Vertrauensdefizit im Handelsrecht zu vermeiden bietet sich folgende Neuformulierung an:

§ 15 HGB
„(3) Ist eine einzutragende Tatsache unrichtig eingetragen, so kann sich ein Dritter demjenigen gegenüber, in dessen Angelegenheiten die Tatsache einzutragen war, auf die eingetragene Tatsache berufen, es sei denn, dass er die Unrichtigkeit kannte.“[1041]

1037 *Lieder*, NZG 2020, 81, 88; *Merkt*, in: Baumbach/Hopt, § 5 Rn. 12; *Schmidt*, in: MüKo-HGB § 5 Anhang Rn. 22; *Körber*, in: Oetker, § 5 Rn. 48 f.; *Kindler*, in: Ebenroth/Boujong/Joost/Strohn, § 5 Rn. 71 f.; *Thomale/Schüßler*, ZfPW 2015, 454, 480 f.; OLG Saarbrücken, NZG 2009, 22, 23; Da in jeden Fall an den Wissensstand des Dritten höhere Anforderungen als im Rahmen des § 15 Abs. 3 HGB gestellt werden, kommt es nicht auf eine Entscheidung dahingehend an, ob, wie von der herrschenden Meinung vertreten, bereits leichte Fahrlässigkeit ausreicht oder ob nur grob fahrlässige Unkenntnis einer Schutzwürdigkeit entgegensteht.

1038 *Körber*, in: Oetker, § 5 Rn. 49; *Kindler*, in: Ebenroth/Boujong/Joost/Strohn, § 5 Rn. 72; *Merkt*, in: Baumbach/Hopt, § 5 Rn. 12.

1039 *Lieder*, NZG, 2020, 81, 88; *Merkt*, in: Baumbach/Hopt, § 15 Rn. 21; *Krebs*, in: MüKo-HGB, § 15 Rn. 11; *Thomale/Schüßler*, ZfPW 2015, 454, 470.

1040 *Canaris*, Die Vertrauenshaftung im deutschen Privatrecht, S. 507.

1041 Für einen Austausch der Bekanntmachung durch die Eintragung und in Anlehnung an den bisherigen Gesetzeswortlaut bereits *Lieder*, NZG 2020, 81, 88.

c) *Ausdrückliche Ergänzung um das Veranlassungsprinzip*

Da einer überschießenden Umsetzung nichts im Wege steht, bietet es sich an, zusätzlich zum verpflichtenden Mindestinhalt, zur endgültigen Klärung das viel diskutierte[1042] Veranlassungsprinzip in § 15 Abs. 3 HGB aufzunehmen.[1043]

aa) *Das Veranlassungsprinzip in der europäischen Richtlinie*

Gegen eine Verankerung im Gesetz könnte eingewendet werden, dass sich in der Gesellschaftsrechtsrichtlinie keine Regelung findet, die von ihrem Wortlaut her auf eine Zurechnungskomponente schließen lässt.[1044] Dies gilt auch für die neue Fassung, die eine positive Publizität erst gar nicht ausdrücklich regelt, diese jedoch gleichwohl vorsieht. Zudem stünden die allgemeinen Erwägungen und Risikozuweisungen der Richtlinie einem Veranlassungsprinzip entgegen. Demnach seien vor allem die Mitgliedstaaten in der Verantwortung für die Korrektheit der Register zu sorgen. Außerdem stünde die Gesellschaft in einem engeren Verhältnis zu den Eintragungen im Handelsregister und könne diese leichter kontrollieren.[1045]

Demgegenüber wird vertreten, dass die Gesellschaftsrechtsrichtlinie von einer richtigen Eintragung ausgeht. Erforderlich ist stets ein Antrag einer durch die Eintragung betroffenen Person. Auch wenn die Richtlinie somit nicht den Ausgangspunkt für die Eintragung explizit benennt, wird er zumindest faktisch vorausgesetzt.[1046] Auch aus Wertungsgesichtspunkten erscheint es verfehlt, völlig unbeteiligte Personen der Wirkung der Publizitätsvorschriften auszusetzen.[1047] Zwar wird zum Teil unter Verweis auf eine einzige Entscheidung des OLG Brandenburg und seltene Fehler des Registergerichts die Gefahr für Unbeteiligte als

---

1042 Vgl. hierzu etwa die Ausführungen von *Krebs*, in: MüKo-HGB, § 15 Rn. 83 ff. m.w.N.; *Preuß*, in: Oetker, § 15 Rn. 61 ff. m.w.N.

1043 *Lieder*, DNotZ 2021, 830, 844; *Lieder*, NZG 2020, 81, 89; *Tebben*, FS Hopt, 1237, 1246 f. Zum Veranlassungsprinzip bereits unter D. III. 3. a).

1044 *Krebs*, in: MüKo-HGB, § 15 Rn. 85; *Bock*, Der Harmonisierungserfolg der Publizitätsrichtlinie, S. 123; BT-Drs. V/3862, S. 10; *Lutter/Bayer/Schmidt*, Europäisches Unternehmens- und Kapitalmarktrecht, § 18 Rn. 18.56.

1045 *Bock*, Der Harmonisierungserfolg der Publizitätsrichtlinie, S. 125 f.

1046 *Preuß*, in: Oetker, § 15 Rn. 62; *Lutter/Bayer/Schmidt*, Europäisches Unternehmens- und Kapitalmarktrecht, § 18 Rn. 18.56; *Paefgen*, ZIP 2008, 1653, 1657; *Wilhelm*, ZIP 2010, 713, 715.

1047 *Lutter/Bayer/Schmidt*, Europäisches Unternehmens- und Kapitalmarktrecht, § 18 Rn. 18.56; *Gehrlein*, in: Ebenroth/Boujong/Joost/Strohn, § 15 Rn. 32.

gering eingestuft.[1048] Dem kann jedoch nicht zugestimmt werden. Allein die Möglichkeit, ohne Mitwirkung eines Dritten für diesen negative Folgen herbeizuführen, birgt Potential für Missbräuche.[1049] Ein bloßer Rückgriff auf Kollusionsregeln erscheint als nicht ausreichend. Das Veranlassungsprinzip ist somit Folge einer gebotenen restriktiven Auslegung der Richtlinie.

bb) Das Veranlassungsprinzip auf deutscher Ebene

Auch im Rahmen des § 15 Abs. 3 HGB werden diese Erwägungen zugunsten des Dritten berücksichtigt. Insbesondere vor dem Hintergrund der persönlichen Haftung der Gesellschafter einer Personengesellschaft werden die Tragweiten einer nicht veranlassten Eintragung deutlich.[1050] Anders als in Fällen des reinen Rechtsscheinprinzips, die lediglich in einzelne Rechtspositionen eingreifen, können Eintragungen im Handelsregister in der Konsequenz zu Eingriffen in das gesamte Privatvermögen führen.[1051] Zur Vermeidung dieses Risikos bestünde für Dritte die Obliegenheit, laufend die im Handelsregister gemachten Eintragungen zu überprüfen. Auch unter Berücksichtigung des Verkehrsschutzes ist eine solche Obliegenheit jedoch nur dann sachlich gerechtfertigt, wenn sie in irgendeiner Weise aus dem Verhalten des Dritten resultiert.[1052] Soweit vorgebracht wird, dem Dritten stünde bei Fehlern des Registergerichts ohnehin ein Amtshaftungsanspruch zu, kann hierin kein ausreichender Schutz gesehen werden. Der Dritte trägt stets noch das Prozessrisiko und die Rechtsverfolgungskosten wie auch eine finanzielle Belastung. Zudem kann es vorkommen, dass eine nachhaltige Kompensation nicht immer realisierbar ist.[1053] Darüber hinaus belasten Staatshaftungsansprüche den Finanzhaushalt, welcher grundsätzlich sparsam zu führen ist (vgl. Art. 114 Abs. 2 S. 1 GG). Bereits die Entstehung solcher Ansprüche sollte, soweit möglich, verhindert werden. Eine ausdrückliche Erwähnung des Veranlassungsprinzips in § 15 Abs. 3 HGB wäre folglich begrüßenswert.

1048 *Krebs*, in: MüKo-HGB, § 15 Rn. 84; OLG Brandenburg, ZIP 2013, 2103; *Bock*, Der Harmonisierungserfolg der Publizitätsrichtlinie, S. 133 f.

1049 So auch *Gehrlein*, in: Ebenroth/Boujong/Joost/Strohn, § 15 Rn. 31.

1050 *Lieder*, NZG 2020, 81, 89; *Gehrlein*, in: Ebenroth/Boujong/Joost/Strohn, § 15 Rn. 31; *Preuß*, in: Oetker, § 15 Rn. 63.

1051 *Lieder*, NZG 2020, 81, 89.

1052 *Lieder*, NZG 2020, 81, 89; *Gehrlein*, in: Ebenroth/Boujong/Joost/Strohn, § 15 Rn. 33.

1053 *Gehrlein*, in: Ebenroth/Boujong/Joost/Strohn, § 15 Rn. 33; *Preuß*, in: Oetker, § 15 Rn. 64; a.A. *Krebs*, in: MüKo-HGB, § 15 Rn. 84.

Die Regelung des § 15 Abs. 3 des österreichischen Unternehmensgesetzbuches oder § 16 Abs. 3 S. 2 GmbHG könnten bei der Formulierung als Vorbild dienen.[1054] Von einer kumulativen zeitlichen Begrenzung, wie etwa in § 16 Abs. 3 S. 2 GmbHG, wonach die Gesellschafterliste für einen gutgläubigen Erwerb von Geschäftsanteilen mindestens drei Jahre lang unrichtig sein muss, sollte abgesehen werden. Für zu kurze Zeiträume kommt es gleichwohl zu einer dauerhaften Obliegenheit von an sich unbeteiligten Personen die Eintragungen im Handelsregister zu überprüfen. Eine zu lange zeitliche Begrenzung birgt die Gefahr eines unzumutbaren Schwebezustands, in dem die Eintragungen im Register nur eingeschränkte Aussagekraft haben. Demnach empfiehlt sich die Einführung des folgenden § 15 Abs. 3 S. 2 HGB:

„Derjenige, in dessen Angelegenheiten die unrichtige Eintragung erfolgte, muss diese nicht gegen sich gelten lassen, wenn er sie nicht veranlasst hat.“

4. Zugang zu offengelegten Informationen

Das bisher in Art. 16 Abs. 4 GesRRL aF enthaltene Recht, vollständige oder auszugsweise Kopien der in Art. 14 GesRRL genannten Urkunden und Informationen auf Antrag zu erhalten, ist nunmehr in Art. 16a GesRRL enthalten. Die Aufteilung soll einer besseren Lesbarkeit dienen.[1055] Eine inhaltliche Änderung erfolgte nur insoweit, als Mitgliedstaaten dazu verpflichtet werden, dafür zu sorgen, dass elektronische Kopien und Auszüge mittels Vertrauensdiensten nach der eIDAS-VO authentifiziert werden (Art. 16a Abs. 4 GesRRL).[1056]

5. Zwischenergebnis

Nach der Gesellschaftsrechtsrichtlinie ist an der bisherigen Unterteilung der Publizitätsmittel in Bekanntmachung und Eintragung nicht weiter festzuhalten. Der europäische Gesetzgeber hat sich für eine „Nur-Register-Lösung“[1057] entschieden, nach welcher lediglich die Eintragung im Register verpflichtend ist. Die geschichtlich bedingte Zweiteilung ist aufgrund der digitalen Einsehbarkeit

1054 *Lieder*, NZG 2020, 81, 89; in diesem Zusammenhang ist jedoch zu berücksichtigen, dass § 15 Abs. 3 UGB an ein Verschulden anknüpft und insoweit über das reine Veranlassungsprinzip hinausgeht, vgl. *Krebs*, in: MüKo-HGB, § 15 Rn. 106.

1055 COM (2018) 239, S. 16; *Schmidt*, DK 2018, 229, 232 f.

1056 COM (2018) 239, S. 16; *Schmidt*, DK 2018, 229, 233.

1057 *Bayer/Schmidt*, BB 2019, 1922, 1924; *Schmidt*, EuZW 2019, 801, 802; *Bayer/Schmidt*, BB 2018, 2562, 2568.

sowohl von Bekanntmachungen als auch von Eintragungen überflüssig und unnötig kompliziert geworden. Gleichwohl können die Mitgliedstaaten weiterhin an der Bekanntmachung festhalten, wozu jedoch keine Notwendigkeit besteht. Insbesondere führt ein Verzicht zu einer verbesserten Richtigkeitsgewähr.

Da jedoch künftig nur noch ein Publizitätsmittel zur Verfügung steht, ergeben sich hieraus Konsequenzen für die Publizitätswirkungen. Vor allem stellt sich die Frage nach dem Fortbestehen der positiven Publizität. Die Gesellschaftsrechtsrichtlinie bestimmt in diesem Zusammenhang nicht, was gelten soll, wenn die Registereintragung selbst unrichtig ist. Die Auslegung der Richtlinie zeigt jedoch, dass Dritte sich auch weiterhin auf unrichtige Eintragungen verlassen können. Dies wird vor allem mit Blick auf die Historie der Richtlinie, wie auch auf den mit ihr verfolgten Zweck deutlich.

Gleichwohl erfordert die Änderung der europarechtlichen Grundlage eine Anpassung von § 15 HGB. Im Rahmen der Neufassung ergeben sich vor allem Änderungen sprachlicher Natur. So ist der Begriff der Bekanntmachung zu streichen beziehungsweise durch die Eintragung zu ersetzen. Dabei ist in jedem Fall § 15 Abs. 3 HGB in seiner Wirkungsweise beizubehalten. Ob zu diesem Zweck eine aus der Gesellschaftsrechtsrichtlinie resultierende Verpflichtung gesehen wird oder man eine überschießende Umsetzung für notwendig erachtet, ist von untergeordneter Bedeutung.

Der Gesetzgeber sollte die Neubefassung mit § 15 Abs. 3 HGB zudem dazu nutzen das in weiten Teilen anerkannte Veranlassungsprinzip zu kodifizieren. Hierdurch werden nicht nur bestehende Unklarheiten beseitigt, sondern auch eine interessengerechte Risikoverteilung bestätigt.

6. Umsetzung im DiRUG

Der deutsche Gesetzgeber hält an der „Nur-Register-Lösung“ fest. Von der Option, eine Bekanntmachung im bisherigen Umfang aufrechtzuerhalten, wie von Art. 16 Abs. 3 GesRRL ermöglicht, wird kein Gebrauch gemacht. Dies ist grundsätzlich zu begrüßen. Gleichwohl bleibt der Begriff der Bekanntmachung im Gesetz erhalten. Die Bekanntmachung hat jedoch in Zukunft eine neue Bedeutung. Eine Bekanntmachung erfolgt demnach nur noch „durch die erstmalige Abrufbarkeit der Eintragung oder Tatsache über das nach § 9 Abs. 1 HGB bestimmte elektronische Informations- und Kommunikationssystem“[1058] der

1058 DiRUG-RegE, S. 106.

Länder (vgl. § 10 Abs. 1 HGB nF).[1059] Dies führt zu einer grundlegenden Änderung des Bekanntmachungswesens für die Register.[1060] Die Informationen, die die Gesellschaften betreffen sollen erstmalig dadurch mitgeteilt werden, dass sie über das gemeinsame Registerportal der Länder zur Verfügung gestellt werden und somit die separate Bekanntmachung obsolet ist.[1061] Für Tatsachen, die nicht eingetragen werden, sondern bis *dato* allein der Bekanntmachung unterliegen, wird aufgrund der erheblichen Bedeutung das Institut der Registerbekanntmachung eingeführt (§ 10 Abs. 3 HGB nF).[1062] Klarstellend ist jedoch festzuhalten, dass es sich bei der Registerbekanntmachung nicht um ein separates Bekanntmachungsportal handelt, sondern die Bekanntmachung entsprechend der Regelung des § 10 Abs. 1 HGB nF erfolgt.[1063] Aufgrund von bestehenden technischen Schwierigkeiten, die erstmalige Abrufbarkeit einer Eintragung nachzuweisen, enthält § 10 Abs. 4 HGB nF eine widerlegliche Vermutung zum Geltungszeitpunkt der Bekanntmachung.[1064] Demnach gilt eine Eintragung mit Ablauf des Tages der Eintragung als bekannt gemacht. Hinsichtlich der Eintragung ist allerdings weiterhin nach § 8 a HGB auf den Zeitpunkt abzustellen, zu dem sie in den für die Handelsregistereintragung bestimmten Datenspeicher aufgenommen ist

---

1059 *Lieder*, DNotZ 2021, 830, 831; *Schmidt*, ZIP 2021, 112, 118; *Linke*, NZG 2021, 309, 312; *Knaier*, GmbHR 2021, 169, 181; *Omlor/Blöcher*, DStR 2021, 2352, 2354.

1060 Von den Änderungen ist nicht nur das Handelsregister betroffen, sondern ebenso das Partnerschafts-, Genossenschafts- und Vereinsregister, s. *Linke*, NZG 2021, 309, 312.

1061 DiRUG-RegE, S. 2; *Omlor/Blöcher*, DStR 2021, 2352, 2354.

1062 Die Notwendigkeit dieses Instituts erklärt sich beispielweise vor dem Hintergrund von § 61 S. 2 UmwG, wonach in die Bekanntmachung einen Hinweis auf die Einreichung des Verschmelzungsvertrages oder seines Entwurfs beim Handelsregister enthalten muss, s. *Schmidt*, ZIP 2021, 112, 118; *Linke*, NZG 2021, 309, 314; *Bock*, RNotZ 2021, 326, 335. Für eine weitere Auflistung der relevanten Bereiche der Registerbekanntmachung s. DiRUG-RegE, S. 107.

1063 DiRUG-RegE, S. 107.

1064 DiRUG-RegE, S. 107; *Lieder*, NZG 2021, 830, 832; *Linke*, NZG 2021, 309, 313; *Knaier*, GmbHR 2021, 169, 181. In diesem Zusammenhang vertritt *Bock*, RNotZ 2021, 326, 335 die Ansicht, dass die Beweislast für den Nachweis dem Unternehmensträger obliegt, soweit die Fiktion für den Zeitraum vor Ablauf des Tages der Eintragung greifen soll. In anderen Fällen obliegt die Beweislast dem Dritten. Hieran anknüpfend wird vorgeschlagen die Fiktion des § 10 Abs. 4 HGB nF an den Zeitpunkt der Eintragung anzuknüpfen. Problematisch hieran ist jedoch, dass es sich nach dem Willen des Gesetzgebers bei der Eintragung um ein Internum handelt, das nicht nach außen in Erscheinung tritt.

und auf Dauer inhaltlich unverändert in lesbarer Form wiedergegeben werden kann.[1065]

Aufgrund der neuen Ausgestaltung von § 15 HGB nF kommt der Bekanntmachung somit, in Form der erstmaligen Abrufbarkeit über das Registerportal (www.handelsregister.de), weiterhin Bedeutung zu.[1066] Dahingegen lässt sich die Eintragung nicht mehr gesondert abrufen, sondern stellt zukünftig ein reines Internum dar. Als Publizitätsmittel kommt somit allein die erstmalige Abrufbarkeit der Eintragung, in Form der Bekanntmachung, in Betracht.[1067] Auch wenn nach neuer Rechtslage die Eintragung und die Abrufbarkeit zeitlich und technisch eng miteinander verknüpft sind, handelt es sich jedoch um zwei voneinander zu trennende rechtliche Vorgänge.[1068] Somit stellt sich die Frage, welche Auswirkung sich hieraus im Hinblick auf die Publizitätswirkung des Handelsregisters ergeben.

a) Auswirkung auf die negative Publizitätswirkung

Durch das DiRUG hat sich der Wortlaut von § 15 Abs. 1 HGB nicht geändert. Eintragungspflichtige Tatsachen können einem Dritten somit weiterhin nur entgegengehalten werden, wenn sie im Handelsregister eingetragen und bekannt gemacht worden sind. Der deutsche Gesetzgeber hat es aufgrund des Festhaltens an der Bekanntmachung jedoch versäumt bestehende Unsicherheit im Rahmen der negativen Publizität zu beseitigen. So stellt sich nach aktuellem Stand etwa die Frage, ob eine Eintragung von Tatsachen, die bloß konstitutive Wirkung haben, von § 15 Abs. 1 HGB erfasst ist, was zutreffend bejaht wird.[1069] Zwar spricht der Wortlaut des § 15 Abs. 1 HGB bloß von einzutragenden Tatsachen. Aus Verkehrsschutzgesichtspunkten ergibt sich jedoch, dass Beteiligte am Wirtschaftsleben bei deklaratorisch wirkenden Eintragungen ebenso schutzwürdig sind wie bei konstitutiv wirkenden Eintragungen.[1070] Durch einen Verzicht auf die Bekanntgabe hätte der Gesetzgeber einer Ansicht entgegentreten können, wonach ein Abstellen auf die Bekanntgabe die Wirksamkeit der konstitutiven Eintragung in unzulässiger Weise verzögere.[1071]

1065 *Lieder*, DNotZ 2021, 830, 833.

1066 DiRUG-RegE, S. 106, 113; *Schmidt*, ZIP 2021, 112, 118; *Bock*, RNotZ 2021, 326, 337.

1067 *Lieder*, DNotZ 2021, 830, 835 f.; *Linke*, NZG 2021, 309, 313.

1068 DiRUG-RegE, S. 113; *Linke*, NZG 2021, 309, 313.

1069 Vgl. *Merkt*, in: Baumbach/Hopt, § 15 Rn. 5; *Preuß*, in: Oetker, § 15 Rn. 19.

1070 *Lieder*, DNotZ 2021, 830, 834; *Preuß*, in: Oetker, § 15 Rn. 19.

1071 *Lieder*, DNotZ 2021, 830, 834; *Preuß*, in: Oetker, § 15 Rn. 19.

Gleiches gilt für die Frage, ob die einzutragende Tatsache eingetragen und bekannt gemacht worden sein muss. Während dies nach überwiegender Meinung der Fall ist, wird teilweise entweder isoliert auf die Eintragung oder die Bekanntgabe abgestellt. Auch wenn die praktische Bedeutung dieser Punkte aufgrund der grundsätzlich engen Verknüpfung von Eintragung und erstmaliger Abrufbarkeit durchaus gering ist, hätte der Gesetzgeber die Gelegenheit nutzen können für Klarheit zu sorgen.[1072]

b) Auswirkung auf die positive Publizitätswirkung

Im Hinblick auf die negative Publizitätswirkung ergeben sich somit keine Änderungen. Auch die 15-tägige Schonfrist aus § 15 Abs. 2 HGB bleibt nach dem DiRUG in unveränderter Form bestehen. Fraglich ist jedoch, was hinsichtlich der positiven Publizitätswirkung gilt, wenn nach Ansicht des Gesetzgebers nunmehr ein Auseinanderfallen von Bekanntmachung und Eintragung nicht mehr möglich ist.[1073] Dieses Verständnis kommt dadurch zum Ausdruck, dass sich ein Dritter künftig nur noch auf eine eingetragene Tatsache nach § 15 Abs. 3 HGB nF berufen kann, wenn eine einzutragende und bekannt gemachte Tatsache unrichtig eingetragen ist und der Dritte die Unrichtigkeit nicht kannte.

Die Anknüpfung an die Eintragung in § 15 Abs. 3 HGB nF erscheint vor dem Hintergrund, dass diese lediglich ein Internum darstellt und nach außen lediglich die Bekanntmachung in Erscheinung tritt, auf den ersten Blick irreführend. Ohne eine Bekanntmachung kann nach § 10 Abs. 1 HGB nF keine Eintragung vorliegen.[1074] Es handelt sich bei der Bekanntmachung somit um eine *conditio sine qua non*. Vor diesem Hintergrund hat der bisher bestehende Streit, ob neben einer unrichtigen Eintragung auch eine unrichtige Bekanntmachung erforderlich ist, keine Bedeutung mehr. Das gesetzgeberische Leitbild geht von einer Zweistufigkeit aus, bei der jedoch ein Auseinanderfallen „nahezu ausgeschlossen" ist, sodass eine doppelte Unrichtigkeit geradezu den geplanten Normalfall darstellt.[1075]

Gleichwohl handelt es sich bei Bekanntmachung und Eintragung jedoch um zwei voneinander zu trennende Vorgänge.[1076] Insofern sind – wenn auch vornehmlich theoretisch – ein Auseinanderfallen von Eintragung und

1072 Vgl. hierzu im Detail *Lieder*, DNotZ 2021, 830, 835.
1073 *Lieder*, DNotZ 2021, 830, 837; *Linke*, NZG 2021, 309, 313.
1074 *Lieder*, DNotZ 2021, 830, 838 f.; *Linke*, NZG 2021, 309, 313.
1075 *Lieder*, DNotZ 2021, 830, 839; DiRUG-RegE, S. 113.
1076 Hierzu D. III. 6.

Bekanntmachung denkbar in der Konstellation, dass entweder die Eintragung falsch und die Bekanntmachung richtig oder die Eintragung richtig und die Bekanntmachung falsch ist.[1077] Zustimmung verdient die Ansicht, wonach für den ersten Fall eine analoge Anwendung von § 15 Abs. 3 HGB nF angemessen ist.[1078] Aus der Gesetzesbegründung geht hervor, dass diese Konstellation als unwahrscheinlich angesehen wurde und deshalb keiner Regelung bedürfe, somit also eine planwidrige Regelungslücke vorliegt. Darüber hinaus ist auch eine Vergleichbarkeit der Interessenlagen gegeben. Das schützenswerte Interesse eines redlichen Dritten gebiete es keine Unterscheidung zwischen einer richtigen oder unrichtigen Eintragung vorzunehmen, die ohnehin nicht nach außen kundgegeben wird.[1079]

Aus dem gleichen Grund wird bei einer richtigen Bekanntmachung und einer unrichtigen Eintragung nach dieser Ansicht zutreffend eine teleologische Reduktion von § 15 Abs. 3 HGB nF angenommen. Ein rein intern stattfindender Vorgang könne sich weder zugunsten noch zu Lasten eines Dritten auswirken. Sofern die Eintragung dem Rechtsverkehr nicht gesondert mitgeteilt wird, besteht kein Bedürfnis in diesen Fällen Vertrauensschutz zu gewähren.[1080] Zuletzt sei noch kurz festgehalten, dass bei einer gänzlich fehlenden Bekanntmachung und somit fehlender Abrufbarkeit von Informationen § 15 Abs. 3 HGB nF in Zukunft nicht anwendbar ist, da es bereits an einer Offenlegung fehlt.[1081]

c) Bewertung

Aufgrund der technischen Ausgestaltung dürften die aufgezeigten Fälle in der Praxis eine Ausnahme darstellen. Gleichwohl ist in Zweifelsfällen weiterhin strikt zwischen der Bekanntmachung und der Eintragung zu unterscheiden. Die neue Bedeutung des Begriffs der Bekanntmachung sorgt auf den ersten Blick für Unverständnis. Durch diesen „legislatorischen Kunstgriff“[1082] erfährt zwar auf der einen Seite die Arbeit des Gesetzgebers eine entscheidende Erleichterung, da nicht sämtliche Vorschriften, die von einer Bekanntmachung ausgehen,

---

1077 *Lieder*, DNotZ 2021, 830, 840; *Linke*, NZG 2021, 309, 313; aA *Omlor/Blöcher*, DStR 2021, 2352, 2354.

1078 Hierzu ausführlich *Lieder*, DNotZ 2021, 830, 840 f.

1079 *Lieder*, DNotZ 2021, 830, 841 f.

1080 *Lieder*, DNotZ 2021, 830, 842.

1081 *Lieder*, DNotZ 2021, 830, 843.

1082 *Schmidt*, ZIP 2021, 112, 118.

geändert werden müssen.[1083] Zugleich bringt diese Vorgehensweise eine erhebliche Umstellung für den Rechtsanwender mit sich, der sich mit dem neuen Verständnis der Bekanntmachung und dem Verhältnis zur Eintragung vertraut machen muss. Die Umsetzung ist somit je nach Blickwinkel als mehr oder weniger gelungen einzuordnen. Darüber hinaus ist zu kritisieren, dass das Veranlassungsprinzip nicht kodifiziert wurde. Eine entsprechende Regelung wäre für den Gesetzgeber ohne Weiteres möglich gewesen und hätte zu einer erhöhten Rechtssicherheit beitragen können.[1084]

7. Offenlegung von Rechnungslegungsunterlagen

Zudem hat die Neugestaltung des Registers Auswirkungen auf die Offenlegung von Rechnungslegungsunterlagen. Diese waren nach § 325 Abs. 1 S. 2 HGB bislang elektronisch beim Betreiber des Bundesanzeigers in einer Form einzureichen, die ihre Bekanntmachung ermöglicht. Der Betreiber veröffentlicht die Unterlagen sodann im Bundesanzeiger und übermittelt sie an das Unternehmensregister, wo diese dann zugänglich sind.[1085] Aufgrund des Wegfalls der Bekanntmachung sind die Unterlagen der Rechnungslegung in Zukunft unmittelbar an die das Unternehmensregister führende Stelle zu übermitteln (§ 325 Abs. 1 S. 2 HGB nF) und ausschließlich dort abrufbar.[1086]

IV. Zweigniederlassungen

Die Regelungen zu Zweigniederlassungen in Art. 28 a ff. GesRRL ermöglichen, im Einklang mit den übrigen Bestimmungen der Richtlinie, die Einführung von Online-Verfahren. Den im Binnenmarkt niedergelassenen Gesellschaften soll hierdurch ermöglicht werden, leichter grenzüberschreitend tätig werden zu können.[1087] Zudem ist die Aufhebung einer Zweigniederlassung nach Art. 28 c GesRRL über das BRIS mitzuteilen.

1083 *Schmidt*, ZIP 2021, 112, 118; *Lieder*, DNotZ 2021, 830, 832; *Knaier*, GmbHR 2021, 169, 181; *Omlor/Blöcher*, DStR 2021, 2352, 2354.

1084 Hierzu D. III. 3. c) bb); vgl. *Lieder*, DNotZ 2021, 830, 844; aA *Bock*, RNotZ 2021, 326, 336, der dies mit der geringen praktischen Relevanz begründet.

1085 *Schmidt*, ZIP 2021, 112, 119; *Linke*, NZG 2021, 309, 314.

1086 DiRUG-RegE, S. 115; *Schmidt*, ZIP 2021, 112, 119; *Linke*, NZG 2021, 309, 314.

1087 Erwägungsgrund 32 RL (EU) 2019/1151; *Lieder*, NZG 2018, 1081, 1091.

1. Online-Eintragung

Zum einen gewährleisten die Mitgliedstaaten, dass die Eintragung von Zweigniederlassungen einer Gesellschaft vollständig online durchgeführt werden kann. Dabei ist nach Art. 13 a Nr. 5 GesRRL unter der Eintragung einer Zweigniederlassung ein Verfahren zur Offenlegung der Urkunden und Informationen in Bezug auf die Einrichtung einer neuen Zweigniederlassung in einem Mitgliedstaat zu verstehen. Ein persönliches Erscheinen des Antragstellers vor Behörden, Personen oder Stellen, die mit Aspekten der Eintragung von Zweigniederlassungen betraut sind, ist nicht erforderlich, soweit keine Gründe vorliegen, die einen Präsenzvorbehalt begründen (Art. 28 a GesRRL).[1088] Die Regelungen zur Online-Eintragung entsprechen im Wesentlichen dem bereits dargestellten System der Online-Gründung in Art. 13 g GesRRL.[1089]

Im Gegensatz zu Art. 13 g Abs. 1 UAbs. 1 GesRRL enthält Art. 28 a GesRRL keine Beschränkung auf die GmbH. Somit ist davon auszugehen, dass die Online-Eintragung von Zweigniederlassungen für alle in Anhang II genannten Kapitalgesellschaften möglich ist. Dies erscheint zum einen im Hinblick auf die nicht im selben Maß wie bei der Gründung vorhandene Komplexität gerechtfertigt.[1090] Zum anderen wird hierdurch umfassend eine leichtere grenzüberschreitende Tätigkeit aller Gesellschaften wie in Erwägungsgrund 32 der Digitalisierungsrichtlinie vorgesehen ermöglicht. Im Gegensatz zur Online-Gründung soll die regelmäßige Dauer der Online-Eintragung von Zweigniederlassungen einheitlich zehn Arbeitstage ab dem Abschluss aller Formalitäten betragen (Art. 28 a Abs. 6 GesRRL).

Im Rahmen der Identifizierung können im Einklang mit dem Grundsatz der einmaligen Erfassung Informationen und Urkunden in elektronischer Form, einschließlich elektronischer Kopien, die bereits an ein Register übermittelt wurden, verwendet werden (Art. 28 a Abs. 2 GesRRL). Soweit aufgrund gescannter Kopien eine Gefahr für die effektive Betrugsprävention gesehen wird,[1091] kann dem entgegengebracht werden, dass bei Zweifeln über die Identität der

---

1088 Hierzu E. III.

1089 S. C. II.; Erwägungsgrund 32 RL (EU) 2019/1151; *Bormann/Stelmaszczyk*, NZG 2019, 601, 612; *Schurr*, EuZW 2019, 772, 778; *Lieder*, NZG 2018, 1081, 1091; *Knaier*, GmbHR 2018, 560, 569; *Omlor*, DStR 2019, 2544, 2547 f.; *Kindler/Jobst*, DB 2019, 1550, 1554 f.; *Schmidt*, DK 2018, 229, 233; *Bock*, DNotZ 2018, 643, 652.

1090 *Omlor*, DStR 2019, 2544, 2548.

1091 So *Omlor*, DStR 2019, 2544, 2548, der anregt hiervon nur äußerst restriktiv Gebrauch zu machen.

Beteiligten im Einzelfall die Möglichkeit offensteht, deren persönliches Erscheinen anzuordnen. Darüber hinaus ist auch bei Zweigniederlassungen die Nutzung von Vertrauensdiensten nach der eIDAS-VO verpflichtend.

Nach der Eintragung einer Zweigniederlassung unterrichtet der jeweilige Mitgliedstaat über das System der Registervernetzung das Register des Mitgliedstaates, in dem die Gesellschaft eingetragen ist, hiervon (Art. 28 a Abs. 7 GesRRL). Nach Art. 28 a Abs. 5 GesRRL können über das BRIS zudem auch Informationen zur Gesellschaft überprüft werden. Es stellt sich die Frage, ob hiervon auch eine Überprüfung disqualifizierter Geschäftsführer im Sinne von Art. 13 i GesRRL erfasst ist.[1092] Voraussetzung ist, dass für die Zweigniederlassung Personen handeln, die zur Vertretung der Gesellschaft befugt sind. Regelmäßig hat die Zweigniederlassung jedoch keine eigenen gesetzlichen Vertreter, sondern ist als nicht selbstständige juristische Person anzusehen.[1093] Für eine entsprechende Überprüfung besteht somit keine rechtliche Grundlage und wohl auch keine Notwendigkeit.

Daneben bestimmt Art. 30 a GesRRL, dass der Mitgliedstaat, in dem eine Gesellschaft eingetragen ist, dem Mitgliedstaat, in welchem diese Zweigniederlassungen unterhält, über das BRIS unverzüglich über wesentliche Änderungen der Gesellschaft informiert.

2. Online-Einreichung

Des Weiteren entspricht die Online-Einreichung nach Art. 28 b GesRRL zum großen Teil der bereits dargestellten Einreichung von Urkunden und Informationen nach Art. 13 j GesRRL.[1094] Für die Zweigniederlassung muss somit in Zukunft die Möglichkeit bestehen, die in Art. 30 GesRRL bezeichneten Informationen und Urkunden online einzureichen. Ausnahmen hiervon sind wiederum nur im Rahmen des Präsenzvorbehalts möglich. Über den Verweis in Art. 28 b Abs. 2 GesRRL finden die Vorschriften des Art. 28 a Abs. 2 bis 5 GesRRL entsprechende Anwendung. Auch im Rahmen der Online-Einreichung

---

1092 *Schmidt*, DK 2018, 229, 233. Ausführlich zu disqualifizierten Geschäftsführern unter E. II.

1093 *Merkt*, in: Baumbach/Hopt, § 13 Rn. 4. Ausnahmen bestehen demnach in Fällen des § 53 Abs. 2 Nr. 1 Kreditwesengesetz und § 106 Abs. 3 Versicherungsaufsichtsgesetz.

1094 S. D. I.; Erwägungsgrund 32 RL (EU) 2019/1151; *Bormann/Stelmaszczyk*, NZG 2019, 601, 612; *Schurr*, EuZW 2019, 772, 778; *Lieder*, NZG 2018, 1081, 1091; *Knaier*, GmbHR 2018, 560, 569; *Omlor*, DStR 2019, 2544, 2547 f.; *Kindler/Jobst*, DB 2019, 1550, 1554 f.; *Schmidt*, DK 2018, 229, 233; *Bock*, DNotZ 2018, 643, 652.

wird durch eine verbesserte Registervernetzung der im Rahmen des *„once-only“*-Prinzips verfolgten einmaligen Einreichung entsprochen.[1095] Hierdurch wird der europäische Gesetzgeber dem in Erwägungsgrund 32 der Digitalisierungsrichtlinie erklärten Ziel gerecht, den Verwaltungsaufwand zu verringern und Formalitäten möglichst schnell abzuhandeln. Die bereits dargestellten Vorschriften zur Online-Einreichung finden nach dem DiRUG auch Anwendung bei Zweigniederlassungen.[1096]

3. Beteiligung von Notaren

Bereits für den Richtlinienvorschlag wurde vertreten, dass es den Mitgliedstaaten offensteht, die Einbindung eines Notars sowohl für die Online-Eintragung als auch im Zuge der Online-Einreichung von Zweigniederlassungen vorzusehen. Während die Bestimmungen des Richtlinienvorschlags umfangreiche Vorgaben hinsichtlich der Überprüfung der Antragsteller enthält, waren für Zweigniederlassungen kaum Regelungen vorgesehen. Als Folge wurde hieraus eine Regelungsfreiheit dergestalt abgeleitet, dass es den Mitgliedstaaten auch ohne explizite Öffnungsklausel möglich sei, den Notar an dem Online-Verfahren zu beteiligen.[1097]

Diese Ansicht wurde in der Richtlinie bestätigt. Dies ergibt sich aus der klarstellenden Regelung des Art. 28 a Abs. 4 lit. d) GesRRL, wonach die Mitgliedstaaten Vorschriften zu Verfahren für die Einführung der Rolle eines Notars vorsehen können.[1098] Art. 28 b Abs. 2 GesRRL verweist ebenfalls hierauf. Somit sind sowohl die Online-Eintragung als auch die Online-Einreichung der Kontrolle des Notars unterworfen. Hinsichtlich der inhaltlichen Ausgestaltung und Umsetzung der europarechtlichen Vorgaben kann auf die bereits dargestellten Verfahren der Online-Gründung und Online-Einreichung von Informationen und Urkunden der Gesellschaft verwiesen werden.[1099]

1095 *Schmidt*, DK 2018, 229, 233; *Omlor*, DStR 2019, 2544, 2548. So können die Mitgliedstaaten etwa nach Art. 31 Abs. 2 GesRRL festlegen, dass die Offenlegung von Rechnungsunterlagen als erfüllt gilt, wenn eine Eintragung im Register der Gesellschaft erfolgt ist.

1096 D. I. 7; *Linke*, NZG 2021, 309, 312.

1097 *Schmidt*, DK 2018, 229, 233 f.; *Lieder*, NZG 2018, 1081, 1091.

1098 *Bormann/Stelmaszczyk*, NZG 2019, 601, 612; *Kindler/Jobst*, DB 2019, 1550, 1555.

1099 S. C. II. 4; D. I. 5.

4. Umsetzung im DiRUG

Die Eintragung von Zweigniederlassungen und die Einreichung von Urkunden und Informationen im Online-Verfahren ist in Zukunft aufgrund von § 12 Abs. 1 S. 2 HBG nF möglich. Die Vorschriften der §§ 16 a bis e, 40 a BeurkG nF gelten entsprechend für Zweigniederlassungen.[1100]

a) Unterrichtung über das BRIS

Darüber hinaus wird im Einklang mit der Digitalisierungsrichtlinie die gegenseitige Unterrichtung der Mitgliedstaaten über das BRIS verbessert. Ausgangspunkt hierfür ist der neu eingeführte § 13 a HGB nF. Als Ergänzung zu § 13 Abs. 6 HGB, wonach Informationen ausländischer Gesellschaften an das zuständige Register inländischer Zweigniederlassungen weitergeleitet werden müssen, werden zukünftig nach § 13 a Abs. 2 HGB nF auch Daten von ausländischen Zweigniederlassungen an das im Inland zuständige Registergericht weitergeleitet. Das jeweils zuständige Registergericht hat den Eingang der Daten über das BRIS zu bestätigen.[1101]

Für Unverständnis sorgen jedoch die unterschiedlichen Vorschriften zur Eintragung der erhaltenen Daten bei inländischen und ausländischen Zweigniederlassungen. Wenn aufgrund einer inländischen Zweigniederlassung Daten von ausländischen Gesellschaften empfangen werden, wird der Empfang zunächst bestätigt. Hierauf folgt in einem zweiten Schritt eine Aufforderung an die Gesellschaft zur unverzüglichen Anmeldung der geänderten Tatsachen. Im umgekehrten Fall hingegen wird eine unverzügliche Eintragung unmittelbar durch das zuständige Registergericht vorgenommen. Die bloße Aufforderung der Gesellschaft, geänderte Tatsachen anzumelden, wird mit dem Wortlaut von Art. 30 a Abs. 2 GesRRL begründet. Demnach wird lediglich eine Aktualisierung verlangt. Eine direkte Übernahme der übermittelten Daten ist hingegen nicht vorgesehen.[1102]

Es ist zu bezweifeln, dass die geplante Umsetzung in § 13 e Abs. 7 HGB nF mit der Richtlinie in Einklang steht. Zum einen ist eine Vergleichbarkeit der beiden Sachverhalte gegeben. Es sind insbesondere keine Gründe ersichtlich, weshalb die Informationsmitteilung bezüglich inländischer und ausländischer

---

1100 DiRUG-RegE, S. 108; *Schmidt*, ZIP 2021, 112, 121; *Knaier*, GmbHR 2021, 169, 182.

1101 DiRUG-RegE S. 110; *Schmidt*, ZIP 2021, 112, 122; *Linke*, NZG 2021, 309, 315; *Knaier*, GmbH 2021, 169, 182.

1102 DiRUG-RegE, S. 112.

Gesellschaften unterschiedlich behandelt werden sollte. Eine unterschiedliche Behandlung erscheint auch unter Berücksichtigung des *effet utile* nicht gerechtfertigt. Insofern kann unter einer Aktualisierung in diesem Zusammenhang nicht bloß eine Aufforderung verstanden werden.[1103] Darüber hinaus soll nach Erwägungsgrund 32 der Digitalisierungsrichtlinie der Verwaltungsaufwand und die Zeitspanne für Formalitäten bei Zweigniederlassungen reduziert werden. Dieses Ziel wird nicht erreicht, wenn durch eine separate Aufforderung ein unnötiger Zwischenschritt eingeführt wird. Somit sollte eine Anpassung im Rahmen des Gesetzgebungsverfahrens dahingehend erfolgen, dass in beiden Fällen auf die Bestätigung eine unverzügliche Eintragung erfolgt.

b) *Ausschluss der Publizitätswirkungen für ausländische Zweigniederlassungen*

Neu hinzugekommen ist ebenfalls die Regelung des § 15 Abs. 5 HGB nF.[1104] Demnach finden die Regelungen zur Publizität des Handelsregisters nach § 15 Abs. 1 bis 3 HGB keine Anwendung auf Informationen über ausländische Zweigniederlassungen einer inländischen Kapitalgesellschaft. Teilweise wird eingewendet, dass dies gegen Unionsrecht verstoße. Nach Art. 29 Abs. 1 GesRRL sind Urkunden und Angaben von Zweigniederlassungen im Einklang mit Art. 16 GesRRL offenzulegen. Hieraus folge, dass die Publizitätswirkungen auch auf ausländische Zweigniederlassungen Anwendung finden müssen. Darüber hinaus würden Informationen, die über das BRIS eingehen, bereits im jeweiligen Mitgliedstaat geprüft werden. Diesen Informationen die Wirkungen des § 15 HGB zu versagen, würde gegen Art. 4 Abs. 3 EUV und Art. 18 Abs. 1 AEUV verstoßen.[1105]

Dem kann jedoch entgegengebracht werden, dass die Regelung des Art. 16 Abs. 5 GesRRL nicht von Art. 29 GesRRL erfasst wird.[1106] Art. 29 GesRRL bezieht sich ausschließlich auf die Offenlegung und knüpft für Zweigniederlassungen nicht an die damit verbundenen Wirkungen an. Dies wird deutlich im Hinblick auf Erwägungsgrund 29 RL (EU) 2017/1132, wonach zur Regelung der Offenlegung von dem Verfahren für Kapitalgesellschaften Gebrauch gemacht

---

1103 S. *Schmidt*, ZIP 2021, 112, 122; so wohl auch *Knaier*, GmbHR 2021, 169, 182, der eine Verkomplizierung annimmt.

1104 Ablehnend aufgrund eines möglichen Verstoßes gegen Unionsrecht *Linke*, NZG 2021, 309, 315.

1105 *Linke*, NZG 2021, 309, 315.

1106 DiRUG-RegE, S. 114.

werden soll. Dies ist so zu verstehen, dass allein der technische Vorgang entsprechend angewendet werden soll. Darüber hinaus kann der Ansicht, wonach es für die Publizitätswirkungen ausreiche, wenn eine ausländische Stelle die über das BRIS eingereichten Informationen prüfe, nicht gefolgt werden. Das Vertrauen des Handelsregisters beruht auf der umfassenden Kontrolle im Vorfeld.[1107] Diese Kontrollmöglichkeit besteht nicht, wenn keine Anmeldung bei einem deutschen Registergericht erfolgt, sondern lediglich Informationen über das BRIS übermittelt werden. Eine Prüfung, die die Konformität mit nationalem Recht zum Gegenstand hat, kann mangels Kenntnis der jeweiligen Normen von ausländischen Stellen nicht erwartet werden. Wie bereits bei der Frage der Zulässigkeit der Beurkundung von gesellschaftsrechtlichen Vorgängen dargelegt,[1108] ist die Beteiligung von hierfür zuständigen Stellen in Deutschland entscheidend, um die materielle Richtigkeitsgewähr sicherzustellen. Insofern würde von der bewährten doppelten Prüfung durch Notar und Registergericht abgewichen. Hierzu besteht jedoch kein Anlass. § 15 Abs. 5 HGB nF sollte somit beibehalten werden.

c) Versicherung über Bestellungshindernisse

Zudem soll nach § 13 e Abs. 3 S. 2, § 13 f Abs. 2 S. 3, Abs. 5 S. 2, § 13 g Abs. 3 S. 3, Abs. 5 S. 3 HGB nF nicht länger von organschaftlichen Vertretern ausländischer Kapitalgesellschaften eine Versicherung über Bestellungshindernisse eingeholt werden.[1109] Dieser Schritt erscheint vor dem Hintergrund eines Vorabentscheidungsgesuches des Bundesgerichtshofs an den Europäischen Gerichtshof nachvollziehbar. Gegenstand der Vorlagefrage ist, ob die Abgabe einer Versicherung über das Nichtvorliegen von Bestellungshindernissen mit Art. 30 der RL (EU) 2017/1132 beziehungsweise Art. 49, 54 AEUV in Einklang steht.[1110] Auch wenn teilweise von einer Vereinbarkeit der deutschen Regelung mit europäischen

1107 Vgl. etwa zur Eintragung einer GmbH C. I. 1. In diese Richtung auch DiRUG-RegE, S. 114; so auch *Omlor/Blöcher*, DStR 2021, 2352, 2355.

1108 S. C. I. g) bb).

1109 DiRUG-RegE, S. 111; *Schmidt*, ZIP 2021, 112 122; *Linke*, NZG 2021, 309, 315; *Stelmaszczyk/Kienzle*, ZIP 2021, 765, 776.

1110 *Schmidt*, ZIP 2021, 112, 122; Rechtssache C-469/19: Vorabentscheidungsersuchen des Bundesgerichtshofs (Deutschland) eingereicht am 19. Juni 2019 – All in One Star Ltd, BeckEuRS 2019, 608357.

Vorschriften ausgegangen wird,[1111] ist noch nicht abzusehen, wie der Europäische Gerichtshof entscheiden wird. Insofern ist aufgrund der bestehenden Ungewissheit die Erwägung des deutschen Gesetzgebers verständlich. Allerdings geht der Gesetzentwurf davon aus, dass die Bestellung disqualifizierter Personen durch den grenzüberschreitenden Informationsaustausch verhindert werden kann.[1112] Hierbei wird jedoch übersehen, dass Informationen über bestehende Disqualifikationen nicht verpflichtend abzurufen sind.[1113] Die Ausnahme organschaftlicher Vertreter ausländischer Kapitalgesellschaft von den Regelungen über Bestellungshindernisse stellt keine zufriedenstellende Lösung dar. In einem ersten Schritt kann sie beibehalten werden. Im Zuge einer nachträglichen Bewertung der Umsetzung sollte jedoch abhängig von dem ausstehenden Vorabentscheidungsverfahren zu der ursprünglichen Regelung zurückgekehrt werden.

V. Bewertung

Die Regelungen der Gesellschaftsrechtsrichtlinie bieten Gesellschaften nicht nur im Rahmen ihrer Gründung, sondern auch darüber hinaus für den gesamten Lebenszyklus digitale Lösungen für Gesellschafter an.[1114] So ist künftig der rein technische Vorgang der Online-Einreichung von Urkunden und Informationen möglich. Für den zugrundeliegenden materiell-rechtlichen Vorgang bleibt es bei den bisherigen gesetzlichen Vorgaben, die bereits jetzt in einem hohen Maß den Einsatz digitaler Elemente ermöglichen.

Ein verbesserter Informationsaustausch durch mehr kostenlos abrufbare Informationen stellt zudem die Vertrauenswürdigkeit von Gesellschaften sicher. Hierbei sind jedoch die Einschränkungen bei einem Abruf im BRIS zu berücksichtigen. Zum einen besteht eine Abhängigkeit von den nationalen Registern. Da das BRIS kein eigenständiges Register ist, können Informationen nur soweit eingeholt werden, als sie auf nationaler Ebene veröffentlicht werden. Darüber hinaus bestehen weiterhin Sprachbarrieren. Das BRIS kann somit lediglich einen ersten Anlaufpunkt bei der Einholung von Informationen darstellen. Gleichwohl ist der zu beobachtende schrittweise Ausbau erfreulich. Indem künftig der Abruf von Eintragungen im Handelsregister kostenlos sein wird, geht

---

1111 *Schmidt*, ZIP 2021, 112, 122 m.w.N.; *Stelmaszczyk*, EuZW 2019, 819, 826. Der Bundesrat geht in BR-Drs. 144/21 (Beschluss), S. 4 wohl auch von einer Zulässigkeit der bisherigen Regelungen aus.

1112 DiRUG-RegE, S. 112; *Stelmaszczyk/Kienzle*, ZIP 2021, 765, 776.

1113 S. E. II. 3. b); *Schmidt*, ZIP 2021, 112, 122; *Stelmaszczyk/Kienzle*, ZIP 2021, 765, 776.

1114 Vgl. Erwägungsgrund 26 RL (EU) 2019/1151.

der deutsche Gesetzgeber über die europäischen Vorgaben hinaus und sorgt für einen umfassenderen Informationsaustausch.

Die Neugestaltung der Registerpublizität ist bereits seit langem überfällig. Das alleinige Abstellen auf die Eintragung ist jedoch mit Blick auf die Bestimmungen zur positiven Publizität problematisch. Mit Hilfe der vorgeschlagenen Formulierung sollte an der bestehenden Publizitätswirkung festgehalten werden. Auch das DiRUG hält an der positiven Publizität fest. In diesem Zusammenhang erfährt allerdings die Bekanntmachung eine neue Bedeutung.

Teilweise werden die Vorstöße als nicht weitgehend genug bemängelt. So seien nachfolgende Schritte, beispielsweise die Übertragung von Geschäftsanteilen, nicht in der Richtlinie aufgegriffen worden. Hier wäre ein proaktives Tätigwerden des Gesetzgebers wünschenswert gewesen, um ein servicefreundlicheres Notariat zu erschaffen.[1115] Dem ist allerdings zu entgegnen, dass bei gesellschaftsrechtlichen Vorgängen, die über die Gründung hinausgehen, weitergehende Anforderungen im Rahmen der Beurkundungsverhandlung zu erfüllen sind. Dies zeige sich etwa bei der Ermittlung des zugrundeliegenden Sachverhalts, der sich im Laufe der Zeit immer komplexer gestalte. Zudem könnten widerstreitende Interessen von Beteiligten auftreten, während im Rahmen der Gründung noch ein Interessengleichlauf bestehe.[1116] Auch unter Berücksichtigung des Entstehungsprozesses der Richtlinie sollte vermieden werden, den zweiten Schritt vor dem ersten zu machen.[1117] Mit Blick auf die Entwicklungsgeschichte hin zur Digitalisierungsrichtlinie ist eine Richtlinie, die sich lediglich auf Grundlagen beschränkt und einen ersten Vorstoß zur Erprobung digitaler Elemente liefert, einer umfassenderen Regelung vorzuziehen. Zudem bietet es sich aufgrund der zwingenden notariellen Form des § 15 Abs. 3 GmbHG an den Erfolg der digitalen Beteiligung des Notars im Rahmen der Online-Gründung abzuwarten. Ein erleichterter Handel mit Geschäftsanteilen ist darüber hinaus nicht essenziell, um KMU die grundsätzliche Teilnahme am Binnenmarkt zu erleichtern.[1118] Eine solche Erleichterung stellt jedoch den wesentlichen Ausgangspunkt dar, der für die Verabschiedung der Richtlinie ausschlaggebend war.[1119]

Des Weiteren können künftig auch Zweigniederlassungen online eingetragen werden. Urkunden und Informationen von Zweigniederlassungen können

1115 *Kalss/Nicolussi*, EuZW 2020, 41, 42; nun auch *Schmidt*, ZIP 2021, 112, 117.
1116 BR-Drs. 611/19, S. 15 f.
1117 S. B. IV.
1118 Vgl. Erwägungsgrund 2 RL (EU) 2019/1151.
1119 S. A. I.

online eingereicht werden. In beiden Fällen ist die Mitwirkung eines Notars möglich und geboten.

Insgesamt handelt es sich bei den Regelungen zum Lebenszyklus von Gesellschaften um hilfreiche Neuerungen. Bei Betrachtung der Regelungen wird deutlich, dass der europäische Gesetzgeber bemüht ist, den Grundsatz der einmaligen Erfassung vollumfänglich umzusetzen. Die Neuerungen führen jeweils für sich nicht zu einer grundlegenden Neuausrichtung, doch stellen sie in ihrer Gesamtheit einen nützlichen Beitrag zur Digitalisierung im Gesellschaftsrecht dar.

E. Betrugsvorkehrungen und Mindeststandards

Die bisherigen Betrachtungen haben gezeigt, dass der europäische Gesetzgeber den Sicherheitsaspekt bei der Einführung von Online-Vorgängen im Blick hatte. Betrugsvorkehrungen sind ein zentrales Element, das die gesamte Richtlinie durchzieht.[1120] So dienen etwa die mögliche Beteiligung des Notars, aber auch die rechtssichere Identifizierung der Beteiligten oder ein umfassender Informationsaustausch dazu, die Hürden für betrügerisches oder anderweitig missbräuchliches Verhalten allgemein höher zu gestalten. Neben den an der Gesellschaft Beteiligten profitiert hiervon stets zu einem gewissen Maß auch der Rechtsverkehr.

Um einen noch weitergehenden Schutz für den Rechtsverkehr zu gewährleisten, geht die Richtlinie jedoch auch über bereits bekannte Facetten hinaus. Mit der Digitalisierungsrichtlinie werden erstmals Regelungen zu disqualifizierten Geschäftsführern eingeführt. Auch soll in Ausnahmefällen das persönliche Erscheinen des jeweiligen Antragstellers angeordnet werden können. Hierdurch werden lediglich mittelbar die an der Gesellschaft beteiligten Personen geschützt. Vornehmlich haben diese Maßnahmen zum Ziel, den Schutz derjenigen Personen sicherzustellen, die direkt mit den jeweiligen Gesellschaften interagieren.[1121]

Nachfolgend soll kurz untersucht werden, welche Vorkehrungen der europäische Gesetzgeber bereits getroffen hat, um Betrugsfälle im Wirtschaftsverkehr zu vermeiden. Im Anschluss werden die neuen, im Rahmen des Online-Verfahrens notwendigen, Betrugsvorkehrungen besprochen. In diesem Zusammenhang kann von den bisherigen Aktionen der Europäischen Union profitiert werden.

I. Betrugsvorkehrungen im europäischen Wirtschaftsverkehr

Unabhängig von den in der Digitalisierungsrichtlinie enthaltenen Regelungen bestehen bereits Betrugsvorkehrungen, die in Mitgliedstaaten der Europäischen Union umgesetzt wurden. So wurde etwa das Geldwäschegesetz (GwG) als Folge

1120 Vgl. Erwägungsgrund 3 RL (EU) 2019/1151.
1121 So Erwägungsgrund 23 RL (EU) 2019/1151.

der Vierten EU-Geldwäscherichtlinie neu gefasst.[1122] Hiernach ist ein Register zur Erfassung und Zugänglichmachung von Angaben über den wirtschaftlich Berechtigten einzurichten (vgl. § 18 Abs. 1 GwG). Es handelt sich dabei um das Transparenzregister. Juristische Personen des Privatrechts wie auch eingetragene Personengesellschaften haben Angaben zum jeweils wirtschaftlich Berechtigten einzuholen und zur Eintragung in das Transparenzregister mitzuteilen (§ 20 Abs. 1 S. 1 GwG).[1123] Notare können, soweit dies im Rahmen der ihnen obliegenden Pflichten notwendig ist, Einsicht in das Transparenzregister nehmen.[1124]

Daneben sind im Rahmen der Erbringung der für die Gründung notwendigen Leistungen die Bestimmungen der reformierten Transparenzrichtlinie zu beachten.[1125] Die für die Gründung erforderlichen Leistungen müssen über einen Online-Zahlungsdienst abgewickelt werden können.[1126] Hierbei gelten jedoch vor allem für Gründer aus dem europäischen Ausland zur Vermeidung von Geldwäsche strenge Auflagen, die etwa die Eröffnung eines Bankkontos verhindern können.[1127]

Diese beispielhafte Aufzählung einzelner Betrugsvorkehrungen verdeutlicht, dass die Vorschriften der Digitalisierungsrichtlinie keineswegs für sich stehen, sondern sich in das bereits bestehende Regelungssystem einfügen können.

II. Disqualifizierte „Geschäftsführer"

Um den Schutz derjenigen Personen, die Geschäftsbeziehungen zu einer Gesellschaft unterhalten, zu gewährleisten, sorgen die Mitgliedstaaten dafür, dass Vorschriften bestehen, aufgrund derer „Geschäftsführer" disqualifiziert werden können. Zudem muss es nach diesen Vorschriften möglich sein, Disqualifikationen in anderen Mitgliedstaaten zu berücksichtigen, beziehungsweise Informationen vorzuhalten, die für eine Disqualifikation in einem anderen Mitgliedstaat relevant sind (vgl. Art. 13 i Abs. 1 GesRRL). Dies gilt nach Art. 13 i

1122 Gesetz zur Umsetzung der Vierten EU-Geldwäscherichtlinie, zur Ausführung der EU-Geldtransferverordnung und zur Neuorganisation der Zentralstelle für Finanztransaktionsuntersuchungen vom 23. Juni 2017, BGBl. I 2017, 1822; *Elsing*, notar 2018, 71.

1123 *Elsing*, notar 2018, 71, 72.

1124 *Elsing*, notar 2018, 71, 74.

1125 *Heckschen*, NotBZ 2020, 241, 243.

1126 Vgl. C. II. 7. a).

1127 *Heckschen*, NotBZ 2020, 241, 243.

Abs. 6 GesRRL sowohl im Rahmen einer erstmaligen Bestellung als auch bei der Bestellung eines neuen Geschäftsführers.

Darüber hinaus ist die Disqualifikation des „Geschäftsführers“ unabhängig vom gewählten Beurkundungsverfahren von Bedeutung. Anders als Art. 13 h des Richtlinienvorschlags enthält Art. 13 i GesRRL keinen Verweis auf die Online-Gründung.[1128] Zudem geht aus Erwägungsgrund 23 der Digitalisierungsrichtlinie hervor, dass ein effektiver Schutz vor betrügerischem oder anderweitig missbräuchlichem Verhalten erfolgen soll.[1129] Dies ist jedoch nur bei einer umfassenden Kontrolle der Gesellschaftsorgane sowohl bei Präsenz- wie auch bei Online-Gründungen möglich.

1. Anforderungen an die Gesellschaftsorgane *de lege lata*

Vor diesem europarechtlichen Hintergrund sind zunächst die nach deutschem Recht bestehenden Voraussetzungen an „Geschäftsführer“ zu untersuchen, bevor in einem nächsten Schritt die erforderlichen Anpassungen erörtert werden können.

a) GmbH

Die für den Geschäftsführer einer GmbH geltenden persönlichen Mindestanforderungen sind in § 6 Abs. 2 GmbHG festgelegt. Neben der Voraussetzung, dass nur natürliche, unbeschränkt geschäftsfähige Personen Geschäftsführer sein können, sind die in § 6 Abs. 2 S. 2 GmbHG aufgelisteten Ausschlussgründe (sog. Inhabilitätsgründe) für eine Bestellung entscheidend.[1130] Demnach kann jemand nicht Geschäftsführer sein, wenn er als Betreuter ganz oder teilweise einem Einwilligungsvorbehalt nach § 1903 BGB oder einem Berufs- oder Gewerbeverbot unterliegt. Dasselbe gilt bei der Verurteilung wegen einer im Katalog des § 6 Abs. 2 S. 2 Nr. 3 GmbHG aufgezählten Straftat. Dies gilt grundsätzlich auch für Zweigniederlassungen im Ausland.[1131] Eine Bestellung, die hiergegen verstößt, ist nichtig.[1132]

1128 Vgl. noch zum Richtlinienvorschlag *Wachter*, GmbH-StB 2018, 214, 225.

1129 Im Ergebnis auch *Wachter*, GmbH-StB 2018, 214, 225.

1130 *Drygala/Staake/Szalai*, KapG, § 11 Rn. 13; *Knaier*, ZNotP 2017, 409, 414; *Schulte*, NZG 2019, 646.

1131 Vgl. § 13 g Abs. 2 S. 2, Abs. 5 GmbHG. Bezüglich eines späteren Wechsels gilt dies nur, soweit nicht das ausländische Recht Abweichungen nötig macht.

1132 BT-Drs. 8/1347, S. 31 f.; *Altmeppen*, in: Altmeppen, § 6 Rn. 25; *Goette*, in: MüKo-GmbHG § 6, Rn. 43; OLG *Naumburg*, ZIP 2000, 622.

Sowohl im Fall der Bestellung im Rahmen der Gründung, als auch bei einer späteren Änderung der Person des Geschäftsführers ist in der Anmeldung zum Handelsregister jeweils eine Versicherung der Geschäftsführer abzugeben, wonach keine Umstände vorliegen, die ihrer Bestellung entgegenstehen und sie über ihre Auskunftspflicht belehrt wurden (vgl. § 8 Abs. 3 S. 1 GmbHG).[1133] Dem Geschäftsführer steht es frei, die jeweiligen Bestellungshindernisse einzeln aufzuführen und deren Fehlen zu attestieren oder eine pauschale Formulierung abzugeben.[1134] Die Versicherung des Geschäftsführers verfolgt lediglich den Zweck, zusätzliche Nachforschungen des Registergerichts zu vermeiden. Die Vollständigkeit und Richtigkeit der Versicherung wird über die Strafandrohung des § 82 Abs. 1 Nr. 5 GmbHG und die Belehrungen des Geschäftsführers gewährleistet.[1135]

Zudem kann nach § 6 Abs. 2 S. 3 GmbHG nicht Geschäftsführer sein, wer im Ausland wegen einer Tat verurteilt wurde, die mit einer der in Satz 2 Nr. 3 genannten Taten vergleichbar ist. Zur Feststellung der Vergleichbarkeit ist eine umfassende Abwägung erforderlich.[1136] Die Unbestimmtheit der Norm ist der Tatsache geschuldet, dass eine Auflistung sämtlicher in Betracht kommender ausländischer Straftaten schlicht nicht praktikabel ist.[1137] Um einen Verstoß gegen Art. 12 Abs. 1 GG zu vermeiden, ist § 6 Abs. 2 S. 3 GmbHG verfassungskonform

---

1133 Für den Fall der Änderung eines Geschäftsführers verweist § 39 Abs. 3 GmbHG ebenso wie § 8 Abs. 3 S. 1 GmbHG auf § 6 Abs. 2 S. 2 Nr. 2 und 3 sowie S. 3 GmbHG.

1134 Eine Versicherung, wonach der Geschäftsführer „noch nie, weder im Inland noch im Ausland, wegen einer Straftat verurteilt worden" sei, ist ausreichend, s. BGH, DNotZ 2010, 930. Zudem genügt eine Erklärung, wonach „keinerlei Beruf, Berufszweig, Gewerbe oder Gewerbezweig" untersagt ist, s. *Tebben*, in: Michalski/Heidinger/Leible/J. Schmidt, § 8 Rn. 44.

1135 BGH, DNotZ 2010, 930, 931; *Servatius*, in: Baumbach/Hueck, § 8 Rn. 16 a; *Tebben*, in: Michalski/Heidinger/Leible/J. Schmidt, § 8 Rn. 43; *Altmeppen*, in: Altmeppen, § 8 Rn. 17; *Schulte*, NZG 2019, 646, 647; OLG Schleswig, NZG 2015, 232, 234; a.A. BayObLG, BeckRS 1983, 30927198.

1136 *Beurskens*, in: Baumbach/Hueck, § 6 Rn. 22; *Stöhr*, EuZW 2020, 654, 655.

1137 *Schulte*, NZG 2019, 646, 648; *Stöhr*, EuZW 2020, 654, 655. Aufgrund der Unbestimmtheit des § 6 Abs. 2 S. 3 GmbHG, der letztlich über § 82 Abs. 1 Nr. 5 GmbHG eine mögliche Strafbarkeit begründet, könnte ein Verstoß gegen den in Art. 103 Abs. 2 GG Bestimmtheitsgrundsatz vorliegen. Demnach kann eine Tat nur bestraft werden, wenn die Strafbarkeit gesetzlich bestimmt war, bevor die Tat begangen wurde. Das Abstellen auf vergleichbare Taten dürfte sich jedoch noch an der Grenze dessen bewegen, was zulässig ist, vgl. *Schulze-Fielitz*, in: Dreier, Art. 103 Abs. 2 Rn. 40.

dahingehend auszulegen, dass die Verurteilung im Ausland im Rahmen eines rechtsstaatlichen Strafprozesses ergangen sein muss.[1138]

Teilweise wird unter Verweis auf § 82 Abs. 1 Nr. 5 GmbHG angenommen, dass stets der Geschäftsführer das Risiko für verbleibende Rechtsunsicherheiten trägt.[1139] In diesem Zusammenhang ist jedoch zu berücksichtigen, dass, soweit dem Geschäftsführer zum Zeitpunkt des Zugangs der Versicherung beim Registergericht die Einsicht fehlte, Unrecht zu tun, er ohne Schuld handelt, sofern der Irrtum unvermeidbar war (§ 17 StGB).[1140] Dies wäre der Fall, wenn der Geschäftsführer vorab ein umfassendes Gutachten einer sachkundigen Person einholt, das eine Vergleichbarkeit ablehnt.[1141] Das Risiko einer unklaren Rechtslage darf „nicht einseitig dem Normadressaten aufgebürdet werden“.[1142] Entscheidend ist somit, welche Bemühungen der Geschäftsführer im Vorfeld zur Aufklärung unternommen hat, sodass die Risikoverteilung regelmäßig einer Einzelfallabwägung bedarf.

b) AG

Für die Vorstandsmitglieder gelten die in § 76 Abs. 3 AktG festgelegten Bestellungshindernisse. Wie auch bei der GmbH ist eine Versicherung mit dem Inhalt abzugeben, dass keine Umstände vorliegen, die einer Bestellung entgegenstehen (vgl. § 37 Abs. 2 S. 1 AktG).[1143] Aufgrund der § 6 Abs. 2 GmbHG entsprechenden Vorschrift kann auf die obigen Ausführungen verwiesen werden.[1144]

c) KGaA

In der KGaA ist grundsätzlich jeder Komplementär für sich zur Vertretung der Gesellschaft berechtigt (vgl. § 278 Abs. 2 AktG).[1145] Soweit eine GmbH als

---

1138 *Altmeppen*, in: Altmeppen, § 6 Rn. 22; *Schulte*, NZG 2019, 646, 648; *Stöhr*, EuZW 2020, 654, 655.

1139 *Schulte*, NZG 2019, 646, 648; *Stöhr*, EuZW 2020, 654, 655.

1140 Zur Frage, welcher Zeitpunkt für die strafrechtliche Beurteilung der Versicherung relevant ist, *Knaier*, ZNotP 2017, 409, 413 m.w.N.

1141 Vgl. *Sternberg-Lieben/Schuster*, in: Schönke/Schröder, § 17 Rn. 18.

1142 BGH, NJW 2007, 3078, 3079. Für eine Interpretation des § 17 StGB, die zu sachgerechten Ergebnissen führt, s. auch *Joecks/Kulhanek*, in: MüKo-StGB, § 17 Rn. 4a.

1143 Für den Fall der Änderung eines Vorstandsmitglieds verweist § 81 Abs. 3 AktG ebenso wie § 37 Abs. 2 S. 1 AktG auf § 76 Abs. 3 S. 2 Nr. 2 und 3 sowie S. 3 AktG.

1144 So auch *Stöhr*, EuZW 2020, 654.

1145 *Koch*, in: Hüffer/Koch, § 278 Rn. 14; *Perlitt*, in: MüKo-AktG, § 278 Rn. 24; *Drygala/Staake/Szalai*, KapG, § 27 Rn. 3.

Komplementärin auftritt, gilt das oben Gesagte.[1146] Welche Anforderungen an natürliche Personen zu stellen sind, die zur Geschäftsführung und Vertretung der Gesellschaft berechtigt sind, bestimmt sich danach, ob hinsichtlich der Stellung der Komplementäre gegenüber Dritten das Recht der KG oder das AktG zur Anwendung kommt.

Teilweise wird angenommen, dass die Bestellungshindernisse aus § 76 Abs. 3 AktG auch für die Komplementäre einer KGaA gelten.[1147] Hierfür spricht, dass § 283 AktG eine Gleichstellung mit dem Vorstand einer AG vorschreibt. Die katalogartige Aufzählung dürfe nicht zu eng verstanden werden. Insbesondere sei es aus Verkehrsschutzgründen geboten, bei Kapitalgesellschaften insgesamt Regelungen vorzusehen, um eine hinreichende Qualifikation von Gesellschaftsorganen zu gewährleisten.[1148]

Eine entsprechende Verweisung auf § 76 Abs. 3 AktG kann aus § 283 AktG jedoch nicht entnommen werden. Zwar gelten für die KGaA nach § 283 Nr. 1 AktG die Vorschriften über Anmeldungen, Einreichungen und Erklärungen zum Handelsregister, mithin also auch § 37 Abs. 2 S. 1 AktG.[1149] Diese finden ausdrücklich des Gesetzeswortlauts allerdings nur sinngemäß Anwendung. Für die Rechtsverhältnisse der Komplementäre gelten nach § 278 Abs. 2 AktG allein die Vorschriften des Handelsgesetzbuches. Eine Versicherung der Komplementäre über etwaige Bestellungshindernisse entspricht nicht dem gesetzlichen Leitbild der KG und findet somit auch keine Anwendung bei der KGaA.[1150] Bloße rechtspolitische Überlegungen können ein hiervon abweichendes Ergebnis nicht rechtfertigen.[1151] Für natürliche Personen, die als Komplementäre zur Vertretung der KGaA bestellt werden, gelten somit keine Bestellungshindernisse.

2. Bisherige Vorschläge zur Einführung des *disqualified director*

Gerade Online-Gründungen mit grenzüberschreitendem Bezug bieten ein erhebliches Missbrauchspotential im Hinblick auf wirtschaftliche Tätigkeiten.

1146 Zur Möglichkeit, eine GmbH als Komplementärin einzusetzen, BGH, NJW 1997, 1923 ff.

1147 Hierzu *Servatius*, in: Grigoleit, § 283 Rn. 3; *Mertens/Cahn*, in: KK-AktG, § 278 Rn. 16.

1148 Hierzu *Servatius*, in: Grigoleit, § 283 Rn. 3; *Mertens/Cahn*, in: KK-AktG, § 278 Rn. 16.

1149 *Koch*, in: Hüffer/Koch, § 283 Rn. 2.

1150 *Perlitt*, in: MüKo-AktG, § 278 Rn. 24 f.; *Bachmann*, in: Spindler/Stilz, § 278 Rn. 40 f.; *Philbert*, Die Kommanditgesellschaft auf Aktien zwischen Personengesellschaftsrecht und Aktienrecht, S. 143.

1151 *Bachmann*, in: Spindler/Stilz, § 278 Rn. 40 f.

Bereits im Fall des in Estland praktizierten Online-Gründungsverfahrens sind vermehrt Fälle bekannt geworden, in denen Tätigkeitsverbote finnischer Staatsangehöriger durch eine Gesellschaftsgründung im Ausland umgangen wurden.[1152] Inländische Bestellungshindernisse verlieren bei zunehmender Digitalisierung und Internationalisierung ohne eine einheitliche europäische Regelungsgrundlage an Bedeutung.

Vor diesem Hintergrund überrascht es nicht, dass die Thematik des disqualifizierten Geschäftsführers bereits seit dem Jahr 2003 auf der Agenda des EU-Gesetzgebers steht. Eine Harmonisierung sämtlicher Ausschlussgründe wurde jedoch bereits in einem frühen Stadium der Diskussion abgelehnt. Der Schutz des Rechtsverkehrs soll vielmehr durch ein erhöhtes Maß an Transparenz und Informationsaustausch erreicht werden.[1153]

3. Bestimmung zu disqualifizierten Geschäftsführern

In Anbetracht dieser Entwicklung sind die Mitgliedstaaten nunmehr nach Art. 13 i Abs. 1 S. 1 GesRRL dazu verpflichtet, für das Bestehen von Vorschriften zu sorgen, aufgrund derer Geschäftsführer disqualifiziert werden können. Für den Begriff der Disqualifikation sieht die Richtlinie keine Legaldefinition vor. Unter Berücksichtigung von Erwägungsgrund 23 ist jedoch unter einer Disqualifikation die Ablehnung von Personen als Geschäftsführer zu verstehen, wenn in ihrer Person Ausschlussgründe vorliegen, die die Amtsunfähigkeit oder Inhabilität zur Folge haben.[1154] Die den Ausschluss begründenden Umstände müssen sich zumindest im Hoheitsgebiet des Staates, in dessen Register die Eintragung erfolgen soll, ereignet haben. Daneben können auch Informationen aus anderen Mitgliedstaaten berücksichtigt werden. Alternativ können die Mitgliedstaaten eine Erklärung der betroffenen Personen über ihnen bekannte Umstände, die zu einer Disqualifikation führen könnten, verlangen.

1152 *Kindler/Jobst*, DB 2019, 1550, 1552; *Bormann*, ZGR 2017, 621, 644 f.; *Wachter*, GmbH-StB 2018, 214, 225; *Stöhr*, EuZW 2020, 654; *Bock*, DNotZ 2018, 643, 655; *Bayer/Schmidt*, BB 2019, 1922, 1924 zu den Umgehungsmöglichkeiten.

1153 *Schmidt*, DK 2018, 229, 231; Erwägungsgrund 23 RL (EU) 2019/1151.

1154 Vgl. *Stöhr*, in: EuZW 2020, 654, 656 zur Unbestimmtheit des Begriffs der Disqualifikation.

a) *Geschäftsführer im Sinne von Art. 13 i GesRRL*

Als Geschäftsführer im Sinne von Art. 13 i GesRRL gelten mindestens die in Art. 14 lit) d Ziff. i GesRRL aufgeführten Personen (vgl. Art. 13 i Abs. 1 S. 3 GesRRL). Hiervon umfasst sind Gesellschaftsorgane oder Mitglieder eines Organs, die befugt sind, die Gesellschaft gerichtlich und außergerichtlich zu vertreten. Art. 14 lit. d) GesRRL bezieht sich nur auf die gesetzlich vorgeschriebenen Organe.[1155]

Aufgrund der Fiktionswirkung des Art. 13 i Abs. 1 GesRRL ist bereits ausgehend vom Wortlaut klar, dass nicht nur der Geschäftsführer im Sinne des GmbHG erfasst sein kann. Art. 13 i GesRRL findet grundsätzlich auf alle in Anhang II der Gesellschaftsrechtsrichtlinie genannten Rechtsformen Anwendung (vgl. Art. 13 GesRRL). Im Gegensatz zu Art. 13 g Abs. 1 UAbs. 2 GesRRL ist keine Opt-Out-Möglichkeit vorgesehen. Es steht den Mitgliedstaaten frei, Regelungen für weitere Gesellschaftsformen zu treffen. Von der Bestimmung über disqualifizierte Geschäftsführer sind jedoch mindestens die Geschäftsführer der GmbH und die Vorstandsmitglieder einer AG erfasst.[1156] Darüber hinaus sind als vertretungsberechtigte Organe der KGaA ebenfalls deren Komplementäre betroffen.

Nicht erfasst sind hingegen mangels Verweises auf Art. 14 lit. j) GesRRL die Liquidatoren einer Gesellschaft, obwohl diese während der Liquidation der Gesellschaft deren organschaftliche Vertreter sind.[1157] Für deren Bestellung finden die jeweils einschlägigen Bestellungshindernisse entsprechende Anwendung (vgl. § 66 Abs. 4 GmbHG, § 265 Abs. 2 S. 2 AktG, § 290 Abs. 1 AktG). Um einen umfassenden Betrugsschutz von der Gründung bis zur Beendigung einer Gesellschaft zu gewährleisten, sollte der deutsche Gesetzgeber vom Mindestumfang abweichend die Reglungen des Art. 13 i GesRRL ebenfalls auf Liquidatoren ausweiten.[1158]

1155 *Lutter/Bayer/Schmidt*, Europäisches Unternehmens- und Kapitalmarktrecht, Kap. 18 Rn. 18.34.

1156 Vgl. *Noack*, DB 2018, 1324, 1327; *Schmidt*, DK 2018, 229, 231. Bei den Aufsichtsratsmitgliedern einer AG handelt es sich nicht um vertretungsberechtigte Organe. Aufgrund des im Vergleich zum ersten Entwurf detaillierteren Verweises unterfallen diese nicht mehr dem Begriff des „Geschäftsführers".

1157 *Wachter*, GmbH-StB 2018, 214, 225; *Stöhr*, EuZW 2020, 654, 655; *Drygala/Staake/Szalai*, KapG, § 16 Rn. 21.

1158 *Wachter*, GmbH-StB 2018, 214, 225; *Stöhr*, EuZW 2020, 654, 656.

Zudem sind weder Prokuristen noch Handlungsbevollmächtigte von der Richtlinie erfasst.[1159] Da es sich bei diesen Personen jedoch nicht um Gesellschaftsorgane, sondern um eine Form der Stellvertretung handelt, besteht für Bestellungshindernisse kein Erfordernis. Zudem gelten für die Vertreter bereits im Außenverhältnis nach § 49 bzw. § 54 HGB Beschränkungen, die eine präventive Versicherung überflüssig erscheinen lassen.

b) Disqualifikationsvorschriften

Während Art. 13 h des Richtlinienvorschlags noch die bloße Option vorsah, Vorschriften zu erlassen, aufgrund derer Personen für ungeeignet erklärt werden können, müssen nunmehr gemäß Art. 13 i Abs. 1 GesRRL Vorschriften, nach denen Geschäftsführer disqualifiziert werden können, bestehen.[1160] Wie bereits dargestellt bestehen entsprechende Vorschriften für die GmbH und die AG. Nach hier vertretener Ansicht gelten für die Komplementäre einer KGaA hingegen keine Bestellungshindernisse.[1161] Zur Umsetzung der Richtlinie ist somit ein ausdrücklicher Hinweis erforderlich, der die Anwendbarkeit von Bestellungshindernissen für die KGaA vorsieht. Die bereits angeführten rechtspolitischen Erwägungen fänden folglich aufgrund der europarechtlichen Vorgaben Berücksichtigung.[1162] Anlässlich der ohnehin schon bestehenden Vermischung mit dem Recht der AG bietet sich ein entsprechender Verweis auf § 76 Abs. 3 S. 2 Nr. 2 und 3 sowie S. 3 AktG in § 283 Nr. 1 AktG an.

Zudem müssen nach Art. 13 i Abs. 1 S. 2 GesRRL auch in anderen Mitgliedstaaten geltende Disqualifikationen berücksichtigt werden können. Alternativ können die Mitgliedstaaten verlangen, dass Personen, die als „Geschäftsführer“ bestellt werden sollen erklären, ob ihnen Umstände bekannt sind, die sie im betreffenden Mitgliedstaat oder in einem anderen Mitgliedstaat der Europäischen Union für die geplante Tätigkeit disqualifizieren (vgl. Art. 13 i Abs. 2 GesRRL). Ob potentielle Umstände für eine Disqualifikation oder bestehende Verbote aus anderen Mitgliedstaaten berücksichtigt werden, steht nach Art. 13 i Abs. 2 GesRRL ausdrücklich im Ermessen des jeweiligen Registers. Eine Verpflichtung, Informationen über ausländische Disqualifikationen zu

---

1159 *Wachter*, GmbH-StB 2018, 214, 225.

1160 *Kindler/Jobst*, DB 2019, 1550, 1552; *Knaier*, GmbHR 2018, 560, 565; *Bayer/Schmidt*, BB 2019, 1922, 1924.

1161 S. E. II. 1.

1162 E. II. 1. c).

berücksichtigen, besteht nicht.[1163] In diesem Zusammenhang wird anders als etwa in § 6 Abs. 2 S. 3 GmbHG keine Vergleichbarkeit der Straftaten verlangt.[1164] Vor dem Hintergrund der in Deutschland bereits abzugebenden Versicherung der Geschäftsführer bzw. Vorstandsmitglieder ergeben sich diesbezüglich keine notwendigen Umsetzungen.[1165] Gleichwohl steht es dem deutschen Gesetzgeber offen, ein Bestellungshindernis für den Fall der Disqualifikation in einem anderen Mitgliedstaat einzuführen. Positiv zu werten ist die Schaffung eines einheitlichen Mindeststandards auf europäischer Ebene, wenn auch nicht in Bezug auf Disqualifikationstatbestände.[1166]

Darüber hinaus haben die Mitgliedstaaten sicherzustellen, dass Anfragen aus anderen Mitgliedstaaten zu Informationen, die für die Disqualifikation von „Geschäftsführern" im jeweiligen Staat relevant sind, beantwortet werden können (vgl. Art. 13 i Abs. 3 GesRRL). Hierzu sind von den Mitgliedstaaten die erforderlichen Vorkehrungen zu treffen, um über das System der Registervernetzung unverzüglich Informationen bereitzustellen, aus denen hervorgeht, ob eine bestimmte Person disqualifiziert ist oder in einem Register Informationen vorliegen, die für eine Disqualifikation von Bedeutung sind. Inwiefern weitergehende Informationen, etwa hinsichtlich des Zeitraums und der Gründe für die Disqualifikation, ausgetauscht werden, ist den jeweiligen Mitgliedstaaten überlassen.[1167]

Um einheitliche technische Abläufe zu gewährleisten, hat die Kommission am 5. August 2020 einen Entwurf für eine Durchführungsverordnung vorgelegt, der bis zum 2. September 2020 für Stellungnahmen offen war. Nach § 15.2 des Annex des Entwurfs[1168] ist für den Informationsaustausch ein zweistufiges

---

1163 Erwägungsgrund 23 RL (EU) 2019/1151; *Schmidt*, ZIP 2021, 112, 120; *Bayer/Schmidt*, BB 2019, 1922, 1924; *Stöhr*, EuZW 2020, 654, 655; *Wachter*, GmbH-StB 2018, 214, 225. Dies wird jedoch teilweise kritisiert. So fordert etwa *Knaier*, GmbHR 2021, 169, 180, dass ein verpflichtender Abruf über das BRIS für die jeweiligen Anwärter eingeführt wird. *Knaier* selbst erkennt jedoch, dass aufgrund der möglichen Strafbarkeit nach § 82 Abs. 1 Nr. 5 GmbHG ein Hinweis auf die Konsequenzen falscher Versicherungen genügt.

1164 *Wachter*, GmbH-StB 2018, 263, 265.

1165 So auch *Stöhr*, EuZW 2020, 654, 658.

1166 *Schmidt*, ZIP 2021, 112, 120; *Bayer/Schmidt*, BB 2019, 1922, 1924; *Birkefeld/Schäfer*, BB 2019, 2626, 2630.

1167 Siehe zu den datenschutzrechtlichen Grenzen E. IV. 3.

1168 Ares (2020) 4118690, abrufbar über https://ec.europa.eu/info/law/better-regulation/have-your-say/initiatives/11996-Detailed-rules-on-certain-aspects-of-the-use-of-digital-tools-and-processes-in-company-law (Stand: 23. November 2021).

Verfahren geplant. In einer ersten Stufe sollen die Mitgliedstaaten unverzüglich nach Empfang einer Anfrage Informationen zur Verfügung stellen, aus denen herausgeht, ob die betroffene Person disqualifiziert ist oder eine Eintragung in einem Register vorliegt, die relevant für die Disqualifikation ist.[1169] Sollte die Frage der ersten Stufe positiv beantwortet werden, können in einem zweiten Schritt bezüglich der betroffenen Person weitere Informationen angefragt werden.

An dem Entwurf des Zwei-Stufen-Modells hat der europäische Gesetzgeber im weiteren Verfahren festgehalten. Die Details der technischen Spezifikationen und Verfahren für den Informationsaustausch sind basierend auf dem Entwurf vom 5. August 2020 nunmehr in einer Durchführungsverordnung[1170] geregelt. Die erste Stufe besteht demnach aus einer reinen Abfrage hinsichtlich etwaiger Disqualifikationen der zuständigen Behörden eines Mitgliedstaats in einem oder mehreren anderen Mitgliedstaaten. Diese Abfrage kann positiv oder negativ beantwortet werden. In Einzelfällen kann der ersuchte Mitgliedstaat um weitere Daten bitten, falls dies für eine eindeutige Identifizierung erforderlich sein sollte.

Das Erreichen der zweiten Stufe steht unter der Bedingung, dass Disqualifikationen für die jeweilige Person bestehen. In diesem Fall kann der anfragende Mitgliedstaat zusätzliche Informationen einholen, soweit dies nach dem nationalem Recht des ersuchten Mitgliedstaates zulässig ist. Die Informationen können unter anderem die Gründe für die Disqualifikation, das Datum der Entscheidung oder auch die Dauer oder Gültigkeit der Disqualifikation betreffen. Soweit ein weiterer Informationsaustausch nach nationalem Recht nicht vorgesehen ist, hat diesbezüglich ebenfalls eine Mitteilung zu erfolgen.[1171]

c) *Disponibilität ausländischer Informationen*

Informationen aus dem Ausland bezüglich Disqualifikationen oder Umständen, die eine dort bestehende Disqualifikation begründen können, sind nicht

---

1169 Für eine Anfrage hält § 15.3.1 des Entwurfs der Durchführungsverordnung ein Muster vor.

1170 Durchführungsverordnung (EU) 2020/2244 der Kommission vom 17. Dezember 2020 mit Durchführungsbestimmungen zur RL (EU) 2017/1132 des Europäischen Parlaments und des Rates in Bezug auf technische Spezifikationen und Verfahren für das System der Registervernetzung und zur Aufhebung der Durchführungsverordnung (EU) 2015/884 der Kommission.

1171 Der Ablauf der jeweiligen Stufen ergibt sich im Detail aus dem Anhang Ziffer 15.2.1 ff. VO (EU) 2020/2244; *Schmidt*, ZIP 2021, 112, 120 f.

verpflichtend abzurufen. Nichtsdestotrotz können im nationalen Recht Vorschriften eingeführt werden, wonach es den Registern freisteht, über das BRIS entsprechende Informationen auf freiwilliger Basis selbst einzuholen.[1172] Der zusätzliche Nutzen der Regelung aus deutscher Sicht würde sich auf eine eigenständige Prüfung der Registergerichte bezüglich im Ausland bestehender Disqualifikationen beschränken.[1173]

Dass diese Entscheidung zur Disposition der Registergerichte steht, ist insbesondere im Hinblick auf den geschützten Personenkreis bedenklich. Zum einen sollen durch Bestellungshindernisse die Personen geschützt werden, die mit der Gesellschaft interagieren. Dies betrifft zunächst die Gesellschaftsgläubiger wie auch die Interessen der Allgemeinheit.[1174] Darüber hinaus haben aber auch die Gesellschafter ein schutzwürdiges Eigeninteresse für ihre Gesellschaft qualifizierte Geschäftsführer zu bestellen. Insgesamt auf verpflichtende Angaben zu verzichten, erscheint in Anbetracht des damit verbundenen Zeit- und Kostenaufwands noch vertretbar.[1175] Es könnte jedoch überlegt werden, im Rahmen der Umsetzung eine Pflicht des Registergerichts zur Anfrage über in anderen Mitgliedstaaten bestehende Disqualifikationen auf entsprechenden Antrag des jeweils geschützten Personenkreises einzuführen.[1176] Für Privatpersonen wäre dies die einzige Möglichkeit zur Gewinnung von Informationen, da das Auskunftsrecht aus Art. 13 i Abs. 3 GesRRL auf Mitgliedstaaten begrenzt ist. Selbst wenn sie Informationen einholen könnten, könnte es mangels Kenntnis des einschlägigen Rechts zu einer Überforderung kommen.[1177]

Dem Vorschlag, ein entsprechendes Antragsrecht über den verpflichtenden Inhalt hinaus einzuführen, ist zuzustimmen. Der bereits aufgrund der obligatorisch abzugebenden Versicherungen bestehende Schutz würde hierdurch verbessert. Eine entsprechende Änderung von § 6 Abs. 2 S. 3 GmbHG bzw. § 76 Abs. 3 S. 3 AktG wäre wünschenswert.[1178] Um jedoch eine Überlastung der Registergerichte zu vermeiden und deren Effektivität nicht zu beeinträchtigen,

1172 *Wachter*, GmbHR 2019, R 232, 234; *Knaier*, GmbHR 2018, 560, 565; *Stöhr*, EuZW 2020, 654, 656.

1173 *Bock*, DNotZ 2018, 643, 655.

1174 *Goette*, in: MüKo-GmbHG, § 6 Rn. 24; *Stöhr*, EuZW 2020, 654, 656.

1175 *Stöhr*, EuZW 2020, 654, 656.

1176 So *Stöhr*, EuZW 2020, 654, 656 für den Fall, dass die Gesellschafter ausdrücklich eine Überprüfung der zu bestellenden Geschäftsführer in anderen Mitgliedstaaten wünschen.

1177 *Stöhr*, EuZW 2020, 654, 656.

1178 Vgl. *Stöhr*, EuZW 2020, 654, 656.

sollte für eine Anfrage in einem anderen Mitgliedstaat ein hinreichend substantiierter Antrag verlangt werden. Es gilt zudem zu berücksichtigen, dass Informationen über Bestellungshindernisse im Ausland mit Vorsicht zu genießen sind, da nicht stets sichergestellt werden kann, dass diese inhaltlich und wertungsmäßig dem deutschen Recht gleichstehen.[1179] Insbesondere, wenn keine Gründe für die Disqualifikation im Ausland angegeben werden, was nach Art. 13 i Abs. 4 S. 2 GesRRL ausdrücklich zulässig ist, sollte der Ablehnung eines Geschäftsführers stets eine umfassende Einzelfallprüfung vorausgehen. Dieser Punkt sollte im weiteren Gesetzgebungsverfahren aufgegriffen werden.

4. Erforderlichkeit eines deutschen Disqualifikationsregisters

Obwohl die „Geschäftsführer“ nach deutschem Recht eine Versicherung abgeben müssen, wonach keine Umstände vorliegen, die einer Bestellung entgegenstehen, könnte diese Regelung mit den Vorgaben der Richtlinie unvereinbar sein. Nach Art. 13 h Abs. 1 des Richtlinienvorschlags war noch erforderlich, dass Informationen in nationalen Registern darüber bestehen, ob eine Person für ungeeignet erklärt wurde. Hierunter könnte ein aktiver Akt zu verstehen sein. Eine entsprechende ins Handelsregister einzutragende Erklärung widerspricht jedoch dem aktuell praktizierten Verfahren.[1180] Zur Umsetzung könnte daher die Einführung eines Disqualifikationsregisters erforderlich sein.[1181]

Etwaige Unklarheiten wurden jedoch aufgrund des neu eingefügten Art. 13 i Abs. 2 UAbs. 1 GesRRL beseitigt. Durch die dort geregelte Option einer Erklärung der zu bestellenden Personen über Umstände, die zu einer Disqualifikation führen können, steht das deutsche System der Versicherung im Einklang mit den europäischen Vorgaben.[1182] Erwägungsgrund 23 stellt zudem klar, dass Informationen zu Disqualifikationen nach Wahl der Mitgliedstaaten in Registern oder anderen Orten nach nationalem Recht gespeichert sein können. Die Einführung eines neuen Registers ist somit überflüssig.

Um einen umfassenden Informationsaustausch nach Art. 13 i Abs. 3 GesRRL zu ermöglichen, ist jedoch eine Neuregelung zur besseren Vernetzung der Register notwendig. Die erforderlichen Informationen, die nach Art. 13 i Abs. 3

1179 *Noack*, DB 2018, 1324, 1327.

1180 S. E. II. 1.; *Noack*, DB 2018, 1324, 1327; *Wachter*, GmbH-StB 2018, 214, 225 f.; *Knaier*, GmbHR 2018, 560, 565.

1181 Vgl. *Knaier*, GmbHR 2018, 560, 565.

1182 BR-Drs. 611/19 S. 17; *Stelmaszczyk*, EuZW 2019, 819, 823; *Stöhr*, EuZW 2020, 654, 655; *Knaier/Meier*, GmbHR 2021, 77, 82.

GesRRL von anderen Mitgliedstaaten abgefragt werden können, liegen nämlich nicht den einzelnen Registergerichten, sondern lediglich den Bundeszentralregistern bzw. Gewerberegistern vor.[1183] Zwar besteht für die Registergerichte beispielsweise die Möglichkeit, Auskunftsersuche zu den für die Bestellung erforderlichen Informationen beim Bundeszentralregister nach § 41 Abs. 1 Nr. 1 Bundeszentralregistergesetz selber durchzuführen. Hiervon wird jedoch regelmäßig aus Zeit- und Zweckmäßigkeitsgründen kein Gebrauch gemacht.[1184] Um zu gewährleisten, dass bei einem Ersuchen eines anderen Mitgliedstaates „unverzüglich“[1185] Informationen hinsichtlich einer möglichen Disqualifikation bereitgestellt werden können, bietet sich die Einführung standardisierter Abfragen an.[1186] In diesem Zusammenhang ist noch nicht ersichtlich, welche Stelle mit dieser Aufgabe betraut werden soll. Es erscheint überzeugend, diese Aufgabe nicht dezentral zu verteilen und sämtliche Notare hiermit zu belasten, sondern einen zentralen Ansprechpartner, etwa das Bundesamt für Justiz, hiermit zu beauftragen.[1187]

5. Zwischenergebnis

Sowohl im Rahmen der Online-Gründung als auch im bisher praktizierten Präsenzverfahren soll künftig verstärkt auf die Qualifikation von „Geschäftsführern“ geachtet werden. Dies gilt sowohl für die Geschäftsführer einer GmbH als auch für die Vorstandsmitglieder einer AG und die Komplementäre einer KGaA. Da für Komplementäre bisher keine Bestellungshindernisse gelten, ist eine diesbezügliche Klarstellung in § 283 Nr. 1 AktG erforderlich. Aufgrund der vergleichbaren Stellung der Liquidatoren sollten diese im Rahmen der Umsetzung ebenfalls von der Regelung erfasst werden.

Der Abruf von Informationen zwischen den Staaten soll über das BRIS ermöglicht werden. Damit Deutschland unverzüglich Informationen auf ein Ersuchen hin bereitstellen kann, ist jedoch eine bessere Vernetzung der deutschen Register erforderlich. Eines eigenen Registers für disqualifizierte „Geschäftsführer“ bedarf es hingegen nicht. Da allerdings keine Pflicht zum Abruf von Informationen aus dem Ausland besteht, bleibt abzuwarten, ob Bestellungen ungeeigneter

---

1183 *Wachter*, GmbHR 2019, R 232 ff.; *Stöhr*, EuZW 2020, 654, 655.

1184 BGH, DNotZ 2010, 930, 931; *Wachter*, GmbH –StB 2018, 263, 265; BT-Drs. 8/1347 S. 34.

1185 So Art. 13 i Abs. 4 GesRRL.

1186 *Knaier*, GmbHR 2018, 56ß0, 565; *Stöhr*, EuZW 2020, 654, 65.

1187 *Knaier/Meier*, GmbHR 2021, 77, 82.

Geschäftsführer tatsächlich ausbleiben. Dem könnte durch ein Antragsrecht des geschützten Personenkreises entgegengewirkt werden, welches die Registergerichte zur Einholung entsprechender Informationen verpflichtet. Soweit sich die abzugebende Versicherung auf vergleichbare Verurteilungen im Ausland nach § 6 Abs. 2 S. 3 GmbHG bezieht, stellt dies ein inländisches Bestellungshindernis dar, welches unverändert bleiben kann.[1188]

Teilweise wird bemängelt, dass der Vorstoß des EU-Gesetzgebers auf halbem Weg stehen bliebe, indem die jeweiligen nationalen Disqualifikationstatbestände nicht gänzlich harmonisiert werden.[1189] Gegen eine Vollrechtsharmonisierung spricht jedoch, dass zu große Differenzen zwischen den für eine Bestellung relevanten nationalen Straftatbeständen und Tätigkeitsverboten bestehen. Eine Harmonisierung würde zu umfangreichen Änderungen in sämtlichen nationalen Rechtssystemen führen, was schlicht nicht praktikabel ist.[1190] Darüber hinaus ist ein entsprechend intensiver Eingriff in die nationalen Regelungen im Hinblick auf die weiterhin bestehenden Zuständigkeiten der einzelnen Mitgliedstaaten bedenklich (vgl. Art. 4 Abs. 1 EUV).

6. Umsetzung im DiRUG

Obwohl Art. 13 i GesRRL grundsätzlich keine Verpflichtung des deutschen Gesetzgebers vorsieht, die bestehenden Disqualifikationstatbestände zu ergänzen, enthält das DiRUG eine Erweiterung dahingehend, dass neben ausländischen Straftaten in Zukunft auch ausländische Berufs- und Gewerbeverbote in anderen Mitgliedstaaten oder einem EWR-Staat zu einer Disqualifikation für Geschäftsführer oder Vorstände führen (§ 6 Abs. 2 S. 3 GmbHG nF; § 76 Abs. 3 S. 3 AktG nF). Dies steht jedoch unter der Voraussetzung, dass das jeweilige Verbot vergleichbar ist. Vergleichbarkeit ist gegeben, wenn ein behördliches oder gerichtliches Verbot besteht, das die Ausübung eines bestimmten Berufs oder Gewerbes verbietet und der Verbotsgegenstand jedenfalls teilweise mit dem Unternehmensgegenstand der Gesellschaft, für die eine Bestellung erfolgen soll, übereinstimmt. Das deutsche System der Geschäftsführerinhabilität wird jedoch

1188 So auch *Stöhr*, EuZW 2020, 654, 658.

1189 *Schmidt*, ZIP 2021, 112, 122; *Knaier/Meier*, GmbHR 2021, 77, 81; *Bayer/Schmidt*, BB 2019, 1922, 1924; *Bayer/Schmidt*, BB 2018, 2562, 2567; *Knaier*, GmbHR 2021, 169, 178.

1190 *Stöhr*, EuZW 2020, 654, 656.

in seiner bewährten Form beibehalten.[1191] Im Gesetzgebungsverfahren wurde jedoch eine notwendige Ausweitung auf die Komplementäre der KGaA und die Liquidatoren nicht berücksichtigt.[1192]

Der Informationsaustausch über das Zwei-Stufen-Modell[1193] ist künftig in § 9 c HGB nF geregelt. Aufgrund bestehender inhaltlicher und technischer Verknüpfungen durch das BRIS ist das Unternehmensregister die zuständige Stelle für die Beantwortung einer entsprechenden Abfrage (§ 9 c Abs. 1 HGB nF).[1194] Hiervon betroffen sind zum einen Informationsgesuche aus einem anderen Mitgliedstaat der Europäischen Union oder eines anderen Vertragsstaates des EWR. Um das Ersuchen eines anderen Staates beantworten zu können, erhält das Unternehmensregister die erforderlichen Auskünfte aus dem Bundeszentralregister nach § 57 a Abs. 4 Bundeszentralregistergesetz und aus dem Gewerbezentralregister nach § 150 c Abs. 3 der Gewerbeordnung (§ 9 c Abs. 2 HGB nF). Daneben koordiniert das Unternehmensregister jedoch auch sämtliche Anfragen inländischer Registergerichte und leitet diese entsprechend weiter und teilt im Anschluss den anfragenden Registergerichten die jeweiligen Antworten mit (§ 9 c Abs. 1 S. 2 HGB nF).

Das Vorgehen wird teilweise als ineffizient kritisiert. Die „händische Bearbeitung“[1195] der Ersuche sei nur möglich, soweit diese nicht Überhand nehmen. Dies könne zum aktuellen Zeitpunkt jedoch nicht ausgeschlossen werden. Insofern biete sich auch ohne gesetzgeberische Notwendigkeit die Einführung eines zentralen Disqualifikationsregisters an, um einen reibungslosen Ablauf zu gewährleisten.[1196] Hiergegen kann jedoch eingewendet werden, dass die zu erteilende Auskunft sich nach § 9 c Abs. 4 HGB nF lediglich auf das „Ob“ einer bestehenden Disqualifikation aus den genannten Registern bezieht. Der verpflichtende Umfang des Austausches ist als gering einzustufen, da andere Bestellungshindernisse nicht von dem Informationsaustausch erfasst sind.[1197]

1191 Dies folgt aus der jeweils entsprechenden Anwendung von § 6 Abs. 2 2 Nr. 2 GmbHG, beziehungsweise § 76 Abs. 3 S. 2 Nr. 2 AktG; DiRUG-RegE, S. 188; *Schmidt*, ZIP 2021, 112, 120. *Knaier*, GmbHR 2021, 169, 178 f. sieht hierin lediglich minimale Erleichterungen.

1192 S. E. II. 3.

1193 S. E. II. 3. b).

1194 DiRUG-RegE, S. 102; *Schmidt*, ZIP 2021, 112, 121; *Linke*, NZG 2021, 309, 315; *Knaier*, GmbHR 2021, 169, 180; *Omlor/Blöcher*, DStR 2021, 2352, 2355.

1195 DiRUG-RegE, S. 101.

1196 *Schmidt*, ZIP 2021, 112, 121; Positionspapier SOKA-Bau, S. 1 f..

1197 DiRUG-RegE, S. 103.

Insofern entlasten die in Zukunft möglichen Anfragen zu Disqualifikationen Bestellungsvorgänge im grenzüberschreitenden Kontext nur bedingt. Zentrales Element bleibt weiterhin die Versicherung des zu bestellenden „Geschäftsführers". Des Weiteren kann die Notwendigkeit eines zentralen Disqualifikationsregisters zum aktuellen Zeitpunkt noch nicht attestiert werden. Eine realistische Zahl der tatsächlichen Anfragen wird sich erst im Laufe der Zeit bilden. Somit ist es zum aktuellen Zeitpunkt spekulativ Effizienzerwägungen anzustellen. Dies sollte einer nachträglichen Bewertung der Umsetzung der Digitalisierungsrichtlinie vorbehalten bleiben.[1198] Darüber hinaus ist der Umfang des geforderten zentralen Registers nicht ersichtlich. Soll das Register nur Informationen für Ersuchen nach § 9 c HGB nF bereithalten oder soll das grundsätzliche System der Versicherung ersetzt werden? In letzterem Fall wären jedenfalls ausführliche Untersuchungen unter Berücksichtigung der praktischen Auswirkung der Digitalisierungsrichtlinie notwendig.

Allein mit Blick auf den europäischen Kooperationsgedanken können sich Zweifel an dem geplanten System der Informationsgesuche ergeben. Es erscheint widersprüchlich, aus deutscher Sicht lediglich über das „Ob" von Disqualifikationsgründen zu informieren, während bei Informationsanforderungen aus dem Ausland zusätzliche Informationen angefordert werden können.[1199] Der Gesetzgeber sollte rekapitulieren, ob diese Form der Zusammenarbeit zielführend ist.

III. Präsenzvorbehalte

Sowohl im Rahmen der Online-Gründung als auch bei der Online-Einreichung von Dokumenten soll kein unbeschränktes Recht auf ein Online-Verfahren bestehen. Sofern dies zur Wahrung der Verlässlichkeit nationaler Register erforderlich ist, kann das persönliche Erscheinen der Antragsteller angeordnet werden. Durch diese Vorkehrung soll ein Schutzmechanismus geschaffen werden, der Betrugsfälle zumindest erschwert.[1200]

1. Persönliches Erscheinen

Insgesamt sind zwei Konstellationen denkbar, die eine Anordnung der physischen Anwesenheit erlauben. Zum einen kann ein öffentliches Interesse an der

---

1198 Ähnliche Erwägungen wurden bereits zum sachlichen Anwendungsbereich der GesRRL angestellt, s. C. I. 1.

1199 *Schmidt*, ZIP 2021, 112, 121.

1200 So Erwägungsgrund 20 und 21 RL (EU) 2019/1151.

Verhinderung des Identitätsmissbrauchs oder der Identitätsänderung bestehen (vgl. Art. 13 b Abs. 4 GesRRL). Durch diese Formulierung wurde ein noch im Rahmen des Gesetzgebungsverfahrens diskutierter enger Präsenzvorbehalt verworfen. Insgesamt sind die Voraussetzung für einen Präsenzvorbehalt gelockert worden.[1201]

Zudem findet sich als Weiterentwicklung zum *Company Law Package* ein Präsenzvorbehalt in Art. 13 g Abs. 8 GesRRL, wonach die physische Anwesenheit verlangt werden kann, soweit es um die Sicherstellung der Einhaltung der Vorschriften über Rechts- und Geschäftsfähigkeit und die Befugnis der Antragsteller zur Vertretung der Gesellschaft geht. Dies gilt zum einen im Rahmen der Online-Gründung von Gesellschaften und der Online-Einreichung von Urkunden und Informationen. Daneben ist der Präsenzvorbehalt jedoch auch für Zweigniederlassungen aufgrund der Verweise in Art. 28 a und b GesRRL gewährleistet.

a) Identitätsmissbrauch oder Identitätsänderung

Um ein öffentliches Interesse an einem persönlichen Erscheinen zu rechtfertigen, genügt bereits das Vorliegen des Verdachts auf einen Missbrauch oder eine Änderung der Identität. Dies geht zum einen aus dem Wortlaut von Art. 13 b Abs. 4 S. 2 GesRRL und zum anderen aus dem Zweck der Vorschrift hervor. Soweit ein Identitätsmissbrauch evident ist, wird die Beurkundung der Gründung von Vornherein abgelehnt und Nachforschungsmaßnahmen im Wege eines persönlichen Erscheinens sind nicht mehr notwendig.

Was unter öffentlichem Interesse zu verstehen ist, wird von der Richtlinie nicht definiert. Es erscheint jedoch überzeugend, dass ein öffentliches Interesse grundsätzlich nur dann gegeben ist, wenn gewichtige Belange der Allgemeinheit betroffen sind. Von einer Betroffenheit der Belange der Allgemeinheit ist auszugehen, wenn von dem Identitätsmissbrauch oder der Identitätsänderung nicht bloß die jeweiligen Gesellschafter tangiert sind.

Die Online-Gründung wie auch die Online-Einreichung haben nicht nur für die an der Gesellschaft Beteiligten Konsequenzen. Vielmehr betreffen diese Maßnahmen die potentiellen wie auch bereits existenten Geschäftspartner und Gläubiger der Gesellschaft, mithin einen großen Personenkreis. Diese sind grundsätzlich hinsichtlich des in die Person ihres Handelspartners gesetzten

---

1201 *Lieder*, NZG 2020, 81, 83; *Bormann/Stelmaszczyk*, NZG 2019, 601, 608; noch zum Richtlinienvorschlag *Lieder*, NZG 2018, 1081, 1087, 1091.

Vertrauen schutzwürdig.[1202] Ein öffentliches Interesse ist somit stets zu bejahen, soweit es um die Feststellung der Identität der Antragsteller geht.

b) Rechts- und Geschäftsfähigkeit sowie Vertretungsbefugnis

Darüber hinaus kann nach Art. 13 g Abs. 8 GesRRL das persönliche Erscheinen der Antragsteller auch dann angeordnet werden, wenn dies aufgrund des öffentlichen Interesses an der Sicherstellung der Rechts- und Geschäftsfähigkeit der Antragsteller gerechtfertigt ist. Des Weiteren greift der Präsenzvorbehalt, um die Befugnis der Antragsteller zur Vertretung einer Gesellschaft zu überprüfen. Der europäische Gesetzgeber verfolgt hierdurch das Ziel, potentielle Risiken aufgrund der Gründungsmöglichkeit durch juristische Personen zu minimieren.[1203] Wie auch in Fällen des Identitätsmissbrauchs ist von einem bestehenden öffentlichen Interesse grundsätzlich auszugehen. Hinsichtlich des Verdachts müssen Anhaltspunkte für die Nichteinhaltung der sich aus Art. 13 Abs. 3 lit. a) GesRRL ergebenden Verfahren zur Gewährleistung der Rechts- und Geschäftsfähigkeit der Antragsteller und ihrer Befugnis zur Vertretung vorliegen.

Hinsichtlich der Vertretungsbefugnis erscheint allerdings fraglich, ob das verfolgte Ziel hierdurch erreicht werden kann. Probleme im Zusammenhang mit juristischen Personen stellen sich typischerweise bei der Form und Echtheit der Nachweise über die Vertretungsmacht. Für genau diesen Fall ist bereits Art. 13 c Abs. 3 GesRRL eingefügt worden.[1204] Demzufolge können nach nationalem Recht weiterhin Vollmachten in Urschrift oder Ausfertigung verlangt werden.[1205] Die Überprüfung der Vertretungsbefugnis erfolgt somit anhand von Dokumenten, die sowohl im Online- wie auch im Präsenz-Verfahren vorgelegt werden müssen. Der eigenständige Anwendungsbereich von Art. 13 g Abs. 8 GesRRL erschließt sich in Bezug auf die Überprüfung der Vertretungsbefugnis somit nicht.

c) Rechtsfolge

Sofern ein öffentliches Interesse besteht, kann der jeweilige Antragsteller zum persönlichen Erscheinen verpflichtet werden. Der Wortlaut der Richtlinie räumt

---

1202 Ausnahmen können vorliegen, wenn Geschäftspartner von den Identitätsmissbräuchen Kenntnis hatten.

1203 S. C. II. 2. c); *Bormann/Stelmaszczyk*, NZG 2019, 601, 608.

1204 *Bormann/Stelmaszczyk*, NZG 2019, 601, 608.

1205 Hierzu ausführlich C. II. 2. c).

den Mitgliedstaaten bei ihrer Entscheidung Ermessen ein. Wurden die Antragsteller aufgrund eines bestehenden öffentlichen Interesses vorgeladen, ist jedoch die nur partiell geltende Präsenzpflicht zu beachten. Die Mitgliedstaaten müssen gewährleisten, dass weiterhin alle sonstigen Verfahrensschritte online abgeschlossen werden können (vgl. Art. 13 b Abs. 4 S. 2 GesRRL).[1206] Es ist davon auszugehen, dass die beiden Konstellationen, in denen ein Präsenzverfahren teilweise durchgeführt wird, in keinem Alternativverhältnis zueinander stehen und sich nicht gegenseitig ausschließen. Somit zählen zu den sonstigen Verfahrensschritten nicht der jeweils andere weiterhin bestehende Präsenzvorbehalt. Das persönliche Erscheinen kann somit bei einem Verdacht über die Identität und zusätzlich auch bei einem Verdacht über die Sicherstellung der Rechts- und Geschäftsfähigkeit sowie der Vertretungsbefugnis der Gesellschaft angeordnet werden.

2. Zuständige Stelle

Fraglich ist, wer nach nationalem Recht als zuständige Behörde, Person oder Stelle das persönliche Erscheinen anordnen kann (vgl. Art. 13 b Abs. 4 S. 1 GesRRL). Es könnte angenommen werden, dass insbesondere für den Präsenzvorbehalt im Rahmen der Online-Gründung allein der Notar zuständig ist. Der Richtlinienvorschlag sah zunächst keinen Präsenzvorbehalt für die Rechts- und Geschäftsfähigkeit sowie die Vertretungsbefugnis vor. Erst als im letztlich verabschiedeten Art. 13 g GesRRL die Rolle des Notars stärker in den Fokus rückte, wurde auch dieser Präsenzvorbehalt mit aufgenommen. Hiergegen spricht jedoch, dass sich kein unmittelbarer Zusammenhang zwischen diesen beiden Entscheidungen des EU-Gesetzgebers und folglich auch keine Koppelung erkennen lässt. Darüber hinaus war bereits in Art. 13 b Abs. 4 des Richtlinienvorschlags, unabhängig von der Rolle des Notars, eine Präsenzpflicht vorgesehen.

Vielmehr sind von Art. 13 b Abs. 4 GesRRL für das Anordnen des persönlichen Erscheinens als Personen oder Stellen, die nach nationalem Recht mit der Bearbeitung von Online-Verfahren betraut sind, sowohl das Registergericht als auch der Notar erfasst.[1207] Insbesondere unter Berücksichtigung des im deutschen Recht verankerten Vier-Augen-Prinzips erscheint ein gleichberechtigtes Anordnungsrecht sowohl für den Notar als auch für das jeweils zuständige Registergericht sachgerecht. So kann selbst bei einem möglichen Säumnis einer

---

1206 *Bormann/Stelmaszczyk*, NZG 2019, 601, 608; *Lieder*, NZG 2020, 81, 83. Für die Online-Gründung ergibt sich dies aus Art. 13 Abs. 8 S. 3 GesRRL.

1207 *Lieder*, NZG 2020, 81, 83; *Kindler/Jobst*, DB 2019, 1550, 1552.

Stelle weiterhin die Sicherheit des Handelsregisters durch eine doppelte Kontrolle in bestmöglichem Maß gewährleistet werden.[1208]

Nach dem DiRUG ist entsprechend §§ 16 a Abs. 2, 40 a Abs. 5 BeurkG nF allein der Notar zur Anordnung des persönlichen Erscheinens berechtigt.[1209] Es hätte sich angeboten diese Berechtigung im Rahmen des Gesetzgebungsprozesses zu stärken und die Stellung des Registergerichts zusätzlich zu berücksichtigen. Während noch im Gesetzentwurf des Landes Nordrhein-Westfalen das persönliche Erscheinen aller Beteiligten angeordnet werden konnte, wurde hiervon im DiRUG erfreulicherweise Abstand genommen.[1210] Eine solche Einschränkung hätte im Widerspruch zum restriktiven Charakter des Präsenzvorbehalts gestanden.

3. Restriktiver Umgang

Auch wenn durch ein persönliches Erscheinen Missbräuche verhindert werden können, soll eine exzessive Nutzung dieser Maßnahme vermieden werden, um die Attraktivität des neu eingeführten Online-Verfahrens nicht zu beeinträchtigen.[1211] So sieht etwa Art. 13 b Abs. 4 S. 2 GesRRL vor, dass die physische Anwesenheit des Antragstellers nur im Einzelfall verlangt werden darf. Es stellt sich jedoch die Frage, wie eine systematische Anordnung des persönlichen Erscheinens vermieden werden kann.

Wie bereits dargestellt besteht regelmäßig ein öffentliches Interesse an der Verhinderung von Identitätsmissbräuchen. Nichts Anderes gilt für die Rechts- und Geschäftsfähigkeit der Antragsteller und ihre Vertretungsbefugnis. Eine Regulierung der Präsenzvorbehalte kann somit nur über den Grad des Verdachts erfolgen. Nach Erwägungsgrund 21 der Digitalisierungsrichtlinie können sich Anhaltspunkte für einen Verdacht aus Informationen ergeben, die dem Notar oder dem Registergericht vorliegen. Verdachtsmomente können sich somit bei

---

1208 *Lieder*, NZG 2020, 81, 83.

1209 Zufolge § 40 a Abs. 5 BeurkG-E gilt § 35 a Abs. 2 Nr. 5 BeurkG-E entsprechend. Das persönliche Erscheinen bei Online-Einreichungen ist jedoch nur für Fälle des Identitätsmissbrauchs und der Identitätsänderung vorgesehen. Der Anwendungsbereich einer entsprechenden Anwendung sollte im Laufe des Gesetzgebungsverfahrens noch konkretisiert werden.

1210 S. 35 a Abs. 2. Nr. 5 BR-Drs. 611/19.

1211 Vgl. Erwägungsgrund 21 RL (EU) 2019/1151; *Lieder*, NZG 2018, 1081, 1087; *Bormann/Stelmaszczyk*, NZG 2019 601, 608; *Kindler/Jobst*, DB 2019, 1550, 1552; *Schurr*, EuZW 2019, 772, 777.

der Einsicht in Register, wie das Transparenzregister oder Strafregister, ergeben.[1212] Daneben können auch sonstige tatsächliche Umstände bestehen, die auf ein möglicherweise anzuordnendes Erscheinen hinweisen.[1213] Damit ein ausreichender Verdacht für eine weitere Prüfung begründet werden kann, sollten die vorliegenden Informationen bei unterstellter Richtigkeit und Vollständigkeit einer Eintragung in das Handelsregister aus Sicht des Notars oder des Registergerichts entgegenstehen. Nur in diesen Fällen ist im Einklang mit den Bestimmungen der Richtlinie ein persönliches Erscheinen gerechtfertigt.

4. Zwischenergebnis

Durch die Möglichkeit, den Antragsteller persönlich vorzuladen, verlässt sich der europäische Gesetzgeber nicht allein auf das Online-Verfahren, sondern sichert dieses durch einen weiteren Schutzmechanismus ab. In Deutschland sollten bei einem ausreichenden Verdachtsmoment sowohl der Notar als auch das Registergericht das persönliche Erscheinen anordnen können. Im weiteren Gesetzgebungsverfahren ist noch eine entsprechende Nachbesserung erforderlich.

Aufgrund der in der Richtlinie festgelegten Anforderungen ist nicht zu befürchten, dass es zu einem Missbrauch des Präsenzvorbehaltes kommt und somit das Ziel der Richtlinie beeinträchtigt wird.[1214] Zum einen gilt der Präsenzvorbehalt nur beschränkt. Es muss möglich sein, alle sonstigen Verfahrensschritte online abzuschließen. Darüber hinaus wird bei den jeweiligen Tatbestandsalternativen für ein Vorladen im Rahmen der Online-Gründung bzw. Online-Einreichung zwar regelmäßig ein öffentliches Interesse vorliegen, jedoch ist stets anhand des jeweiligen Verdachtsgrades über eine Vorladung zu entscheiden.

Die weitergehenden Anforderungen an ein persönliches Erscheinen im Rahmen der Online-Gründung sind der Gründungsmöglichkeit durch juristische Personen und den in diesem Zusammenhang bestehenden Vertretungsbefugnissen geschuldet.[1215] Ob sich aus Art. 13 g Abs. 8 GesRRL ein echter Mehrwert im Vergleich zu Art. 13 c Abs. 3 GesRRL ergibt, bleibt abzuwarten.

1212 Zum Transparenzregister als Betrugsvorkehrung im europäischen Wirtschaftsverkehr bereits unter E. I.

1213 *Lieder*, NZG 2018, 1081, 1087.

1214 Befürchtungen hierzu bestehen von *Schurr*, EuZW 2019, 772, 777.

1215 *Bormann/Stelmaszczyk*, NZG 2019, 601, 608.

5. Umsetzung im DiRUG

Die Voraussetzungen, unter denen es einem Notar möglich sein soll die Online-Beurkundung abzulehnen, sind im DiRUG in §§ 16 a Abs. 2, 40 a Abs. 5 BeurkG nF geregelt. Demnach ist eine Ablehnung grundsätzlich dann möglich, wenn der Notar die Erfüllung seiner Amtspflichten im Rahmen der Videokommunikation nicht gewährleisten kann. Damit die Regelung nicht zu unbestimmt ist, werden Regelbeispiele aufgeführt, die jedoch nicht abschließend sind.[1216] So soll eine Online-Beurkundung durch den Notar abgelehnt werden, wenn er sich keine Gewissheit über die Identitäten machen kann oder er Zweifel an der erforderlichen Rechtsfähigkeit oder Geschäftsfähigkeit eines Beteiligten hat. Durch diese Formulierung wird bewusst von der Digitalisierungsrichtlinie abgewichen und der für lediglich spezielle Fälle vorgesehene Präsenzvorbehalt aufgeweicht.[1217] Begründet wird dies mit einem drohenden Qualitätsunterschied zwischen dem Online- und dem Präsenzverfahren.[1218]

Auch wenn die Begründung des Gesetzes die Beschränkung auf Einzelfälle im Rahmen von § 16 a Abs. 2 BeurkG nF anerkennt, wäre eine ausdrückliche Formulierung im Gesetzestext wünschenswert gewesen. Insbesondere ergibt sich eine Ablehnung der Beurkundung aufgrund nicht erfüllbarer Amtspflichten bereits aus § 4 BeurkG. Eine erneute Nennung ist somit überflüssig und kommt einer Amtsverweigerung, die nach hier vertretener Ansicht gerade nicht erfolgen soll, sehr nah. Die Digitalisierungsrichtlinie sieht einen restriktiven Umgang der Präsenzpflicht für spezielle Fälle vor. Soweit angenommen wird, eine allgemeine Präsenzpflicht lasse sich auf Art. 13 c Abs. 2 GesRRL stützen, wonach Verfahren und Anforderungen nach nationalem Recht unberührt bleiben, wird die Reichweite der Vorschrift verkannt.[1219] Eine Online-Gründung muss auch in diesen Fällen weiterhin möglich sein. Die pauschale Begründung, ein Online-Verfahren aufgrund von „technischen Komplikationen"[1220] nicht durchführen zu können, steht dieser Möglichkeit entgegen. Insbesondere vor dem Hintergrund des europarechtlich verankerten *effet utile* sind Abhilfemöglichkeiten zu schaffen, die etwa einen zweiten Versucht beinhalten können, bevor

---

1216 So auch *Knaier*, GmbHR 2021, 169, 175; *Stelmaszczyk/Kienzle*, ZIP 2021, 765, 770.

1217 Die speziellen Fälle der Präsenzvorbehalte werden in § 16 a Abs. 2 BeurkG-E nach dem Zusatz „insbesondere" aufgeführt.

1218 DiRUG-RegE, S. 134.

1219 Vgl. *Schmidt*, ZIP 2021, 112, 114; *Knaier*, GmbHR 2021, 169, 175; aA *Stelmaszczyk/Kienzle*, ZIP 2021, 765, 771; *Bock*, RNotZ 2021, 326, 329.

1220 DiRUG-RegE, S. 134.

das Online-Verfahren gänzlich abgelehnt werden kann.[1221] Dem könnte durch eine Konkretisierung der technischen Komplikationen entgegengewirkt werden. Beispielsweise könnten als Komplikationen nur Fälle gelten, die sich weder in der Sphäre des beurkundenden Notares noch des Betreibers der Videoplattform verorten lassen.[1222] § 16 a Abs. 2 BeurkG nF steht somit nicht in Einklang mit der Digitalisierungsrichtlinie. Aufgrund des inhaltlichen Gleichlaufs gilt nichts Anderes für § 40 a Abs. 5 BeurkG nF.[1223]

IV. Datenschutzrechtliche Mindestanforderungen

Durch die Digitalisierung im Gesellschaftsrecht werden zunehmend personenbezogene Daten online ausgetauscht. Der Austausch von Informationen sollte nicht ohne Berücksichtigung des Schutzes der Daten von Einzelnen erfolgen. Während der Corona-Pandemie wurde vermehrt auf Videokonferenzen zurückgegriffen, um persönliche Besprechungen abzuhalten. Bereits in diesem Zusammenhang zeigten sich erste Zweifel hinsichtlich der datenschutzrechtlichen Zulässigkeit der Nutzung.[1224] Aufgrund dessen ist zu untersuchen, wie mit Daten umzugehen ist, die aufgrund der Digitalisierungsrichtlinie verarbeitet werden.

1. Allgemeine Anforderungen bei der Nutzung personenbezogener Daten

Werden personenbezogene Daten verwendet, ist auf die Achtung des Privatlebens wie auch der Schutz dieser Daten im Einklang mit Art. 7 und 8 der Charta der Grundrechte der Europäischen Union Rücksicht zu nehmen. Erfolgt eine Verarbeitung personenbezogener Daten natürlicher Personen, gilt nach Art. 161 GesRRL die Datenschutz-Grundverordnung (DS-GVO).[1225] Gemäß Art 4 Nr. 1

1221 Hierzu *Schmidt*, ZIP 2021, 112, 115; *Knaier*, GmbHR 2021, 169, 175; *Stelmaszczyk/Kienzle*, ZIP 2021, 765, 771.

1222 *Knaier*, GmbHR 2021, 169, 175 f.

1223 Hiervon abweichend, jedoch ohne Begründung *Linke*, NZG 2021, 309, 312. *Stelmaszczyk/Kienzle*, ZIP 2021, 765, 771 begründen ein Aufweichen des reinen Online-Verfahrens mit einem Gleichlauf der Prüfungs- und Belehrungspflichten nach § 17 BeurkG.

1224 Vgl. *Schröter/Zöllner*, Legal Tribune Online, Beitrag auf www.lto.de vom 15. April 2020; abrufbar unter: https://www.lto.de/recht/hintergruende/h/datenschutz-behoerden-dsgvo-zoom-videokonferenz-unsicherheit/ (Stand: 23. November 2021).

1225 Verordnung (EU) 2016/679 des Europäischen Parlaments und des Rates vom 27. April 2016 zum Schutz natürlicher Personen bei der Verarbeitung personenbezogener

DS-GVO handelt es sich bei personenbezogenen Daten um Informationen, die sich auf eine identifizierte oder identifizierbare Person beziehen. Diese werden verarbeitet, wenn sie für einen Vorgang oder eine Vorgangsreihe wie das Erheben, Speichern, Ändern oder Löschen genutzt werden (vgl. Art. 4 Nr. 2 DS-GVO).

Elementar für die DS-GVO ist das Verbotsprinzip. Hiernach ist die Verarbeitung personenbezogener Daten grundsätzlich verboten, soweit nicht eine Einwilligung der betroffenen Person oder eine Ermächtigung durch das Gesetz vorliegt (vgl. Art. 6 Abs. 1 DS-GVO).[1226] Ist die Verarbeitung der Informationen ausnahmsweise zulässig, gelten strenge Anforderungen unter anderem hinsichtlich der Rechtmäßigkeit, Zweckbindung und Datenminimierung (s. Art. 5 DS-GVO).

2. Protokollierung des Beurkundungsprozesses

In Anbetracht der geltenden Grundsätze für die Verarbeitung personenbezogener Daten stellt sich die Frage, ob die hier vorgeschlagene, über den Mindestinhalt der Richtlinie hinausgehende Protokollierung des Beurkundungsprozesses mit dem geltenden Datenschutz vereinbar ist.[1227] Hierdurch könnte Missverständnissen im Nachgang zur Beurkundung vorgebeugt werden. Gegen eine Zulässigkeit spricht der Vergleich mit dem bisherigen Ablauf von Präsenzbeurkundungen.[1228] Wenn in diesem Verfahren keine Audio-Video-Aufnahme angefertigt wird, könnte eine Abweichung hiervon im Online-Verfahren unzulässig sein.

Für die Rechtmäßigkeit der Verarbeitung ist Art. 6 DS-GVO entscheidend. Hierbei kommen insbesondere die erforderliche Verarbeitung aufgrund der Erfüllung einer rechtlichen Verpflichtung (lit. c)) und die Verarbeitung zur Wahrnehmung von Aufgaben im öffentlichen Interesse in Betracht (lit. e)). In beiden Fällen ergibt sich die Rechtsgrundlage entweder aus dem Unionsrecht oder aus dem Recht der jeweiligen Mitgliedstaaten. Eine Pflicht in der Richtlinie zur Einführung der Protokollierung besteht nicht. Eine Protokollierung könnte allenfalls im Rahmen eines nationalen formellen Gesetzes verpflichtend vorgegeben werden.[1229] In der Rechtsgrundlage muss der Zweck der

---

Daten, zum freien Datenverkehr und zur Aufhebung der Richtlinie 95/46/EG (Datenschutz-Grundverordnung), ABl. 119/1, 4. Mai 2016.

1226 *Leeb/Liebhaber*, JuS 2018, 534, 536.

1227 Vgl. C. II. 4. c) cc).

1228 *Wachter*, GmbHR 2019, R 232 ff.

1229 *Spindler/Dalby*, in: Spindler/Schuster, DS-GVO Art. 6 Rn. 8, 11.

Verarbeitung ausdrücklich festgelegt sein und der Gesetzgeber muss insbesondere den Grundsatz der Verhältnismäßigkeit beachten (vgl. Art. 6 Abs. 3 S. 2 DS-GVO).[1230] Ziel der Aufzeichnung ist es, mögliche negative Auswirkungen von Video-Konferenzen auf Verhandlungen einzudämmen. Insbesondere würde die Möglichkeit eröffnet, die Beteiligten vor Verfremdungseffekten zu schützen.[1231] Die Verarbeitung von Daten erfolgte bisher, um im Einklang mit § 17 Abs. 2 BeurkG die Wirksamkeit des Geschäfts feststellen zu können. Die Einschränkung von Verfremdungseffekten wird hiervon nicht erfasst. Insbesondere vor dem Hintergrund der Datenminimierung erscheint eine verpflichtende umfassende Aufzeichnung des Beurkundungsvorgangs als unverhältnismäßig, für die keine rechtliche Grundlage vorliegt.

Im weiteren Gesetzgebungsverfahren kann überlegt werden, eine (freiwillige) Protokollierung zur Disposition der Gründer zu stellen. Durch eine zweckgebundene und eindeutige Einwilligung der Beteiligten kann den datenschutzrechtlichen Anforderungen entsprochen werden.[1232] Soweit eine Einwilligung erteilt wird, ist jedoch noch unklar, für welche Dauer die Aufbewahrung erfolgt und wer Zugriff hierauf haben soll.[1233] Die Fernbeurkundung erfolgt ausschließlich unter Verwendung des Videokommunikationssystems der Bundesnotarkammer. Hierdurch soll die Sicherheit der verarbeiteten Daten gewährleistet werden.[1234] Die Speicherung der Daten kann vom jeweiligen Notar vorgenommen werden. Aufbewahrungsfristen sollten sich an den gesetzlichen Bestimmungen zur Dauer der Aufbewahrung von Unterlagen im Präsenzverfahren orientieren (vgl. etwa § 5 Dienstordnung für Notarinnen und Notare).

3. Disqualifizierte „Geschäftsführer"

Im Gegensatz zur Protokollierung des Beurkundungsprozesses sind personenbezogene Daten der disqualifizierten „Geschäftsführer" verpflichtend zu verarbeiten. Auf eine Einwilligung der Betroffenen kommt es somit nicht an. Die Verarbeitung erfolgt auf Grundlage einer europarechtlichen Grundlage (Art. 6 Abs. 1 S. 1 lit. c), Abs. 3 S. 1 DS-GVO).

Bereits in der Stellungnahme des Europäischen Datenschutzbeauftragten vom 26. Juli 2018 wurde darauf hingewiesen, dass der Datenaustausch auf einer

---

1230 *Spindler/Dalby*, in: Spindler/Schuster, DS-GVO Art. 6 Rn. 8.
1231 Hierzu bereits unter C. II. 4. c).
1232 *Spindler/Dalby*, in: Spindler/Schuster, DS-GVO Art. 6 Rn. 4.
1233 *Wachter*, GmbHR 2019, R 232 ff.
1234 BR-Drs. 611/19, S. 23.

soliden Rechtsgrundlage erfolgen müsse und zudem bei personenbezogenen Daten die datenschutzrechtlichen Garantien zu beachten seien.[1235] Dem schlossen sich auch Stellungnahmen an, die zur geänderten Durchführungsverordnung der Gesellschaftsrechtsrichtlinie eingeholt wurden.[1236] Insbesondere der umfangreiche Austausch von Informationen wie in Art. 13 i Abs. 4 GesRRL in Bezug auf Disqualifikationsgründe und damit einhergehende notwendige Einsicht bei deutschen Registern begegnet Bedenken.[1237] Vor diesem Hintergrund sieht § 15.2.1.1 des Entwurfs der Durchführungsverordnung vor, dass die Mitgliedstaaten dafür Sorge zu tragen haben, dass nur notwendige Daten und nur solche Daten betreffend den jeweiligen Antragsteller untereinander ausgetauscht werden sollen. Durch eine Ende-zu-Ende-Verschlüsselung sowohl der Anfragen als auch der Antworten soll die Übertragung von Informationen größtmögliche Sicherheit erfahren.

Im Rahmen der Umsetzung sollte darauf geachtet werden, die Daten nicht länger zu speichern, als es für die Beurteilung der Eignung der jeweiligen Person erforderlich ist. Die Aufbewahrungsfrist sollte sich, ebenso wie im Fall einer möglichen Protokollierung, an den nationalen Vorschriften orientieren und diese nicht überschreiten.[1238] Um einen datenschutzrechtlichen Verstoß zu vermeiden, sollte von der in Art. 13 b Abs. 4 S. 2 GesRRL genannten Möglichkeit, weitere Informationen, wie etwa den Zeitraum und die Gründe für die Disqualifikation, auszutauschen, kein Gebrauch gemacht werden. Bei Umsetzung und Einhaltung dieser Vorgaben erscheint eine Auflösung des Spannungsverhältnisses zwischen dem Schutz personenbezogener Daten und dem Austausch von Informationen zur Verhinderung von Betrugsfällen möglich.

Vor diesem Hintergrund sieht das DiRUG vor, dass personenbezogene Daten unverzüglich zu löschen sind, sobald und soweit dieser nicht mehr für die Beantwortung oder die Durchführung des Ersuchens erforderlich sind (§ 9 c Abs. 5

1235 Zusammenfassung der Stellungnahme des Europäischen Datenschutzbeauftragten zum Vorschlag zur Änderung der Richtlinie (EU) 2017/1132 im Hinblick auf den Einsatz digitaler Werkzeuge und Verfahren im Gesellschaftsrecht ABl. C 324/15 vom 13. September 2018.

1236 So etwa die Stellungnahme der niederländischen Handelskammer (Kamer van Koophandel), *Feedback reference* F548698, (Abrufbar unter: https://ec.europa.eu/info/law/better-regulation/have-your-say/initiatives/11996-Detailed-rules-on-certain-aspects-of-the-use-of-digital-tools-and-processes-in-company-law/F548698 Stand 23. November 2021).

1237 *Wachter*, GmbH-StB 2018, 263, 265.

1238 Vgl. Erwägungsgrund 24 RL (EU) 2019/1151.

HGB nF). Zudem ist die Beantwortung des Ersuchens inhaltlich beschränkt (§ 9 c Abs. 4 HGB nF). Insgesamt ist somit für jedes einzelne Ersuchen eine separate Anfrage durchzuführen. Eine dauerhafte Speicherung von Daten der betroffenen Personen ist somit ausgeschlossen.[1239] In Anbetracht der erforderlichen Datenminimierung erscheint die geplante Umsetzung konsequent.

V. Bewertung

Der europäische Gesetzgeber zeigt durch die Maßnahmen, dass er grundsätzlich bemüht ist, gegen betrügerisches Verhalten im Rahmen der Gründung und während des Lebenszyklus einer Gesellschaft vorzugehen. Die Digitalisierungsrichtlinie fügt sich in die bestehende Betrugsbekämpfung auf europäischer Ebene gut ein. So kann etwa das Transparenzregister genutzt werden, um Verdachtsmomente für einen möglichen Präsenzvorbehalt zu begründen.

Indem sich die Register untereinander über Disqualifikationen austauschen können, lässt sich vermeiden, dass auffällig gewordene „Geschäftsführer" ohne Weiteres in anderen Mitgliedstaaten erneut in leitender Position tätig werden. Auch wenn keine Vereinheitlichung der Disqualifikationstatbestände erfolgt, kann eine positive Rückmeldung auf die jeweilige Anfrage zu einer umfassenderen Prüfung der Bestellung führen. Zu diesem Zweck sollte jedoch den an der Gesellschaft beteiligten Personen bei hinreichender Begründung die Möglichkeit offen stehen, einen entsprechenden Antrag zu stellen.

Die Möglichkeit, ein persönliches Erscheinen anzuordnen, ist zu begrüßen. Durch die Voraussetzungen, die für eine Vorladung notwendig sind, besteht kein großes Missbrauchspotential. Das persönliche Erscheinen wird regelmäßig zur Folge haben, dass die von Art. 13 Abs. 7 GesRRL vorgesehene Frist von fünf bzw. zehn Tagen nicht eingehalten werden kann. Dies ist jedoch in Kauf zu nehmen, um eine zweifelsfreie Identifikation der Beteiligten zu gewährleisten. Das DiRUG hätte jedoch hinsichtlich der Regelungen zum persönlichen Erscheinen angepasst werden müssen, da die aktuelle Fassung nicht im Einklang mit der Digitalisierungsrichtlinie steht. Ob und mit welchem Erfolg von den neu eingeführten Maßnahmen Gebrauch gemacht wird, bleibt abzuwarten.

1239 DiRUG-RegE, S. 103.

F. Thesen

1. Zur Erleichterung der grenzüberschreitenden Tätigkeit von kleinen und mittleren Unternehmen, die einen Großteil der Kapitalgesellschaften darstellen, ist eine europäische Rechtsgrundlage erforderlich. Die Rechtsgrundlage für die Richtlinie stellt Art. 50 Abs. 1 und 2 AEUV dar.
2. Weder durch Nutzung bestehender (supra-)nationaler Rechtsformen, noch im Rahmen der umfassenden europäischen Niederlassungsfreiheit ergeben sich sinnvolle Alternativen zur Online-Gründung für KMU.
3. Die Digitalisierungsrichtlinie basiert auf dem Entwurf des *Company Law Packages* und ist als Änderungsrichtlinie Bestandteil der Gesellschaftsrechtsrichtlinie geworden. Die Digitalisierungsrichtlinie ist das Ergebnis einer Reihe von Verhandlungen nach der *trial and error*-Methode.
4. Bei der Gründung einer GmbH erfolgt eine umfassende Beratung durch den Notar im Vorfeld der Beurkundung. Hierdurch wird insbesondere der Schutz der Gründer verfolgt. Daneben werden hierdurch aber auch Warn-, Beweis- und Klarstellungsfunktionen übernommen. Zudem sorgt der Notar durch die Prüfung für die materielle Richtigkeit der eingereichten Unterlagen. Bevor eine Gesellschaft im Handelsregister eingetragen wird, findet eine zusätzliche Prüfung durch das Registergericht statt. Diese doppelte Prüfung ermöglicht eine besondere Richtigkeitsgewähr für die vorzunehmenden Eintragungen.
5. Bereits seit dem 1. Januar 2007 erfolgt die Übermittlung von Unterlagen im Rahmen der Gründung von dem Notar an das Registergericht digital. Eine Ausnahme vom persönlichen Erscheinen des Antragstellers ist jedoch nicht möglich, auch wenn der Gesetzgeber durch Einführung des vereinfachten Verfahrens und der Unternehmergesellschaft (haftungsbeschränkt) die Gründung einer Gesellschaft erleichtert hat. Insbesondere bietet sich aufgrund der unsicheren Rechtslage von Beurkundungen im Ausland keine Gründung bei einem ausländischen Notar an.
6. Von dem sachlichen Anwendungsbereich der Online-Gründung sollten die AG und KGaA zunächst ausgeschlossen werden. Die Online-Gründung ist nur für die GmbH verpflichtend. Hiervon geht auch das DiRUG aus. Sobald erste Erfahrungen mit der Online-Gründung einer GmbH gemacht wurden, kann basierend hierauf entschieden werden, ob der sachliche Anwendungsbereich der Gesellschaftsrechtsrichtlinie nachträglich ausgeweitet werden soll. Eine Entscheidung hierüber bietet sich spätestens nach der geplanten

Bewertung der Richtlinie durch die Kommission zum 1. August 2025 (vgl. Art. 3 DigiRL) an.

7. Eine Online-Gründung ist nicht auf Einpersonengesellschaften beschränkt. Vielmehr ist die Gründung von Gesellschaften durch mehrere Personen möglich. Dies erfordert jedoch eine größere Fokussierung auf die Beratung. Vor allem sind die Interessen von Minderheitsgesellschaftern ausreichend zu berücksichtigen.
8. Nach dem DiRUG kommen als Antragsteller nur Unionsbürger in Betracht. Für Gründer aus Drittstaaten ist nach wie vor das persönliche Erscheinen vor einem deutschen Notar obligatorisch.
9. Entgegen der im Gesetzgebungsprozess vorgebrachten Bedenken steht die Online-Gründung auch juristischen Personen offen. Eine rechtssichere Gründung kann nur bei einer vollumfänglichen Umsetzung der in der Richtlinie genannten alternativen Sicherheitsvorkehrungen erfolgen.
10. Ebenso wie bei juristischen Personen bestehen Schwierigkeiten, die Vertretungsmacht des Antragstellers bei einer Vollmachtsgründung rechtssicher nachzuweisen. Eine umfassende Vollmachtsgründung erscheint daher problematisch. Es wäre überzeugender, eine Online-Gründung mittels rechtsgeschäftlicher Vollmacht ausschließlich bei hinreichendem Nachweis der Vertretungsmacht zuzulassen. Dies wäre der Fall bei Online-Gründung einer Tochtergesellschaft oder Online-Errichtung einer Zweigniederlassung durch einen Prokuristen. Dessen Vertretungsmacht ergibt sich aus dem – hinreichend geprüften – Handelsregister. Eine entsprechende Anpassung wurde im DiRUG nicht vorgenommen.
11. Die Gründung mittels Sacheinlagen ist zeitintensiv und bringt häufig Risiken mit sich. Gerade in den besonders relevanten Fällen der Einbringung von Grundstücken oder Geschäftsanteilen an Gesellschaften ist weiterhin die Präsenzbeurkundung beim Notar erforderlich. Das Stammkapital der Gesellschaft sollte daher nur in Bareinlagen erbracht werden. Dies sieht auch § 2 Abs. 3 GmbHG nF vor.
12. Die Beteiligung des Notars ist im Online-Verfahren weiterhin erforderlich. Der Dreiklang aus professioneller Beratung, zusätzlicher notarieller Vorprüfung und Sicherstellung der Identitäten stellt einen Vorteil dar, auf den der Gesetzgeber bei Umsetzung der Richtlinie nicht verzichten sollte. Insbesondere würde sich eine unklare Identität der Beteiligten indirekt auf die Publizität des Handelsregisters auswirken, die nur aufgrund der umfangreichen Kontrollen im Vorfeld gewährt werden kann. Zudem sprechen auch rechtsökonomische Gesichtspunkte dafür, den Notar weiterhin am Gründungsverfahren zu beteiligen.

13. Bei der möglichen Form der Mitwirkung des Notars kann sich der deutsche Gesetzgeber an bereits bestehenden Online-Verfahren in anderen europäischen Ländern orientieren. Insbesondere kann der bereits in Österreich eingeführte elektronische Notariatsakt als Vorbild dienen.
14. Die Beteiligung eines Notars soll unter Kombination eines von der Bundesnotarkammer neu zu schaffenden Videokommunikationssystems und eines elektronischen Identifizierungsmittels erfolgen. Die diesbezüglichen Normen im DiRUG überzeugen.
15. In einem ersten Schritt sollte der Notar die Überprüfung der Identifizierungsmittel vornehmen. Dies kann durch eine Kombination des eID-Verfahrens und der Identifizierung mittels einer audiovisuellen Echtzeitverbindung erfolgen.
16. Zur weiteren Ausgestaltung der Beurkundung bietet sich eine spezielle Regelung in § 2 GmbHG an. Die Online-Beurkundung sollte zusammen mit Beratungs- und Gestaltungskomponenten eingeführt werden. Eine solche Ausgestaltung kommt dem aktuell praktizierten Präsenzverfahren am nächsten. § 2 Abs. 3 GmbHG nF stellt in diesem Zusammenhang eine ausgewogene Regelung dar.
17. Es ist zu berücksichtigen, dass sich die technischen Eigenarten von Videokonferenzen auf Verhandlungen auswirken. Um diese Folgen abzumildern, ist zum einen eine entsprechende Schulung der Notare erforderlich. Es muss gewährleistet werden, dass die Notare stets als Herr des Geschehens auftreten. Um Verfremdungseffekte auszublenden, könnte es sich darüber hinaus anbieten, auf freiwilliger Basis eine Protokollierung des Beurkundungsvorgangs vorzunehmen.
18. Die Gründer sollen im Vorfeld der Gründung die Möglichkeit haben, sich über ein zentrales digitales Zugangstor Informationen über die GmbH zu verschaffen. Bei den mitzuteilenden Informationen handelt es sich um Hinweise zum Verfahren der Online-Gründung. Daneben ist eine umrissartige Darstellung über Vorschriften zur Bestellung von Gesellschaftsorganen und den Befugnissen und Zuständigkeiten der jeweiligen Organe der GmbH vorzuhalten.
19. Für die Online-Gründung von Gesellschaften hat der deutsche Gesetzgeber Muster zur Verfügung zu stellen. Hierbei kann von den Erfahrungen der im Rahmen der vereinfachten Gründung genutzten Musterprotokolle profitiert werden. Gleichzeitig bietet sich eine stellenweise Überarbeitung der Musterprotokolle an, um deren Nutzen zu vergrößern.
20. Den Gründern sollten Muster für Einpersonengesellschaften auf der einen und Mehrpersonengesellschaften auf der anderen Seite zur Verfügung

stehen. Muster für Mehrpersonengesellschaften sollten über den Regelungsbereich von Einpersonengesellschaften hinaus typische Regelungen, wie etwa Vinkulierungsklauseln, enthalten, die bei Zusammenkommen mehrerer Personen typischerweise häufig genutzt werden. Bei Mustern für Mehrpersonengesellschaften sollte die Möglichkeit der gänzlichen Streichung einzelner Klauseln bestehen, soweit diese nicht zum gesetzlichen Mindestinhalt aus § 3 GmbHG gehören. Das DiRUG lässt sich bei der Neugestaltung der Muster ergebende Chancen allerdings ungenutzt.

21. Die Online-Gründung soll bei Beteiligung ausschließlich natürlicher Personen und unter Verwendung von Mustern innerhalb von fünf Arbeitstagen ermöglicht werden. In anderen Fällen ist die Online-Gründung innerhalb von zehn Arbeitstagen abzuschließen.
22. Die Digitalisierungsrichtlinie enthält nicht nur Vorschriften zur Online-Gründung. Daneben soll auch der komplette Lebenszyklus einer Gesellschaft abgebildet werden.
23. In Zukunft ist die Online-Einreichung von Urkunden und Informationen von Gesellschaften möglich. Diese Möglichkeit besteht grundsätzlich für alle in Anhang II der Gesellschaftsrechtsrichtlinie genannten Kapitalgesellschaften. Der Vorgang der Online-Einreichung umfasst nicht den Änderungen zugrundeliegende gesellschaftsrechtliche Vorgänge. Vielmehr ist allein der technische Vorgang der Übermittlung von Informationen und Urkunden betroffen. Auch im Rahmen der Online-Einreichung besteht die umfassende Möglichkeit den Notar nach den bereits beschriebenen Grundsätzen einzubinden. Insbesondere ist seine Beteiligung unerlässlich, um die Identität der Beteiligten festzustellen.
24. Des Weiteren soll ein verbesserter Austausch von Informationen zu Gesellschaften erfolgen. Hierzu wird der Umfang der über das BRIS kostenlos abrufbaren Informationen erweitert. Der Austausch von Informationen über das System der Registervernetzung ist für die Register kostenlos. Der Informationsgewinn ist jedoch zum einen durch weiterhin bestehende Sprachbarrieren eingeschränkt. Zum anderen handelt es ich bei dem BRIS nicht um ein eigenständiges Register. Es besteht nur eine Verknüpfung zu den nationalen Registern, woraus eine gewisse Abhängigkeit resultiert.
25. Ein umfassender Austausch von Informationen erfolgt jedoch durch den in Zukunft generell gebührenfreien Abruf von Daten aus dem Handelsregister. Die Kosten hierfür sind von dem bereitstellenden Rechtsträger zu tragen.
26. Durch die Digitalisierungsrichtlinie erfolgt eine Neugestaltung der Registerpublizität. Die Aufteilung in Bekanntmachung und Eintragung, die aufgrund des technischen Fortschritts überflüssig ist, wird aufgegeben.

In Zukunft ist als zwingend zu verwendendes Publizitätsmittel allein das Register im Sinne einer „Nur-Register-Lösung" entscheidend. In diesem Zusammenhang bleibt nach dem DiRUG der Begriff der Bekanntmachung erhalten, erfährt jedoch eine neue Bedeutung.

27. Dritte sollen sich weiterhin auf unrichtige Eintragungen verlassen können. Die bisher bewährte positive Publizität bleibt nach europäischem Recht bestehen und wird folglich auch im nationalen Recht erhalten bleiben. § 15 Abs. 3 HGB ist in jedem Fall in seiner Wirkungsweise beizubehalten. Im DiRUG wurde versäumt das in weiten Teilen anerkannte Veranlassungsprinzip zu kodifizieren.
28. Die Regelungen zur Online-Gründung und Online-Einreichung gelten entsprechend auch für Zweigniederlassungen. Die Online-Eintragung wird für alle in Anhang II genannten Kapitalgesellschaften möglich sein. Auch bei Online-Verfahren betreffend Zweigniederlassungen kann der Notar eingebunden werden.
29. Zukünftig soll verstärkt auf die Disqualifikation von „Geschäftsführern" geachtet werden. Als Geschäftsführer gelten hierbei die Geschäftsführer einer GmbH wie auch die Vorstandsmitglieder einer AG und die Komplementäre einer KGaA. Die deutsche Lösung über eine im Rahmen der Anmeldung abzugebende Versicherung steht im Einklang mit der Digitalisierungsrichtlinie. Es ist jedoch eine bessere Vernetzung der deutschen Register erforderlich, um auf das Ersuchen eines anderen Mitgliedstaates hin unverzüglich Informationen bereitstellen zu können.
30. Bei ausreichenden Verdachtsmomenten kann das persönliche Erscheinen des jeweiligen Antragstellers angeordnet werden. Hierzu sollten sowohl der Notar wie auch das Registergericht berechtigt sein. Es ist darauf zu achten, dass das Verfahren im Übrigen online durchgeführt werden kann und eine Vorladung nur im Einzelfall erfolgt. Hier besteht noch Verbesserungsbedarf. Um eine systematische Anordnung des persönlichen Erscheinens zu vermeiden, sollten die vorliegenden Informationen bei unterstellter Richtigkeit und Vollständigkeit einer Eintragung in das Handelsregister aus Sicht des Notars oder des Registergerichts entgegenstehen.
31. Durch die Digitalisierung werden zunehmend personenbezogene Daten online ausgetauscht, wodurch datenschutzrechtliche Anforderungen häufiger von Bedeutung sind. Im Vergleich zu den bisherigen Vorkehrungen im Rahmen des Präsenzverfahrens stellen insbesondere die datenschutzkonforme Verarbeitung von freiwilligen Protokollierungen und Informationen über disqualifizierte Geschäftsführer Herausforderungen dar.

32. Die Digitalisierungsrichtlinie und die Umsetzung durch das DiRUG bilden insgesamt eine gelungene Grundlage für einen technischen Fortschritt des deutschen Gesellschaftsrechts.

Literaturverzeichnis

Adams, Michael: Eigentum, Kontrolle und Beschränkte Haftung, 1. Auflage, Baden-Baden 1991 (Zitiert als: Adams, Eigentum, Kontrolle und Beschränkte Haftung).

Albin, Silke: Das Subsidiaritätsprinzip in der EU – Anspruch und Rechtswirklichkeit, NVwZ 2006, 629 ff.

Altmeppen, Holger (Hrsg.): Gesetz betreffend die Gesellschaften mit beschränkter Haftung Kommentar des von Günter Roth begründeten Kommentars, 10. Auflage, München 2021 (Zitiert als: Altmeppen, in: Altmeppen).

Ankele, Jörg: Die Anpassung des deutschen Rechts an die Erste gesellschaftsrechtliche Richtlinie des Rates der Europäischen Gemeinschaften und ihre Auswirkungen für die GmbH, GmbHR 1969, 52 ff.

Apfelbaum, Sebastian/Bettendorf, Jörg: Elektronische Dokumente und Formqualität, RNotZ 2007, 89 ff.

Bachmann, Gregor: Der GmbH-Aufsichtsrat – ein Überblick, Board 4/2018, abrufbar unter: https://www.reguvis.de/fileadmin/Betrifft-Unternehmen/Arbeitshilfen/Fachbeitraege/GmbH-Aufsichtsrat.pdf (Stand: 23. November 2021), S. 152 ff. (Zitiert als: Bachmann, Der GmbH-Aufsichtsrat – ein Überblick).

Baumann, Wolfgang: Das Amt des Notars – Seine öffentlichen und sozialen Funktionen, MittRhNotK 1996, 1 ff.

Ders.: Ökonomie und Recht – Ökonomische Effizienzjurisprudenz, RNotZ 2007, 297 ff.

Baumbach, Adolf (Hrsg.)/Hopt, Klaus J. (Hrsg.): Beck´scher Kurz-Kommentar Handelsgesetzbuch – mit GmbH & Co., Handelsklauseln, Bank- und Kapitalmarktrecht, Transportrecht (ohne Seerecht), 40. Auflage, München 2021 (Zitiert als: Bearbeiter, in: Baumbach/Hopt).

Baumbach, Adolf (Hrsg.)/Hueck, Alfred (Hrsg.): Beck´scher Kurz-Kommentar GmbHG – Gesetz betreffend die Gesellschaft mit beschränkter Haftung, 22. Auflage, München 2019 (Zitiert als: Bearbeiter, in: Baumbach/Hueck).

Bausback, Winfried: SUP: Die europäische „Panama-Gesellschaft?“, notar 2016, 177 ff.

Bayer, Walter/Hoffmann, Thomas: Die Musterprotokoll-Unternehmergesellschaft (haftungsbeschränkt), GmbHR 2009, R 225 ff.

Bayer, Walter/Hoffmann, Thomas/Schmidt, Jessica: Satzungskomplexität und Mustersatzung – Eine Untersuchung vor dem Hintergrund des Regierungsentwurfs zum MoMiG, GmbHR 2007, 953 ff.

Bayer, Walter/Schmidt, Jessica: BB – Gesetzgebungs- und Rechtsprechungsreport zum Europäischen Unternehmensrecht 2012, BB 2012, 3 ff.

Bayer, Walter/Schmidt, Jessica: BB – Gesetzgebungs- und Rechtsprechungsreport zum Europäischen Unternehmensrecht 2017/18, BB 2018, 2562 ff.

Bayer, Walter/Schmidt, Jessica: BB – Gesetzgebungs- und Rechtsprechungsreport zum Europäischen Unternehmensrecht 2018719 – Teil I: Company Law Package, BB 2019, 1922 ff.

Becker, Peter: GmbH-Gründungstourismus in die Schweiz - zugleich Anmerkung zu AG Berlin-Charlottenburg, Beschl. v. 22.1.2016 - 99 AR 9466/15, NotBZ 2016, 321 ff.

Birkefeld, Jan/Schäfer, Stephan: Gründung auf Knopfdruck? Was sich mit der EU-Digitalisierungs-Richtlinie im Gesellschaftsrecht ändert, BB 2019, 2626 ff.

Blath, Simon: Das Mehrheitsprinzip im GmbH-Recht – Grundlegendes und Gestaltungsfragen, RNotZ 2017, 218 ff.

Bock, Lenard: Online-Gründung und Digitalisierung im Gesellschaftsrecht – Der Richtlinienvorschlag der Europäischen Kommission, DNotZ 2018, 643 ff.

Ders.: Verknüpfung der Handels- und Gesellschaftsregister in Europa, GmbHR 2018, 281 ff.

Ders.: Der Harmonisierungserfolg der Publizitätsrichtlinie – Eine Untersuchung am Beispiel der Umsetzung in Deutschland und im Vereinigten Königreich, 1. Auflage, Baden-Baden, 2016 (Zitiert als: Bock, Der Harmonisierungserfolg der Publizitätsrichtlinie).

Ders.: Online-Gründung von GmbHs und veränderte Registerpublizität – der Entwurf eines Gesetzes zur Umsetzung der Digitalisierungsrichtlinie, RNotZ 2021, 326 ff.

Bohrer, Michael: Kann eine GmbH wirtschaftlich neu gegründet werden? – Von Mänteln, Mimikry-Gesellschaften und Vertrauenshaftung, DNotZ 2003, 888 ff.

Bokelmann, Gunter: Der Einblick in das Handelsregister, DStR 1991, 945 ff.

Bormann, Jens/Stelmaszczyk, Peter: Digitalisierung des Gesellschaftsrechts nach dem EU-Company Law Package – Zum neuen EU-Rechtsrahmen für die Online-Gründung von Kapitalgesellschaften, NZG 2019, 601 ff.

Bormann, Jens/Stelmaszczyk, Peter: The Next Level: Digitalisierung des Europäischen Gesellschaftsrechts, EuZW 2018, 1009 ff.

Bormann, Jens: Die digitalisierte GmbH, ZGR 2017, 621 ff.

Ders.: Die SUP aus der Sicht des nationalen Rechtssystems, in: Zeitschrift für Unternehmens- und Gesellschaftsrecht; Schriftenreihe Band 1, Berlin, 2015, 23 ff. (Zitiert als: Bormann, in: Lutter/Koch, Societas Unius Personae (SUP)).

Braun, Reiner/Eidenmüller, Horst/Engert, Andreas/Hornuf, Lars: Unternehmensgründungen unter dem Einfluss des Wettbewerbs der Gesellschaftsrechte, ZHR 177 (2013) 131-148.

Brehm, Johann/Schümmer, Kevin: Grenzüberschreitende Umwandlungen nach der neuen Richtlinie über grenzüberschreitende Umwandlungen, Verschmelzungen und Spaltungen – Ein Vergleich zur bisherigen Praxis auf Basis der EuGH-Rechtsprechung, NZG 2020 538 ff.

Bruns, Alexander: Die Zukunft des Notariats in Deutschland – Dienstleistung oder vorsorgende Rechtspflege?, EuZW 2010, 247 ff.

Burk, Enno: Art. 49, 54 AEUV: Zum Stand der Niederlassungsfreiheit für natürliche Personen und Gesellschaften nach der neuen EuGH-Rechtsprechung, JURA 2010, 284 ff.

Bunting, Nikolaus: Die Gründung von Kapitalgesellschaften in Deutschland, dem Vereinigten Königreich und den USA, 1. Auflage, Frankfurt am Main, 2015 (Zitiert als: Bunting, Die Gründung von Kapitalgesellschaften in Deutschland, dem Vereinigten Königreich und den USA).

Canaris, Claus-Wilhelm: Die Vertrauenshaftung im deutschen Privatrecht, 1. Auflage, München, 1971 (Zitiert als: Canaris, Die Vertrauenshaftung im deutschen Privatrecht).

Calliess, Christian (Hrsg.)/Ruffert, Matthias (Hrsg.): EUV/AEUV Das Verfassungsrecht der Europäischen Union mit Europäischer Grundrechtecharta, 5. Auflage 2016, München (Zitiert als: Bearbeiter, in: Calliess/Ruffert).

Dauses, Manfred A (Hrsg.)/Ludwigs, Markus (Hrsg.): Handbuch des EU-Wirtschaftsrechts, begründet von Manfred A. Dauses, herausgegeben von Markus Ludwigs, Band I, Stand: 53. Ergänzungslieferung Juli 2021 (Zitiert als: Bearbeiter, in: Dauses/Ludwigs).

Deutsches Notarinstitut: Abweichungen vom Musterprotokoll bei Gründung einer GmbH bzw. UG (haftungsbeschränkt) GmbHG §§ 2 Abs. 1a, 3, 8 Abs. 1 Nr. 3; KostO § 41 d, DNotI-Report 2009, 57 ff.

Deutsches Notarinstitut: Beurkundung von gesellschaftsrechtlichen Verträgen durch ausländische Notare, DNotI-Report 1995, 219 ff. (Zitiert als: DNotI, DNotI Report 1995).

Deutscher Notarverein: Entwurf einer Richtlinie über Gesellschaften mit beschränkter Haftung mit einem einzigen Gesellschafter vom 9. April 2014, COM (2014) 212 final, 1 ff., abrufbar unter: https://www.dnotv.de/_files/Dokumente/Stellungnahmen/2014-04-30_STN_RL_EinmannGesellschaften.pdf (Stand: 21.

November 2021) (Zitiert als: Schreiben Deutscher Notarverein, Stellungnahme vom 30. April 2014).

Ders.: Vorschläge der EU-Kommission zum Company Law Package, Ihr Schreiben vom 23. Mai 2018, Az. III A 1 – 9520/35-36 133/2018, abrufbar unter: https://www.dnotv.de/wp-content/uploads/StN-Master-Company-Law-Package-2018-07-04_final.pdf (Stand: 21. November 2021) (Zitiert als: Schreiben DNotV v. 4. Juli 2018).

Ders.: Referentenentwurf eines Gesetzes zur Umsetzung der Digitalisierungsrichtlinie (DiRUG) – Ihr Schreiben vom 17. Dezember 2020 (Az. III A 5 – 9520/3822-1-31 551/2020), abrufbar unter: https://www.bmjv.de/SharedDocs/Gesetzgebungsverfahren/Stellungnahmen /2021/Downloads/0114_Stellungnahme_GdW_RefE_%20Digitalisierungsrichtlinie.pdf?__blob=publicationFile&v=1 (Stand: 21. November 2021) (Zitiert als: Stellungnahme DNotV v. 15. Januar 2021).

Dreier, Horst (Hrsg.): Grundgesetz-Kommentar. Band I: Präambel, Art. 1-19. 3. Auflage, Tübingen, 2013 (Zitiert als: Bearbeiter, in: Dreier).

Dreier, Horst (Hrsg): Grundgesetz-Kommentar. Band III: Art. 83-146 GG, 3. Auflage, Tübingen, 2018 (Zitiert als: Bearbeiter, in: Dreier).

Drygala, Tim/Staake, Marco/Szalai, Stephan: Kapitalgesellschaftsrecht mit Grundzügen des Konzern- und Umwandlungsrechts, Berlin 2012 (Zitiert als: Drygala/Staake/Szalai, KapG).

Ebenroth, Carsten Thomas (Begr.)/Boujong, Karlheinz (Begr.)/Joost, Detlev (Hrsg.)/ Strohn, Lutz (Hrsg.): Handelsgesetzbuch, 4. Auflage, München 2020 (Zitiert als: Bearbeiter, in: Ebenroth/Boujong/Joost/Strohn).

Eickelberg, Jan: SUP, EGVP, ePerso und XML – Die schöne neue (digitale) Welt der GmbH-Gründung, NZG 2015, 81 ff.

Einsele, Dorothee: Verdeckte Sacheinlage, Grundsatz der Kapitalaufbringung und Kapitalerhaltung, NJW 1996, 2681 ff.

Elsing, André: Überblick über das Transparenzregister, notar 2018, 71 ff.

Eylmann, Horst (Hrsg.)/Vaasen, Hans-Dieter (Hrsg.): Bundesnotarordnung, Beurkundungsgesetz – Kommentar, 3. Auflage, München, 2011 (Zitiert als: Bearbeiter, in: Eylmann/Vaasen).

Fett, Torsten/Stütz, Dominique: 20 Jahre Kapitalgesellschaft & Co. KGaA – Bestandsaufnahme und neuere Entwicklungen, NZG 2017, 1121 ff.

Fleischer, Holger: Informationsasymmetrie im Vertragsrecht – eine rechtsvergleichende und interdisziplinäre Abhandlung zu Reichweite und Grenzen vertragsschlußbezogener Aufklärungspflichten, 1. Auflage, München, 2001 (Zitiert als: Fleischer, Informationsasymmetrie im Vertragsrecht).

Fleischer, Holger (Hrsg.)/Goette, Wulf (Hrsg.): Münchener Kommentar zum Gesetz betreffend die Gesellschaft mit beschränkter Haftung (GmbHG), Band 1: §§ 1-34, Band 2: §§ 35-52, Band 3: §§ 53- 88, 3. Auflage, München, 2018 (Zitiert als: Bearbeiter, in: MüKo-GmbHG).

Fleischer, Holger/Pendl, Matthias: Ein Register für die Gesellschaft bürgerlichen Rechts – Teil I –, WM 2019, 2137 ff.

Freier, Sophie: Vertretungsnachweise bei Gesellschaften aus dem britischen und amerikanischen Rechtskreis, NotBZ 2018, 444 ff.

Ganter, Hans Gerhard: Die Third Party Legal Opinion und das Verbot der Vertretung widerstreitender Interessen eine „Tretmine" in der Anwaltspraxis, NJW 2014, 1771 ff.

GdW Bundesverband deutscher Wohnungs- und Immobilienunternehmen e.V.: GdW Stellungnahme zum Referentenentwurf eines Gesetzes zur Umsetzung der Digitalisierungsrichtlinie (DiRUG), Abrufbar unter: https://www.bmjv.de/SharedDocs/Gesetzgebungsverfahren/Stellungnahmen/2021/Downloads/0115_Stellungnahme_GdW_RefE_%20Digitalisierungsrichtlinie.pdf?__blob=publicationFile&v=3 (Stand: 21. November 2021), Zitiert als: Stellungnahme GdW).

Glunz, Benjamin: Psychologische Effekte beim gerichtlichen Einsatz von Videotechnik – Eine empirische und rechtvergleichende Untersuchung zum US-amerikanischen, australischen und deutschen Zivilprozess, 1. Auflage, Tübingen, 2012. (Zitiert als: Glunz, Psychologische Effekte beim gerichtlichen Einsatz von Videotechnik).

Goette, Wulf (Hrsg.)/Habersack, Mathias (Hrsg.)/Kalss, Susanne (Hrsg.): Münchener Kommentar zum Aktiengesetz, Band 1: §§ 1 – 75, Band 2: §§ 76 – 117 AktG, MitbestG, DrittelbG, 5. Auflage, München, 2019 (Zitiert als: Bearbeiter, in: MüKo-AktG).

Goette, Wulf (Hrsg.)/Habersack, Mathias (Hrsg.)/Kalss, Susanne (Hrsg.): Münchener Kommentar zum Aktiengesetz, Band 5: §§ 278 – 328 AktG, SpruchG, Österreich, 5. Auflage, München, 2020 (Zitiert als: Bearbeiter, in: MüKo-AktG).

Götz, Andrea: Die Einpersonengesellschaft als Vehikel grenzüberschreitender unternehmerischer Tätigkeit, 1. Auflage, Berlin, 2019 (Zitiert als: Götz, Die Einpersonengesellschaft als Vehikel grenzüberschreitender unternehmerischer Tätigkeit)

Görk, Stefan: Beck´scher Online-Kommentar Bundesnotarordnung mit DONot und RLEmBNotK auf der Grundlage von Schippel/Bracker, BNotO, 9. Auflage 2011, 5. Edition Stand: 31.07.2021, München 2021 (Zitiert als: Bearbeiter, in: BeckOK-BNotO).

Grigoleit, Hans Christoph (Hrsg.): Aktiengesetz Kommentar, 2. Auflage, München, 2020 (Zitiert als: Bearbeiter, in: Grigoleit).

Grunewald, Barbara: Gesellschaftsrecht, 10. Auflage, Tübingen, 2017 (Zitiert als: Grunewald, GesR).

Grziwotz, Herbert (Hrsg.)/Heinemann, Jörn (Hrsg.): Beurkundungsgesetz, 3. Auflage, 2018, Köln (Zitiert als: Grziwotz/Heinemann).

Habersack, Mathias/Schürnbrand, Jan: Modernisierung des Aktiengesetzes von 1965, in Bayer/Walter: Aktienrecht im Wandel, Band I – Entwicklung des Aktienrechts, 1. Auflage, Tübingen 2007 (Zitiert als: Habersack/Schürnbrand, in: Bayer/Habersack, Aktienrecht im Wandel, Band I).

Habersack, Mathias/Verse, Dirk: Europäisches Gesellschaftsrecht, 5. Auflage, München, 2019 (Zitiert als: Habersack/Verse).

Hadding, Walter/Kießling, Erik: Die europäische Privatgesellschaft (Societas Privata Europaea SPE) WM 2009, 145 ff.

Handelsrechtausschuss des Deutschen Anwaltsvereins: Stellungnahme zum Regierungsentwurf eines Gesetzes zur Modernisierung des GmbH-Rechts und zur Bekämpfung von Missbräuchen (MoMiG), NZG 2007, 735 ff.

Harbarth, Stephan: SPE 2.0 – Die rechtspolitische Perspektive, GmbHR 2018, 657 ff.

Hecht, Johannes: Notariat 4.0 und Blockchain-Technologie, MittBayNot 2020, 314 ff.

Heckschen, Heribert/Herrler, Sebastian/Münch, Christof: Beck´sches Notar-Handbuch, 7. Auflage, München, 2019 (Zitiert als: Bearbeiter, in: Beck´sches Notar-HdB).

Heckschen, Heribert/Heidinger, Andreas: Die GmbH in der Gestaltungs- und Beratungspraxis, 4. Auflage, 2018, Köln (Zitiert als: Heckschen/Heidinger).

Heckschen, Heribert/Knaier, Ralf: Das DiRUG in der Praxis, NZG 2021, 1093 ff.

Heckschen, Heribert: Die GmbH-Reform – Wege und Irrwege, DStR 2007, 1442 ff.

Ders.: Die GmbH-Gründung 10 Jahre nach MoMiG – Eine Bestandsaufnahme, GmbHR 2018, 1093 ff.

Ders.: Gründungserleichterungen nach dem MoMiG – Zweifelsfragen in der Praxis, DStR 2009, 166 ff.

Ders.: Das Company Law Package und die Auswirkungen für das Notariat, NotBZ 2020, 241 ff.

Heinze, Stefan: Das Recht zur Amtsverweigerung beim Nachlassverzeichnis – Fremde Sprache und § 15 Abs. 1 S. 2 BNotO, ZEV 2019, 621 ff.

Herrler, Sebastian: Beurkundung von statusrelevanten Rechtsgeschäften im Ausland, NJW 2018, 1787 ff.

Henssler, Martin (Hrsg.)/Spindler, Gerald (Hrsg.)/Stilz, Eberhard (Hrsg.): beck-online. Grosskommentar AktG, München, Stand 01.09.2021 (Zitiert als: Bearbeiter, in: Spindler/Stilz).

Hoffmann, Christian: EU-Verordnung über elektronische Identifizierung auf nationale Angebote –Auswirkungen auf De-Mail, E-Postbrief und nPA, DuD 2014, 762 ff.

Hoffmann-Becking, Michael: Der Einfluss schuldrechtlicher Gesellschaftervereinbarungen auf die Rechtsbeziehung in der Kapitalgesellschaft, ZGR 1994, 442 ff.

Holz, Michael/Lamsfuß, Christoph: Dauer und Kosten von administrativen Gründungsverfahren in Deutschland (Abrufbar unter: https://www.ifm-bonn.org/fileadmin/data/redaktion/publikationen/ifm_materialien/dokumente/IfM-Materialien-205_2011.pdf) Stand: 18. November 2021 (Zitiert als: Holz/Lamsfuß: Dauer und Kosten von administrativen Gründungsverfahren in Deutschland).

Hommelhoff, Peter/Teichmann, Christoph: Auf dem Weg zur Europäischen Privatgesellschaft (SPE), DStR 2008, 925 ff.

Hommelhoff, Peter/Teichmann, Christoph: Die Wiederbelebung der SPE, GmbHR 2014, 177 ff.

Hommelhoff, Peter/Limmer, Peter: Die Societas Privata Europea (SPE) aus notarieller Sicht – eine Zwischenbilanz nach dem Votum des Europäischen Parlaments, GmbH 2009, 537 ff.

Hommelhoff, Peter: Die SUP-Ferngründung, in: Zeitschrift für Unternehmens- und Gesellschaftsrecht, Schriftenreihe Band 1, Berlin, 2015, 69 ff. (Zitiert als: Hommelhoff, in: Lutter/Koch, Societas Unius Personae (SUP)).

Hübner, Anne Sophie: Mustersatzungen in der SPE (Europäische Privatgesellschaft), 1. Auflage, Würzburg, 2011 (Zitiert als: Hübner, Mustersatzungen in der SPE).

Hüffer, Uwe (Hrsg.)/Koch, Jens (Hrsg.): Beck´sche Kurz-Kommentare Aktiengesetz, begründet von Uwe Hüffer, bearbeitet von Jens Koch, 15. Auflage, München, 2021 (Zitiert als: Bearbeiter, in: Hüffer/Koch).

Ising, Peter: Handelsregisteranmeldungen durch den beurkundenden Notar, NZG 2012, 289 ff.

Ivo, Malte: Die Vererbung von GmbH-Geschäftsanteilen, ZEV 2006, 252 ff.

Joecks, Wolfgang (Hrsg.)/Miebach, Klaus (Hrsg.): Münchener Kommentar zum StGB, Band 1, §§ 1- 37 StGB , 4. Auflage, München, 2020 (Zitiert als: Bearbeiter, in: MüKo-StGB).

Jung, Peter: Handelsrecht, 12. Auflage, München, 2019 (Zitiert als: Jung, HandelsR).

Kalss, Susanne/Nicolussi, Julia: Digitalisierung im Unternehmensrecht – Verbindung von alter und neuer Welt, EuZW 2020, 41 ff.

Karsten, Frederik: Deregulierung der GmbH-Gründung, GmbHR 2006, 57 ff.

Ders.: Kann man eine GmbH auf einem Bierdeckel gründen? Anmerkungen zur Mustersatzung aus dem MoMiG, GmbHR 2007, 958 ff.

Keller, Tobias/Schümmer, Kevin: Digitale GmbH-Gründung, NZG 2021, 573 ff.

Kieninger, Eva-Maria: Niederlassungsfreiheit als Freiheit der nachträglichen Rechtswahl – Die Polbud-Entscheidung des EuGH, NJW 2017, 3624 ff.

Kienzle, Philipp: Die Videobeurkundung nach dem DiRUG, DNotZ 2021, 590 ff.

Kilian, Thomas: Registerrecht –Aktuelle Entwicklungen, notar 2018, 13 ff.

Kindler, Peter/Jobst, Peter: Die Online-Gründung nach dem Company Law Package – Chancen und Risiken bei der Umsetzung ins deutsche Recht, DB 2019, 1550 ff.

Kindler, Peter: Die Einpersonen-Kapitalgesellschaft als Konzernbaustein – Bemerkungen zum Kompromissvorschlag der italienischen Ratspräsidentschaft für eine Societas Unius Personae (SUP), ZHR 179 (2015), 330 ff.

Koch, Jens: Gesellschaftsrecht, begründet von Uwe Hüffer, fortgeführt und neu bearbeitet von Jens Koch, 11. Auflage, München, 2019 (Zitiert als: Koch, GesR).

Kögel, Steffen: Vereinheitlichungsbestrebungen im europäischen Gesellschaftsrecht – die zentrale Herausforderung für das Handelsregister der Zukunft, Rpfleger 2016, 1 ff.

Koller, Ingo (Hrsg.)/Kindler, Peter (Hrsg.)/Roth, Wulf-Henning (Hrsg.)/Drüen, Klaus-Dieter (Hrsg.): Kommentar zum HGB, 9. Auflage, München, 2019 (Zitiert als: Bearbeiter, in: Koller/Kindler/Roth/Drüen).

Knaier, Ralf: Digital first, Bedenken second?, GmbHR 2018, 560 ff.

Ders.: Digitale Lösungen und neue Binnenmarktmobilität für Gesellschaften vor der unionsweiten Kodifizierung, GmbHR 2019, R 132 ff.

Ders.: Stolpersteine bei den Geschäftsführerversicherungen nach § 8 Abs. 2 und 3 GmbHG – Praxisprobleme und Haftungsrisiken bei GmbH-Gründung, Kapitalerhöhung und Geschäftsführerwechsel, ZNotP 2017, 409 ff.

Ders.: Die Digitalisierung des deutschen Gesellschaftsrechts durch den Referentenentwurf eines Gesetzes zur Umsetzung der Digitalisierungs-RL im Gesellschaftsrecht und Handelsregisterrecht (RefE-DiRUG), GmbHR 2021, 169 ff.

Knaier, Ralf/Meier, Maximilian: Geschäftsführerinhabilität in Deutschland und der EU – was bringt die Umsetzung des Company Law Packages? (Teil II), GmbHR 2021, 77 ff.

Klumpen, Fabian: Die elektronische Gesellschaftsgründung über die Grenze, 1. Auflage, Baden-Baden, 2018 (Zitiert als: Klumpen, Die elektronische Gesellschaftsgründung über die Grenze).

Leeb, Christina-Maria/Liebhaber, Johannes: Grundlagen des Datenschutzrechts, JuS 2018, 534 ff.

Lergon, Michael: Die persönliche Haftung des Gesellschafters eine GmbH, RNotZ 2003, 214 ff.

Lieder, Jan: Digitalisierung des europäischen Unternehmensrechts, NZG 2018, 1081 ff.

Ders.: Die Bedeutung des Vertrauensschutzes für die Digitalisierung des Gesellschaftsrechts, NZG 2020, 81 ff.

Ders.: Beurkundung der Gesellschaftsgründung durch einen schweizerischen Notar, ZIP 2018, 805 ff.

Ders.: Die rechtsgeschäftliche Sukzession – eine methodenpluralistische Grundlagenuntersuchung zum deutschen Zivilrecht und Zivilprozessrecht sowie zum Internationalen und Europäischen Privatrecht, 1. Auflage, Tübingen, 2015 (Zitiert als: Lieder, Die rechtsgeschäftliche Sukzession).

Ders.: Rechtsformalternativen für Familiengesellschaften, S. 27 ff., in: Vogt, Hans-Ueli / Fleischer, Holger / Kalss, Susanne: Recht der Familiengesellschaften – Siebtes Deutsch-österreichisch-schweizerisches Symposium, Zürich 12.-13. Mai 2016, Tübingen, 2017 (Zitiert als: Lieder, in: Vogt/Fleischer/Kalss).

Ders.: Die Publizität des Handelsregisters nach dem DiRUG, DNotZ 2021, 830 ff.

Linke, Christian: Gesetz zur Umsetzung der Digitalisierungsrichtlinie (DiRUG) – Analyse des Regierungsentwurfs, NZG 2021, 309 ff.

Lutter, Marcus/Bayer, Walter/Schmidt, Jessica: Europäisches Unternehmens- und Kapitalmarktrecht, 6. Auflage, Berlin, 2018 (Zitiert als: Lutter/Bayer/Schmidt, Europäisches Unternehmens- und Kapitalmarktrecht).

Lutter, Marcus (Hrsg.)/Hommelhoff, Peter (Hrsg.): GmbH-Gesetz Kommentar, 19. Auflage, Köln, 2016 (Zitiert als: Bearbeiter, in: Lutter/Hommelhoff, GmbHG).

Maier-Reimer, Georg: Nochmals: Third Party Legal Opinion und das Verbot der Vertretung widerstreitender Interessen, NJW 2014, 2613 ff.

Malzer, Hans Michael: Die öffentliche Beglaubigung – Wesen, Funktion, Bedeutung und Perspektive einer zivilrechtlichen Formvorschrift -, DNotZ 2000, 169 ff.

Markwardt, Karsten: Kapitalaufbringung nach dem MoMiG, BB 2008, 2414 ff.

Mayer, Volker/Kleinert, Ursula: Digitalisierung im Gesellschaftsrecht und grenzüberschreitende Umwandlungen, EuZW 2019, 393 f.

Meier, Christoph: Neue Medien – neue Kommunikationsformen? Strukturmerkmale von Videokonferenzen, 195 ff., in: Kallmeyer, Werner Sprache und neue Medien, Berlin/New York, 2000 (Zitiert als: Meier, in: Kallmeyer, Sprache und neue Medien).

Meier, Patrick: Fremdsprachige Verhandlungen vor deutschen Gerichten?, WM 2018, 1827 ff.

Merkt, Hanno: Unternehmenspublizität – Offenlegung von Unternehmensdaten als Korrelat der Marktteilnahme, 1. Auflage, Tübingen, 2001 (Zitiert als: Merkt, Unternehmenspublizität).

Michalski, Lutz (Hrsg.)/Heidinger, Andreas (Hrsg.)/Leible, Stefan (Hrsg.)/Schmidt, Jessica (Hrsg.): Kommentar zum Gesetz betreffend die Gesellschaften mit beschränkter Haftung (GmbH-Gesetz), 3. Auflage, München, 2017 (Zitiert als: Bearbeiter, in: Michalski/Heidinger/Leible/J. Schmidt).

Miras, Antonio: Aktuelle Fragen zur Unternehmergesellschaft (haftungsbeschränkt), NZG 2012, 486 ff.

Noack, Ulrich: Online-Gründung von Kapitalgesellschaften in Europa – Der neue Richtlinienvorschlag im Company Law Package, DB 2018, 1324 ff.

Ders.: Satzungsergänzende Verträge der Gesellschaft mit ihren Gesellschaftern, NZG 2013, 281 ff.

Oetker, Hartmut (Hrsg.): Handelsgesetzbuch Kommentar, 7. Auflage, München, 2021 (Zitiert als: Bearbeiter, in: Oetker).

Omlor, Sebastian: Die Societas Unius Personae (SUP) mit mehreren Gesellschaftern – ein Paradoxon?, GPR 2015, 158 ff.

Omlor, Sebastian/Blöcher, Tim: DiRUG – Neuerungen im Beurkundungs- und Registerrecht, DStR 2021, 2352 ff.

Ott, Steffen: Die Errichtung von (zweispaltig-) zweisprachigen Niederschriften und die damit im Zusammenhang stehenden Verfahrensfragen, RNotZ 2015, 189 ff.

Paal, Boris: Die digitalisierte GmbH, ZGR 2017, 560 ff.

Peter, Carsten/Wüllrich, Philip: Gesellschaftsrechtliche Einigung Europas durch die Societas Privata Europaea (SPE), DB 2008, 2179 ff.

Peterßen, Jan: Rechtliche Fragen im Zusammenhang mit der Notarvertretung, RNotZ 2008, 181 ff.

Perlitt, Johannes: Die Kommanditgesellschaft auf Aktien (KGaA) – Die Rechtsform für Familienunternehmen?, in: von Rosen, Rüdiger, Die börsennotierte Familienaktiengesellschaft – Dokumentation des Seminars vom 11. Juli 2006, 2006 (Zitiert als: Perlitt, in: von Rosen, Die börsennotierte Familienaktiengemeinschaft)

Philbert, Stephan: Die Kommanditgesellschaft auf Aktien zwischen Personengesellschaftsrecht und Aktienrecht, 1. Auflage, Berlin, 2019 (Zitiert als: Philbert, Die Kommanditgesellschaft auf Aktien zwischen Personengesellschaftsrecht und Aktienrecht).

Preuß, Nicola: Kampf der Kulturen – Die Bedeutung der vorsorgenden Rechtspflege im reformierten GmbH-Recht, RNotZ 2009, 529 ff.

Dies.: Zivilrechtspflege durch externe Funktionsträger, 1. Auflage, Tübingen, 2005 (Zitiert als: Preuß, Zivilrechtspflege durch externe Funktionsträger).

Prütting, Jens: Markt- und Chancengleichheit – Plädoyer für ein autonom europäisches Gesellschaftsrecht. Das Beispiel der Societas Privata Europaea (SPE), JZ 2014, 381 ff.

Rauscher, Thomas/Krüger, Wolfgang: Münchener Kommentar zur Zivilprozessordnung mit Gerichtsverfassungsgesetz und Nebengesetzen, Band 1, §§ 1 – 354 ZPO, Band 2, §§ 355 – 945 b ZPO, 6. Auflage, München, 2020 (Zitiert als: Bearbeiter, in: MüKo-ZPO).

Reimer, Ekkehart/Waldhoff, Christian: Societas Unius Personae und deutsches Steuerrecht – Vorschlag der EU-Kommission für eine Richtlinie über Gesellschaften mit beschränkter Haftung mit einem einzigen Gesellschafter, DB 2015, 2106 ff.

Reithmann, Christoph/Martiny, Dieter: Internationales Vertragsrecht – Das internationale Privatrecht der Schuldverträge, 8. neu bearbeitete Auflage 2015, Köln (Zitiert als: Bearbeiter in Reithmann/Martiny)

Ders.: Societas Unius Personae – cui bono?, NZG 2014, 569 f.

Ders.: Alles online, alles Muster, alles gut?, NotBZ 2019, 25 ff.

Ries, Peter: Die SUP und das Handelsregister, in: Zeitschrift für Unternehmens- und Gesellschaftsrecht, Schriftenreihe Band 1, Berlin, 2015, 65 ff. (Zitiert als: Ries, in: Lutter/Koch, Societas Unius Personae (SUP)).

Römermann, Volker (Hrsg.): Münchener Anwaltshandbuch GmbH-Recht, 4. Auflage, München, 2018 (Zitiert als: Bearbeiter, in: Römermann, MAHB-GmbH).

Roßnagel, Alexander: Neue Regeln für sichere elektronische Transaktionen – Die EU-Verordnung über elektronische Identifizierung und Vertrauensdienste, NJW 2014, 3686 ff.

Rubner, Daniel/Pospiech, Lutz: Coronavirus und Gesellschaftsrecht –Online-HV, NJW-Spezial 2020, 239 f.

Saenger, Ingo: Gesellschaftsrecht, 4. Auflage 2018, München (Zitiert als: Saenger, GesR, § Rn.)

Sattler, Andreas: Der Einfluss der Digitalisierung auf das Gesellschaftsrecht, BB 2018, 2243 ff.

Schäfer, Carsten: Die virtuelle Hauptversammlung nach dem Corona-Gesetz, NZG 2020, 481 ff.

Schlotter Jochen N./Reiser, Tobias T.: Ein Jahr EHUG – die ersten Praxiserfahrungen, BB 2008, 118 ff.

Schmidt, Jessica: EU Company Law Package 2018, DK 2018, 229 ff.

Dies.: Coming soon: „Company Law Package Part 2 – Implementation", EuZW 2019, 801 ff.

Dies.: Digitalisierung. NRW-Entwurf zur Online-Gründung, EuZW 2019, 963.

Dies.: DiRUG-RefE: Ein Digitalisierungs-Ruck für das deutsche Gesellschafts- und Registerrecht, ZIP 2021, 112 ff.

Dies.: Company Law Package: Collateral Damage – ausgewählte Zweifelsfragen und Redaktionsfehler, 1097 ff., in: Grundmann, Stefan/Merkt, Hanno/Mülbert Peter O.: Festschrift für Klaus J. Hopt zum 80. Geburtstag, Berlin, 2020 (Zitiert als: Schmidt, FS Hopt).

Schmitz, Stefan Daniel Josef: Video killst he notary? – Digitale Disruption oder Evolution der notariellen Tätigkeit – 11. Tagung Berufspolitik des Deutschen Notarvereins in Berlin, notar 2019, 97 ff.

Schönke, Adolf (Begr.)/Schröder, Horst (Begr.): Strafgesetzbuch Kommentar, begründet von Adolf Schönke und Horst Schröder, bearbeitet von Albin Eser, Walter Perron, Detlev Sternberg-Lieben, et al., 30. Auflage, München, 2019 (Zitiert als: Bearbeiter, in: Schönke/Schröder).

Schröter, Nico/Zöllner, Lukas: Videokonferenz mit Zoom und Co. – Denn sie wollen wissen, was sie tun (dürfen), Artikel auf Legal Tribune Online vom 15. April 2020, abrufbar unter: https://www.lto.de/recht/hintergruende/h/datenschutz-behoerden-dsgvo-zoom-videokonferenz-unsicherheit/ (Stand: 23. November 2021) (Zitiert als: Schröter Zöllner, Legal Tribune Online).

Schulte, Christian: Der strafrechtlich „inhabile" GmbH- Geschäftsführer „habil" – „labil" – ‘inhabil", NZG 2019, 646 ff.

Schurr, Francesco: Digitalisierung im Gesellschaftsrecht in der EU: Quo vadis?, EuZW 2019, 772 ff.

Seibert, Ulrich: The long and winding road to the online registration of companies, 677 ff., in: Seibert, Ulrich: Recht und Gesetz: Festschrift für Alfred Bergmann zum 65. Geburtstag, Köln, 2018 (Zitiert als: Seibert, FS Bergmann).

Ders.: Gesetzliche Steuerungsinstrumente im Gesellschaftsrecht, ZRP 2011, 166 ff.

SOKA-Bau – Service Vorsorge für die Bauwirtschaft: Positionspapier zur nationalen Umsetzung der Digitalisierungs-RL 2019/1151 v. 20.06.2019, (Abrufbar unter: https://www.bmjv.de/SharedDocs/Gesetzgebungsverfahren/

Stellungnahmen/2021/Downloads/0115_Stellungnahme_Soka_Bau_RefE_%20Digitalisierungsrichtlinie.pdf?__blob=publicationFile&v=2) Stand: 23. November 2021 (Zitiert als: Positionspapier, SOKA-Bau).

Spindler, Gerald (Hrsg.)/Schuster, Fabian (Hrsg.): Recht der elektronischen Medien, Kommentar, 4. Auflage, München 2019 (Zitiert als: Bearbeiter, in: Spindler/Schuster).

Spindler, Gerald: Zur Zukunft der Corporate Governance Kommission und des § 161 AktG, NZG 2011, 1007 ff.

Steinberger, Christian: Die Europäische Privatgesellschaft – Schaffung einer europaweiten Gesellschaftsform für kleine und mittlere Unternehmen im Binnenmarkt, BB 2006 Beilage Nr. 7, 27 ff.

Stelmaszczyk, Peter/Kienzle, Philipp: GmbH digital – Online-Gründung und Online-Verfahren für Registeranmeldungen nach dem Gesetzentwurf der Bundesregierung zum DiRUG, ZIP 2021, 765 ff.

Stöhr, Alexander: Bestellungshindernisse für GmbH-Geschäftsführer in grenzüberschreitenden Zusammenhängen, EuZW 2020, 654 ff.

Stuhlmacher, Alice F./Citera, Maryalice: Hostile Behaviour and profit in virtual negotiation: a meta-analysis, Journal of Business and Psychology, Vol. 20, No. 1, 2005, 69 ff.

Stiegler, Sascha: Die Regelung zur europäischen Registervernetzung im deutschen Recht, NotBZ 2015, 329 ff.

Süß, Rembert (Hrsg.)/Wachter, Thomas (Hrsg.): Handbuch des internationalen GmbH-Rechts, 3. Auflage, Bonn, 2016 (Zitiert als: Bearbeiter, in: Süß/Wachter).

Tebben, Joachim: Registerpublizität nach der Digitalisierungsrichtlinie: Die Handelsregisterbekanntmachung ist tot, es lebe § 15 HGB!, 1237 ff., in: Grundmann, Stefan/Merkt, Hanno/Mülbert Peter O.: Festschrift für Klaus J. Hopt zum 80. Geburtstag, Berlin, 2020 (Zitiert als: Tebben, FS Hopt).

Teichmann, Christoph / Fröhlich, Andrea: How to make a Molehill out of a Mountain: The Single-Member Company (SUP) Proposal after Negotiations in the Council, Working Paper 11/2015 (Abrufbar unter: https://www.jura.uni-wuerzburg.de/lehrstuehle/teichmann/aktuelles/single/news/working-paper-on-the-societas-unius-personae-sup/ Stand: 23. November 2021 (Zitiert als: Teichmann/Fröhlich, Working Paper 11/2015).

Teichmann, Christoph / Götz, Andrea: Metamorphosen des Europäischen Gesellschaftsrechts: SUP, Company Law Package und SPE 2.0, ZEuP 2019, 260 ff.

Teichmann, Christoph: Digitale Gründung von Kapitalgesellschaften nach dem EU-Company Law Package, ZIP 2018, 2451 ff.

Ders.: Die elektronische Gründung von Kapitalgesellschaften, GmbHR 2018, 1 ff.

Ders.: Europäische Harmonisierung des GmbH-Rechts – Der Beitrag der Societas Unius Personae (SUP) zur grenzüberschreitenden Niederlassungsfreiheit, NJW 2014, 3561 ff.

Ders.: Europäische Harmonisierung des GmbH-Rechts – Der Beitrag der Societas Unius Personae (SUP) zur grenzüberschreitenden Niederlassungsfreiheit, NJW 2014, 3561 ff.

Ders.: Digitale Gründung von Kapitalgesellschaften nach dem EU-Company Law Package, ZIP 2018, 2451 ff.

Ders.: Digitalisierung und Gesellschaftsrecht, ZfPW 2019, 247 ff.

Ders.: Einsatzmöglichkeiten der Societas Unius Personae (SUP), in: Zeitschrift für Unternehmens- und Gesellschaftsrecht, Schriftenreihe Band 1, Berlin, 2015, S. 37 ff. (Zitiert als: Teichmann, in Lutter/Koch, Societas Unius Personae (SUP)).

Terbrack, Christoph: Das gläserne Unternehmen? – Die Umsetzung der europaweiten Verknüpfung von Handelsregistern in das deutsche Recht, DStR 2015, 236 f.

Thomale, Chris: Verstärkte Zusammenarbeit als Einigungsersatz? – Eine Gegenrede am Beispiel des Europäischen Privat- und Gesellschaftsrechts, ZEuP 2015, 517 ff.

Thomale, Chris/Schüßler, Marc: Das innere System des Rechtsscheins, ZfPW 2015, 454 ff.

Ulmer, Peter (Hrsg.)/Habersack, Mathias (Hrsg.)/Löbbe, Marc (Hrsg.): Gesetz betreffend die Gesellschaften mit beschränkter Haftung (GmbHG) Großkommentar, Band I, Einleitung; §§ 1 bis 28, 3. Auflage, Tübingen, 2019 (Zitiert als: Bearbeiter, in: Ulmer/Habersack/Löbbe-GmbHG)

Ulrich, Stephan: "Forum Unternehmensrecht" diskutiert über die Online-Gründung, GmbHR 2019, R 6 ff.

Vossius, Oliver/Götte, Tilman/Renner, Thomas/Zimmermann, Stefan: 25 Jahre freiberufliches Notariat in Brandenburg, Mecklenburg-Vorpommern, Sachsen, Sachsen-Anhalt und Thüringen, NotBZ 2016, 1 ff.

Wachter, Thomas: Neues zum Europäischen Gesellschaftsrecht: Digitalisierung im GmbH-Recht (I), GmbH-StB 2018, 214 ff.

Ders.: Neues zum Europäischen Gesellschaftsrecht: Digitalisierung im GmbH-Recht (II), GmbH-StB 2018, 263 ff.

Ders.: GmbH in Deutschland und Europa, GmbHR 2007, R 1 ff.

Ders.: Digitalisierung des GmbH-Rechts in Österreich, GmbHR 2019, R 68 ff.

Ders.: Demnächst in Deutschland: Online-Gründung von GmbHs, R 232 ff.

Wagner, Jens: Legal Tech und Legal Robots in Unternehmen und den diese beratenden Kanzleien – Teil 1: Einsatzbereiche und praktische Folgen, BB 2017, 898 ff.

Waldhoff, Christian: Notarvorbehalt im Grundstücksverkehr europarechtskonform – EuGH stärkt Notariatsverfassungen der Mitgliedstaaten, EuZW 2017, 382 ff.

Weller, Marc-Philippe/Bauer, Johanna: Europäisches Konzernrecht: vom Gläubigerschutz zur Konzernleitungsbefugnis via Societas Unius Personae, ZEuP 2015, 6 ff.

Wicke, Hartmut: Societas Unius Personae – SUP: eine äußerst wackelige Angelegenheit, ZIP 2014, 1414 ff.

Ders.: Gründungserleichterungen als zentrales Reformanliegen – Bemerkungen zur UG (haftungsbeschränkt) und zum Musterprotokoll 10 Jahre nach MoMiG, GmbHR 2018, 1105 ff.

Ders.: Schuldrechtliche Nebenvereinbarungen bei der GmbH – Motive, rechtliche Behandlung, Verhältnis zum Gesellschaftsvertrag, DStR 2006, 1137 ff.

Ders.: Abweichungen und Änderungen beim Musterprotokoll gemäß § 2 Abs. 1 a GmbHG, DNotZ 2012, 15 ff.

Wicke, Hartmut: Gesetz betreffend die Gesellschaften mit beschränkter Haftung (GmbHG) Kommentar, 4. Auflage, München, 2020. (Zitiert als: Bearbeiter, in: Wicke).

Wilhelm, Jan: Sind einzutragende Tatsachen wirklich abstrakt einzutragende Tatsachen? Zur Auslegung des § 15 Abs. 3 HGB, ZIP 2010, 713 ff.

Wolf, Peter: Grenzüberschreitende Mobilität von Gesellschaften in Europa – Entwicklungslinien der Niederlassungsfreiheit zwischen Vale, Brexit und Digitalisierung, MittBayNot 2018, 510 ff.

Ziemons, Hildegard: Mehr Transaktionssicherheit durch das MoMiG?, BB Beilage Nr. 7 2006, 9 ff.

Zimmer, Maximilian: Neue Prüfungspflichten des Notars – oder alles beim Alten?, NJW 2017, 1909 ff.

Zöllner, Wolfgang (Hrsg.): Kölner Kommentar zum Aktiengesetz: Band 5/3 §§ 262-290 AktG, 2. Auflage, Köln, Berlin, München, 2004 (Zitiert als: Bearbeiter, in: KK-AktG).

www.ingramcontent.com/pod-product-compliance
Ingram Content Group UK Ltd.
Pitfield, Milton Keynes, MK11 3LW, UK
UKHW021841290926
8980IPUK00005B/586

9 783631 873823